2016年
经济与贸易评论
第 13~14 辑

Review
of Economy & Trade

主编 柳思维

西南财经大学出版社
Southwestern University of Finance & Economics Press

图书在版编目(CIP)数据

经济与贸易评论.第13－14辑/柳思维主编.—成都:西南财经大学出版社,2017.1

ISBN 978－7－5504－2796－9

Ⅰ.①经… Ⅱ.①柳… Ⅲ.①经济发展—中国—文集②贸易经济—经济发展—中国—文集 Ⅳ.①F124－53②F72－53

中国版本图书馆 CIP 数据核字(2016)第 316547 号

2016 年
经济与贸易评论　第 13 ~ 14 辑
JINGJI YU MAOYI PINGLUN
主　编:柳思维

责任编辑:高小田
封面设计:张姗姗
责任印制:封俊川

出版发行	西南财经大学出版社(四川省成都市光华村街55号)
网　　址	http://www.bookcj.com
电子邮件	bookcj@foxmail.com
邮政编码	610074
电　　话	028－87353785　87352368
照　　排	四川胜翔数码印务设计有限公司
印　　刷	四川五洲彩印有限责任公司
成品尺寸	180mm×255mm
印　　张	20.75
字　　数	390 千字
版　　次	2017 年 1 月第 1 版
印　　次	2017 年 1 月第 1 次印刷
书　　号	ISBN 978－7－5504－2796－9
定　　价	98.00 元

1. 版权所有,翻印必究。
2. 如有印刷、装订等差错,可向本社营销部调换。

征稿启事

为了保证稿件评审客观公正，提高学术质量，《经济与贸易评论》实行三步审稿制度：第一步，由编委会成员初审，遴选出达到基本学术要求的稿件；第二步，把稿件发给二位相关领域专家进行匿名评审打分，如两位专家意见相差较大，再征求第三位专家的评审意见；第三步，召开主编工作会议，确定最终录用稿件。

为提高稿件处理速度，本刊只接受电子邮件投稿，编委会将会及时地把稿件的每一步处理意见反馈给作者。另外，根据最新的国家标准 GB/T7714-2005 以及相关国际惯例，特规定稿件形式要求如下：

1. 鼓励创新，不限篇幅，只求质量。若论文受到省、部级以上基金项目支持，请注明基金名称和项目编号。
2. 文章题目、作者及单位、摘要（100~500 字）与关键词（3~5 个）请用中英文两种文字。
3. 作者简介格式：姓名（出生年—），性别，出生地，工作单位，职称，学历。
4. 稿件全文采用 Word 文档格式，并用 16K 纸排版，正文字号为 5 号宋体，英文和数字使用 5 号新罗马字体（Times New Roman）。
5. 对于一些较长的数学推导或表格数据，可以在参考文献之前添加附录。参考文献附于正文之后，文中引用了的文献必须列出，文中没有引用的文献不要列出。

中文文献的著录格式如下：
（1）期刊
作者. 篇名[J]. 期刊名，出版年，卷（期）：页码.
（2）专著
作者. 专著名[M]. 出版地：出版社，出版年：页码.
（3）专著中的析出文献
析出文献作者. 析出文献篇名[M]//. 专著编者. 专著名. 出版地：出版社，出版年：页码.
（4）报纸
作者. 文章篇名[N]. 报纸名，出版年-月-日（版次）.
（5）会议录[C]、学位论文[D]、报告[R]、汇编[G]
作者. 文献题名[文献代码]. 出版地：出版社或出版单位，出版年：页码.
（6）电子文献
①电子期刊[J/OL]、电子报纸[N/OL]、电子图书[M/OL]著录格式除按上述相应文献[J]、[N]、[M]的著录格式外，还需注明引用日期和具体访问路径（网址）。
②电子公告[EB/OL]、联机数据库 DB 的著录格式
作者. 篇名[EB/OL].（更新或修改日期）[引用日期]. 访问路径（网址）.
（7）参考文献按汉语拼音排序

英文文献的著录格式（参考美国经济学会的文献著录格式）
下载链接 1：http://www.aeaweb.org/sample_references.pdf
下载链接 2：http://aetds.hnuc.edu.cn/uploadfile/20081217162320259.pdf

地址：长沙市、望城坡、湖南商学院、经济与贸易发展研究院　　邮编：410205
电话：0731-88689273
网址：http://aetds.hnuc.edu.cn/organization.asp?id=4
邮箱：tht_1977@163.com / chhli@163.com

目录

发展农村电商加快农村流通体系创新的思考 ·················· (1)

"互联网+"背景下社区支持农业发展困境突破
　　——一个交易成本分析框架 ·················· (15)

电子商务对城市商圈影响的机理分析和经验研究 ·················· (25)

基于产业链的"互联网+农业"增收路径研究 ·················· (40)

电子商务零售消费影响力变化趋势分析 ·················· (54)

农产品电商物流金融绿色发展的路径选择 ·················· (63)

基于学习效应的异质性价格预期动态蛛网模型研究
　　——生猪市场价格分析 ·················· (80)

虚拟商圈生态结构动态演化研究 ·················· (100)

移动购物的行为研究：一个国外文献综述 ·················· (110)

互联网金融发展新视角
　　——基于小微企业融资与征信体系深化研究 ·················· (128)

首届移动互联网与商业模式创新高峰论坛会议综述 ·················· (137)

移动电子商务研究的过去、现在和未来
　　——还有哪些领域需要继续研究？ ·················· (142)

全球零售企业250强 ·················· (160)

国际学术动态 ·················· (172)

发展农村电商
加快农村流通体系创新的思考

柳思维

> **摘　要**：我国发展农村电商的基础已较为充分，发展农村电商不能搞"大跃进"，对发展农村电商的短板与瓶颈要有充分估计；借助农村电商按现代农业要求重构农产品流通体系是农村流通体系创新的重中之重，突出发展农村流通中介组织及龙头企业是农村流通体系组织创新的重点，同时要充分融合和发挥农村邮政网络的优势，要突出农村重点小城镇即中心镇建设，借助县级政府的公信力整合农村分散流通资源。
>
> **关键词**：发展　农村电商　流通体系　创新　思考

农村电商是中国特有的一个经济概念，目前其使用频率特别高。西方发达国家由于城乡市场一体化，无所谓城市电商与农村电商之分。而中国则不同，由于城乡二元结构，"三农"问题长期存在，农村电商就特别引人关注。尤其随着我国经济发展进入新常态，进一步开拓市场已成为越来越紧迫的问题。在出口需求增长乏力的严峻情势下，中国作为最大发展中国家必须努力构建内需主导型的经济增长动力机制，借助"互联网+"大力发展农村电子商务。加快农村流通体系创新便是一种彰显中国特色的流通创新。为此本文特就此作一些探讨。

作者简介：柳思维（1946—），男，湖南岳阳人，湖南商学院学术委员会主任、荣誉一级教授、中南大学博导、中国市场学会副会长、湖南省政府参事、湖南省2011移动电子商务协同创新中心首席专家。liusw@vip.163.com。

一、我国发展农村电商的基础已较为充分

目前我国发展农村电子商务的条件已基本具备，且基础较为充分：

1. 互联网已进入农村，上网农民日渐增多，农村电商发展需求潜力大。中国有6.7亿网民、413万多家网站，网络已经深度融入经济社会发展和人民生活。电子商务正在迅速成为中国经济新的增长点，成为重要的社会经济形式和流通方式，在国民经济和社会发展中发挥着日益重要的作用。2015年，中国的电子商务交易额约达20.8万亿元，其中实物商品网上零售额为32 424亿元，同比增长31.6%，远高于同期社会消费品零售额增速。与此同时互联网服务进农村的速度加快，上网农民增多。截至2014年6月，我国网民中农村网民占比28.2%，农村网民规模达1.78亿，较2013年年底增加了169万人。其中，由于台式和笔记本电脑不如城市普及，2013年农村网民使用手机上网的比例达84.6%，高出城镇5个百分点。相关数据显示，中国农村人口占总人口的比例已低于50%，网民比例只占不到30%，网络消费比例不足10%，农村电商发展需求潜力大。阿里研究院公布的数据显示，截至2015年年末全国农村中有淘宝村780个、淘宝镇71个，比2014年同期分别实现了268%、274%的增长。

2. "万村千乡"市场工程使农村流通网点密布，为发展农村电子商务提供了实体店基础。2005年2月起，万村千乡市场工程由商务部启动，已有近十年历史，从全国范围来看，各省市地区都在通过连锁、加盟、直营等不同经营方式，改善商品流通网络，让农家店惠及农村住户。截至2011年年底，全国累计建设或改造农家店突破60万个，覆盖75%的行政村。大量实体店密布为发展农村电子商务提供了方便与前提，大量农村实体店通过+互联网的改造升级也可与农村电商对接。

3. 农村邮政、供销网点的网络优势，为发展农村电子商务提供了方便。2013年，中国邮政业务范围遍及全国31个省（自治区、直辖市）的所有市县乡（镇），拥有快递服务营业网点11.8万处，在县以下区域搭建了25万个便民服务站、11万个"三农"服务站、9万个村邮站的便民服务平台，是唯一能够覆盖全国农村、校园、偏远极寒地的无盲区物流快递网络，这些庞大的线下资源是构筑"线上线下一体"的开放电商平台的先天优势。供销社经营服务网点已覆盖全国三分之一的行政村，数量达60万个，其中基层社经营网点32.5万个，包括：日用消费品网点16万个，农业生产资料网点11万个，农副产品收购网点2.1万个，再生资源回收网点1.8万个。截至2014年12月底，全国已经登记注册的专业合作社多达128

万家，它们是未来中国农村新型经营主体的主流。

4. 城乡交通、通信基础建设的巨大进展，为发展农村电子商务提供了技术基础。"十一五"到"十二五"是中国交通、通信等基础建设大投入、大崛起、大变局的年代。中国率先进入高铁、高速公路网时代，高铁、高速、民航连接的县、乡、镇、村越来越多。以湖南为例，截至2014年年底，湖南高速公路通车总里程已经达5 493千米，全省市州形成了以长沙为中心的4小时高速公路圈；高铁通车里程已达1 296千米，与"北上深广"形成了5、4、3、2小时工作圈、生活圈，这为农村电商物流、信息平台建设提供了新的方便。近10年中国港口物流、快递物流、冷链物流、应急物流设施及技术迅速发展，如2013年全国冷链物流固定资产投资超过1 000亿元，全国各地出现许多亿元级投资的冷链设施。通信基础建设成绩巨大，据统计，截至2014年，3G网络覆盖到全国所有乡镇，宽带覆盖了91%的行政村，宽带接入农村用户近5 000万户，农村移动电话每百户超过了200部，全国31个省级农业部门、80%左右的地级和40%的县级农业部门都建立了局域网，全国41%的乡镇农村信息服务站有计算机并可以上网，农村信息化水平有了大幅提升。同时，初步统计我国农村网民达1.78亿人，农村的信息网络和面向三农的内容应用存在刚性需求，已成为信息消费的新方向。

5. 各级政府的重视与政策支持偏好的效应，为发展农村电子商务提供了政策红利。中央政府自2008年以来就特别重视发展农村商贸流通、开拓农村市场，对农产品专业市场、农产品物流、农村电子商务的建设与发展出台了一系列文件，商务部2012年"关于加快推进鲜活农产品流通创新指导意见"就要求"引导鲜活农产品经销商转变交易习惯，鼓励利用互联网、物联网等现代信息技术，发展线上线下相结合的鲜活农产品网上批发和网上零售，发挥网上交易少环节、低成本、高效率的优势，激发传统农产品流通企业创新转型，形成以农批对接为主体、农超对接为方向、直销直供为补充、网上交易为探索的多种产销衔接的流通格局"。特别是近年来国务院对互联网+的创业创新高度重视、全力支持。2015年10月14日国务院常务会议讨论加快农村电商发展，提出以下对策：一要扩大电商在农业农村的应用。鼓励社会资本、供销社等各类主体建设涉农电商平台，拓宽农产品、民俗产品、乡村旅游等市场，在促进工业品下乡的同时为农产品进城拓展更大空间。优先在革命老区、贫困地区开展电商进农村综合示范活动，增加就业和增收渠道，推动扶贫开发。二要改善农村电商发展环境。完善交通、信息、产地集配、冷链等相关设施，鼓励农村商贸企业建设配送中心，发展第三方配送等，提高流通效率。三要营造良好网络消费环境，严打网上销售假冒伪劣商品等违法行为。大力培养农村电商人才，鼓励通过网络创业就业。四要加大农村电商政策扶持。

对符合条件的给予担保贷款及贴息。鼓励金融机构创新网上支付、供应链贷款等产品，简化小额短期贷款手续，加大对电商创业的信贷支持。让亿万农民通过"触网"走上"双创"新舞台。2015年11月，国务院办公厅印发《关于促进农村电子商务加快发展的指导意见》（以下简称《意见》），全面部署指导农村电子商务健康快速发展。全国先后启动了三批农村电商示范县的政策支持，电商示范县达到了三百多个。财政部、商务部、农业部、供销总社均对发展农村电子商务进行了部署，并安排专项资金从政策上予以支持；各级地方政府也把发展农村电商作为撬动经济转型发展的重点和"大众创业、万众创新"的重点工作。

6. 新农村建设及特色农业发展，为发展农村电子商务提供了物质基础。近十年来新农村建设使乡村面貌得到极大改变，为电商下乡提供了较好环境；现代农业、特色农业与农产品生产发展为电商提供了流通客体。几乎所有农村电商先进县无一不是农副土特产及深加工产品著名县，如浙江遂昌、义乌、江西玉山等，近几年各省供销社纷纷在淘宝网开设特色馆推销各省区有特色的农副土特产品、农产品加工品及手工艺产品。2013年1月8日，淘宝网全国首个县级馆"特色中国——遂昌馆"开馆，其后，其他产品特色鲜明的县也纷纷仿效在淘宝网上开县级特色馆。以湖南为例，安化黑茶、湘潭湘莲、炎陵黄桃、江永香芋、桃江竹器等相继成为网购热销商品。

7. 经济新常态下国内市场竞争的深化，为发展农村电子商务提供了市场动力。使城市电商主动下乡，实施蓝海战略，争夺农村市场成为必然。城市电商网上网下已进入红海竞争，京东和阿里两家电商，正在向7亿人规模的三到六线城市和农村发力。2014年12月18日，阿里巴巴公司农村网点"清远试点"揭牌，阿里巴巴表示，将投入100亿元发力农村电商实施"千县万村"工程，即建立1 000个县级运营中心和10万个农村服务站；苏宁云商随即公布，在5年内，建设1万家苏宁易购服务站，覆盖全国1/4的乡镇；京东则在全国100多个乡镇刷了8 000幅墙体广告。除了阿里巴巴、苏宁易购、京东等几大电商巨头在挖掘农村市场外，一些创业公司也以农村代购点为切入点建设了电商平台。总之，众多龙头流通企业下乡争夺农村市场份额的竞争促进了农村电商的发展。

二、发展农村电商不能搞"大跃进"，对发展农村电商的短板与瓶颈要有充分估计

由于发展农村电子商务有利于开辟农产品新销售渠道，有利于激活城乡商品

"双向流通"，开拓城乡市场，有利于改变乡村生活方式，扩大农村消费，同时还能引发一场新的流通革命，加快农村流通体系创新，倒逼推进农业发展方式变革。因此中央和各级政府部门都十分重视，财政部、商务部还推出了农村电子商务示范县的政策支持体系，各地发展农村电商的积极性都很高，这是十分可喜的。但又要注意不切实际盲目发展的现象，防止出现电商"大跃进"。

近几年来我连续去我省不同区域的农村就小城镇发展、农村流通发展及农民就地市民化情况进行调查，2016年以来也多次去农村调查电商发展情况。2015年8月我曾参与湖南省首批农村电子商务试点县申报的评审，评审中既翻阅了十五个县市的申报材料，又在答辩环节听取了十四个县市政府的申报汇报及答辩互动，各个县及商务主管部门领导均认真准备了材料，大都由县长或常务副县长汇报和答辩，还有一个县的县委书记亲自汇报和答辩。从2016年我到有关市、县调研中所了解的情况看，我既为市、县一级主要领导重视农村电商发展而高兴，也对某些现象感到忧虑，主要表现在：一是盲目规划农村电子商务产业园区，二是盲目规划农村电商物流园区，三是盲目规划农村电商服务站，四是制订不切实际的电商发展指标，如湖南有个县规划电商占社零额比重由目前不到5%，三年内提至50%以上甚至更高，电商交易额年均增长70%以上，规划一个县三年内培养电商人员达1万人，入电子商务产业园区电商企业达1 000家，全县建800家村级物流站。有的县规划3年内全县农村人口50%以上比例参与网购网销等，有的甚至对农产品电商交易规划盲目攀高指标，规划年均增长100%以上。上述这些不切实际的规划和攀高指标对发展农村电商百害而无一利。因此在发展农村电商中决不能搞政绩冲动，不能搞农村电商高指标攀比的"大跃进"。对我国农村电子商务发展中可能遇到的困难和瓶颈应有充分的估计。

1. 农村电商基础设施条件缺乏。由于我国农村地域分布广泛，加之农业投入高、周期长的特点以及农村居民居住分散、消费分散等原因，决定了农村商流物流基础设施及信息基础设施缺少投资的吸引力和关注度，完备、高效的商流物流基础设施和通信设施的缺乏阻碍了农村电子商务迅速发展。如农村现有的网络通信基础设施建设薄弱，许多乡村没有宽带网，网络入农户比例低，农村信息化基础设施建设严重滞后，农民没有电脑、没有网络、不懂上网，难以适应高速发展的电子商务的要求。尽管政府十分重视农村电子商务，投入大量财力推进农村信息化，国家级、各省级以及各市、县的农业信息网建设已初具规模，但与发展农村电子商务的要求相比较，农村信息基础设施建设仍有较大差距。从湖南来看，特别是县、乡、村一级的信息化基础建设投入十分有限，使得"最后一公里"的问题成为农村电子商务发展的瓶颈。

2. 农村"三留人员"多、电商人才短缺。农村虽人口众多，但很大一部分人口是尚未被电商激活用户，甚至是还未触网用户。当下多数农村有文化有知识和能力强的年轻人以及成年壮劳力纷纷去外地打工或务工，如湖南农村一年外出打工的农村劳动力多达1 800万人，其中跨省打工者1 200多万人，在农村留守的主要是老弱妇孺，即留守老人、留守妇女、留守儿童。这些"三留人员"中能够真正转换为电商用户的微乎其微。如今真正在农村一线从事农业生产的劳动者大多是年龄大和受教育程度比较低的，对于新事物的接受程度与理解能力相当有限，并不具有开展电子商务业务的实际操作能力。同时目前农村对于年轻人的吸引力在不断减弱，具备了一定创新精神以及计算机操作能力的青年人一般都会选择外出务工而并不愿意留在农村进行农业生产。虽然有部分回流，但多数还是会选择在离家乡较近的县市务工，并且一般都在县城以及周围城市买房安家。此外高等院校毕业的电子商务专业人才又不愿意到农村基层工作，导致农业领域电子商务人才奇缺，从而影响到我国农村电子商务发展。

3. 传统农业生产方式散、小、差对现代电商的天然排斥。我国农业基本上是以家庭为生产单位的小规模生产，单个农户无法适应农产品市场的快速变化，存在"小农户与大市场"的矛盾。农业生产与市场需求存在的信息不对称，使得农产品的销售问题成为制约我国农业发展的关键因素之一，特别是随着农业生产力和农产品市场化程度的提高，农产品市场逐渐走向供大于求的买方市场，而农民获取信息的主要渠道依然是传统方式，农民与市场之间缺乏有效的沟通机制，多数农户仍然根据以前的市场价格及经验来确定农产品的生产种类和生产规模，往往与市场需求存在一定的差异，如果市场需求出现较大变化，不仅影响农产品的销售，甚至造成严重积压和浪费，影响了农业生产整体的稳定性和农民的积极性。同时，农产品及其自身的消费特点并不利于农村电子商务的积极开展。首先农产品生产对于自然条件以及资源所具有的依赖性十分强，种植与培育的周期比较长，而且储存的条件与运输的成本也相当高；其次农户分散生产的农产品标准化程度低，真假难辨，好坏不分，网民不敢下单；最后农产品本身附加值很低，赚钱不多，电商无利可图，影响其代运营的积极性。

4. 农村居民居住及生活的分散性、小规模性给物流配送带来困难。城市物流之所以发展迅速除了城市交通便利之外，最大优势在于城市人口空间格局决定了网购人数较为集中，物流公司可用运筹学方法去规划合理路线，将物流成本降到最低。而农村市场则完全不同，平原地区一千多人口的村庄快递如果要走一遍可能要走十几里（1里＝500米），而山区农村居民居住更为分散，一个村几百人散居在十几个山头，快递进村耗时耗力，加之分散购买量很小，货运量规模受到限制，单位物流成本很高。如果几个村庄一起派送，人工及各项物流开支都是非常高的。物流成本过高，也导致目前各大物流公司在农村均未实现送货上门业务，多数是选择送到镇里快递点，让用户自行上门取货。加之农村的物流网络设施本身就不完善，几乎所有的快递公司都难以将触角延伸到村一级，总之物流已经成为了制约农村电商发展的最大瓶颈。另外农产品流通流向是从农村到城市，不仅环节多，而且空间距离远，涉及仓储、物流配送等种种问题，也难以破解。

5. 农村电子商务网上支付的困境。一方面农村金融、网上金融滞后，农村地区的金融服务机构较为短缺；另一方面包括网上银行、手机银行的服务普及率还较低，单一农户难以享受到电子商务业务的资金及时结算之优势，城市中开展电子商务可以便捷地使用网上银行、电子银行以及电话银行等进行结算，而在农村地区则很难推广，此外，农民群众还是更加习惯于依赖邮政储蓄和信用社等农村金融机构来开展资金结算，有可能导致资金难以实时到账。更多的则是农民对在线支付完全陌生，很少有人具备独立操作的能力，而且他们也对这一支付方式存在着天然的不信任感，一下子让他们接受网银、支付宝或者微信支付并不太现实。因此要在农村地区推行城市中已经普遍实现的移动商务与移动支付尚存在诸多困难。

6. 农村传统消费意识与消费习惯的滞后。相比农村电子商务基础设施短缺，更为突出的问题是农民电子商务的意识与观念严重缺乏。农村居民消费意识和消费习惯较为传统和保守，交易行为与模式习惯于传统的一手钱一手货的交易，对网上支付与钱、货在时空上的分离缺乏理解，这些方面的改变绝非一朝一夕的事情。尽管近几年，宽带互联网和智能手机在农村的普及率提高，但要让广大农民的交易行为、消费行为与电子商务接轨则还有一道道的门槛。

三、发展农村电商环境下创新农村流通体系的重点问题

（一）借助农村电商按现代农业要求重构农产品流通体系是农村流通体创新的重中之重

农村流通体系包括农村消费品流通体系、农产品流通体系、农业生产资料流通体系、农村再生资源流通体系，这已成为政界与学界的共识。借助电商契机，我以为在农村流通体系创新方面要突出解决农产品流通体系创新的问题，要通过电子商务从根本上改变农产品流通渠道在城乡之间、产销之间、生产与消费之间

的割裂状态，通过电子商务整合产业链各环节分散的资源，形成网上网下相互融合、相互补充和支撑的流通网络，倒逼推进现代农业发展，从根本上解决中国式小规模性的农产品生产与大市场的矛盾。

1. 通过电子商务加快农产品标准化体系建设。扶持第三方农产品认证机构，带动农产品标准化建设，倒逼小农生产模式向现代农业迈进，实现规模化种植、标准化管理、品牌化营销，推进农产品质量等级化、包装规格化、标志规范化、产品品牌化，加快鲜活农产品质量安全追溯体系建设，为高质量的农产品通过电商平台进入流通领域奠定基础。

2. 通过电子商务加快培育流通主体，提高农产品流通组织化程度。农村流通体系组织创新应充分发挥市场配置资源的决定性作用，突出企业的主体地位，发展一批网络覆盖面广、主营业务突出、品牌知名度高、行业竞争力强的大中型流通企业，培育一批农产品流通企业（批发市场）及经销商，大力发展农村经纪人和营销能手、家庭农场、农民合作社、专业大户。实施"名店下乡"和培育区县商贸"小巨人"，培育一批经营农产品的各类企业和第三方冷链物流企业。重视发挥供销、邮政等传统流通渠道作用，支持企业参与农村市场及服务体系建设。加大培育流通龙头企业，包括电商龙头企业、物流龙头企业、连锁龙头企业、农业产业化龙头企业等。推动农产品经销商实现公司化、规模化、品牌化，提高产业集中度。扶持培育一批网上网下一体经营的大型农产品流通企业、农业产业化龙头企业、运输企业和专业合作社及其他农业合作经济组织，促其做大做强。也要发展小而专、专而特、特而优的连锁经营和统一物流配送。同时要积极发展农村新一代电商，支持复员军人、回乡农民工、大学毕业生、国有企事业单位分流人员在发展农村电商中创业、创新，包括众筹众创等。

3. 通过电子商务引导各类投资主体投资建设和改造各类商流物流网点。要加快农产品批发市场和农贸市场鲜活农产品经营网点的建设，加强鲜活农产品及物流网的基础设施建设，必须加大引导城市工商资本投资农村商流物流基础设施建设，提升农村流通现代化水平，破解农村物流困境，促进农村电子商务发展。如从 2014 年开始，湖南实泰物流公司投入 4 000 多万元，在长沙县开慧镇打造湖南首个农村商贸物流综合体。开慧镇是长沙县市农村综合改革试点镇之一，该镇能辐射整个长沙县北部乡镇，通过建立农村物流服务中心，整合客运、邮政、物流三个分项，可以形成三位一体的农村物流新格局。该项目还是长沙县创新农村物流的试点工程，期望形成一种解决农村物流"最后一公里"难题的新方法。类似这种做法如果推广开来就可加快缓解农村物流瓶颈。

4. 通过电子商务推进农产品产销衔接。大力推行农批对接、农超对接、农餐对接、农网对接、农展对接、农厂对接、农校对接、集团消费对接、社区直销菜店等产销对接模式，鼓励批发市场、大型流通企业、学校、酒店、大企业等最终用户与农业生产基地、农民专业合作社、农业产业化龙头企业建立长期稳定的产销关系，减少流通环节，提升农产品流通"最后一公里"和上市"最初一公里"组织化水平。

总之通过电子商务整合产业链各环节分散的资源，促进中国农产品的品质标准化、组织企业化、经营连锁化、市场品牌化、物流专业化、服务社会化、交易便利化、管理信息化，真正从传统农业迈向现代农业。

（二）借助农村电商契机突出发展农村流通中介组织及龙头企业是农村流通体系组织创新的重点

中国农业生产的组织化专业化程度低是农村流通体系长期落后的主要根源，分散的农民在农产品交易博弈中没有自己的组织优势，农村供销社及其他专业合作社也未从根本上改变这种局面。而所谓成立农会的构想则不符合中国特色政治生态的要求，要发展各种跨行政区域的行业协会也是十分困难的。相反，电商环境下在一个县范围内只要有县委县政府支持，成立专业性的电商（或网商协会）则可迅速推开。如浙江遂昌县农村电子商务在全国开具先河，其最重要经验就是通过电商协会这一中介网络将分散的电商、农产品生产者、消费者串在一起，克服了各自单独经营的分散性的缺点，形成了共联、共享的规模优势。2010年3月在遂昌县委县政府支持下由团县委、工商局、经贸局与一些大的淘宝店主发起成立遂昌网店协会，吸收供应商、快递公司入会，为网上开店的店主提供免费服务，专注遂昌电子商务环境的营造、店主的培训、营销全方位的服务。协会还直接对接工业企业、农户与专业合作社，与第三方物流企业合作打造农产品冷鲜物流链，使农产品产供销形成良性的生态链条。遂昌网店协会一方面为网商人员、创业青年提供各种培训服务，传授开店知识；另一方面，协会整合上下游资源，统一货源和快递，得到供货商、阿里集团的支持。协会通过企业化运作成立了遂网电子商务有限责任公司（含麦特龙超市）和赶街电子商务营运中心两个公司，公司负责经营、销售，保证利润和资金，为协会提供经济的保障。通过"协会+公司"的"地方性农产品公共服务平台"和以"农产品电子商务服务商"的定位探索解决农村（农户、合作社、农企）对接市场的问题，一则促进了电商迅速发展，截至2013年年底，遂昌县网商迅速发展到5 000余家，电子商务交易额达3亿多元，并逐渐形成了较完备的电子商务生态体系，为城乡中青年群体提供了近5 000个就业岗位。二则协会形成规模优势引来线下超市采购，协会整合了遂昌1 000多个单品购销，吸引了沃尔玛联系协会直接采购，打通了农产品流通的国际通道。

没有一批充满活力的生产流通中介组织与龙头企业的崛起是不可能真正建立起农村流通体系的，因此必须重视各类流通中介组织的建设与创新，促进各类流通主体协同发展，进一步培育各类中介组织包括各种商会协会的活力。遂昌的实践说明流通中介组织创新的重要，发展农村电商和创新农村流通体系，政府重视与支持是前提，但农村流通中网上网下资源配置必须由市场和企业决定和主导，政府不能越俎代庖，不能用政府之手代替市场与企业。这也说明创新农村流通体系必须培育能人牵头的强有力的中介协会及龙头主力企业。如浙江遂昌网商协会为入会会员提供网商公共技术培训、网页设计、产品摄像、相互交流等服务，实现了入会会员的"信息共享"，网店协会在催生农村电商大发展的同时也通过延伸派生出自主经营的企业实体在服务电商的同时获得市场获利的机会，如遂网公司下辖的麦特龙超市及其配送仓储中心负责收储货物，分类小包装，为遂昌网商们提供销售货源，并统一发货。赶街网负责做供应链、配送链，做基层网点，发现产品，并挖掘和包装设计产品的价值，保障数据信息的流通，保障农产品的供应。这样农产品流通就落到实处，协会发展的基础也进一步夯实。

（三）借助农村电商契机农村流通体系创新要充分融合和发挥农村邮政网络的优势

学术界对于农村流通体系建设大多提出要以供销社为主导，或提出"供销社是农村流通的主渠道"，这是没有错的，我多年前也一直持这样的观点。今天农村流通体系的重构和创新也应充分发挥供销社网络的优势及功能，特别是发挥新网工程累积的网络网点优势。但在农村电商环境下要特别注意融合共享和发挥农村邮政的功能优势与网络优势，协同进行农村流通体系创新。农村邮政的功能优势是指其具有的邮政金融支付存货功能与物流快递功能，农村邮政的网络优势是指其在全国各地农村延伸到所有乡镇的网点优势。2013年，中国邮政业务范围遍及全国31个省（自治区、直辖市）的所有市县乡（镇），拥有快递服务营业网点11.8万处，是唯一一张能够覆盖全国农村、校园、偏远、极寒地的无盲区物流快递网络。发展农村电商和建设农村流通体系一定要重视发挥农村邮政体系的生力军作用。

1. 要提升邮政公共服务的覆盖率，充分发挥邮政企业"点多、线长、面广"的优势，普惠农村市场。要促进邮政配套设施的完善，促使邮政电商形成产业链模式，代理金融、邮政物流、村邮站互相配合，让村民在家门口享受一站式服务；从选择商品到支付再到物流收货甚至售后服务，邮政企业都能提供强大的平台支持，从线上到线下，从网银的开通到商品的签收，邮政企业都能提供专业的服务支持，让村民不用出村就能购买最新商品，享受与城市同等的服务。不仅如此，邮政还应进一步拓展业务范围，除了提供便民缴费、代购代销等服务外，还可以向招商引资、开发农家乐、生态旅游等项目进行延伸，打造综合服务平台。根据国家邮政局的数据，当前中国还有将近一半的乡镇不通快递。邮政应充分整合全程全网的优势，以邮乐网为技术平台，整合线下渠道，进行统一归口管理，同时充分利用乡镇商贸中心、乡镇农家店和村民活动中心，叠加邮掌柜系统，进一步拓展邮政线下渠道的覆盖范围，力争做到全面覆盖。

2. 加强邮政电商平台的建设。邮政应搭建农村电商平台，培养农村电商人才，为农村的发展提供硬件和技术的支持。例如，加强村邮站和邮政网点实体电商区域的建设，并配备专业的人员提供购买指导。同时，应做好农村市场调查，了解农村人口的购买能力和消费需求，及时更新电商平台的商品信息，并通过网络和实体店进行信息宣传，以便及时收集反馈信息，提高成交率。

3. 应该强化邮政物流支撑，增强农村地区物流配送能力。构建全国—地市—县乡三级物流配送网络体系，以村邮站、"三农"服务站、农村超市为节点，通过汽车等投递工具实现有效衔接，为投递员配备PDA等信息化终端服务设备，打造新型的农村电商寄递网络，提升核心竞争力。

4. 涉农电商企业要加强与邮政的联合。目前京东和阿里都和中国邮政签署战略协议，中国邮政将对菜鸟网络开放10万多个服务网点，为商家和消费者提供社会化自提等服务，顺丰、三通、一达等民营快递企业已全面接入菜鸟网络平台，民营快递的包裹也将可以在邮政网点实现自提。邮政在电子商务市场经营多年，已建立了邮乐网网购平台。

（四）农村流通体系创新的空间仍然要突出农村重点小城镇即中心镇建设

多年来我一直主张农村市场体系流通体系建设、新农村建设的重点以及城乡一体化的重点要放在农村重点小城镇上，早在2010年我就提出"必须首先把一批农村重点小城镇建设成区域性综合商业服务业中心，并以它为节点带动整个农村流通体系的发展"。[①] 我在多年的农村调查中深切感受到，尤其在远离城市的山区、丘陵区以及偏远地区农村，商业与人口集中度高的农村重点小城镇具有大中城市无法替代的农村小区域商业服务中心的功能。重点小城镇对于上连大中小城市，下接广大农村腹地，是一个重要基础。在一个县域范围内选择若干重点农村小城镇作为农村流通体系中心来建设，使之成为上连城市、下接各个村庄农户的现代商贸流通业态中心、农村电商平台中心、农村消费中心、农村物流配送中心、农

---

① 柳思维. 建设农村重点小城镇综合性商业服务业中心势在必行 [J]. 商业经济与管理, 2011 (11).

产品采购及交易中心、农业生资供应中心、农村再生资源回收中心、农村各类服务业网点聚集中心，这样既便于提高城镇化质量，也有利于推进城乡经济协调发展。

把农村重点小城镇建设为农村流通中心及区域性综合商业服务业中心，也为持续性扩大农村消费需求和开拓农村市场建立一个平台。因为流通中心各类各种商业业态聚集，商品种类齐全，各种服务项目多样化，便于广大农村消费者选择、比较，"货比三家不吃亏"，既方便农民在实体店逛街，又适合各类电商"赶街"吸引农民网购网销，特别在节假日能为农民提供一站式网上网下购物服务，能消除农民购物的后顾之忧，并能通过各种形式的集中商业促销活动引导与刺激农民消费。

因此在农村电商全面发力的背景下，围绕工业品下乡、农产品进城和农村电子商务发展综合服务需求构建农村电子商务支撑服务体系、加快发展农村电子商务生态链、促进农村新流通体系建设过程中，仍然要把农村新流通体系建设的空间重点放在农村重点小城镇上，农村物流配送中心、鲜活农产品冷链节点、农产品批发市场、农村电商服务站、农产品加工基地等都应首先选择布局在有较大辐射功能和较广腹地的重点小城镇上，切忌在农村盲目布点，四处开花。只有将重点小城镇的流通基础进一步完善，提高各种流通业态及网点集中度，才可能吸引更多农民就近就地市民化，并促进农村土地流转制度创新，并能形成吸引外来资本投资农村现代农业的洼地效应。

（五）借助县级政府的公信力整合农村分散流通资源是农村流通体系创新的保障

分散农民的弱势和政府组织的强势是中国特色市场经济的基本常态和特征，我国农村尤其是偏远和贫困地区农村农业发展最大的短板是农户居住与消费和农业生产的分散性，它从根本上抑制了规模经济、范围经济的发展，与农村流通体系和电商发展的跨时空规模经济完全背道而驰。在这种耕地小而散、农户居住小而散、农产品购销小而散的状况下，把这种分散性资源整合为电商所要求的规模经济，短期最有效的力量就是政府。只有通过政府的公信力，才能引进农村流通体系所需要的大的平台电商或培育本土大的电商平台，才能从政策上给电商平台和农村流通体系基础建设以行之有效的支持，才能加快电商或网商协会、专业协会、各类经济合作组织的发展。浙江遂昌县之所以在发展农村电商方面独树一帜就在于县委县政府重视农村流通体系的发展，县委书记勇于站出来带头推销农产品，县委县政府带头支持农民"叫卖"农产品，更重要的是为农产品质量做初级的信用背书，为农村电商服务的企业提供公司注册、税收、资金等实际性的支持。

2012年5月17日，遂昌县人民政府与阿里巴巴集团淘宝网签订战略合作协议，成为中国首个网商线下安全保障机制试点县，开启了遂昌县与淘宝网的全面战略合作新纪元。湖南省偏远地区的江永县也是因为县委书记带头抓农村电子商务发展，引进电商平台，支持电商聚集区建设，将分散资源整合，才发展起来。

  因此领导重视，政府推动是发展电子商务和建设农村流通体系的前提与保障。建议：一是各地县（市、区）要加强领导。要拿出"强工兴城"一样的气力来抓农村电子商务发展和农村流通体系建设，尽快成立县一级加快农村流通体系建设农村电子商务发展领导小组，领导小组下设办公室，整合各方面的资源，负责政策扶持、行业引领、创业培训、监督管理，统筹促进农村流通体系建设和县农村电子商务发展工作。二是明确目标。高起点做好县的农村流通体系建设及电商产业发展规划，并组织实施，明确时间表、路线图。三是政策支持。通过政府购买社会公共服务等形式，建立起适宜网络销售的各类产品数据库与农村电子商务代购、代销网点，打通电子商务的"最后一公里"，对投资电商、冷链物流、农村物流配送等基础设施、平台建设以及电商创业创新出台财税金融土地等方面的优惠政策。四是将各类农村信息平台信息化建设项目统筹整合为综合信息服务平台，改变信息孤岛、碎片化分而治之的乱象，优化农村电商发展的信息环境，如将包括"宽带乡村""互联网电视乡村""电子商务乡村""电子政务乡村""平安乡村""智慧教育乡村"等基于互联网应用的新农村建设平台统筹优化。四是优化服务。进一步转变工作作风，创新服务理念、服务内容、服务方式和服务手段，简化办事程序，提高行政效能。

Thoughts on developing rural electricity suppliers to speed up the innovation of rural circulation system

Liu Siwei

(*Hunan University of Commerce, Changsha, Hunan,* 410205)

Abstract: The development of rural e-commerce in China has broad prospects and sufficient basis, but there are still some problems in the development of rural e-commerce. This paper analyzes the short board and the bottleneck of rural e-commerce, discussing the development trend of e-commerce in rural areas: lack of rural infrastructure, electricity talent shortage, rejection of the traditional mode of production of modern business, logistics distribution difficulties, and so on. It put forward some suggestions and thoughts on the innovation of rural circulation system in the development of rural e-commerce environment in China on this basis.

Keywords: Development; rural electricity suppliers; circulation system; innovation; thinking

"互联网+"背景下
社区支持农业发展困境突破
——一个交易成本分析框架

徐志耀

> **摘 要**：社区支持农业在经济发展、城乡统筹和生态保护等方面具有多重功能价值，但为何其生存空间受到挤压、难以正常成长？在交易成本分析框架下，社区支持农业在本质上是一种通过"泛纵向一体化"来节约交易成本的制度安排，其困境来源于交易成本节约不力和管理成本居高不下的双重压力。在"互联网+"背景下，可以加快网络技术应用、创新运营模式、降低交易成本和管理成本，突破社区支持农业的发展困境。
>
> **关键词**：社区支持农业 发展困境 交易成本 互联网+ 突破路径

一、引言

社区支持农业（Community Supported Agriculture，简称 CSA）是消费者以社区

作者简介：徐志耀（1981—），男，广东和平人，管理学博士，湖南农业大学经济学院副教授、硕士生导师，主要研究农村城镇化与区域经济发展。

基金项目：本文系国家社科基金青年项目"水生态文明视阈下提升洞庭湖区城镇化质量的机制与对策研究"（14CJY022），湖南省社科基金一般项目"四化两型深入推进期湖南新型城镇化动力结构转型研究"（12YBA332）以及湖南省高校创新平台开放基金项目"环洞庭湖区新型城镇化与水生态文明建设融合发展研究"（14K051）的阶段性成果。

为单位与农场结成一种定向合作关系,使生产者降低农业经营风险的同时消费者也能获得绿色、新鲜与安全的农产品的一项制度安排。社区支持农业最早出现在20世纪六七十年代的日本,后流传至欧洲和美国等西方发达工业化国家(石嫣,2011)。我国社区支持农业最早出现在2008年的北京,中国人民大学农业与农村发展研究院的几个博士研究生留学回国后创办了"小毛驴"社区支持农业,之后在重庆、广州、上海等大城市周边陆续出现了类似的农业发展模式。据相关统计,2014年我国正式注册运营的社区支持农业已经达到80家以上并且在逐年增加,社区支持农业在我国已经形成燎原之势。2015年2月1日,中共中央、国务院印发了《关于加大改革创新力度加快农业现代化建设的若干意见》,指出我国要"走产出高效、产品安全、资源节约、环境友好的现代农业发展道路,推进农业合作社与超市、学校、企业以及社区的对接",明确了国家层面对社区支持农业发展模式的支持。

国外相关数据表明,新成立的社区支持农业中有1/4会在三年内转为纯商业化运营模式或退出该行业,新加入社区支持农业的消费者中有1/3会在三年内退出该组织重新回归规模农业系统,这个比率比一般行业要高出很多。实践表明,我国社区支持农业在取得初步成效的同时遇到了很大的困难,这使许多人产生了诸如"社区支持农业到底能走多远"等疑虑(王宏旺,2010;颜安,2012)。我国社区支持农业受到技术、制度与文化等各种复杂因素的影响,其创业失败率恐怕比国外还会更高。那么,一项在农业经济发展、城乡社会统筹和生态环境保护等方面有多重功能价值的制度安排(刘丽伟,2012),为何其生存空间会受到如此挤压、难以快速成长呢?在今天"互联网+"的浪潮下,这些问题能否及如何得到改善呢?为此,本文将首先给出一个交易成本分析框架,从"泛纵向一体化"[①]和交易成本节约的视角解释社区支持农业的出现与发展,其次阐述当前社区支持农业发展的主要困境及其形成机理,最后在"互联网+"背景下,探讨如何充分利用网络技术、完善运营模式、降低交易成本和管理成本,突破社区支持农业发展困境的若干路径。

二、农产品交易成本与社区支持农业

早在20世纪30年代,人们就已经意识到企业的产生和成长与交易成本有密切

---

① 具体定义见下文。

的联系（科斯，1937）。当市场交易成本高昂时，这些交易将会促进企业的纵向一体化，用较低廉的内部管理成本来替代高昂的市场交易成本；当企业通过纵向一体化不断扩张，其内部管理成本也会逐步增加，直到与市场交易成本持平时，企业边界就被确定了。交易成本主要是指搜索信息、处理信息、订立契约和履行契约等所花费的成本，影响因素主要包括资产专用性、不确定性、交易频率等客观因素，以及有限理性、机会主义等主观因素（威廉姆森，1978）。随着交易成本理论的不断完善（克莱因，1979；格罗斯曼，1980），学界越来越多地将其作为一种新兴工具应用到主流经济学相关研究中来，特别是在企业纵向一体化领域，交易成本已经成为最有说服力的理论。

在现代农业生产过程中，同样存在非常多的交易成本。其主要原因包括：一是农业生产的资产专用性比较强，一方面农业土地难以移动，另一方面一旦播种则难以改变；二是农产品种植受天气、病虫害、储存、运输等诸多不确定性因素的影响；三是农产品交易链条长、容易产生信息不对称；四是农产品交易对象不稳定，主体间平均交易频率普遍不高。为了降低交易成本，人们在农业生产流通过程中进行了许多的探索与创新。如"公司+农户"生产模式倡导的是通过"契约"使企业分担农户生产经营的不确定性，同时增强主体间交易频率，就是一种通过"准纵向一体化"（农户按公司的科层指令安排生产，但并未完全内部化为企业的一个部门），降低农产品交易成本的典型做法（万俊毅，2008）。

由于农产品本身的特殊性，其交易成本最大的环节并不在生产领域内部，而是在生产者与消费者之间的交换和流通环节。这主要体现在农产品标准化成本高（相对农产品自身价值而言）、生产流通链条长、运输条件苛刻以及信息不对称程度大，人们在有限理性的条件下非常容易出现机会主义行为。导致出现现代农业发展过程中的"囚徒困境"：消费者在没有可靠依据的市场里只能"无奈"地选择价格适中、卖相较好的产品；生产者因此又"无奈"地依赖化肥、农药、膨胀剂和化学添加剂等有害物质提升产品卖相；最终的结果是生产者对生态环境造成严重污染，同时消费者只能接受各种表面光鲜实质劣等、有害甚至有毒的食品。有鉴于此，许多消费者开始逃离现代农业大规模生产与销售的模式，尝试将大家以社区的方式组织起来，向特定农场进行长期一对一的农产品订购甚至直接参与农业生产，以契约的方式形成一种松散的合作关系。不难发现，这种以节约交易成本为目的的组织就是社区支持农业的雏形。在万俊毅（2008）"准纵向一体化"的基础上，我们不妨将这种生产者向消费者的纵向一体化称为"泛纵向一体化"。

如图1所示，MC为农业企业的内部管理成本线，TC_1为市场的初始交易成本线，由此决定的企业边界为A，其中OA为农产品自给自足模式，AK为标准化农业生产与交易模式。考虑在 AK 阶段生产者与消费者均发现此时市场交易成本非常高，并通过契约进行"泛纵向一体化"形成社区支持农业，此时交易成本下降为 TC_2，由此决定了一个新的企业边界 B。由此，A 点和 B 点将整个市场分为三种类型，其中 OA 部分仍然为农产品的自给自足模式，BK 部分为传统的标准化农业生产与交易模式，AB 部分为个性化、小规模生产的社区支持农业模式。这样，社区支持农业作为一种通过"泛纵向一体化"节约农产品交易成本的制度安排就出现了。

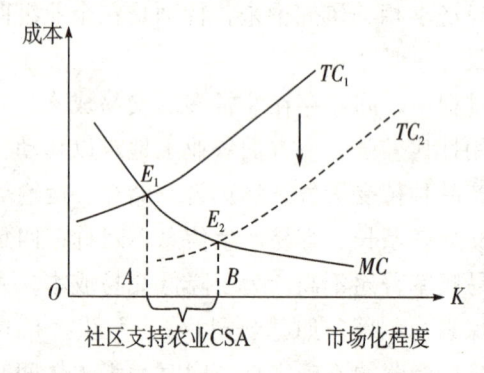

图 1　泛纵向一体化、交易成本节约与 CSA

一般来说，社区支持农业包含配送份额和劳动份额两种实施方式；配送份额是预交半年或一年的定金，每周配送 1~2 次农产品，劳动份额是预交 1 年的土地租用费，自己负责耕种与收获（忙不过来可花钱请人代劳）。在交易成本分析框架内，它们在本质上都是通过生产者向消费者的"泛纵向一体化"来降低交易成本的一种实现形式，区别是在一体化程度上后者比前者要高。社区支持农业节约交易费用的机制比较复杂，简单地说就是通过合同来调节行为主体的交易行为从而影响交易成本。一方面社区支持农业提高了人们的理性程度，使他们做出正确选择的能力大大提升，从而节约了大量交易成本；另一方面社区支持农业通过合同约束了人们的行为，使他们的机会主义倾向得以降低，从而阻止了大量交易成本的发生。其具体作用过程将在困境缓解部分做详细说明。

三、社区支持农业面临的主要困境

从社会发展过程来看，社区支持农业是后现代主义应对现代性后果在农业领域的一种行动，这决定了它从一开始就必定会受到现代化大生产的全面围困（付会洋、叶敬忠，2015）。社区支持农业的经营模式分为非营利组织（NGO）引导、农户合作和消费者联盟三种（刘飞，2012），但不管是哪种模式几乎都遇到了一系列错综复杂的问题，总体来说可以从生产者、消费者和双方关系三个方面进行粗线条描述。

困境Ⅰ：生产者的困境。一是生态型要素的投入成本高。当前大规模标准化生产已经成为农业生产的主流形式，市场上充斥着经过改造（甚至是转基因）且不能自我繁殖的种子、肥力强大但污染严重的化学肥料、立竿见影但残留过多的强力农药等农业生产要素（付会洋、叶敬忠，2015）；在这种市场体系下获取能循环繁殖的种子、无公害肥料和无残留农药的难度可想而知，就算能获取，代价也很高。此外，社区支持农业的特殊性决定了消费者对其土壤、水源和周边生态环境质量的要求非常高；不但如此，消费者还同时会考虑要离城市不能太远；能同时满足这两方面要求的土地是稀缺的，其价格也比一般的土地价格要高很多。二是分散化劳作的管理难度大。对配送份额来说，社区支持农业经营者可以自行安排劳作时间，但对劳动份额来说则要与消费者业主共同商量决定。不同的决策主体和不同的决策方式决定了社区支持农业在具体劳作的安排上处于尴尬的局面，一方面要考虑农业生长的自然规律限制，同时还要考虑消费者的不确定性时间安排，管理难度非常大。

困境Ⅱ：消费者的困境。一是多样化需求无法得到满足。在之前标准农业的长期培养下，消费者（不管承认与否）已经习惯了琳琅满目的反季蔬菜与水果，因此形成了多样化的需求结构；当其突然转换到社区支持农业的当季模式，难免会产生较大的落差感。调查表明，许多消费者在刚开始接触社区支持农业时都会产生如"蔬菜品种为何如此单一""为何不多引进不同种类的蔬菜瓜果"等疑问，但是社区支持农业经营者通常无法为消费者解决这个问题（杨波，2012）；甚至有不少消费者抱着很大的希望加入社区支持农业，但在连续吃几个月的茄子和苦瓜后果断重回标准农业怀抱。二是产品和服务质量不稳定。社区支持农业一般会坚持采用纯天然、非标准化的传统技术进行种植，因此难免会受到技术水平、异常气候和病虫害等各种影响，使产品质量产生较大的波动（孙娟、李艳军，2015）。另外，社区支持农业的配送队伍一般来说都或多或少带有兼职或义务等特征，再加上配送产品非标准化包装，这都决定了不可能提供令所有消费者都满意的标准化服务。例如，不少消费者对配送员在菜品分配上的随意性产生较大不满，认为分配方案不够公平等。

困境Ⅲ：双方共同的困境。一是双方理念与目标不一致。按重要程度从高到低来看，生产者的目标依次是"风险转移、资金获取和绿色生产"，消费者的目标依次是"获取安全蔬菜、体验种植快乐和价格低于超市"（杨波，2014）。双方理念的不完全一致主要体现在：①在"绿色生产与安全农产品"方面理念一致，但重要程度不一样，消费者的要求远高于生产者；②生产者认为风险转移和资金获取是最为重要的，消费者认为这两个方面只是手段而不是目标；③消费者认为体验快乐和价格优势是非常重要的，生产者却认为这是手段而不是目标。二是沟通不畅与信任基础不牢。由于沟通不畅和契约不完全，生产者仍然存在发生道德风险的可能。如生产者可能会考虑通过施用化肥和农药（便宜、方便、高效且难以被发现）来改善品相，甚至直接从市场购买产品来取悦消费者。特别是对配送份额来说，消费者并不能经常到基地去参与生产，生产者在其努力难以被消费者完整感知和认可的情况下，更容易出现以上道德风险。

四、互联网+与社区支持农业困境的突破

综上所述，社区支持农业普遍面临合作机制脆弱、融资普遍困难、运营管理难度大、机会主义现象仍然存在、用户流失率和企业失败率居高不下等诸多问题。形成这些困境的直接原因是社区支持农业一方面对交易成本节约不力，另一方面管理成本控制也处于失效状态。根据交易成本理论，其根本原因是生产者与消费者双方地位不对等、信息不透明以及信任不牢固等问题的存在。那么，传统社区支持农业的困境该如何突破呢？怎样才能建立平等、透明和信任的机制，真正发挥"泛纵向一体化"的作用，降低社区支持农业的交易成本和管理成本、促进其快速发展呢？李克强总理在2015年3月举行的第十二届全国人民代表大会第三次会议中的政府报告中提出，要"制定和实施'互联网+'行动计划，推动移动互联网、云计算、大数据、物联网与各行各业的有机结合，推动生产技术创新与商业模式创新"，为社区支持农业发展困境的突破指明了方向。如图2所示，"互联网+社区支持农业"发挥"互联网技术"与"泛纵向一体化"交叉综合优势、节约交易成本和突破发展困境的路径可以总结为：促进平等、增加透明、提升信任三个方面。

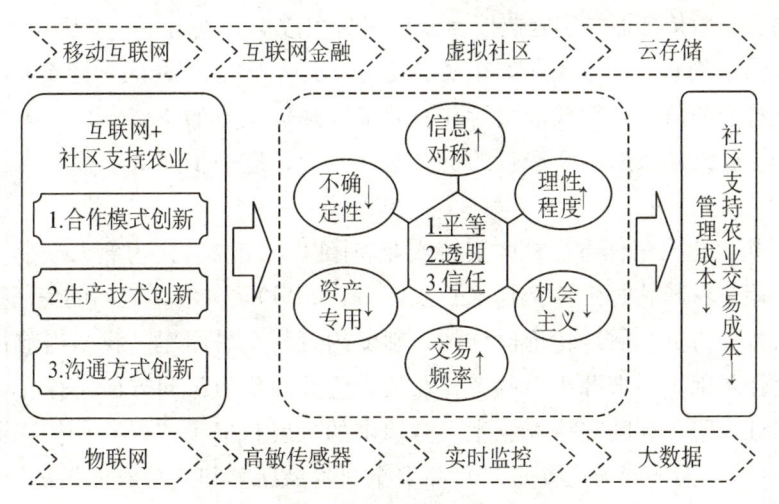

图 2 "互联网+"背景下社区支持农业困境的突破路径

路径Ⅰ：促进平等性。众所周知，标准农业在生产者与消费者之间存在较大的不平等。对大型标准农业企业来说，它们往往会通过差异化策略培养与扩大其市场势力，再通过价格歧视使企业利润最大化。如国内"某某有机农业"公司，其生产的有机大米价格在200元/千克以上，其他农产品也是价格高得让人咋舌。对于小型农业企业来说则情况完全相反，由于在市场上完全没有势力，其价格被中间商和消费者群体压了再压，往往处于没有任何利润空间的尴尬境地。社区支持农业通过契约的方式一方面将生产者联合起来，另一方面将消费者联合起来，形成了两个市场地位平等、市场势力均衡的组织，从理论上形成了降低农产品交易成本的可能。实践表明，这种可能性的实现还要有赖于与"互联网+"的深度融合。如图2所示，在移动互联网、互联网金融和虚拟社区的支持下，"互联网+社区支持农业"通过合作模式创新（例如众筹模式、微商模式、即时互动模式等），可以大大减少社区支持农业的资产专用性、增加交易频率（互动频率）、减少"敲竹杠"和"道德风险"等机会主义行为，从而大大减少社区支持农业的交易成本。

路径Ⅱ：增加透明度。如前文所述，标准农业交易成本最高的环节发生在生产者与消费者之间的交换环节，原因主要是生产监管难度大、流通链条长和信息不对称严重等。社区支持农业的想法是按照"纵向一体化"的思路，将消费者一体化到农业企业内部来，一方面可以将外部性内部化，另一方面还可以缩短流通链条。然而，社区支持农业仍难以完全解决这些问题。例如，一纸合同就能使农业生产不需要监管吗？事实表明，只要消费者与生产者是独立的行为主体、他们的目标就会不一致，生产者就仍然存在采取机会主义行为的可能。因此，增加信息透明度、促进信息共享和减少信息不对称才是解决这个问题的关键。如图2所示，在物联网、高敏传感器、实施监控、云存储与大数据的支持下,"互联网+社区支持农业"通过创新生产方式(如在线农场、云农场等),使社区支持农业的整个生产、流通过程和信息都能被消费者在线获取,降低生产的不确定性、提升了信息的对称程度、大幅减少了生产者的机会主义行为,进一步降低了社区支持农业的交易成本。

路径III:提升信任度。社区支持农业将陌生人交易转换为熟人交易,通过增强信任来调节农产品的交易成本(王志刚 等,2014)。人与人之间的信任按来源与程度依次可分为三个层次:价值认同、制度约束与交易频率。我国当前社区支持农业的信任基础主要来源于后两者,在最为重要的价值认同方面还存在较大提升空间。实证表明,社区支持农业生产方追求的主要目标是"风险分担、资金融通和绿色生产",国外居民主要是"食品安全、食品新鲜和支持农业发展",国内居民则主要是"食品安全、体验快乐和价格实惠"(杨波,2014)。由此看来,生产者与消费者对社区支持农业的价值认同确实是不一样的,特别是国内消费者只关心个体利益,而对于社区支持农业的公益性还缺乏认同感。在移动互联网支持下,"互联网+社区支持农业"可以进行沟通平台创新(虚拟社区、微信微博平台等),通过更频繁、更方便的信息沟通和活动参与,提高消费者与生产者的价值认同感(陈卫平,2015),特别是可以培养消费者关于社区支持农业公益性的认知,让更多的人愿意把社区支持农业看成是自家后花园,乐意为社区支持农业的发展献计献策、付出劳动和智慧。这样就能从根本上减少机会主义行为,在最大限度上发挥"泛纵向一体化"的优势,降低交易成本、促进社区支持农业繁荣发展。

五、结论与思考

社区支持农业在农业经济增长、城乡社会统筹和生态环境保护等诸多方面具有多重功能价值,但其在本质上属于后现代主义在农业领域应对现代性的一种行动,这决定了其在现代化大生产的市场体系中必定会遇到诸多的困难。不过,这不能也不会完全消灭社区支持农业,虽然它可能不会成为现代农业生产的一种超越,但至少也会成为现代标准农业的一种嵌入。

从交易成本的视角来看,社区支持农业企图通过向消费者端的"泛纵向一体化"来降低交易成本。不过由于契约的有限性,交易成本的降低并未能达到预期的效果,非完全理性、机会主义等问题仍时有发生。其中的主要原因是社区支持农业的交易双方仍不具备完全平等的交换地位、社区支持农业的生产与交换信息仍存在较大的不对称性、社区支持农业的双方主体的信任基础仍然不牢固，特别是消费者在社区支持农业公益性的认知上还存在较大缺陷。

"互联网+社区支持农业"可以在合作模式、生产方式和沟通平台等方面进行大胆创新，从促进平等、增加透明和提升信任三条路径插上互联网的翅膀进行困境突围。通过减少资产专用性、降低不确定性、提高信息对称程度、增加交易频率、提升理性程度和减少机会主义行为，大幅降低交易成本，使社区支持农业取得新的发展。

值得注意的是，社区支持农业在国外发展经验并不完全适合我国的实际情况，并且"互联网+社区支持农业"在国外也没有成功的经验可以直接借鉴。这决定了"互联网+"背景下社区支持农业的困境突破不可能是一蹴而就的事情，而是一个要综合考虑我国实际情况、充分利用最新技术的不断学习、纠错与创新的动态过程。

参考文献

[1] 石嫣. 生态型都市农业发展与城市中等收入群体兴起相关性分析——基于"小毛驴市民农园"社区支持农业（CSA）运作的参与式研究 [J]. 贵州社会科学, 2011 (2).

[2] 王宏旺. 社区支持农业：你的世界，我不懂 [N]. 南方农村报, 2010-02-09 (7).

[3] 颜安. "社区支持农业"能走多远？[N]. 重庆日报, 2012-04-10 (A7).

[4] 刘丽伟. 我国发展社区支持农业的多功能价值及路径选择 [J]. 学术交流, 2012 (9).

[5] 科斯. 企业的性质 [M]. 姚海鑫, 邢源源, 译. 北京：商务印书馆出版社, 2007.

[6] 威廉姆森. 生产的纵向一体化：市场失灵的考察 [M] //企业制度与市场组织——交易费用经济学文选. 陈郁, 译. 上海：三联书店出版社, 2009.

[7] 万俊毅. 准纵向一体化关系治理与合约履行——以农业产业化经营的温氏模式为例 [J]. 管理世界, 2008 (12).

[8] 付会洋, 叶敬忠. 兴起与围困：社区支持农业的本土化发展 [J]. 中国农村经济, 2015 (2).

[9] 刘飞. 制度嵌入性与地方食品系统——基于Z市三个典型社区支持农业的案例研究 [J]. 中国农业大学学报（社会科学版）, 2012 (1).

[10] 杨波. 社区支持农业的流通渠道分析：基于和主流渠道对比的视角 [J]. 消费经济, 2012 (5).

[11] 孙娟, 李艳军. 农业现代化的新方向：社区支持农业的发展及政策建议 [J]. 农村经济, 2015 (8).

[12] 杨波. 我国城市居民加入"社区支持农业"的动机与影响因素的实证研究——基于中西方国家对比的视角 [J]. 中国农村观察, 2014 (2).

[13] 王志刚, 杨胤轩, 苏毅清, 等. 物联网应用下社区支持农业的信任分析 [J]. 贵州社会科

学，2014 (12).

[14] 陈卫平. 社区支持农业消费者对生产者信任的建立：消费者社交媒体参与的作用 [J]. 中国农村经济, 2015 (6).

The development dilemma breakthrough of Community Support Agricultural in the context of the Internet plus: a transaction cost analysis framework

Xu ZhiYao

(Hunan Agricultural University, Hunan, China, 410128)

Abstract: Community Supported Agriculture has multiple functions of value of economic development, urban and rural co-ordination and ecological protection and other aspects, but why the living space is squeezed and difficult to normal growth? In the framework of transaction cost analysis, Community Supported Agriculture is essentially a kind of institutional arrangements through the "pan longitudinal integration" to save the transaction cost. The trouble comes from the reduction of transaction cost and poor management of the high cost of double pressure. In the "Internet" background, it can speed up the application of network technology, innovative business model, reduce transaction costs and management costs, Break through the dilemma of the development of Community Support Agriculture.

Key words: Community support agriculture; development dilemma; transaction cost; internet plus; breakthrough path

电子商务对城市商圈影响的机理分析和经验研究

朱艳春

> **摘 要**：本文分析了电子商务对城市商圈演进的影响，从城市商圈演进的基础框架入手，深入探讨了电子商务对外生变量和内生变量的复杂作用，通过中观层面数据对电子商务的影响进行了经验研究，研究显示电子商务对不同零售业态和不同等级城市商圈的影响具有显著差异，会使城市商圈和商圈体系空间重构。
>
> **关键词**：电子商务　城市商圈　演进

电子商务对线下实体店的冲击已经是不争的事实，2014年，中国网络零售市场稳步发展，全年实现2.8万亿元的网络零售交易额，相较去年增长了48.7%。网络零售交易额占社会消费品零售总额的比重达到10.7%，年度线上渗透率首次突破10%。在2015年"双十一"天猫商城更是创下了972亿元的世界纪录。随着移动购物市场的飞速发展、典型电商企业向三四线城市甚至农村市场的扩张及国际化战略的布局，电子商务在实体经济中所占的比重越来越大，对于传统的城市商圈发展也产生了重大影响。据联商网统计数据显示，2014年上半年，主要零售企业在国内共计关闭158家门店，而在2013年全年的关店数还只有35家，这反映了

作者简介：朱艳春（1981—）女，湖南永州人，长沙学院讲师，博士，主要研究方向为商贸流通。

基金项目：国家社科基金重点项目：我国城市流通产业空间结构优化研究（项目编号：13AJY015）、湖南省社科基金项目：信息化与湖南流通现代化研究（项目编号：12JD39）、湖南省教育厅重点项目：虚拟商圈演化与互联网商业模式创新研究（项目编号：15A104）。

电子商务对传统零售业的巨大冲击。商务部"互联网+流通"的行动计划指出以技术创新和商业模式创新为驱动，推动传统流通产业转型升级。在现实和政策双重背景下，城市商圈作为流通产业的核心要素，探讨电子商务对其影响就变得极为重要。

一、文献回顾

电子商务对流通产业产生影响是不争的事实，学者们也对此作了大量的研究。电子商务对企业和消费者都有着深刻的影响，Nejadirani 等（2001）指出电子商务通过进入更为细分的市场和快速增长的渠道需求来影响卖方，同时也能为买方提供多样化和来自于小企业的产品。Zhu 和 Kraemer（2005）指出电子商务无论在前向（产品信息）还是在后向（网站应用、网络基础设施）均可以延长和增加零售产业的价值链，这一点在许多国家得到了经验证明，而且在一个国别比较中发现，发达国家的后向影响更大，发展中国家的前向影响更大。Vilaseca 等（2007）利用西班牙企业层面的数据分析发现，企业电子商务的应用与渠道绩效之间并没有呈现显著一致性，外部环境的复杂性影响了电子商务应用，而内部因素通过与资源、能力关联影响电子商务的绩效。Sanders（2007）发现电子商务通过提高零售企业内部和外部协作程度能直接或间接影响企业绩效。Quirós Romero 和 Rodríguez Rodríguez（2010）研究了 2000—2005 年西班牙的企业层面数据发现线上购物对企业效率有显著的正向影响。李骏阳（2012）在一般机理层面分析了电子商务对流通的作用过程，指出这种影响主要表现为流通效率的提高与交易费用的降低，同时创造了新的流通时空概念，促进流通市场和流通组织不断变革。陆立军、刘猛（2013）指出电子商务通过大幅度降低外生交易成本推动专业市场交易制度变迁，并建立了 SSP 制度分析框架和演化博弈模型，揭示了电子商务诱致下专业市场交易制度变迁的演化机制、路径及其条件。陆立军（2013）运用演化博弈分析工具，利用仿真和经验检验分析了电子商务与专业市场之间动态融合的内生性博弈机制，得出电子商务是其演化过程中最为重要的核心变量的结论。戴雪芬、郑淑荣（2015）指出电子商务的冲击使传统零售业必须通过 O2O 运营模式进行变革，主要有自建 B2C 平台、与第三方 B2C 平台合作、自建移动 APP 客户端和入驻微信平台等多种商业模式。

从上述研究可以发现，现有文献都突出了电子商务对企业或者专业市场的影响，对于微观层面的刻画已经非常深刻，但是根据柳思维等（2007）的观点，城市商圈是城市多种零售业态在特定空间区域内集聚形成的综合商业组织，因此不同于单个的商业企业或专业市场，电子商务对于城市商圈的影响必将更加复杂。

二、电子商务影响城市商圈内在机理

从上述学者的论述中可以看出，电子商务对于商业企业的影响是多元化的，但恰恰是这种多元化需要建立一个统一的框架对这种影响进行深刻的分析。我们利用唐红涛等（2015）建立的一个城市商圈空间结构演化的框架对其进行分析，这个框架主要是将商业企业视为城市商圈演化和发展的核心，城市商圈最终的形态呈现就是商业企业聚集之后形成的。因此，分析一个典型商业企业的演化路径就能寻找出城市商圈整体演化的路径和呈现的形态。一个典型的商业企业的演化路径可以用公式（1）进行描述：

$$B_{ijt}(Scale,Format)=f(C_{it},B_{it}\times C_{it},B_{ijt}\times B_{ij-t},B_{it}\times B_{i-t},R_{it},TC_{it},\varepsilon_{t}) \tag{1}$$

其中，$B_{ijt}(Scale，Format)$ 代表了城市中第 i 个商圈第 j 个商业企业在第 t 时期的演化状态，这种状态可以用规模（Scale）和业态（Format）来进行描述，C_{it} 代表第 i 个商圈在第 t 时期的消费购买力，R_{it} 代表第 i 个商圈的商业租金。一般而言，城市商圈越发展，商业租金越高，对城市商圈演化起到阻碍影响。TC_{it} 代表第 i 个商圈的拥堵成本，它同样会随着城市商圈规模扩大而增加。$B_{it}\times C_{it}$ 则代表了第 i 个商圈的商业企业和消费者购买力间的复杂互动关联。$B_{ijt}\times B_{ij-t}$ 表示第 i 个商圈内部第 j 个商业企业受到所有商圈内部其他商业企业对它的影响。$B_{it}\times B_{i-t}$ 表示在城市商圈体系中第 i 个商圈和商圈体系中其他商圈的相互互动关系。ε_t 表示模型中没有描述的其他因素影响。

电子商务对城市商圈的影响必然作用在典型的商业企业上，即（1）式，我们首先分析方程的右边，这是影响城市商圈和商业企业的外生和内生变量，外生变量包括区域消费者购买力、所在商圈的店铺租金以及拥堵成本等，内生变量则包括城市商圈内企业和消费者之间的互动、企业和企业之间的互动、商圈和商圈之间的互动。在电子商务的作用之下将会产生非常复杂的效应。

（一）外生变量

影响城市商圈的外生变量主要为消费购买力、店铺租金和拥堵成本。

1. 消费购买力

消费购买力是城市商圈发展最重要的外生动力，消费能力的高低决定了城市商圈的发达程度。在北上广深等一线城市，消费购买力旺盛，城市的商业高度发达，往往形成多个层次、不同大小的商圈体系；而在一些中小城市，由于城市整体消费购买力相对疲乏，城市只能支撑一个核心商圈和小的社区商圈。电子商务的迅猛发展将会对消费购买力变量产生深远的影响。首先，从消费购买力总体上看，随着电子商务占社会消费品零售总额比重越来越大，必然导致城市商圈总体购买力不断下降。

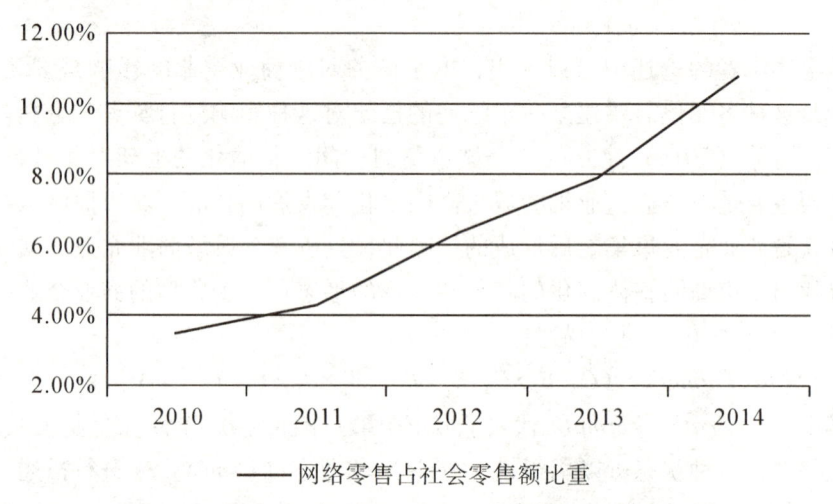

图 1　2010—2014 年网络零售占社会消费品零售总额比重

数据来源：中国电子商务研究中心。

从图 1 中可以发现随着时间推移，电子商务所占比重日益增加，从 2010 年的 3.5%一直上升到 2014 年的 10.7%，这在无形之中降低了城市商圈的消费购买力总量，从而影响城市商圈的正常发展，大量百货店的关门体现了消费购买力流失带来的冲击；其次，从消费购买力时间分布看，由于电子商务能够跨越时间限制，许多非正常时间分布的消费购买力①将会集中到电子商务。另外，电子商务具有极强的集聚性，能在某些特定时点将不同区域消费者集中起来，电商的"双十一"全民购物狂欢就证明了这一点，而这些对于城市商圈的消费购买力也会产生巨大的影响。最后，由于现有城市商圈和电子商务结合程度日益紧密②，电子商务将会在某种程度上对区域消费者购买力进行重构。在电子商务较为发达的地区，电子商务通过吸引其他区域的消费者从而扩大了本区域的消费购买力，导致形成了许多新的城市商圈。在北上广深等一线城市③，不仅城市消费购买力增加，甚至一些

---

① 比如，深夜、清晨等产生的购物等商业需求。
② 电子商务最后还是要立足于实体城市商圈，通过仓储、物流等环节到达最终消费者手中。
③ 中国 2014 年 B2C 企业前三十位排名显示，几乎没有来自中西部的电商企业上榜。

邻近的乡镇也开始形成"淘宝镇"① 甚至"淘宝村",形成新型的城市商圈。而与之形成鲜明对比的是,经济相对落后的中西部几乎没有大型 B2C 企业,导致中西部地区的消费购买力不断外流至沿海发达地区,这已经可以从许多中西部地区的零售门店数量不断减少中略见端倪。有些即使门店数量没有明显减少但营业面积和从业人数都开始下降,形成电子商务时期独特的区域间贸易逆差现象。从长期来看,有点类似于国际贸易比较优势理论,未来的城市商圈的消费购买力将不只是按照空间地理区域集聚,而是有可能将区域特色以及消费者偏好因素的影响纳入其中,各个区域按照自己的相对比较优势发展新的城市商圈。

2. 店铺租金

在传统城市商圈的演化和形成过程中,店铺租金是非常重要的因素,作为一个反向指标,它直接制约了城市商圈的扩张。一般而言,随着单个城市商圈的规模不断扩大、业态不断丰富,其商业租金也会相应上升,增加了商业企业的经营成本,从而使得商业企业开始面临城市商圈带来的外部性经济和店铺租金上升的两难抉择,而这恰恰也是城市商圈最终演化形态的重要外生变量。电子商务对于传统商圈中的店铺租金产生了微妙的影响,但整体而言这种影响会使得店铺租金降低。一方面,由于电子商务的发展,线上线下两种渠道模式差异,导致线上商品相对线下商品具有巨大的价格优势,其中重要来源便是线下高昂的店铺租金与线上便宜的网站运营费用的差异,为了缩小这种差异,店铺租金必须降低;另一方面,如前面所述,电子商务将会重新整合消费者购买力,区域购买力的流失将会改变局部的供求关系,消费需求下降会导致店铺需求下降从而降低店铺租金。

而且需要注意的是,店铺租金和前面论述的消费购买力两个外生变量之间存在强烈的负相关关系。电子商务通过改变城市商圈消费购买力数量和结构影响区域店铺租金,但同时店铺租金的不断降低又能在某种程度上刺激城市商圈的发展。同时由于电子商务对于城市商圈不同零售业态的冲击程度不等,因此不同零售业态的店铺租金受到的影响也不太一致,大型百货商场影响大,中小便利商店影响小,这种程度不一的影响将会导致在城市商圈内形成新的店铺租金结构。

3. 拥堵成本

拥堵成本同样是城市商圈扩张的阻碍因素,城市商圈的发展会伴随着拥堵成本的上升,通过增加商家经营的成本抑制商圈的空间扩张。一般而言,拥堵成本

---

① 据阿里研究院《2014 年中国淘宝村研究报告》显示,截至 2014 年 12 月,中国共有 212 个淘宝村,19 个淘宝镇。而这些乡镇几乎都出现在浙江、江苏、广东等沿海发达省份。浙江省的遂昌县 2014 年电子商务交易额高达 3.2 亿元,而人口仅 20 多万,电子商务给其带来了大量其他区域的消费购买力。

与所在城市商圈的空间地理位置以及交通基础设施状况直接相关，与互联网和电子商务发展关联不大。但是电子商务还是能从两个层面影响到城市商圈拥堵成本。一方面，电子商务使得更多消费者通过网络购物，减少实体店消费，从而改善了城市商圈的拥堵现象，极大降低了城市商圈的拥堵成本，尤其是在城市商圈体系中处于比较可以被替代的中型商圈；另一方面，电子商务毕竟需要实体物流支持，大量的O2O模式也需要现实门店作为基础，而这些又有可能在一定程度增加局部地区的拥堵。整体而言，电子商务会降低现实商圈的拥堵成本，但这种降低是以降低消费者购买力为代价的。

（二）内生变量

比外生变量分析更为复杂的是城市商圈演化的内生变量，他们同样受到电子商务的强烈作用。

1. 商家与消费者互动

在公式（1）中，我们用$B_{it} \times C_{it}$描述商家与消费者互动，这种互动关系非常复杂，一般是非线性的，并且难于利用具体函数形式描述。传统城市商圈内消费者数量和购买力的增加会刺激商家扩大规模、提升业态，而商家的这些行为在某种程度上又会刺激消费者购买力的提高和进一步集中。电子商务对商家和消费者互动的影响非常复杂，既有正面效应也有负面效应，正面效应主要指电子商务提升了商家和消费者互动能力和效果，负面效应则是指导致商家和消费者的关联能力下降。

正面效应主要是指当电子商务快速发展，消费者在零售渠道各个环节中开始占据主动。通过电子商务，消费者和商家之间信息不对称程度降低，消费者获取信息的成本急剧降低，逆向淘汰的现象也日益减少；电子商务带来的交易环节减少、交易手段①提升极大降低了消费者和商家之间的交易成本，提升交易效率；通过电子商务，消费者在与商家的互动中通过商品多样性的体验选择、购物专业能力提升上面极大改善了互动效果；消费者利用电子商务可以全面控制交易环节各个链条，这也加深了消费者与商家互动的程度。另一个重要的正面效应来自于电子商务将极大提高商家与消费者互动效率，利用目前大数据、数据挖掘技术以及精准营销，商家将能更精确地把握消费者的购买偏好和购买行为，从而会增强促销和渠道推广的针对性，提高消费者的接受度，提高商家与消费者的互动效率。但电子商务的发展也会带来负面的效应，主要是指电子商务对传统商圈中商家与

---

① 电子支付手段比传统支付工具的交易效率高，交易成本低。即使在传统城市商圈中进行交易也可以采用电子支付和移动支付。

消费者关联的冲击，例如现在由于线上线下商品存在较大的价格差，许多实体百货店变成了线上商店的试衣间，这就极大扭曲了正常的购物关系，导致大量线下消费者无法转化为有效购买力，从而影响了商家与消费者的互动。另外，电子商务带来的海量信息也会使消费者做出选择比原来困难得多，从而影响了消费者与商家之间的互动效果。电子商务使得城市商圈本已复杂的商家和消费者互动关系变得更为复杂，特别是现在O2O模式和新型线上线下双渠道互动将会加剧这一影响。

2. 商家与商家互动

在公式（1）中，我们用 $B_{ijt} \times B_{ij-t}$ 描述同一个商圈内部商家与商家互动，他们相互之间的竞争合作关系决定了城市商圈内部生态的演化状态。电子商务对商家与商家互动的影响非常明显，会导致商家之间竞争更加激烈，同时商家之间的合作也会更加紧密。

从竞争角度分析，由于电子商务已经渗透到了传统零售业和商圈的各个环节。大型零售企业直接进军电子商务（苏宁成立苏宁易购、国美成立国美电器、银泰百货成立银泰网等），中小型零售企业也通过O2O模式涉足电子商务，甚至社区零售企业也能成为电子商务企业的实体提货点或服务机构[①]。因此，传统城市商圈内部商家之间的竞争关系将会变得空前激烈，从过去纯粹实体店的竞争转移到线上线下双渠道的全面竞争。不断强大的电子商务企业甚至能够影响传统零售企业和城市商圈在渠道中的控制权和定价权。从极端角度上看，网络时代下城市商圈内每一个商家受到的竞争不再仅仅是商圈范围内其他商家带来的，而是要加上所有通过互联网对其经营产生影响的线上线下商家总和，毫无疑问这种竞争效应将会大大加强，但反过来考虑，商家在电子商务中面临的市场也是无限广阔的。

从合作角度分析，电子商务也会增强城市商圈内部商家之间的合作关系。一方面，电子商务能够极大地降低交易成本，同时能够凝聚不同时空分散的消费者购买力，形成相对完整的市场[②]。交易成本的降低和长尾市场的形成将会导致城市商圈市场细分程度加深，传统城市商圈消费购买力在空间上的分散导致许多细分市场和行业无法产生，但电子商务的集聚效应能够促进商业组织变革，出现了大量的虚拟商业企业（淘宝网中大量的网店只从事商品的营销，其余环节全部外包），随着专业化程度的加深，供应链各个环节间协作关系空前加强；另一方面，电子商务从技术角度降低了商家之间协作的成本，在供应链的各个环节电子商

---

① 几乎所有的电子商务企业都有实体提货点，顺丰还开设了纯粹的嘿客实体体验店。
② 再小众的商品在互联网范围中都能形成一定规模的市场，这也是长尾效应带来的价值。

都提升了效率，电子订单、柔性供应链、电子化客户管理等手段不断促进商家之间合作的形成，大数据和云计算更使得这些协作变得可行。

3. 商圈与商圈互动

在公式（1）中，我们用 $B_{it} \times B_{i-t}$ 描述在城市商圈体系中，一个商圈与另一个商圈之间的竞合关系，既包括商圈对商圈的辐射效应，也包括两者之间的竞争关系。电子商务的发展将会从宏观层面对这种互动关系产生影响，从而在空间结构层面使城市商圈和商圈体系重构。

首先，电子商务将会淡化商圈空间发展概念，城市商圈之间竞争扩张不再局限于实体区域的扩张，而更注重互联网虚拟空间的扩张，未来的城市商圈都将具有实体空间范围和虚拟的互联网空间范围，而后者更是发展的重点。因此，城市商圈间的竞争关系将会从简单的实体空间竞争转向实体虚拟双重空间竞争；其次，电子商务的发展由于高度发达的技术水平和长尾市场导致商业领域市场分工高度深化，垂直化分工日益明显，单个行业甚至单个产品[①]都有可能成为城市商圈发展的重点，这些变化将会使得未来专业化城市商圈形成变成可能，事实上现在的"淘宝镇"就已经具有了专业化城市商圈的雏形，通过电子商务吸引到外部消费者购买力和内部消费者购买力共同形成高度专业化的需求，从而形成专业化城市商圈；最后，电子商务对现有城市商圈体系各个等级的商圈影响和冲击是不一致的，核心商圈由于定位较高，经营商品多为价值较高、体验性较强的，因此电子商务对其冲击相对较小。社区商圈则因其便利性和贴近消费者的特质，受冲击也不大，而且电子商务与社区商业的O2O结合会促进社区商圈的进一步发展。而中间等级商圈受电子商务冲击非常大，由于经营商品和目标消费者与互联网有较大的重合，廉价便利的电子商务将使得传统渠道日渐萎缩，影响商圈的发展。

三、电子商务对城市商圈影响的经验研究

由于城市商圈研究属于中观层面数据，我国尚缺乏联系系统的数据，因此我们只能从两个层面分析电子商务对城市商圈的影响。首先从整体上看电子商务对城市商圈的影响，然后从构成城市商圈的各种零售业态的发展来探讨电子商务的影响。

[①] "三只松鼠"仅仅以坚果这一单品进入市场，成立刚刚4个多月的"三只松鼠"当日成交额近800万元，一举夺得坚果零食类目冠军宝座，2013年的坚果销售额超过3亿元，2015年市场估值40亿元。

(一) 总体影响

我们通过比较2009—2003年电子商务B2C的发展速度、从业人数和传统零售行业的发展速度、从业人数来分析。

从图2中可以看出，在2009—2013年间电子商务B2C的发展速度显著快于连锁企业零售产值的增长速度，电子商务B2C交易额从2009年的3.7万亿元增加到2013年的10.2万亿元，而连锁企业零售产值仅仅从2009年的2.23万亿元增加到2013年的3.8万亿元，无论从绝对值还是增长速度都低于电子商务B2C的发展，这无疑证实了电子商务会导致城市商圈发展的消费购买力出现下降。我们还可以从另一个重要指标——行业从业人数来分析。

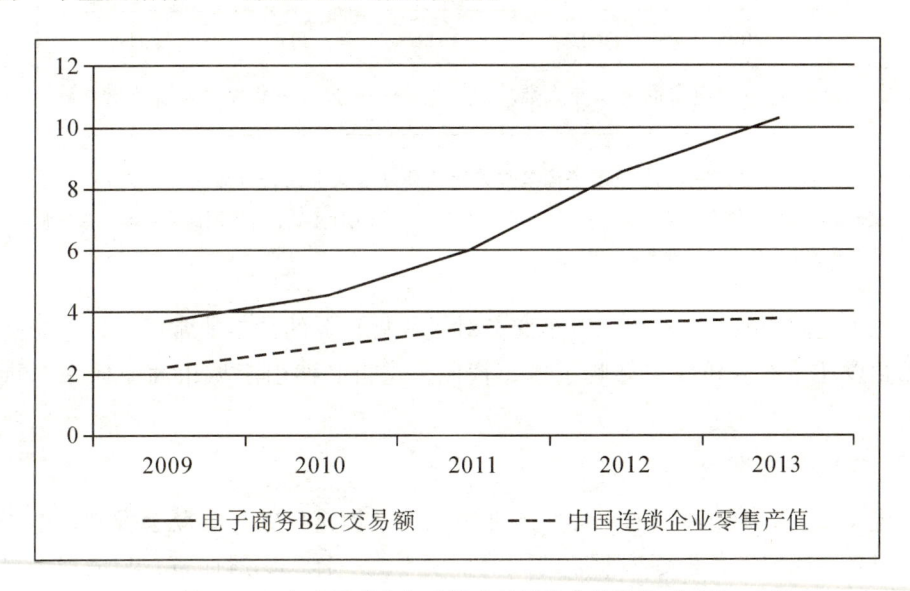

图2 2009—2013年电子商务与连锁企业零售产值比较（单位：万亿）

数据来源：中国连锁企业零售产值来自各年度《中国统计年鉴》《中国商业年鉴》数据整理，电子商务B2C交易额数据来自中国电子商务研究中心。

从图3中可以看出，在2009—2013年间连锁企业从业人数一直超过电子商务行业从业人数，但是从增长趋势上看则是电子商务显著高于连锁企业。前者的从业人数从2009年的210.9万增加到2013年的255.9万，而后者的从业人数从2009年的100万增加到2013年的235万。从增长速度看，电子商务的从业人数显著快于传统连锁零售企业从业人数。

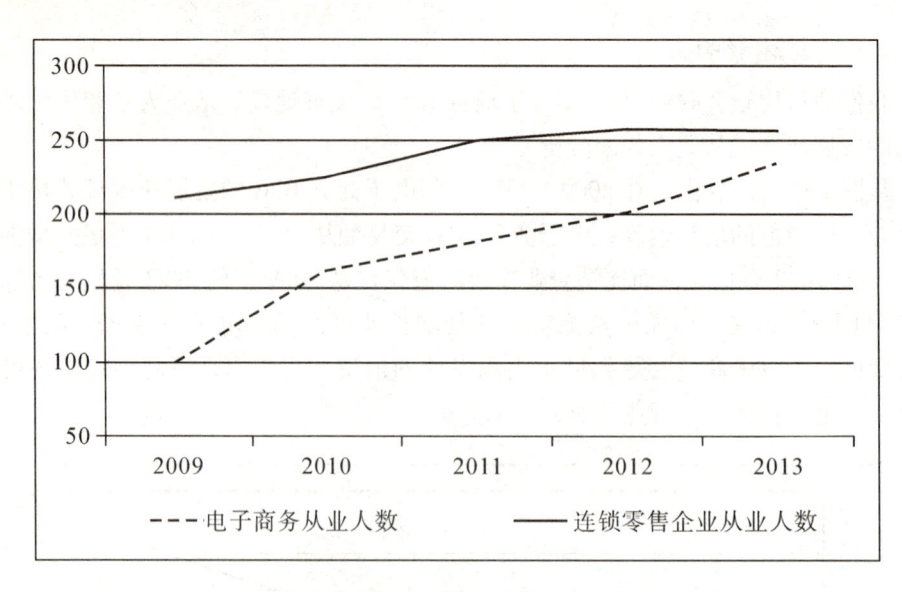

图3　2009—2013年电子商务与连锁企业从业人数比较（单位：万人）

数据来源：中国连锁企业零售从业人数来自于各年度《中国统计年鉴》《中国商业年鉴》数据整理，电子商务从业人数来自中国电子商务研究中心。

从上述两个图可以看出，电子商务对于零售行业的冲击非常巨大，不论是从供给角度还是需求角度都影响了城市商圈，这也必然引起城市商圈体系的重新分布。

（二）业态影响

电子商务对城市商圈的总体影响非常巨大，但是仔细考察就会发现，电子商务对城市商圈内部各种零售业态的影响程度不太一样。一般而言，与消费者接触紧密的零售业态、线上线下价格差异程度不大的零售业态、线下服务比重较大的零售业态受到影响较小，反之则影响较大。由于数据的匮乏，我们仅通过2009—2013年城市商圈中各种零售业态的相关统计指标进行分析。为了平衡数据的大小不一，我们统一采用增长率指标进行分析。图4~图5分别反映了零售企业门店总数、营业面积等的变化。零售门店总数和营业面积是反映整体城市商圈的重要指标，数量巨大、业态各异的零售门店构成了城市商圈的生态环境。

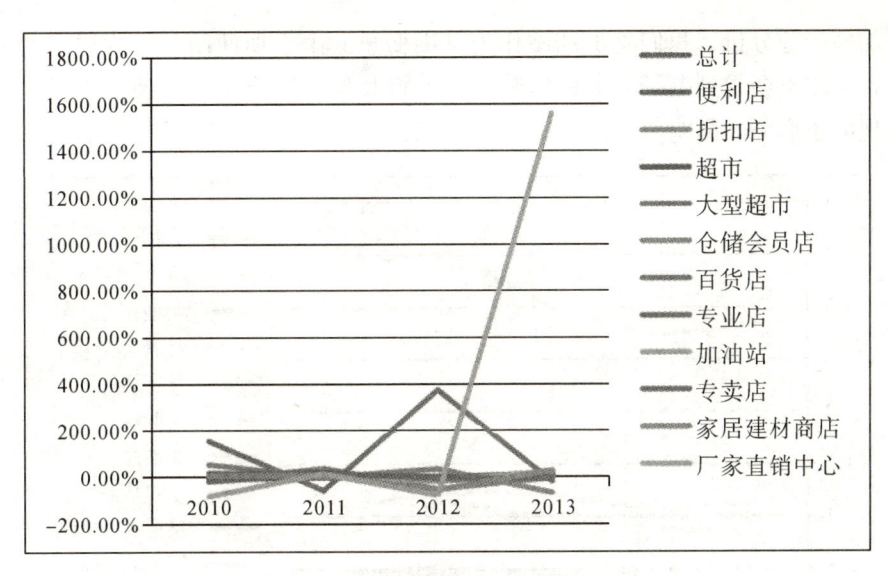

图 4 2010—2013 年城市商圈各零售业态门店总数增长率

数据来源：各年度《中国统计年鉴》《中国商业年鉴》数据整理。

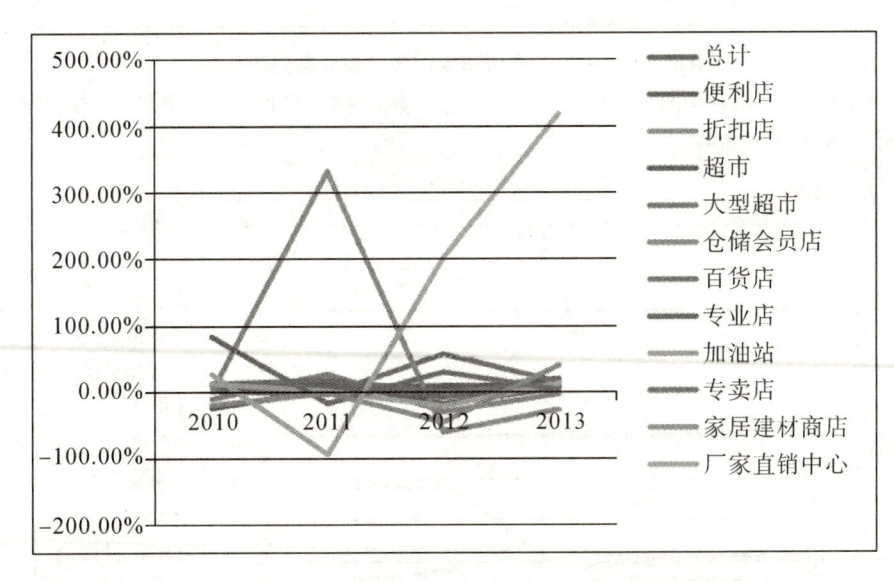

图 5 2010—2013 年城市商圈各零售业态营业面积增长率

数据来源：各年度《中国统计年鉴》《中国商业年鉴》数据整理。

从图 4 和图 5 中可以发现，城市商圈各个零售业态增长率变化不一，既有增长非常快速的业态，如仓储会员店，也有不断波动的业态，如百货店和专业店。我们不能主观地认为这些增长率的变动都来自于电子商务的影响，事实上，消费者偏好的变化、经济发展方式的转变等都会导致不同零售业态作出不同的反应。为了更加精确地分析，我们将加油站作为基准变量。由于加油站是最为稳定的零售业态，几乎不会受到电子商务的影响，因此将其他零售业态与加油站进行比较可以发现电子商务的影响。

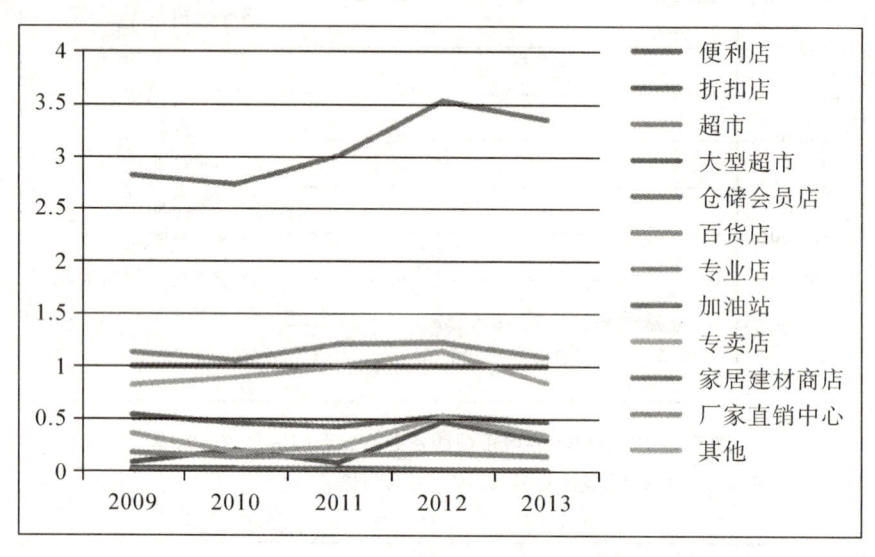

图6　2009—2013年城市商圈各零售业态门店总数

数据来源：各年度《中国统计年鉴》《中国商业年鉴》数据整理，其中纵坐标为各零售业态门店数量与加油站门店数量相除的数据。

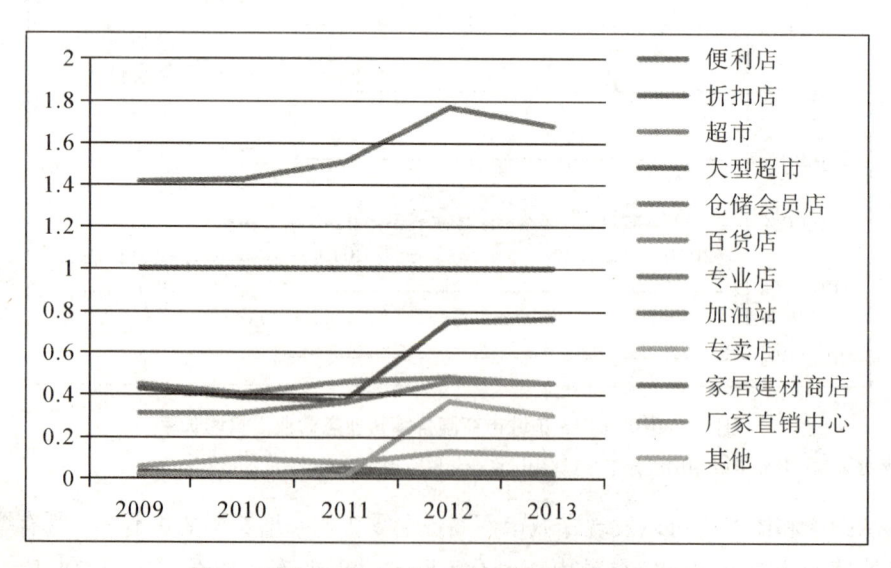

图7　2009—2013年城市商圈各零售业态营业面积

数据来源：由各年度《中国统计年鉴》《中国商业年鉴》数据整理，其中纵坐标为各零售业态营业面积与加油站营业面积相除的数据。

从图 6 和图 7 中可以发现，在 1 水准线以上的都反映了电子商务对其没影响或者是正向影响，在 1 水准线以下的反映了电子商务对其产生了负面影响。

便利店在过去五年间一直保持相对高速增长的态势，无论是门店总数还是营业面积，这是因为便利店业态受到电子商务冲击影响相对较小，而新兴的 O2O 模式又赋予了便利店电子商务提货点和服务店的职能，使得它的发展速度更快。超市和专卖店的门店数量在 1 水准线上下波动，但营业面积却在 0.5 左右徘徊，这反映了超市和专卖店在电子商务的影响下，开始进入到新阶段，不再是盲目追求营业面积的扩张，而应该注意产品专业化，为消费者提供更加贴心的服务。

除了上述三种零售业态外，其余零售业态都受到了电子商务的负面影响，只是影响程度不一。其中仓储会员店由于相对绝对数量较少可以不分析，除此之外，受到电子商务影响最大的零售业态就是百货店和专卖店，由于这两种业态销售商品具有高附加值、易于物流配送等特点，电子商务通过线上线下价格差不断侵占市场份额，新崛起的 B2C 电子商务企业几乎都是在这两个业态领域发展壮大的。

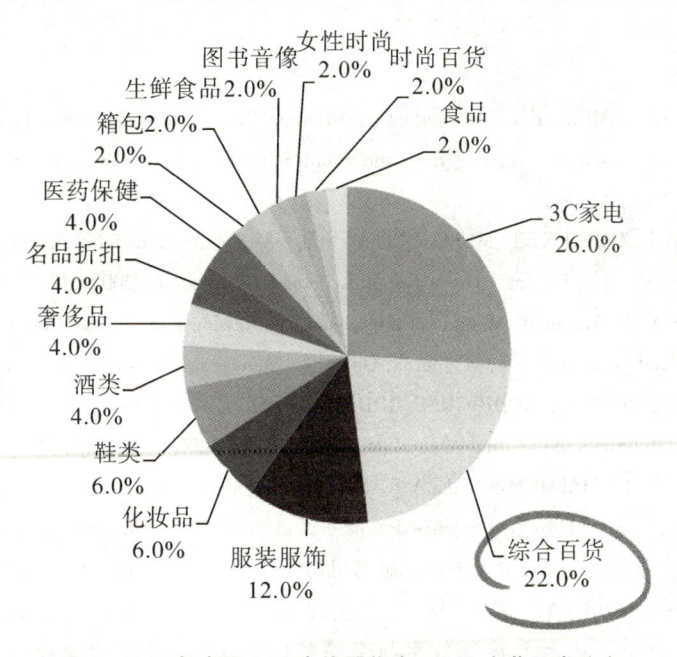

图 8　2013 年中国 B2C 在线零售商 Top50 主营品类分布

数据来源：艾瑞咨询。

电子商务对零售各种业态产生的不同影响也可从电子商务企业主要经营品类中寻找端倪，见图 8。中国 B2C 在线零售商 Top50 主营品类多是与百货店和专卖店相冲突的，因此这些业态受到电子商务的冲击必然也更大。

四、简要结论

从上面的理论分析和经验分析中可以发现，电子商务对城市商圈有非常深远的影响，这种影响既有总体的影响，也有结构的影响。通过影响城市商圈演化过程中的外生变量和内生变量，电子商务在城市商圈演化过程中起到了重要的作用。首先，电子商务的发展必将影响传统城市商圈的整体消费购买力；其次，电子商务会引起城市商圈内部各零售业态的重新组合，城市商圈体系内各商圈的空间重构，甚至城市和区域之间城市商圈的重新分布；最后，电子商务加速了商业的整体分工水平，会导致高度专业化分工的新型城市商圈出现。但是值得注意的是，电子商务对城市商圈的影响是非常复杂和非线性的，如何度量这种影响以及将电子商务的效应进行精确计量都是未来研究的重点。

参考文献

[1] ZHU, K, KRAEMER, K L. Post-adoption variations in usage and value of e-business by organizations: cross–country evidence from the retail industry [J]. Information System Research, 2005, 16 (1): 61-84.

[2] VILASECA J, TORRENT J, MESEGUER A, et al. Anintegrated model of the adoption and extent of e-commerce in firms. Int [J]. Adversities Economy Research, 2007, 13 (2): 222-241.

[3] SANDERS N R. An empirical study of the impact of e-business technologies on organizational collaboration and performance [J]. Journal Operation Management, 2007 (25): 1 332-1 347.

[4] QUIRÓS ROMERO C, RODRÍGUEZ RODRÍGUEZ D. E-commerce and efficiency at the firm level [J]. International Journal of Production Economics, 2007, 26 (2): 299-305.

[5] NEJADIRANI F, MASOUD B, REZA R. Developing countries and electronic commerce the case of SMEs [J]. World Applied Science Journal, 2011, 15 (5): 756-764.

[6] 陆立军. 专业市场与电子商务的动态融合机制及路径研究：理论、模型与实证 [J]. 制度经济学研究, 2013 (4): 158-182.

[7] 李骏阳. 论电子商务对流通效率与交易费用的影响 [J]. 商业经济与管理, 2002 (8): 5-8.

[8] 戴雪芬, 郑淑荣. 零售业O2O的模式选择及发展对策 [J]. 商业经济研究, 2015 (31): 26-28.

[9] 陆立军, 刘猛. 电子商务诱致下专业市场交易制度的变迁：理论与模型 [J]. 商业经济与管理, 2013 (5): 22-29.

[10] 柳思维, 等. 城市商圈的时空动态性述评与分析 [J]. 财贸经济, 2007 (3): 112-116.

[11] 唐红涛，等. 商业企业聚集、城市商圈演化、商圈体系分布——一个基础框架 [J]. 商业经济与管理，2015（4）：5-15.

The mechanism analysis and Empirical Study on the influence of Electronic Commerce on urban commercial circle

Zhu YanChun

（Changsha University, Changsha, Hunan, 410003）

Abstract: This paper analyzes the impact of Electronic Commerce on the evolution of the city district, starting from the basic framework of the city district evolution, in-depth study of the electronic commerce on the complex role of exogenous and endogenous variables. It has conducted empirical research through the medium level data on the impact of electronic commerce, which shows that e-commerce has different influence in different retail formats and different levels of the city district to make the city district and the district system space reconstruction.

Key words: electronic commerce; urban business district; evolution

基于产业链的"互联网+农业"增收路径研究

勾四清　齐静文

> **摘　要：** 本论文设计了农业基础产业链、互联网+农业产业链、旅游+农业产业链、互联网+旅游+农业产业链主链，分析了主链各节点的生产、旅游、在线运营等业务，及每个节点的增值、增收来源，并进一步分析了收入的类别和实现路径。
>
> **关键词：** 互联网+农业　产业链　增收节点　增收路径

一、前言

（一）研究意义和内容

我国"十三五"时期，将大力实施网络强国战略、"互联网+"行动计划，拓展网络经济空间，促进互联网和经济社会融合发展，推进信息惠民。而惠及亿万农民的"互联网+"，就是"互联网+农业"的应用。

"互联网+农业"是运用互联网技术从计划、生产、销售、服务、金融各环节改造、优化、升级传统农业产业链，重构产业结构，提高生产效率，把传统农业落后的生产方式发展成为新型高效的生产方式。而在发展"互联网+农业"的新型

作者简介：勾四清（1965—），工商管理硕士，海口经济学院副教授，研究方向：旅游产业链、旅游产品设计；齐静文（1984—），经济学硕士，海口经济学院经济师，研究方向：旅游管理。

业态中，农民增收是重中之重。本文以产业链为基础，把产业链主链各节点作为增收源，设计各节点的增收路径。

（二）研究范围

1. 产业链节点范围

本文主要研究产业链主链部分各节点对农业增收的影响。包括传统农业产业链、"互联网+农业"产业链、"旅游+农业"产业链、"互联网+旅游+农业"产业链等主链各节点。

2. 本文所涉"农业"范围

本文所涉"农业"指种植业。农业的其他"四业"——林业、牧业、副业、渔业不在本文研究范围内。

3. 本文所涉"增收"

农民收入由生产经营性收入、工资性收入、财产性收入和转移性收入等构成。生产经营性收入是从事农业生产和相关服务经营获得的收入，工资性收入指提供劳务而获得的收入，财产性收入是指以自有或集体资产向外部提供所取得回报的收入。本文主要研究在"互联网+农业"的产业链中，如何实现生产经营、工资、财产性收入（土地流转收入不在本文研究范围内）的增长。

二、产业链及增收路径设计

（一）农业基础增收路径设计——一级增收

1. 农业基础收入源分析

（1）农业产业链设计

本文以种植业产业链为主要研究对象，设计种植业产业链，其他四业只作类推分析。

育苗 〉 整地播种 〉 田管 〉 采收 〉 加工 〉 销售

图1 农业产业链主链示意图

（2）节点业务内容设计

①育苗

生产活动：在苗圃、温床或温室里培育幼苗。包括播种、日常管理。

增值分析：借助于农业技术推广服务，提高农产品育苗质量，增加产量。

②整地和播种

生产活动：作物播种或移栽前进行的一系列土壤耕作作业；进而将种子播入土壤，或将种苗移栽入土壤。

增值分析：借助于农业技术推广服务，提高农产品播种质量，增加产量。

③田间管理

生产活动：从播种到收获的整个栽培过程所进行的各种管理措施。

增值分析：借助于农业技术推广服务，提高田间管理质量，增加产量。

④收获

生产活动：获取成熟农作物，包括收割、采摘、刨挖、脱粒等。

增值分析：借助于农业技术推广服务，提高采收质量。

⑤农产品加工

农产品加工包括农产品成品加工（如脱粒、碾米、粉碎等）、编织（如草编、藤编、棉织等）、土特产加工制作（如山兰酒制作、特色餐饮制作等）。

增值分析：借助于农业技术推广服务，提高加工质量，增加产量。

⑥销售

销售包括特色农产品销售，农产品销售后续服务，如包装、转运、递送等。

增值分析：借助于农业技术推广服务，增加农产品销售量，获取收入。

2. 增收源分析

（1）增收节点分析

增收节点分为增值节点和增收节点，增值节点只实现节点业务的价值增加（主要从农品数量或客源量增加），不实现实际的收入；增收节点既有增值、也有实际收入的实现。

表1　　　　　　　　　基础农业增收节点表

节点	增值分析	收入实现分析（增收分析）	备注
育苗	育苗农技推广，增加产量和提高质量		
播种	播种农技推广，增加产量和提高质量		
田管	田管农技推广，增加产量和提高质量		
采收	采收农技推广，增加产量和提高质量		
加工	农产品加工、农技推广，增加产量、扩大农产品品种，提高加工质量		
销售	通过前五个节点的产量和质量增加、品种扩充，增加农产品价值和数量	通过农产品增量销售，实现收入增加	

(2) 增收实现路径分析

增收源主要是增加农产品销售量，主要路径有两个：一是增加农作物单产，二是增加农作物种植面积。

亩产增收：单产增收，传统的增收措施"土、肥、水、种、密、保、管、工"，一个都不能少。最直接的就是"肥"，农民增加施肥，化肥效力成为增收的主要保障；优化品种，提高种子产出，袁隆平的超级稻增产即属于此类。现今在原来增收的基础上，借助于农技推广，在各个节点增加产量和提高质量。

总产增收：开荒造田、扩大种植面积，以此提高总产。全国各地农村、尤其是北方"镰刀弯"种植区，在2013年以前，扩亩是增收总产主要途径之一。

(二) 互联网+农业增收路径分析——二级增收

1. 互联网+农业产业链设计

互联网+农业，利用互联网的泛在性，实现互联网产业链与农业产业链的全链节点融合。互联网的泛在性与农业的本土性结合，扩大信息获取量、提高服务即时性，扩大市场、降低成本、增加收入。

(1) 互联网+农业产业链设计

育苗（在线信息交流、咨询、指导）→ 播种（在线交流、技术咨询、指导）→ 田管（在线交流、技术咨询、指导）→ 采收（在线交流、技术咨询、指导）→ 加工（在线交流、技术咨询、指导）→ 销售（在线交流、咨询、预订、配送）

图2 互联网+农业产业链主链示意图

(2) 主链节点业务内容设计

互联网+农业产业链主链节点业务内容由两部分构成——生产活动业务内容和在线活动业务内容，生产活动业务内容和前述的"农业产业链主链"的生产活动业务内容相同，本部分不再列示，只阐述在线活动业务内容和增值分析。

①育苗

在线活动：上传育苗相关信息，在线提供育苗技术咨询、指导育苗业务。

增值分析：该节点属于非收入节点，提供在线技术指导，引导提高育苗质量，为增产奠定基础。

②播种

在线活动：上传各项整地（包括人力耕地和机耕）、播种、移栽技术等信息，提供整体、播种等技术在线咨询和指导业务活动。

增值分析：该节点属于非收入节点，提供在线技术指导，引导提高播种质量，为增产奠定基础。

③田间管理

在线活动：上传田间管理信息，提供田间管理技术在线咨询、指导业务。

增值分析：该节点属于非收入节点，提供在线技术指导，引导提高田间管理质量，为增产奠定基础。

④收获

在线活动：上传采摘、收割、刨挖农作物信息；提供采收技术咨询、指导业务。

增值分析：该节点属于非收入节点，提供在线技术指导，引导提高采收质量，为增产奠定基础。

⑤农产品加工

在线活动：上传农产品加工等信息；在线提供农产品加工等技术咨询、指导活动业务。

增值分析：该节点属于非收入节点，提供在线技术指导，引导提高农产品加工质量、增加农产品加工品种，为增产奠定基础。

⑥销售

在线活动：上传特色农产品购买、配送等信息，提供销售在线咨询和指导业务及预订和配送业务。

增值分析：该节点属于单节点收入节点，提供在线销售指导、扩大购买者群体规模、增加销售量、提高收入水平。

2. 增收源分析

（1）增收节点分析

互联网+农业，在农业一级增收的基础上，在各个节点增加在线服务业务实现二级增收。本部分只探讨互联网业务的二级增收，一级增收与前述内容相同。

表 2　　　　　　　　互联网+农业产业链主链增收节点表

节点	增值分析	收入实现分析（增收分析）	备注
育苗	在线提供育苗农技推广服务，增加产量和提高质量		
播种	在线提供播种农技推广服务，增加产量和提高质量		
田管	在线提供田管农技推广服务，增加产量和提高质量		
采收	在线提供采收农技推广服务，增加产量和提高质量		

表2(续)

节点	增值分析	收入实现分析（增收分析）	备注
加工	在线提供农产品加工和农技推广服务，增加产量、扩大农产品品种，提高加工质量		
销售	在线传播农产品信息，通过网民扩大农产品销售量，增加农产品销售收入	通过农产品增量销售，实现收入增加	

（2）增收实现路径

互联网+农业产业融合，农民收入仍为销售环节，仍以销售农产品的收入为主。因此增收路径仍是增加农产品产量和销售量。

基于互联网，融入购物网、快递网、支付网等成分，借助于三网各自对接终端客户的优势资源——购物网的网民、快递网的配送网点、支付网的信誉和业务模式，在该节点形成"产业互联网"的购销模块——购物网民网购、快递网配送、支付网的便利支付、农产品提供等，构成一个互联网+农产品销售"O2O"综合体，增加农产品市场容量和规模，提高农产品销量、增加收入。

如龙泉电子商务有限公司与支付宝（中国）网络技术有限公司、厦门三快在线科技有限公司（美团团购）、汉海信息技术（上海）有限公司（大众点评团购）、海南顺丰速运有限公司（顺丰优选和顺丰家）合作，利用支付宝的便捷支付、美团和大众点评的团购市场、顺丰优选的美食和顺丰家社区配送服务，在农产品销售节点实现农产品到餐桌的一条龙服务功能融合，扩大农产品销售，增加收入。

（三）旅游+农业增收路径设计——二级增收

1. 旅游+农业产业链设计

（1）旅游+农业产业链设计

在主链的每个节点，增设原节点业务的体验活动；增加村寨乡村民俗生活节点。

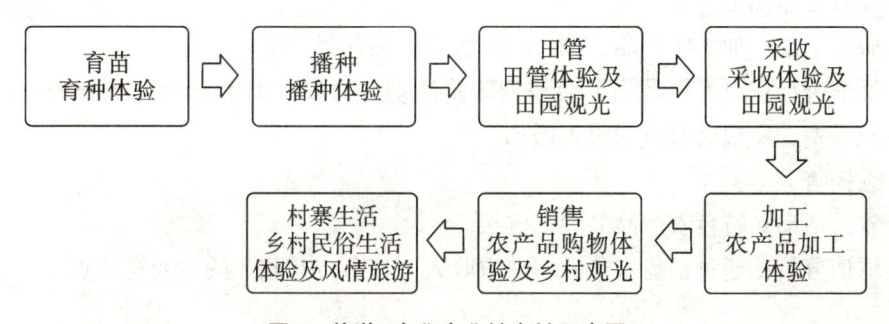

图3 旅游+农业产业链主链示意图

(2) 节点业务内容设计

旅游+农业产业链主链节点业务内容由两部分构成——生产活动业务内容和旅游活动业务内容，生产活动业务内容和前述的"农业产业链主链"的生产活动业务内容相同，本部分不再列示，只阐述旅游活动业务内容和增值分析。

①育苗

旅游活动：观赏幼苗形态、生长状况；体验浇灌、施肥、移植劳作等体验，以教育体验为主。

增值分析：育苗体验旅游活动，通过体验活动提供服务获取收入；也可通过出售种苗获取收入。

②播种

旅游活动：观看各项整地（包括人力耕地和机耕）劳作过程，体验人工整地和播种、移栽劳作体验，以教育体验和审美体验为主。

增值分析：播种整地体验旅游活动，该节点业务活动作为体验乡村民俗生活旅游服务的组成部分，构成农业增值节点。

③田间管理

旅游活动：田间管理劳作体验，同时辅以青稞农园娱乐、品食等活动，以教育体验、审美体验、娱乐体验等为主。

增值分析：该节点在田管基础业务之上嫁接劳动旅游体验，在劳作的同时享受绿野田园，作为增值节点。

④收获

旅游活动：采摘、收割、刨挖农作物；品尝特色农产品；同时辅以农田秋景欣赏、秋收采风等活动。设计包括教育体验、逃逸体验、娱乐体验、审美体验等活动。

增值分析：该节点以采收果实为体验活动，为乡村旅游增加体验价值，同时通过收取采摘费或采摘果实费，实现采收节点的收入增加。

⑤农产品加工

旅游活动：加工农产品、编织；特色农产品品尝、购买。

增值分析：以农产品加工活动为体验活动，通过收取农产品加工费或农产品加工成果费，实现该节点的收入增加。

⑥销售

旅游活动：特色农产品品尝、购买。

增值分析：通过销售农产品，获取收入。该节点是收入的主要构成点。

⑦乡村民俗生活与民俗活动

乡村生活：享受乡村特色日常生活（乡村宁静生活环境、乡土气息生活氛围等）、参与乡村民俗特色活动（如黎苗婚礼等）。

旅游活动：体验乡村民俗生活。

增值分析：以乡村民俗生活体验为主要方式，通过提供餐饮、住宿、娱乐、游乐等服务，获取服务收入，实现增收。

⑧游后服务

业务活动：快递配送、照片冲洗、电子制作、网络BBS、微博、微信等。

旅游活动：提供后续跟踪服务，如产品邮递、照片冲洗、游后回访等。

增值分析：通过为游客提供乡村旅游的后续服务，收取费用，实现收入增加。

2. 增收源分析

（1）增收节点分析

旅游+农业，在农业一级增收的基础上，在各个节点增加旅游业务实现二级增收。本部分只探讨旅游业务的二级增收，一级增收与前述内容相同。

表3　　　　　　　　　　　旅游+农业产业链主链增值节点表

节点	增值分析	收入实现分析（增收分析）	备注
育苗	增加育苗活动体验客源量，品种扩充的增值		
播种	增加播种活动体验客源量，品种扩充的增值		
田管	增加田管和田园风光观光的客源量，品种扩充的增值		
采收	增加采收和田园风光观光的客源量，品种扩充的增值	通过采收和销售采收品，实现收入增加	
加工	增加农产品加工活动体验的客源量，品种扩充的增值	通过农产品加工服务和销售加工品，实现收入增加	
销售	通过前五个节点的客源量增加，带动农产品销售量增加	通过旅游活动和农产品销售，实现收入增加	
村寨生活	乡村民俗生活中的食、住、娱、购，增加参与游客量，实现量增值；通过提供的食、住、娱服务，增加服务收入，实现品种增值	乡村民俗生活体验，通过食住娱等服务提供，获取收入；同时通过游客购买农产品，进一步增加销售收入	
游后服务	增加游后服务种类，增加品种，实现增值	游后服务收取服务费，实现服务收入	

47

（2）增收路径分析

①在育苗、播种、田管等节点，以相关旅游体验活动和田园风光作为旅游吸引物，吸引其参与乡村旅游，增加游客数量，为在农产品销售、乡村生活体验环节实现增量收入奠定基础。

②在采收、农产品加工、销售、乡村民俗旅游等节点，增设相关体验活动，吸引游客体验乡村旅游，以此增加旅游服务收入和农产品销售收入。

（四）互联网+旅游+农业增收路径设计——三级增收

1. 设计互联网+旅游+农业产业链

（1）设计互联网+旅游+农业产业链

在旅游+农业产业链基础上，在每个环节融入在线服务活动，实现线上和线下活动有机融合。

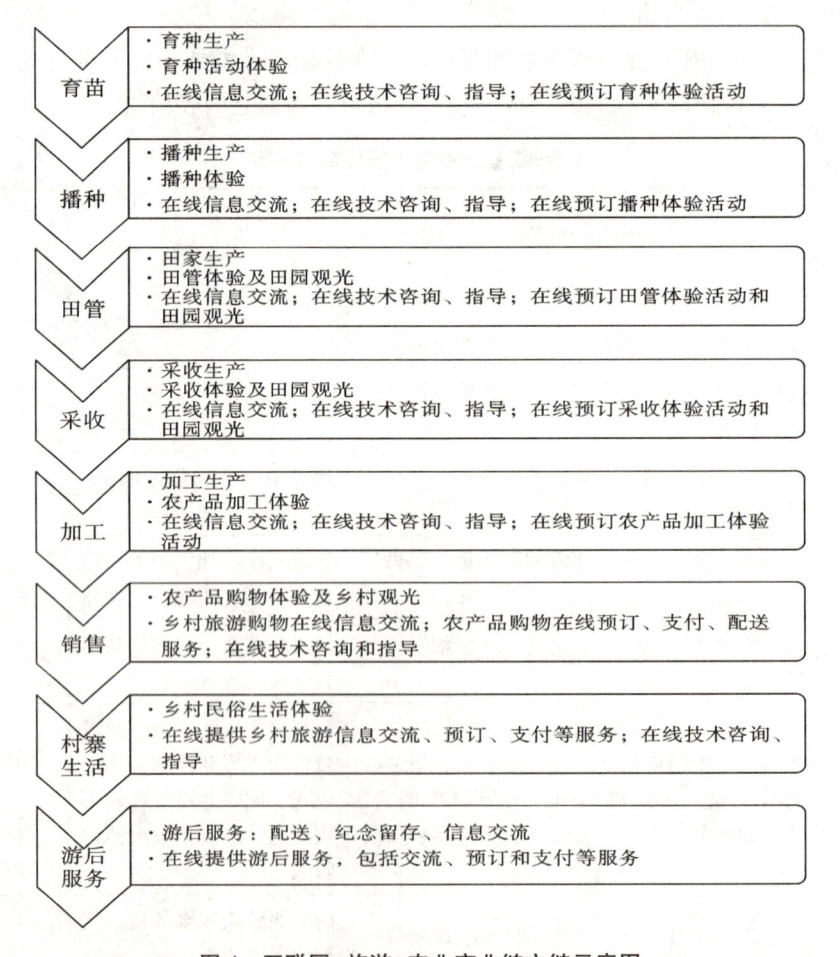

育苗	・育种生产 ・育种活动体验 ・在线信息交流；在线技术咨询、指导；在线预订育种体验活动
播种	・播种生产 ・播种体验 ・在线信息交流；在线技术咨询、指导；在线预订播种体验活动
田管	・田家生产 ・田管体验及田园观光 ・在线信息交流；在线技术咨询、指导；在线预订田管体验活动和田园观光
采收	・采收生产 ・采收体验及田园观光 ・在线信息交流；在线技术咨询、指导；在线预订采收体验活动和田园观光
加工	・加工生产 ・农产品加工体验 ・在线信息交流；在线技术咨询、指导；在线预订农产品加工体验活动
销售	・农产品购物体验及乡村观光 ・乡村旅游购物在线信息交流；农产品购物在线预订、支付、配送服务；在线技术咨询和指导
村寨生活	・乡村民俗生活体验 ・在线提供乡村旅游信息交流、预订、支付等服务；在线技术咨询、指导
游后服务	・游后服务：配送、纪念留存、信息交流 ・在线提供游后服务，包括交流、预订和支付等服务

图4 互联网+旅游+农业产业链主链示意图

（2）设计每个节点的业务内容

互联网+旅游+农业产业链主链节点业务内容由三部分内容构成——生产活动、旅游活动和在线活动业务内容，生产活动和旅游活动业务内容和前述的"旅游+农业产业链主链"的业务内容相同，本部分不再列示，只阐述在线活动业务内容和增值分析。

①育苗

在线活动：上传幼苗形态、生长状况；体验浇灌、施肥、移植劳作等体验信息，同时提供育苗技术咨询、指导育苗业务。

育苗节点：基于育苗、劳作体验活动，为增加育苗数量、增加农产品产量奠定基础，可以在此节点融入农技推广网，农技人员在线和线下提供技术咨询、育苗指导。

在此节点，为了吸引更多的游客参与育苗体验活动，应该引入旅游网站，线上收集育苗体验信息、线下体验育苗劳作。

增值分析：在线上提供技术咨询、指导服务及育苗体验旅游信息浏览服务，在线下提供劳作体验。线上、线下共同增加育苗旅游价值，以吸引更多的游客参加育苗体验，提升乡村旅游价值，实现收入增加。

②整地和播种

在线活动：上传各项整地（包括人力耕地和机耕）劳作过程，体验人工整地和播种、移栽劳作体验等信息，以教育体验和审美体验为主。提供整体、播种等技术在线咨询和指导业务活动。

增值分析：通过在线旅游网站扩大游客数量，增加播种节点体验旅游收入；通过农技推广网站提高农产品产量，增加农产品产量，增加销售节点收入。

③田间管理

在线活动：上传田间管理劳作体验，如青稞农园娱乐、品食等活动信息，以教育体验、审美体验、娱乐体验等为主；提供田间管理技术在线咨询、指导业务。

增值分析：通过在线旅游网站扩大游客数量，增加田间管理节点体验旅游收入；通过农技推广网站提高农产品产量，增加销售节点收入。

④收获

在线活动：上传采摘、收割、刨挖农作物，品尝特色农产品，农田秋景欣赏、秋收采风，教育体验、逃逸体验、娱乐体验、审美体验等活动信息；提供采收技术咨询、指导业务。

增值分析：通过在线旅游网站，介绍乡村采收体验活动，吸引更多的游客关注，提供采收体验旅游活动预订服务、线下采收体验服务，增加采收节点农业旅游收入；通过农技推广网站提供采收在线技术咨询、指导，提高农产品采收效率和效益，增加采收农品数量，进而增加收入。

⑤农产品加工

在线活动：上传农产品加工、编织，特色农产品品尝、购买等信息；在线提供农产品加工等技术咨询、指导活动业务。

增值分析：通过在线旅游网站，介绍特色农产品加工方法，提供农产品加工、消费的活动预订服务；通过农技推广网站，提供农产品加工技术咨询、指导等服务。该节点可作为旅游商品购物旅游的吸引节点，也可作为增收的源节点。

⑥销售

在线活动：上传特色农产品品尝、购买、配送等信息，提供销售在线咨询和指导业务。

增值分析：介绍特色农产品信息和乡村旅游产品信息，扩大农产品购买者和乡村旅游者群体规模，提供预订、支付等在线服务及配送等线下服务。该节点是农业传统收入源节点，是互联网+旅游+农业的增收主节点之一，也是乡村旅游的主促销节点。可由在线旅游网站、互联网门户网站、团购网站、快递网站等融合。

⑦乡村民俗生活与民俗活动

在线活动：上传乡村民俗生活体验、民俗活动等信息；在线提供民俗生活、民俗活动组织咨询和指导等业务。

增值分析：在线介绍乡村民俗生活，提供乡村旅游产品预订、支付等服务，线下提供乡村旅游服务。通过在线和线下服务获取乡村旅游收入。

⑧游后服务

在线活动：在线提供预订、浏览、制作业务服务。

增值分析：通过提供在线预订、线下提供上述服务获取收入，实现增收。

2. 增收源设计

（1）增值节点分析

互联网+旅游+农业，在农业一级增收、互联网+农业和旅游+农业二级增收的基础上，在各个节点实现三级增收。本部分只探讨互联网的三级增收，前两级增收与前述内容相同。

表4　　　　　　　互联网+旅游+农业产业链主链增值节点表

节点	增值分析	收入实现分析（增收分析）	备注
育苗	通过旅游互联网扩大信息传播范围，增加育苗活动体验客源量		
播种	通过旅游互联网扩大信息传播范围，增加播种活动体验客源量		
田管	增加田管和田园观光的客源量		
采收	增加采收和田园观光的客源量	在线预订、支付，实现收入	
加工	增加农产品加工活动体验的客源量	在线预订、支付，实现收入	
销售	增加农产品销售量及农业旅游客源量	旅游活动在线预订、支付，实现收入	
村寨生活	乡村民俗生活中的食、住、娱、购，增加参与游客量，实现量增值；提供食、住、娱服务，增加服务收入，实现品种增值	乡村民俗生活体验活动在线预订、支付，实现旅游收入；或现场支付实现收入 各种购物在线预订、支付，实现网购收入	
游后服务	增加游后服务种类，增加品种，实现增值	在线提供游后服务预订、支付，实现服务收入	

（2）增收实现路径

在每个节点（育苗旅游体验增收节点、整地播种旅游体验增收节点、田管体验旅游业务增收、采收旅游体验增收、农产加工旅游体验业务增收、农产品销售及售后体验旅游业务增收、村寨生活旅游体验业务增收等），以互联网为基础平台，融入旅游产业互联网，如携程、同程、阿里旅游等旅游网及美团等团购消费网站，同时自建如微信等自媒体和互联网网站等，利用各自主体的优势资源，建立旅游农业的节点网络产业子链，扩大各节点旅游体验的消费市场，提升节点的农业旅游体验消费，以此增加各个节点的旅游体验服务收入。

三、结语

本文以种植业为对象，分析了基于互联网的农业产业链主链各节点的增收路径，设计了农业生产主体、旅游服务主体和互联网主体在每个节点的结合，初步实现了主链各节点传统生产业务、乡村旅游业务和在线服务业务的融合，从而促进了农民收入从销售节点的单一收入扩展到产业链主链的多节点收入，从传统农业的单一生产收入扩展到生产收入、工资性收入和资产性收入的多重增收（见表5）。

表5　　　　　　　　　　　　　农业增收一览表

节点	农业产业链	互联网+农业	旅游+农业	互联网+旅游+农业
育苗				
播种				
田管			旅游收入 生产经营性收入 第三产业收入	扩增的旅游收入 生产经营性收入 第三产业收入
采收			旅游收入 生产经营性收入 第三产业收入	扩增的旅游收入 生产经营性收入 第三产业收入
加工			农产品加工收入 生产经营性收入 旅游收入 第二产业收入	扩增的农产品加工收入 生产经营性收入 旅游收入 第二产业收入
销售	农产品销售收入 生产经营性收入	农产品销售收入 生产经营性收入	农产品销售收入 生产经营性收入	扩增的农产品销售收入 生产经营性收入
村寨生活			旅游收入 生产经营性收入 设施租赁收入 财产性收入 旅游服务收入 工资性收入 第三产业收入	扩增的旅游收入 生产经营性收入 设施租赁收入 财产性收入 工资性收入 第三产业收入
游后服务			旅游收入 生产经营性收入 第三产业收入	扩增的旅游收入 生产经营性收入 第三产业收入

对互联网+农业背景下的农民增收，在以下方面尚待进一步研究。第一，农业构成角度的"大农业"增收。农业由"农、林、牧、副、渔"五业构成，本文只研究了农业种植业的增收路径，其余四业的增收需进一步探讨。第二，"互联网+农业"全产业链节点增收。本文只研究了产业链主链各节点的增收路径，产业链辅链各节点（开发设计、装备及物品提供、人力资源供给、资金及设施建设等环

节）未进行研究。辅链各节点的增收和节支，对农民增收也非常重要。第三，每个节点的线下和在线业务的分割与融合、在线业务的物理实现，也有待进一步探讨。

参考文献

［1］王艳华."互联网+农业"开启中国农业升级新模式［J］.人民论坛，2015，8（489）.

［2］袁智慧.海南省旅游业发展与农民收入问题研究［D］.北京：中国农业科学院，2014.

［3］刘玉忠."互联网+农业"现代农业发展研究［J］.创新科技.2015，7（185）.

［4］李国英."互联网+"背景下我国现代农业产业链及商业模式解构［J］.农村经济，2015（9）.

［5］陈红川."互联网+"背景下现代农业发展路径研究［J］.广东农业科学，2015（16）.

Research on the path of "Internet plus agriculture" income raise based on the industry chain

Gou SiQing[1]   *Qi JingWen*[2]

(1. Haikou College of Economics, Haikou, Hainan, 571127;
2. Hainan Province Committee of Tourism and Development, Haikou, Hainan, 570100)

Abstract：This thesis designs the agriculture basic industry chain, the internet plus agriculture industry chain, tourism plus agriculture industry chain, the backbone of the internet plus tourism plus agriculture industry chain, analyse each node of the main chain production, tourism, online operations, and each node's source of value and income, and further analysis of the income categories and implementation path.

Key words：Internet plus agriculture；industry chain；income increase node；income increase path

电子商务零售消费影响力变化趋势分析

熊　曦　　彭铁光　　魏　敏

> **摘　要**：电子商务零售消费发展关系到商品流通业的科学发展，其影响力是检验现代流通业发展的重要标准。有鉴于此，本文从电子商务零售消费的规模影响力和速度影响力两个层面，选取6个关键性指标，运用主成分分析和因子分析的方法，系统地分析了各年份电子商务零售消费的发展变化趋势。研究认为，电子商务零售消费总体上呈现出稳步上升的态势，其规模影响力的作用效果最显著。新阶段要继续积极引导电子商务零售业发展，要进一步激发电子商务零售消费市场的潜力，促进电子商务零售消费的跨越式发展。
>
> **关键词**：电子商务　零售消费　变化趋势

一、引言

随着我国的互联网商业化快速发展，电子商务的快速发展对国内外零售业产生了重大影响，如2000年中国从事消费类电子商务的网站数量仅为1 100余家，而今，从事消费类电子商务的网站已经有数万家，电子商务零售消费也引起了国内外的高度关注，2013年，国家商务部发布了《关于促进电子商务应用的实施意见》，明确提出要将电子商务零售渠道打造成重要的商品流通渠道，而2014年的

作者简介：熊曦（1983—），管理学博士，中南林业科技大学商学院讲师，研究方向：商贸流通。

数据也充分证明了这一点，2014年国内消费市场全年实现社会消费品零售总额26.2万亿元，其中，电子商务交易额（包括B2B和网络零售）约13万亿元，同比增长25%。这意味着电子商务业务已成为消费品零售业的重要部分。同时，联合国贸发会议预计，2015年的跨境电子商务将占到世界贸易总额的30%~40%，可见，电子商务零售消费已经成为拉动区域经济增长的新的动力源泉，电子商务零售消费在规模和速度上都得到了大幅度增长，并产生了强有力的影响力。那么，分析电子商务零售消费的变化趋势，认清其发展的总体趋势，并分析影响这种变化趋势的原因，有针对性地采取一些对策，引导电子商务零售消费实现又好又快的发展，就成为当前电子商务业务发展亟待回答的一个问题，本研究试做初探。

二、电子商务零售消费影响力变化趋势评价指标体系与方法

（一）构建评价指标体系

对电子商务零售消费影响力变化趋势进行科学评价的前提是评价指标的选取，从现有文献来看，李骏阳（2015）从六个方面分析了电子商务对贸易发展的影响机制，尤其是对电子商务通过怎样的机理和传导机制改变零售业进行了研究[1]；熊曦、柳思维（2015）在流通业发展水平衡量方面专门分析了电子商务发展的趋势，并认为电子商务发展对于整个区域流通业发展水平提升至关重要的意义[2]；孙毓敏、朱学芳（2011）指出电子商务零售消费在数量和规模上的大幅度增长为电子商务零售消费影响力提升提供了坚强的保障[3]；岳中刚（2007）尝试性地提出了我国零售业竞争力综合评价的5大要素和18项指标的评价体系，并利用因子分析法对中国30个省、直辖市、自治区零售业竞争力进行了定量评价[4]；杨慧、刘根（2006）从价值链角度架构零售业影响力评价指标[5]。然而，纵观现有研究，尽管对于电子商务的相关研究很多，但是对于电子商务零售消费影响力的评价研究几乎没有，在电子商务零售消费蓬勃发展的今天，科学判断其影响力，显得十分必要。有鉴于此，笔者认为评价电子商务零售消费影响力变化趋势的指标不仅要能全面反映各年份电子商务零售消费的规模情况，还需要反映各年份电子商务零售消费的速度。因此，遵循科学性、可比性、全面性及可行性原则，并考虑数据信息收集的可行性，本文从电子商务零售消费的规模影响力和速度影响力两个方面构建了评价电子商务零售消费影响力变化趋势的指标体系，如表1所示。

表1　　　　　　电子商务零售消费影响力变化趋势评价指标体系

目标层	指标层	具体指标
电子商务零售消费的影响力变化趋势	电子商务零售消费的规模影响力	电子商务零售销售总额（亿元）
		电子商务渠道消费的人数（个）
		电子商务企业个数（个）
	电子商务零售消费的速度影响力	电子商务零售消费占社会消费品零售总额的比例（%）
		电子商务零售业销售额增长率（%）
		人均电子商务消费额（元）

（二）评价方法

对电子商务零售消费影响力变化趋势开展评价，需要得到各年度电子商务零售消费的一个总体评价，因此，可以将各年度作为一个评价对象，利用选取的电子商务零售消费影响力变化趋势评价指标进行评价，考虑到数据的客观性和评价的科学性和合理性，宜采用主成分分析法来评价。具体步骤如下：第一步，进行6项具体评价指标的数据收集及整理，并进行标准化处理。第二步，建立样本数据相关系数矩阵，分析其相关性。第三步，计算各主成分方差贡献率及累计贡献率。第四步，计算各年度电子商务零售消费的规模影响力和速度影响力两个主成分的得分。第五步，构造各年度电子商务零售消费影响力综合得分模型，并开展综合影响力评价和分析。

三、电子商务零售消费影响力变化趋势实证分析过程

（一）数据处理与相关分析

本文根据电子商务零售消费影响力变化趋势评价指标体系，从《中国电子商务年鉴》（2014）、《中国统计年鉴》（2014）中选取21世纪以来13个年份相应指标的统计数据，并对数据进行标准化处理，以消除无量纲与数量级的不同，同时通过系数相关矩阵进行相关分析得到表2。

表2　　　　　　　　　　　　　　相关系数矩阵

指标	电子商务零售销售总额	电子商务渠道消费的人数	电子商务企业个数	电子商务零售消费占社会消费品零售总额的比例	电子商务零售业销售额增长率	人均电子商务消费额
电子商务零售销售总额	1.000	0.102	0.991	-0.818	0.917	0.958
电子商务渠道消费的人数	0.102	1.000	-0.024	-0.374	0.435	-0.141
电子商务企业个数	0.991	-0.024	1.000	-0.766	0.863	0.984
电子商务零售消费占社会消费品零售总额的比例	-0.818	-0.374	-0.766	1.000	-0.899	-0.678
电子商务零售业销售额增长率	0.917	0.435	0.863	-0.899	1.000	0.790
人均电子商务消费额	0.958	-0.141	0.984	-0.678	0.790	1.000

由表2可知，电子商务零售销售总额、电子商务零售消费占社会消费品零售总额的比例、电子商务渠道消费的人数、人均电子商务消费额、电子商务企业个数这几个指标之间存在着极其显著的关系，可见许多变量之间直接的相关性比较强，说明这些指标在信息上有重叠。因此，需进行主成分的选取，明确与电子商务零售消费影响力变化有关联的主要指标。

（二）主成分提取

为了分析电子商务零售消费影响力变化趋势，需找出能够代表以上6个指标信息的主成分，因此，通过SPSS软件进行因子分析，得到解释的总体方差分析表，如表3所示。

表3　　　　　　　　　　　　　　解释的总方差

成分	初始特征值			提取平方和载入		
	合计	方差的 %	累积 %	合计	方差的 %	累积 %
1	4.927	70.390	70.390	4.927	70.390	70.390
2	1.351	19.300	89.690	1.351	19.300	89.690
3	0.513	7.328	97.018			
4	0.175	2.500	99.517			
5	0.025	0.355	99.872			
6	0.009	0.128	100.000			

通过方差分解提取主成分可以得到两个主成分，说明有两个主成分对电子商务零售消费影响力影响较大，这与之前笔者提出的从两个层面去评价电子商务零售消费影响力变化趋势是基本吻合的，在进行因子分析的过程中，得到的各因子得分系数如表4所示。

表4　　　　　　　　　各因子得分系数矩阵

指标	成分 1	成分 2
电子商务零售销售总额	0.976	-0.177
电子商务渠道消费的人数	0.919	0.236
电子商务企业个数	0.948	-0.300
电子商务零售消费占社会消费品零售总额的比例	-0.225	-0.904
电子商务零售业销售额增长率	0.184	0.961
人均电子商务消费额	-0.425	0.892

通过表4可知，电子商务零售销售总额、电子商务渠道消费的人数、电子商务企业个数在第一主成分上有较高载荷，说明第一主成分基本反映了这些指标的信息，可以用电子商务零售消费的规模影响力来表示；电子商务零售消费占社会消费品零售总额的比例、电子商务零售业销售额增长率、人均电子商务消费额等指标在第二主成分上有较高载荷，说明第二主成分基本反映了这些指标的信息，可以用电子商务零售消费的速度影响力来表示。所以提取的两个主成分是可以基本反映全部指标信息的，也与之前提出的规模影响力和速度影响力两个层面是相吻合的，所以决定用两个新变量来代替原来的六个变量。

（三）影响力发展变化趋势得分

这两个主成分所产生的新变量的表达，可以通过相关系数计算得到，其新变量的主成分得分表达式如下：

$F_1 = 0.44ZX_1 + 0.11ZX_2 + 0.43ZX_3 - 0.41ZX_4 + 0.43ZX_5 + 0.40ZX_6$

$F_2 = -0.15ZX_1 + 0.79ZX_2 - 0.26ZX_3 - 0.19ZX_4 + 0.16ZX_5 - 0.37ZX_6$

然后以每个主成分所对应的特征值占所提取主成分总的特征值之和的比例作为权重计算主成分综合模型，得到综合影响力计算模型如下：

$F = 0.73ZX_1 + 0.38ZX_2 + 0.68ZX_3 - 0.76ZX_4 + 0.79ZX_5 + 0.61ZX_6$

根据两个主成分表达式计算和主成分综合模型计算，即可对电子商务零售消费影响力变化趋势进行评价与分析，结果见表5。

表5 电子商务零售消费影响力变化趋势评价结果

年份	F_1（规模影响力）	F_2（速度影响力）	F（综合影响力）
2001	-3.55	-0.98	-6.43
2002	-3.51	-0.62	-6.27
2003	-2.49	-0.65	-4.5
2004	-1.84	0.2	-3.17
2005	-0.66	1.45	-0.8
2006	-0.26	1.64	-0.06
2007	0.56	1.68	1.39
2008	1.61	0.49	2.69
2009	1.58	0.02	2.75
2010	1.8	0.35	3.22
2011	2.04	0.29	3.45
2012	2.22	0.44	3.77
2013	2.52	0.71	3.96

经过对电子商务零售消费影响力的发展变化趋势分析，可以发现，我国电子商务零售消费综合影响力（F）处于不断提升当中，这与规模影响力的不断提升有很大关系，同时与前期的速度影响力也有很大的关系。

四、电子商务零售消费影响力变化趋势结果及成因分析

将表5用折线图描述出来，可以更加直观地分析电子商务零售消费影响力的变化趋势，如图1所示。

首先，从电子商务零售消费的综合影响力看，一直呈现出上升的态势，尤其是从2002年到2008年呈现出急剧增长的发展态势，与此相对应的是其规模影响力也呈现急剧增长的发展态势。这是因为，2002年当时电子商务零售消费刚刚起步，基础水平低，当时的电子商务网站主要以外来带动为主，如当当、亚马逊等网站在中国兴起，这几个响当当的名字成了电子商务零售的热点；随后本土企业淘宝等，在短短的数年内崛起，推动了电子商务零售消费的快速发展；与此同时，消

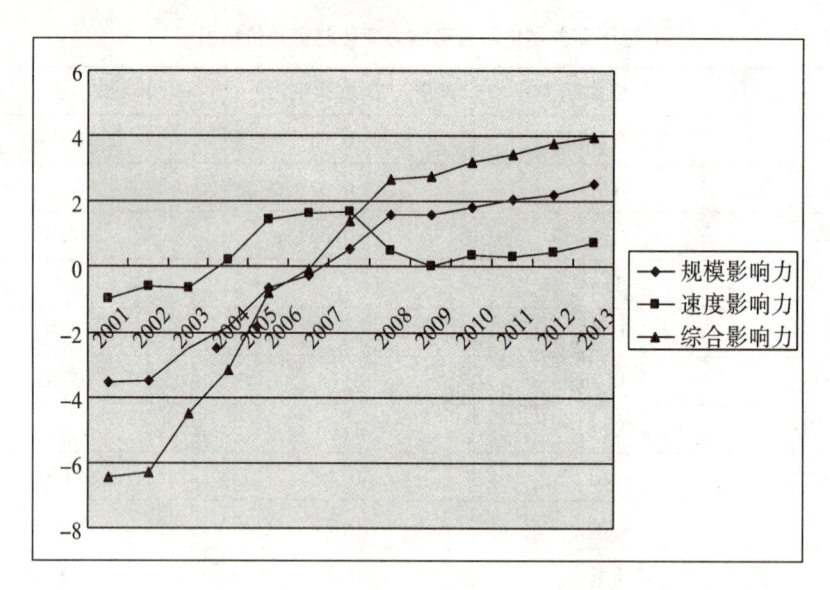

图1 电子商务零售消费影响力变化趋势

费者观念的改变，也为电子商务零售消费带来了崛起的机会。2008年至今，电子商务处于稳步发展的阶段，一方面，消费市场在逐步开拓，另一方面电商零售领域也不断增多，直接带来了相关业绩的增长。因此，从综合影响力来看，电子商务企业数量的增多与电子商务零售销售总额的增长为其综合竞争力提升提供了支撑。

其次，从电子商务零售消费的规模影响力来看，也是呈现出上升的态势，这是因为：一方面，电子商务渠道消费的人数不断上升，截至2014年12月，中国网购用户规模已经超过3亿人，比2012年用户规模的2.47亿人增加了许多。另一方面，有电子商务零售销售总额不断增长提供支撑，截至2014年年底，中国电子商务市场交易规模超过了10万亿，其中，网络零售市场交易规模增长40%左右，显示出电子商务零售消费强有力的规模影响力。此外，电子商务零售企业不断增多，如今实际运营的个人网店数量达到1 100多万家，间接带动的就业人数已超过2 000万人。因此，无论是消费人数规模，还是电商主体规模都为电子商务零售消费的规模影响力稳步提升提供了支撑。

再次，从电子商务零售消费的速度影响力看，2008年基本是一个分界线。2008年以前，电子商务零售消费的增长速度比较快，这与其发展的基础有很大的关系。2008年之后，速度开始有所回落：一方面是因为电子商务零售开始进入调整提质阶段；另一方面，电子商务激烈的竞争也开始凸显，行业的发展开始迈入竞争发展的阶段，速度有所下降，但整体来看，电子商务零售消费速度的增长趋势还是十分明显的。

五、对策建议

（一）积极引导电子商务零售业发展，提升其规模影响力

要以提高电子商务零售网站知名度和信誉度为目标，确保电子商务零售消费的稳步增长。一方面，以品牌建设为核心推动电子商务零售品牌塑造，巩固电子商务零售网站在消费者心中的位置，从而提高顾客的忠诚度和购买率[6]。另一方面，加强建设电子商务零售商的信誉。虚拟的网络空间里，电子商务零售企业要注重网上信誉的建设，提高消费者购买产品的满意度。此外，要从国家层面和区域发展的高度出发，主动作为、支持发展，积极协调解决电子商务发展中的各种矛盾与问题，注重培养电子商务人才，从而解决电子商务零售业发展中的人才问题。

（二）进一步激发电子商务零售消费市场的潜力，提升速度影响力

中国有着庞大的消费市场，目前电子商务零售消费的潜力还有很大的空间可以挖掘，尤其是在广大的农村市场，要想尽一些办法，更大程度地激发市场潜能，激活电子商务零售消费热情，点燃消费热情，释放消费潜力，促进电子商务零售消费的稳步增长。面对新形势，适应新常态，一方面要在产业联手合作上下工夫，推动电子商务与工业和农业联手、电子商务与旅游和文化联手、电子商务与金融合作；另一方面，在培育电子商务消费新动力上下工夫，着力推动消费结构升级，大力发展现代新兴消费；在挖掘释放消费潜力上下工夫，优化消费环境、规范市场秩序，大力发展电子商务尤其是农村电子商务。

（三）为电子商务零售业发展营造良好的环境，壮大其综合影响力

一是加强电子商务基础设施建设。如鼓励和引导有条件的区域加强通信基础设施的建设、加强大数据服务中心的建设、加强物流快递服务体系的建设。

二是加快电子商务规范体系建设。在现有电子商务运营过程中形成的成熟惯例和商业法则的基础上，结合科学管理的方法和工具，设计电子商务规范化建设的标准和制度，提高电子商务产业的技术规范和各类制度规范的创新能力。同时，要加快电子商务标准化的普及和条码等规范技术的应用。

三是加快电商监管体系建设。加快落实电子商务运行监测机制，加快落实电子商务监管平台建设。同时要加快改善电子商务金融环境。积极与各类金融机构合作，充分发挥各种支付工具的作用，拓展功能，丰富结算方式，并加快建设电

子商务安全支撑体系。提高电子商务系统的应急响应、灾难备份、数据恢复、风险监控等能力。

参考文献

[1] 李骏阳. 电子商务对贸易发展影响的机制研究 [J]. 商业经济与管理, 2014 (11): 5-11.

[2] 熊曦, 柳思维. 流通业发展与居民消费需求的匹配度——以全国各省（区、市）的数据为例 [J]. 中国流通经济, 2015 (9): 11-16.

[3] 孙毓敏, 朱学芳. 基于外链分析的我国网上零售商城影响力分析与评价 [J]. 现代情报, 2011 (4): 165-169.

[4] 岳中刚. 基于因子分析法的区域零售业竞争力研究 [J]. 产业经济研究, 2006 (2): 24-29.

[5] 杨慧, 刘根. 从价值链角度架构零售业竞争力 [J]. 当代财经, 2007 (12): 67-70.

[6] 魏俊飞. 电商O2O模式在我国零售业的应用分析和探索 [J]. 商业经济研究, 2015 (22): 70-71.

Analysis on the change trend of e-commerce retail consumption influence

Xiong Xi   Peng TieGuang   Wei Min

Abstract: The electronic commerce retail development related to the scientific development of commodity circulation industry. Its influence is an important criterion for testing the development of modern circulation industry. In view of this, this article selected six key indicators from the two aspects of e-commerce retail consumption scale influence and speed influence, using the method of principal component analysis and factor analysis, analyzing the development and change of every year retail e-commerce consumption trends systematically. Research shows that e-commerce retail consumption has shown a steady upward trend, the most significant effect of the scale of influence. It should continue to actively guide the retail e-commerce development in the new stage, further stimulate the retail e-commerce consumer market potential and promote the great leap forward the development of e-commerce retail consumption.

Keywords: electronic commerce; retail consumption; change trend

农产品电商物流金融绿色发展的路径选择

许红莲　胡　愈

摘　要: 农产品电商物流是新常态下农村经济发展的新增长点。基于我国农产品物流的总量大、品种多、分布广、金融需求巨大，要实现农产品电商业、物流业、金融业及"三农"的互惠共赢，需高效地融合农产品商流、物流、资金流与信息流。本文通过对国内外相关研究的梳理，分析农产品电商物流金融的需求态势、供给短缺、动力机制、发展举措，从根本上寻求农产品电商物流金融绿色发展的路径选择。分析表明：发展农产品电商物流金融，使农产品绿色物流发展获得强有力的金融支持，必须建立完善农产品电商物流金融服务体制机制，从而实现农产品电商物流金融绿色发展的社会价值、经济价值及生态环境价值。

关键词: 农产品绿色物流　电商物流金融　绿色金融　绿色发展　路径选择

作者简介：许红莲（1972—），女，湖南耒阳人，湖南商学院经济与贸易学院副教授，应用经济学博士后，硕士生导师。研究方向：农村经济学、农村金融与现代物流。通讯作者，胡愈（1964—），男，湖南耒阳人，贵州民族大学商学院教授，经济学博士后，硕士生导师。研究方向：农村经济学，农村金融与现代物流、制度经济学、民族经济社会政策。

基金项目：国家社科基金项目"农村物流金融创新模式研究"（11BJY081）、湖南省社科基金项目"湖南农产品物流转型发展的金融支持研究"（14YBA229）、湖南省教育厅科学研究重点项目"电商'渠道下沉'背景下湖南生鲜农产品电商物流与金融协同创新模式研究"（15A103）的阶段性成果。

一、引 言

十八大以来，党和国家启动了一系列促进农产品绿色流通体系建设的宏观经济政策，并将绿色发展列入"十三五"规划，为农产品电商物流金融绿色发展提供了良好的契机。2015年中央一号文件强调"支持电商、物流、商贸、金融等企业参与涉农电子商务平台建设"，尤其是2016年中央一号文件提出农业供给侧结构性改革，指出"通过政府与社会资本合作、贴息、设立基金等方式，带动社会资本投向农村新产业新业态"。为此，本文以党中央及国务院相关文件为重要依据，为消费者提供品质更好、价值更高的农产品，关注农产品电商、农产品绿色物流及电商物流金融等相关问题，试图力推农产品电商物流金融绿色发展，建立健全金融为农产品电商物流绿色发展体制机制，为发展我国农产品绿色物流提供强有力的金融支持，以实现降低农产品绿色物流成本，提升农产品绿色流通价值增值，这不仅是加快推进农产品绿色物流进入快车道亟须解决的重大问题，也是解决我国农产品电商物流"最后一公里"问题的重大工程。基于此，本文立足我国"三农"发展，以绿色发展为视角，结合电商、物流、金融三个维度，研究农产品电商物流金融绿色发展路径选择。本文的主要贡献在于：通过国内外相关文献回顾，分析农产品电商物流金融的需求态势、供给短缺及其制约因素，论证农产品电商物流金融发展的动力机制，并提出相关发展举措，旨在为适应我国建立农产品电商物流金融绿色发展需要，建立一个理论框架和操作框架，寻求从根本上发挥我国金融支持系统功能和作用，搭建农产品电商物流金融平台，利用先进技术改进农产品绿色物流中各个环节及其技术设备，实现农产品电商绿色物流的高效、生态、绿色、有机、环保。

二、文献回顾

农产品电商物流金融即农产品电商物流运营中投融资活动的总称。迄今对物流金融理论的研究与实践探索，日益得到国内外专家学者的广泛认同。公元前2400年美索布达的"谷物仓单"、英国的"银矿仓单"、20世纪初沙俄的"谷物抵押贷款"被视为物流金融的雏形。然而，21世纪作为一个"绿色"世纪，农产品电商物流金融绿色发展为电商业、物流业、金融业及社会资本各利益主体"互惠互赢"奠定了现实基础。本文立足我国"三农"发展，基于绿色发展视角，对国内外相关文献进行了归纳综述，主要表现在农产品绿色物流、绿色金融及电商融资等方面。①Nicholas Kalaitzandonkes（1998）[1]研究了发达国家的食品供应链、生鲜供应链、农产品物流和冷链系统；Peter J. Batt（2003）[2]分析红河地区土豆供应链绩效评价方法和途径。②英国伦敦金融创新研究中心（2002）[3]认为，金融业内部管理和业务操作，应该制定一套环境风险评估方案，评定企业运作过程中的"绿色"绩效；Jeucken（2006）[4]、Scholtens（2006）[5]从金融与产业及环境关系视角，研究绿色金融，提出加强金融业环境指标报告、主要业务和可持续发展关系，以及"金融机构的环境管理"研究。③MaryJ. Cronin（1997）[6]通过总结基于Web电商金融服务的关键问题，系统地讨论了网上银行和网上金融业务；Kaplan（2000）[7]介绍了电子中心如何为买卖双方提供融资服务；Heng M. S. H（2001）[8]研究了电商与金融系统的互动关系，认为电商可为金融系统提供创新产品和服务；Corning（2001）[9]指出B2B交易参与方通过与金融服务机构结盟，发展速成授信融资；Berger, Gleisner（2008）[10]阐述了电商平台P2P贷款业务金融中介作用；Laurent Botti、Sabri Boubaker（2014）[11]研究了32家法国公司治理效率和网络金融质量问题，认为在线供应链金融具有高效、便捷、低成本等特征。

在国内，①孙文君（2000）[12]研究了日本稻米流通资金制度，此项制度以促进农业生产的持续稳定发展为目标；张敏（2004）[13]认为，农产品物流存在着巨大"外部负效应"，容易对生态环境造成严重污染和破坏；丁俊发（2004,2010）[14]认为，我国农产品物流具有数量大、品种多、要求高，物流交易成本高、浪费大等特点，必须完善农产品流通过程增值服务；陆凌云（2007）[15]认为，开辟绿色通道，需要建立完善农产品绿色物流的技术保障体系及农产品绿色信息平台。邓昂（2013）[16]研究了绿色农产品物流金融发展的风险控制。②成思危（2012）[17]认为，绿色金融是绿色经济发展的支撑，是促进社会、经济、环境可持续发展的有效手段；白钦先（2001）[18]通过研究金融可持续发展，认为合理开发利用金融资源可扩大社会经济资源基数，提高资源利用效率；张文中（2005）[19]，王玉婧、江航翔（2006）[20]等指出，金融机构应在业务中关注与环境相关的风险变化，建立识别、评估、控制、减缓和监督环节的环境风险管理框架；邓翔（2012）[21]认为，需从企业对环境影响的量化、新型绿色金融工具的开发、绿色金融政策的完善、绿色金融监管与发展评价体系等方面，建立绿色金融研究体系；高宏霞、张明君（2014）[22]将绿色金融、生态金融与环境金融当做同等概念进行文献研究；李浩、武晓岛（2016）[23]探析绿色金融服务"三农"新路径。③张强（2007）[24]研究了融合仓单质押的电商中介型B2B运营模式；赵岳、谭之博

(2012)[25]研究了银行引入电商平台为中小企业贷款的新型信贷模式;屠建平、杨雪(2013)[26]研究了电商平台供应链融资的绩效评价;赵志田、杨坚争(2014)[27]研究了农产品电商物流理论架构、检验与发展策略;胡豪(2014)[28]探析了阿里巴巴电商、物流、金融协同创新;范厚明、田也(2015)[29]研究了生鲜农产品电商物流配送模式的改进。

纵观国内外文献,本文认为,无论从企业盈利角度还是从环境保护角度看,多数研究都充分认识到电商业、物流业、金融业与可持续发展关系重大,为农产品绿色物流发展的金融支持提供了理论依据,也为农产品电商物流金融绿色发展指明了方向和提供了引擎。基于此,本文在已有文献研究基础上,通过分析农产品电商物流绿色发展的金融需求态势、金融供给短缺及其制约因素、动力机制与发展举措,为寻求推进农产品绿色物流发展,建立农产品电商物流金融绿色发展的分析框架奠定理论基础,并为其发展的路径选择提供一条可行性思路。

三、绿色金融需求

20世纪70年代以来,全球环境问题越来越受到更多的关注,几乎融入经济社会各个领域,包括环境问题对流通产业的影响,绿色物流、绿色金融由此应运而生。如今,在"十三五"绿色发展期间,加强我国农产品电商物流金融绿色发展的制度与技术创新,利用先进技术改进农产品运输、储存、包装、装卸、加工等物流环节及技术设备,实现农产品绿色物流的低能耗、低污染、低排放,降低农产品绿色生产与绿色物流成本,提高农业生产运营整体绩效及农民收入,使农产品物流价值增值,实现农产品电商物流与社会协同发展及农村经济可持续增长,势必产生巨大的绿色金融需求。

(1)融资信贷需求。目前我国大力推进电商"下沉"农村,国家陆续采取一系列宏观经济发展措施,稳步扩大涉农信贷投入,支持农村经济发展,为发展农业农村电商、推进农产品电商物流绿色发展提供强有力金融支持。截至2014年年底,我国金融机构本外币农村(县及县以下)贷款余额为19.4万亿元,同比增长12.4%,占各项贷款余额比重23.2%,较2007年年末增长285.8%,八年间年均增速21.7%,但农户、农林牧渔业贷款余额占各项贷款余额比重较少,分别为6.4%、4.0%;而2015年年底,尽管银行业涉农贷款余额为26.4万亿元,同比增长11.7%,增长幅度与2014年相比,却下降了0.7个百分点。[30]可见,金融机构涉农贷款虽稳定增长,却难以满足农产品绿色物流的融资信贷需求。一方面,难以满足农业产业化绿色融资信贷需求。我国各类农产品、畜产品、水产品数目大、品种多（如表1所示），2014—2015年粮食产量屡创新高，站稳6 000亿公斤新台阶；畜产品、水产品的产量快速增长，如2015年水产品产量是6 690万吨，与2012年相比累计增长11.71%，年均增长3.9%。由于我国农产品物流的总量大、品种多、分布广，于是形成了巨大潜在的农产品绿色物流及其绿色融资信贷的金融需求。另一方面，难以满足农产品绿色物流的高科技信贷资金需求。以电商为平台、物流为载体的农产品电商物流，其专业化发展程度高，互联网信息技术及高科技含量资金需求空间大。主要表现为：一是农产品电商物流需要现代信息技术、绿色物流技术支撑，如粮食散装、水产品冷冻、分割肉冷藏、牛奶制品恒温等绿色运输。二是农产品电商物流促使农村在传统种养加工基础上，日渐向科技农业、特色农业、绿色农业、生态农业发展，这些颇具高附加值的现代农业对资金需求空间与需求量增大；三是随着农业生产方式转型，一些城商资本或投资者看好绿色农业的综合开发前景，迫切需要更多资金支持，农产品的绿色生产与绿色物流的中长期贷款及其绿色金融需求也日益增加。据统计，从2010—2015年，我国农户非农经营融资需求增加，农业生产贷款仍占主要地位，但所占比重从73.3%下降到55.8%，而非农经营贷款所占比重则上升了7个百分点。[30]

表1　　　　　　　　2010—2015年我国主要农产品产量　　　　　　单位：万吨

指标	粮食	棉花	油料	糖料	烤烟	猪牛羊肉	牛奶	禽蛋	水产品
2010年	54 641	597	3 239	12 045	271	7 925	3 570	2 765	5 366
2011年	57 121	660	3 279	12 520	287	7 957	3 656	2 811	5 600
2012年	58 957	684	3 476	13 493	320	8 384	3 744	2 861	5 906
2013年	60 194	631	3 531	13 759	/	8 536	3 531	2 876	6 172
2014年	60 710	616	3 517	13 403	/	8 707	/	/	6 450
2015年	62 144	561	3 547	12 529	/	8 625	/	/	6 690

数据来源：根据2010—2015年《国民经济和社会发展统计公报》相关数据整理而得。

（2）支付结算技术需求。金融服务的支付结算是农产品电商物流运营渠道畅通的重要保障。发展农产品电商物流金融，只有保证互联网金融的支付结算渠道畅通，才能实现农产品电商物流渠道畅通，才能发挥农产品电商物流金融绿色发展的灵活性、多样化及个性化优势。近年来，随着互联网金融的发展，中国人民银行以银行卡支农惠农项目为突破口，把畅通"绿色支付通道"作为解决"三农"问题的重要手段，全面推进农村支付环境建设，网络覆盖面不断扩大，金融机构基础设施数量也显著增加。随着互联网金融的快速推进，银行业电子化替代率不断提升。截至2014年年底，我国农村地区人均持卡量超过1张，2015年逼近

90%，全国农信社电子化替代率上升到60%，农村金融服务水平得到有效改善。[30]由于长期"二元"经济结构制约，农村支付服务供求矛盾仍较为突出。一方面，非现金支付工具需求不足。农村基础设施建设滞后，非现金支付受理的金融生态环境不到位，存在不少金融服务空缺地区；绿色金融支付结算服务创新动力不足，宣传教育不够，非现金支付功能发挥不充分；农户或特约商户受银行卡年费和工本费影响，参与电子支付的积极性不高，因此，非现金支付工具难以适应我国农村经济发展的新要求。另一方面，绿色金融服务的结算方式需求不足。农村电商物流金融人才及知识较为欠缺，农产品电商物流绿色发展的组织化程度及其运行效率较低，农产品电商物流市场主体发育不健全、信息体系不完善，加之缺乏有效信用评估体系，尚未形成顺畅发达的农产品电商及绿色流通系统，由此导致农产品绿色物流金融服务的结算方式陈旧。因此，要充分发挥政府规划协调、市场配置资源两方面作用，通过金融创新，结合农产品绿色物流的资金运作要求，搭建农产品电商物流金融绿色发展平台，加快构建支农、惠农、便农支付"绿色通道"，从而为农产品电商及其绿色物流发展发挥重要支持作用。

（3）分散风险需求。农产品电商物流金融的重要职能，除了融资信贷和支付结算外，另一个重要职能就是风险分散。然而，农产品电商物流金融的绿色发展却面临巨大的风险。一方面，农产品电商物流不可预测的金融风险点较多。从农产品生产主体角度看，农产品生产者主要是分散的、规模较小的农户或农业企业；从农产品消费角度来看，农产品消费者主要是分散的个人或家庭；从农产品生产区域性角度看，农产品分布广、品种多、生产分散，遍及各地。因此，农产品绿色物流的资金投入大、产出时间长、收效较慢，农产品绿色物流贷款往往较难产生预期经济效益和社会效益，不可预测金融风险点较多，容易导致贷款不良或损失。另一方面，农产品绿色信贷担保物缺乏。由于农业农村具有先天弱质性，贷款抵押物、质押物种类较少，信贷担保形式单一，直接影响农产品绿色物流信贷资金投入。加之农产品信贷额度低、期限短，农村社会信用体系建设滞后，金融机构对农户或农村中小微企业的信用情况及农产品绿色物流营销了解程度不一，贷前评估和贷后管理及其服务相对困难。至此，农产品电商物流绿色运营的部分企业诚信意识比较淡薄，大多通过隐瞒利润、转移资产、虚假投资、表面破产、变相出售等各种形式逃废、悬空银行债务的行为时有发生。

四、金融供给短缺

随着我国农村金融体制改革的日益深化，农村金融发展的水平明显提高，特别是互联网金融在农村地区的发展,但仍需要不断提升农村金融服务覆盖面,加快推进农村金融基础设施建设。由于我国正处于"三期叠加"阶段,目前经济下行压力较大,金融机构因不良率上升将产生惜贷情绪,加之长期城乡"二元"结构和农村金融抑制,农村一些地方仍然存在金融服务网点少、金融服务基础弱、覆盖面不足等问题,致使农产品电商物流金融服务供给短缺。

(1) 资金投入总量严重不足,农村经济增长乏力。我国农村各项资金支出所占的比重,与农村人口所占比例、农业农村经济在国内生产总值中所占的份额不相称,影响整个农产品电商物流可持续发展。就农村固定资产投资来说(如表2所示),2010—2015年我国农业(农村)投入总量尽管有所增加,但所占比例出现不同程度下降。2010年我国全社会固定资产投资为278 140亿元,农村固定资产投资为36 725亿元,占比13.2%,然而,城镇投资241 415亿元,占比86.8%,显然城镇投资占比高于农村73.6个百分点。2014年我国全社会固定资产投资512 761亿元,第一产业固定资产投资11 983亿元,占全社会固定资产投资总额2.3%,相对2012年占比2.6%却下降了0.3个百分点。可见,农村(农业)投资远远低于城镇投资,农村(农业)投资严重不足,农村经济增长乏力。

表2　　2010—2015年我国城镇与农村固定资产投资情况统计表　　单位:亿元

指标	2010年	2011年	2012年	2013年	2014年	2015年
全社会固定资产投资	278 140	311 022	374 676	447 074	512 761	562 000
固定资产投资	/	301 933	364 835	436 528	502 005	551 590
城镇/第二产业	241 415	132 263	158 672	184 804	208 107	224 090
增长(%)	24.5	27.3	20.2	17.4%	13.2	8.0
投资占比	86.8	42.5	42.3	41.3	40.6	39.9
农村/第一产业	36 725	6 792	9 841	9 241	11 983	15 561
增长(%)	19.7	25.0	32.2	32.5%	33.9	31.8
投资占比	13.2	2.2	2.6	2.1	2.3	2.8

数据来源:根据中华人民共和国国家统计局2010—2015年《国民经济和社会发展统计公报》整理而得。

说明:①占比是指占全社会固定资产投资比例(%),2010年全社会固定资产投资分为城镇投资与农村投资。

②2011—2015年全社会固定资产投资分为固定资产投资和农户投资,其中固定资产投资分为第一产业投资、第二产业投资与第三产业投资。由此本文以第二产业投资替代城镇投资,第一产业投资替代农村投资。

(2) 农村金融发育不健全,金融制度不够完善。我国现行金融政策及其制度框架设计安排与当前农村经济协调发展的实践仍有偏差,尚存在着较严重的农村金融制度缺位及金融制度不够完善的问题。其表现为：农产品电商物流金融组织缺失、机构缺位和创新产品短缺。究其根本原因，包括：农村政策性金融功能不全，农发行信贷管理和风险控制难度加大，发债成本明显上升，难以承担政策性金融重任；国有商业银行在农村金融领域内功能趋于弱化，中国农业银行网点布局城市集中度高，县域乡镇覆盖面窄，金融产品的城市化、标准化，难以适应"三农"金融服务；农村信用社支农力度弱，风险监督不足，内部控制缺失，不能适应农村经济发展的需要；中国邮政储蓄银行网点优势没有充分发挥，涉农贷款市场份额低、信贷业务单一，资金运用率较低；民间金融组织发展欠规范，社会认知度较低，服务"三农"政策目标有所偏离，加之配套措施未到位，内部管理较混乱，经营风险较大，农业保险难以适应农业发展需要，等等。由此可见，农村经济发展中所存在的金融抑制因素，严重制约着我国农产品电商物流的绿色发展。

（3）农产品绿色物流组织不健全，缺乏第三方农产品绿色物流企业。长期以来，我国农产品大多以家庭为单位，分散生产、分散经营，致使农产品绿色物流组织不健全，缺乏第三方农产品绿色物流企业，与传统物流企业相比，第三方农产品绿色物流企业提供一种综合性服务，包括农产品绿色物流仓储、绿色库存管理、绿色运输及物流系统和物流战略的设计、开发和咨询，农产品绿色物流信息集成及其运输整合、帮助客户处理订单，农产品绿色物流成本审计和绿色物流绩效的评估、农产品通关服务、退货管理及跨库作业，等等。[31]因此，我国农产品绿色物流组织化程度较低，功能偏弱，农产品绿色物流的运行效率低、成本高，未能形成顺畅发达的农产品绿色物流体系，导致农产品电商物流绿色融资渠道不畅。

（4）农业保险财政补贴不足、保障范围极为有限。近年来，我国农业保险蓬勃发展、覆盖面稳步扩大。截至2015年，全国保费收入2.4万亿元，其中农业保费收入达到374.7亿元，参保农户约23亿户次。虽然我国农业保险业务规模发展较快，但目前农业保险仍凸显财政补贴不足、保障范围有限、发展不均衡、品种缺乏创新、保险链条短等特点，有待向农产品产业链前后拓展。截至2015年，全国仅有26个省份试点农产品价格保险，仅有18种农作物承保等[①]。然而，我国农产品电商物流除总量大、品种多、分布广之外，自然灾害时有发生，加之，农产品生产季节性及其市场供求信息不畅，农产品电商物流风险巨大。一方面，农产品自然风险大，农业保险难以满足农业结构调整需要和农村农产品绿色加工业发

---

① 曾福斌. 2015年保险业保费收入2.4万亿 同比增长20% [EB/OL]. 财经网 finance.caijing.com.cn/20160125.

展。另一方面,农产品电商物流风险种类多,农产品电商物流除自然风险之外,还包括市场风险、储藏风险、运输风险及农产品质量风险等。农产品电商绿色物流不仅为消费者提供绿色运输和绿色仓储服务,还提供绿色配送、绿色加工及保税、通关等增值服务,为消费者提供优化物流系统设计等多功能性物流服务,操作过程复杂、环节繁多、控制难度较大。随着农产品绿色物流增值服务的提升,农产品电商物流绿色供应链因素相应增加,风险亦随之增大。可见,农产品电商物流绿色发展的风险多样化、风险系数高,在相当程度上束缚农产品电商物流的绿色发展。[32]

五、内在动力机制

农产品商流、物流、资金流与信息流的高效融合,不仅是农产品电商业、物流业及金融业"互惠共赢"的内在需求与发展动因,也是促进"三农"发展及提高农业效益与农民收入、促进城乡市场协调发展的内在必然。[33]

(1) 对电商业而言,发展农产品物流金融,可以推动农产品电商健康发展。一是降低农产品生产与营销成本及提升规模效应。通过网络宣传,搭建农产品"线上订单、线下配送"的电商物流金融平台,在农产品各个生产领域及社区村镇设立销售网点,或通过与已有成熟的生鲜销售点合作,避免高额物流成本和保鲜费用,解决农产品绿色物流"最后一公里"问题。二是创新个性化电商物流商业模式。农产品"线上订单,线下配送"平台,不仅有别于传统农产品物流服务,助推农产品"同线同标同质"敏捷性支付结算,形成鲜明的个性化商业模式,而且可加快消费者认可,与其保持长期交易往来,形成农产品电商物流生存致富之道。三是提升农产品电商物流金融绿色发展的整体核心竞争力。基于目前我国农产品生产、网络营销及互联网金融尚处于发展阶段,电商平台将线上农产品订单在线支付结算与线下绿色物流配送服务相结合,形成个性鲜明的"电商+物流+金融"服务,以及政府、民众和从业者的相互支持与合作,有利于订单农业及农产品期权实现及网络营销结算的健康发展。

(2) 对物流业而言,发展农产品电商物流金融,是农产品绿色物流业发展的内在需求与内在动力。一方面,金融业为农产品物流业提供"融资信贷、支付结算、分散风险"综合服务,是农产品物流业发展的内在需要。农产品绿色物流金融技术及基础设施建设(包括农产品冷链物流、物联网技术及信息管理系统、农村电商物流金融专业技术人才培养等),需要金融业提供巨额资金支持,使农产绿色物流利用电商业及其资源信息优势，结合电商业互联网金融及实体金融机构的资金管理，共同创造农产品绿色物流价值增值，提高农产品绿色物流效率及其物流供应链全过程资金效率，为农产品电商物流发展提供更多的金融服务机遇和空间。另一方面，金融支持农产品电商物流绿色发展，可为农产品电商物流业分散巨大风险，是发展农产品第三方绿色物流及促进城乡绿色流通产业安全的内在动力。随着经济全球化及物流一体化的发展，全球物流网络营销将给农产品电商物流企业发展创造更多机会，各国都充分认识农产品"绿色壁垒"，均将农产品绿色物流作为农村物流发展的重点，由此加大农产品绿色物流专项技术资金投入力度，为构筑发展农产品第三方绿色物流业务，加大资金投入力度，增加农产品电商物流国际竞争力，需要金融为农产品电商物流"风险分散"提供巨额信贷资金和理财服务等方面的支持和保障。可见，农产品电商物流绿色发展客观上需要农产品商流、物流、资金流、信息流高效融合，为农产品电商物流发展获得强有力金融支持提供现实保障，从而成为农产品电商物流绿色发展的内在需求与内在动力。

（3）对金融业而言，发展农产品电商物流金融，为金融业带来更大的盈利商机，是金融业支持农产品电商物流绿色发展的内在动因。一方面，农产品电商物流的绿色发展，为金融业带来更多的信贷投向及丰厚的业务收入。农产品绿色物流涵盖绿色运输业、绿色仓储业、绿色装配业、绿色加工业等上下游企业，为金融业带来更多的绿色信贷需求；同时，金融业利用自身资金管理优势，建立科学的资金流管理机制，从而获得农产品绿色物流的大量理财收入；加之，农产品电商物流采用网络汇兑、银行托收、汇票承兑、信用证等结算工具，为金融业增加网络支付结算、资金查询、票据承兑换等业务。另一方面，金融业支持农产品电商物流绿色发展，不断培育优质的农产品电商物流客户，为金融机构创造更多利润商机及提高金融机构绿色信贷收入。事实上，发展农产品电商物流金融，成为落实各国绿色物流与绿色金融可持续发展的战略举措，我国金融业强化社会责任，使投融资活动始终体现为节约能源和保护环境，建立农产品电商物流绿色发展的可持续性目标，涉及农产品绿色物流供应链及其整个流通产业上游、下游企业，这就要求拓展自身业务，促进金融体制机制及金融工具的不断创新，实现现代金融管理模式及业务创新模式转型，为金融业创造更多目标及客户群体，也为完善与创新现代金融结算支付工具，提高银行业中间业务收入提供巨大商机。由此可见，金融支持农产品电商物流绿色发展，不但为金融业带来更多信贷投向和大量理财收入，也为金融业培育更多优质客户，带来丰厚的中间业务收入。

（4）对"三农"而言，发展农产品电商物流金融，是提高农业效益和增加农民收入，促进农村经济及城乡协调发展的内在要求。一方面，农产品电商物流不仅链接城乡市场，而且链接农产品绿色生产与绿色供给，农产品电商物流的绿色发展成为农村经济新的增长点。当前我国转变农村经济发展方式，金融支持发展农产品电商物流及农村第三产业，对提高农业效益及增加农民收入发挥了重要作用。然而，我国农村经济正处于"公司+农户"为单位的绿色生产制度下，小农户不能被排除在农产品电商绿色物流主体之外，为市场提供高质量、无公害绿色农产品，关系到农产品电商物流企业的生存与发展。因此，加强农产品绿色物流体系建设的金融支持，不仅可以为农产品电商物流金融绿色发展提供"融资信贷、资金结算、风险分散"的多样化服务，而且能缓解"三农"长期资金投入不足状况，让农产品绿色物流获得最大限度保值增值，从而提高广大农民收入。另一方面，金融支持农产品电商物流绿色发展，成为发展我国大农业、大市场、大流通和促进城乡协调及"三农"发展的内在必然。实践证明，没有互联网金融服务驱动，就没有农产品电商物流的绿色技术开发。在农产品电商物流市场经济中，绿色金融活动的独特有效支持，对促进农产品电商物流资源的优化配置具有重要作用，同时也对农产品电商物流市场的绿色金融需求有着敏捷反应能力。因此，金融支持农产品电商物流的绿色发展，对促进实现我国大农业、大市场和大流通步入绿色产业资源优化配置和农业增产、农民增收、农村发展及全面实现小康社会富有意义，从而成为"三农"发展及城乡经济协调发展的内在动力。

六、绿色发展举措

（1）加大农产品电商物流绿色发展的财政金融支持力度。一方面，加大对农产品电商物流绿色技术及基础设施建设的投资力度。搭建农产品电商物流平台，支持农产品绿色物流技术研发，提高农产品绿色物流、绿色生产、绿色加工、绿色营销、绿色管理等物流环节技术水平，提高农产品绿色物流运营的个性化、自动化、信息化水平；加大农产品电商物流设施建设投资力度，用足政府财政补贴、税收优惠政策，引导金融资本和其他社会资本投入"三农"绿色发展，支持农产品绿色物流企业购买冷藏车等运输工具，兴建农产品冷藏仓库、农产品绿色生产基地、农产品绿色物流园区（中心），开辟农产品电商物流"绿色通道"，提高农产品绿色流通效率。另一方面，改善农村电商支付硬件设施及软件建设环境。目前我国农村电商及互联网金融支付结算环境建设虽取得明显成效，但尚存在互联网金融支付服务供求矛盾较突出，金融支付结算基础设施建设投入不足，不同区域、不同金融业务拓展及其产品开发不均衡,"三农"电商平台建设的宣传教育及专业技术培训滞后,农产品电商物流金融多元利益主体补偿机制缺乏等现象。因此,应加大协调推进农产品电商物流金融绿色发展及相关配套政策,加大资金投入力度,加强组织协调教育培训,建立利益补偿机制,调动农村金融机构及引导社会资本参与农村电商物流金融服务市场建设;发挥农村信用社、村镇银行点多面广优势,实现客户群体从高端向中低端逐步覆盖;创新农村电商物流金融服务融资信贷与支付产品,提高农产品电商物流绿色资金流通效率,为农产品电商物流提供优质的绿色支付结算服务。此外,发挥金融经济核心作用,建立完善农产品绿色信贷评价体系,对商业银行和投资机构执行国家产业政策、促进经济增长效果度量、分析和评价,鼓励电商物流业、金融业履行社会责任,改变传统的仅为追求经济效益的价值理念,将绿色物流成本与收益量化纳入绿色金融管理总决算,由此推动绿色金融高效、有序及可持续发展。

(2)完善农产品电商物流金融绿色融资体制机制。一方面,完善农产品电商物流间接融资机制。发展农产品电商物流,培育农村电商物流金融主体多元化,实现多样化金融组织服务供给,尤其在贫困县或中心乡镇,增设政策性金融营业网点,规范完善农村邮政储蓄银行,引导民间金融组织(村镇银行)开展农产品电商物流金融绿色发展业务;创办农产品电商"绿色物流银行"及环保产业投资基金,建立农产品绿色物流创业投资基金,发展农村专业合作社支持农产品电商物流,推进农村逐步形成多层次、广覆盖,功能互补及适度竞争的农村绿色物流金融服务体系。另一方面,优化农产品绿色物流企业直接融资机制。从金融安全角度看,不仅让农产品期权上市,为农产品期权买方提供交割选择权及量身定做各种绿色物流金融衍生头寸,而且支持农产品电商物流企业股票优先上市,为农业绿色生产与农产品绿色物流注入大量资金,满足农产品电商物流金融绿色发展需求,从而实现农产品电商物流绿色发展。

(3)创新农产品电商物流金融组织。一方面,农产品第三方绿色物流企业的发展,不仅能够降低农产品电商物流成本,提高整个农产品绿色物流供应链效率,还能满足电商物流企业开展农产品物流运营的绿色融资信贷需求。事实上,农产品第三方绿色物流企业,除了向消费者(客户)提供农产品绿色物流服务外,还与金融机构合作开展绿色物流金融服务,农产品电商物流企业运用较强实力物流技术及信息管理系统,与金融机构合作开展应收账款、保兑仓、融通仓等融资模式,建立稳定的农产品电商物流金融绿色发展战略联盟,提升农产品电商物流金融绿色发展综合竞争力。因此,应加快扶持农产品第三方绿色物流企业发展,组织农产品电商物流金融公司,开展农产品电商物流金融业务。另一方面,金融机构抓住农产品电商物流绿色发展机遇时，降低农产品绿色物流金融风险，大力培育扶持农产品第三方绿色物流企业，特别是农村市场开拓能力、科技创新能力、资源整合能力等，逐步推出农产品电商物流金融产品，将资金有效注入农产品电商物流领域，为农产品电商物流的绿色发展提供强有力的金融支持。

（4）创新农产品电商物流"互联网+"融资模式。由于农业的先天性弱质，加之农产品具有生产的分散性、季节性，以及农产品物流的"时效性、即时性"个性化，再加上从事农产品物流的中小微企业或农户贷款大多以短期为主，融资抵押难、信用担保难，仍然困扰着农产品中小微企业或农户。因此，实现"快捷、方便、灵活"农产品绿色物流，单靠农产品物流企业自身资金实力是远远不够的。这就需要依托互联网金融平台，创新农产品电商物流"互联网+"绿色融资模式。随着大数据、云计算等在金融领域的日趋应用，传统的农村金融业务依托新兴互联网技术也在逐步转型。互联网金融给农产品绿色物流供应链融资带来了新机遇，在绿色物流供应链中，将农产品电商物流核心企业与上下游企业联系起来，加强金融工具创新，创新农产品"互联网+"电商物流金融模式。[34] 其核心点是金融、电商、物流三方协同创新，整合农产品商流、物流、资金流及信息流优势，形成电商业、物流业、银行业"铁三角"战略联盟，凭借电商业、物流业与金融业的大数据挖掘，联合授信。其实，农产品电商物流金融绿色发展模式，涉及包括电商业、物流业、金融业、客户或消费者、农民或农户、地方政府多元利益主体，通过"互联网+农产品+电商融资+物流服务"等业务运作，形成互利互补的农产品电商物流金融交易平台，相互合作、多方博弈、互惠共赢，以满足帕累托最优。[35] 如国家开发银行深圳市分行和深圳农产品股份制有限公司联手推出农产品"供应链融资"服务；中粮实施"全产业链"战略转型，打造中粮产品航母立体产业链条，使商流、物流、人流、资金流和信息流高效融合，为整个集团产业链价值提供强有力竞争优势。阿里依托"互联网+"，制定"电商+物流+融资"模式一系列农产品供应链金融解决方案；阿里菜鸟物流网络开创大数据物流平台，打通农村配送"最后一公里"。2016 年 4 月底，蚂蚁金服以"坚定的决心和巨大的责任"宣布将农村金融、国际业务、绿色金融作为三大战略重点。2016 年 5 月 25 日，蚂蚁金服首次对外阐释"金融+电商+农业生产"闭环农产品供应链布局，携手"易果生鲜"电商，整合农村淘宝、天猫超市等阿里电商力量，通过网商银行，提供低息贷款，形成农产品供应链的闭环。①

---

① 新华网. 蚂蚁金服首度披露皮产品供应链金融解决方案［EB/OL］. http://xinhuanet.com/fortune/2016-05/25/c_129015415.htm.

(5) 建立健全农产品电商物流金融风险管理体系。农产品电商物流金融风险主要包括:农产品质物监管风险、市场风险、信用风险及操作风险等。由于农产品电商物流经营风险大,农产品电商物流金融供给短缺。因此,需要切实从财政、保险及风控技术等方面,建立健全农产品电商物流金融风险管理体系。一是制定农产品绿色物流保险税收优惠和财政补贴制度,承保公司以较低费率承保,再保险公司提供保费补贴、业务费用补贴、管理费用补贴和税收优惠,调动保险公司对农产品物流风险进行承保的积极性,同时减轻投保人负担。二是地方政府在保险公司设立专门农产品电商物流绿色保险基金,农产品电商物流经营主体保费和政府财政资金按一定保费分担比例注入基金,规定农产品电商物流保险账户资金适用范围和提取比例;建立政府财政担保基金及担保专项补助资金,为农产品电商物流提供绿色贷款担保服务的风险补助。三是引入资本市场工具,试行农业巨灾保险证券化,有效化解农产品电商物流自然风险,全方位建设国家财政支持农业巨灾风险保险体系,采用金融手段为大规模自然灾害提供资金来源。四是利用大数据挖掘手段,创新农产品电商物流金融风险控制手段,建立"电商为平台、物流为载体、金融为支撑"的农产品电商物流金融综合服务平台,以互联网技术为依托、物联网为加速器,逐步迈向智慧物流金融全新时代。因此,为管理好农产品电商物流金融风险,利用互联网和物联网技术打造可视化、自动化及自主化运营平台,建立监管平台,防范农产品电商物流金融运营风险。如2014年6月15日,我国物流金融服务平台正式上线,由国家级行业协会联合支持,成为首家全国性物流金融业务全过程管理与增值服务平台。[36]

(6) 切实加强农产品电商物流金融专业技术人才培养。随着互联网信息技术发展,电子网络化成为电商业、物流业与金融业融合发展新常态。发展农产品电商物流金融,不仅要求从业人员熟练"融资、结算与保险"业务,还需掌握农产品电商物流金融业务涉及经济领域的相关技能。针对农产品电子商务及绿色物流金融专业技术人才紧缺之现状,需要加大人才培养投入力度,培育既懂金融、又熟悉电商、物流多层次综合应用型专业技术人才,真正为农业、农村、农民服务。一方面,结合长期培养与短期培训、学校培养与在职教育多种方式,开展农产品绿色物流管理、电商物流技术、金融风险、物流信息技术管理等多种培训;另一方面,产教融合、校企对接,实行农产品电商物流企业与科研院校合作,在高校电子商务、物流管理、金融学等专业课程体系建设中,加强电商物流金融师资队伍建设,为农产品绿色物流发展培养造就电商物流金融应用型人才。[37]

七、结语

大数据时代，推进绿色发展，是现代经济社会"供给侧"的必然要求，也是"十三五"绿色发展驱动产业变迁的现实选择。然而，作为农业大国的中国，基于农产品物流总量大、品种多、分散、金融需求巨大的现状，搭建农产品电商平台，选择电商物流，成为现代流通分工的历史必然。为此，寻求农产品电商物流金融绿色发展问题解决方案，关键在于建立完善农村电商物流金融金融服务体系。为此，需要进一步提出：加强农产品绿色流通体系建设，必须加强农产品电商物流金融绿色发展的制度和技术创新，建立完善农产品电商物流金融融资机制，降低农产品绿色物流成本，提高农产品绿色物流效率，实现农产品电商物流的节能、高效、环保，减少农产品绿色物流的市场风险和环境风险，打破农产品流通的"绿色壁垒"，从而实现农产品电商物流金融绿色发展的社会价值、经济价值及生态环境价值。

参考文献

[1] NIEHOLAS KALAITZANDONKES. Bioteehnology and the restrueturing of the agricultural supply chain [J]. Agbioforum, 1998 (2): 40-42.

[2] PETER J BATT. Examining the performance of the supply chain for potatoes in the red river delta using a pluralistic approach [J]. Supply Chain Management: An International Journal, 2003 (5): 442-454.

[3] Center for Sustainable Inwestment. Forum for the Future the London Principles of Sustainable Finance, the Contribution of UK-based Financial Institutions to Sustainable Development [R]. Interim Report, 2002.

[4] JEUCKEN J. Sustainable Finance and Banking [M]. USA: The Earthscan Publication, 2006.

[5] SCHOLTENS B. Finance as a driver of corporation social responsibility [J]. Journal of Business Ethics, 2006, 68 (1): 19-33.

[6] MARY J CRONIN. Banking and finance on the internet [M]. Wiley, 1997.

[7] KAPLAN S, SAWHNEY M. E-hubs: the New B2B Marketplaces [J]. Harvard Business Review, 2000, 78 (3): 97-106.

[8] HENG M S H. Implications of E-commerce for Banking and Finance [M]. Netherlands: Vrije Universiteit, 2001.

[9] CORNING O. Decision Rules for Participating in B2B Exchanges [C]. Astrazenec, Basf, Caegill, et al. Operations Management Roundtable. Washington: Corporate Excutive Board, 2001: 14-42.

［10］ BERGER S AND GLEISNER F. Emergence of financial intermediaries on electronic markets: the case of online P2P lending, working paper ［R］. University of Frankfurt, 2008.

［11］ LAURENT BOTTI, SABRI BOUBAKER. Corporate governance efficiency and internet financial reporting quality ［J］. Review of Accounting and Finance, 2014, 13 (1): 43-64.

［12］ 孙文君. 日本的稻米流通资金制度 ［J］. 金融研究, 2000 (6): 125-129.

［13］ 张敏. 现代物流与可持续发展 ［D］. 泰安: 山东农业大学, 2004.

［14］ 丁俊发. 农产品物流与冷链物流的价值取向 ［J］. 中国流通经济, 2010 (1): 26-28.

［15］ 陆凌云. 我国农产品绿色物流的问题探讨 ［J］. 安徽农业科学, 2007 (3): 853-854.

［16］ 邓昂. 绿色农产品物流金融风险控制策略探析 ［J］. 商业时代, 2013 (33): 55-56.

［17］ 成思危. 绿色金融支撑绿色经济发展 ［J］. 低碳世界, 2012 (10): 14-15.

［18］ 白钦先, 等. 金融可持续发展研究导论 ［M］. 北京: 中国金融出版社, 2001.

［19］ 张文中. 绿色金融: 现状、问题与趋势 ［J］. 新疆财经, 2005 (6): 38-43.

［20］ 王玉婧, 江航翔. 环境风险与绿色金融 ［J］. 天津商学院学报, 2006 (6): 16-20.

［21］ 邓翔. 绿色金融研究述评 ［J］. 中南财经政法大学学报, 2012 (6): 67-71.

［22］ 高宏霞, 张明君. 金融系统功能扩展的生态维度 ［J］. 甘肃金融, 2014 (6): 22-26.

［23］ 李浩, 武晓岛. 探析绿色金融服务"三农"的新路径 ［J］. 农村金融研究, 2016 (4): 25-30.

［24］ 张强. 融合仓单质押的电子商务中介型 B2B 运营模式研究 ［D］. 天津: 天津大学, 2007.

［25］ 赵岳, 谭之博. 电子商务、银行信贷与中小企业融资———一个基于信息经济学的理论模型 ［J］. 经济研究, 2012 (7): 99-112.

［26］ 屠建平, 杨雪. 基于电子商务平台的供应链融资模式绩效评价研究 ［J］. 管理世界, 2013 (7): 182-183.

［27］ 赵志田, 杨坚争. 农产品电商物流理论架构、检验与发展策略 ［J］. 中国流通经济, 2014 (6): 108-113.

［28］ 胡豪. 浅谈中国电商, 物流, 金融一体化发展 ［J］. 电子制作, 2014 (21): 90.

［29］ 范厚明, 田也. 谈生鲜农产品电商物流配送模式的改进 ［J］. 商业经济研究, 2015 (35): 36-38.

［30］ 操戈, 邓卫哲. 中国农村金融服务报告 (2015) 发布——金融机构涉农贷款渐向最基层下沉 ［N］. 农民日报, 2016-05-23 (01).

［31］ 胡愈, 许红莲. 现代农产品绿色物流金融的发展及其方向选择 ［J］. 湖南师范大学社会科学学报, 2008 (5): 116-119.

［32］ 孙尧. 保险在物流金融风险管理中的应用与创新 ［J］. 金融理论与实践, 2009 (3): 91-93.

［33］ 胡愈, 许红莲. 现代农村物流金融发展的内在机理分析 ［J］. 中央财经大学, 2011, 3 (3): 20-25.

［34］ 宋玉洁. 互联网金融背景下小微企业融资新模式研究 ［D］. 北京: 首都经济贸易大

学，2015.
[35] 许红莲. 现代农产品绿色物流金融运作模式设计［J］. 中央财经大学，2009（11）：82-86.
[36] 吴春平. 大数据时代物流金融风险控制策略［J］. 物流工程与管理，2016（3）：106-107.
[37] 胡愈. 现代农村物流金融的制度和技术创新体系探究［J］. 湖南大学学报：社会科学版，2010（3）：70-75.

The Path Selection of the Green Development of the Agricultural Products E-commerce Logistics Finance

XU Hong-lian[1]   HU Yu[2]

(1. A Cademy for Economy and Trade, Hunan University of Commerce, Changsha, Hunan 410205, China;
2. School of Business, Guizhou Minzu University, Guiyang, Guizhou 550025, China)

Abstract: Agricultural products e-commerce logistics finance is the new growth point in the new normal development of rural economy. Based on the large amount of the agricultural product logistics, many varieties, wide distribution, massive financial needs in our country, We must efficient gather together with the business flow, the rural logistics, the funds flow and the information flow of the agricultural products, in order to realize the agricultural products "mutual benefit and win-win" for the e-commerce industry, the logistics industry and finance industry. Throughout the research at home and abroad, analyzing the demand situation, supply shortage and its restricting factors, dynamic mechanism and development initiatives, Fundamentally seeking for path selection of the Agricultural Products E-commerce Logistics Finance green development. Analysis shows that developing the agricultural products e-commerce logistics finance, making a strong financial support for the agricultural products green logistics, and requires innovation driving the green development, establishing and improving the system and mechanism of the agricultural products e-commerce logistics finance, so as to realize the social value, economic value and ecological value of the agricultural products green logistics.

Keywords: Agricultural product green logistics; E-commerce logistics finance; Green finance; Green development; Path Selection

基于学习效应的异质性价格预期动态蛛网模型研究
——生猪市场价格分析

刘导波　严玉珊

摘　要：近年来猪肉价格剧烈波动频繁，价格预期通过影响生产者的供给函数继而对猪肉价格波动产生影响。本文通过引入简单预期、适应性预期和理性预期三种异质性价格预期，建立一个基于学习效应的动态蛛网模型，并在此基础上利用中国2000—2015年的猪肉价格数据进行实证分析。结果表明：价格预期会给生产者营造潜在隐患。依据该经济现象，文章首先从生产者异质的角度出发，在动态蛛网模型的基础上，添加三种异质性价格预期，形成新的市场定价模型。其次运用国内30个省的时间跨度为2000—2015年的月度猪肉价格数据做实证分析。结论包括：以省为单位的生猪养殖模式学习效应中，北方普遍不如南方高，且有些作为主产省份的学习效应不高，此外，主要销地价格表现不平稳。

关键词：异质性价格预期　动态蛛网模型　学习效应　自回归模型

作者简介：刘导波（1966—），女，湖南衡阳人，湖南商学院工商管理学院教授；严玉珊（1991—），女，河南信阳人，湖南商学院产业经济学硕士研究生。

一、引言

近年来，由于种种原因造成国内农产品价格剧烈波动，其中以猪肉及上游产品价格较为显著，图1显示玉米与饲料价格走势呈现正相关关系。猪肉价格波动较为猛烈，从2007年开始，猪肉价格波幅加大，但从2012年至2014年呈现出较为规律的周期性波动，随着时间延续至2015年7月，期间猪肉价格一路猛涨，三者价格整体呈现上升的趋势。作为人们日常生活必需品，其价格是否稳定关系到人民的切身利益和经济市场的健康发展。

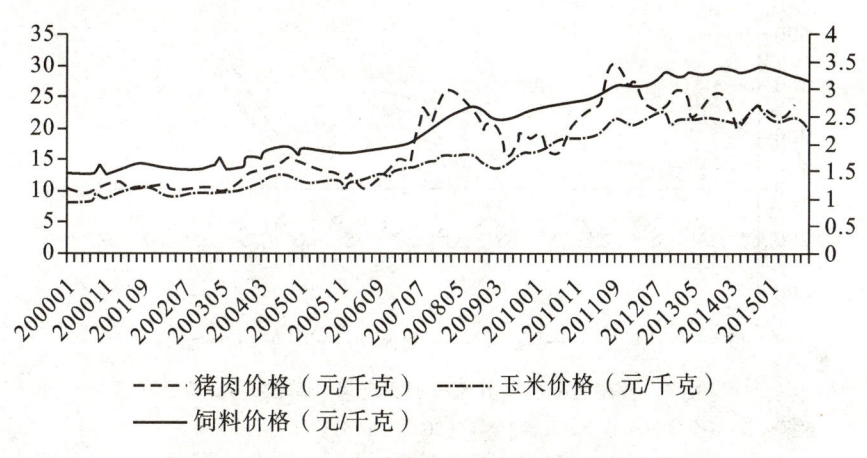

图1 2000—2015年猪肉及上游产品月度价格走势图

数据来源：中国畜牧业信息网。

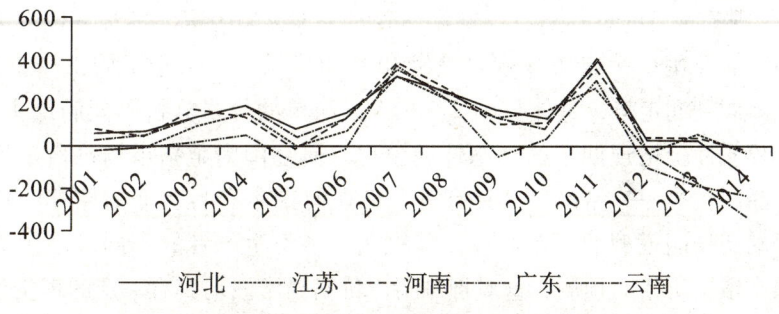

图2 养殖户生猪养殖净利润走势（单位：元/头）

数据来源：《全国农产品成本收益汇编》(2002—2015)。

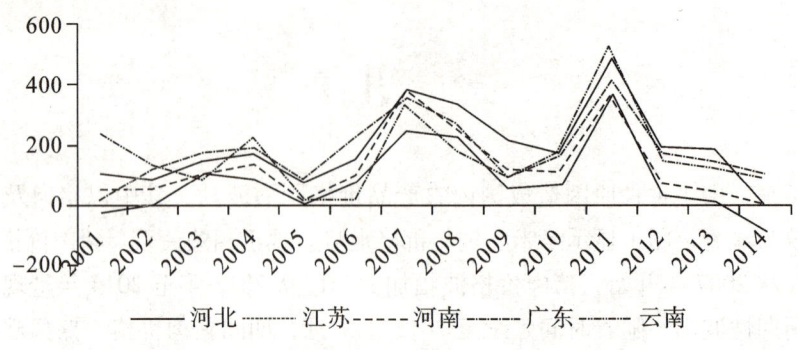

图3 养殖大户生猪养殖净利润走势（单位：元/头）

数据来源：《全国农产品成本收益汇编》（2002—2015）。

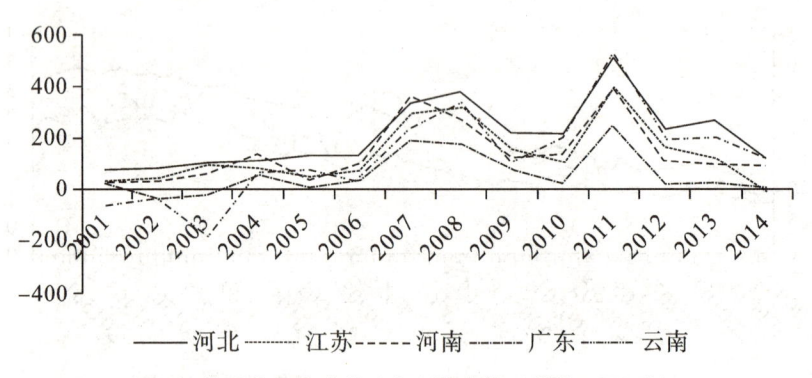

图4 养殖企业生猪养殖净利润走势（单位：元/头）

数据来源：《全国农产品成本收益汇编》（2002—2015）。

在2016年中央一号文件提出的"创新、协调、绿色、开放、共享"发展理念下，如何使物价波动保持在可控范围内成为亟待解决的难题。深究价格屡屡出现"过山车"现象背后的林林总总，剔除季节因子等影响因素，不难发现市场因素占据首要地位。在国内生猪市场规模波动频繁的背景下，由于不同市场价格预期，最终形成不同利润走势，具体见图2、3、4。简单的价格分析不能满足实际情况，需借助于异质性价格预期下的动态蛛网模型来研究国内生猪市场价格走势。作为鲜活农产品的代表——猪肉，又具有需要一段时期生产且为非耐储存的特点，首先契合了动态蛛网模型的简单假设，其次融入各类生产者的不同价格预期，最后形成对未来市场价格的预测，这对抑制猪肉价格异常波动具有一定的现实意义。

利用蛛网模型分析农产品价格波动早已有之，国外学者集中在异质性预期条件下的产品定价，而国内学者则主要集中在价格的时间趋势以及价格在产业链上的非对称传导（Zhou，等，2015[1]；周金城，等，2014[2]）。纵观国内外学者对蛛网模型的研究，主要集中在价格预期改进以及某些参数限制下的模型稳定性和动态分形及混沌等现象。从价格预期理论的逐步完善到各种产品市场上，可知蛛网模型的条件假设逐步放开并慢慢贴近实际经济情况。如生产者对于市场价格预期从最初的简单预期，过渡到理性预期（Muth，1961[3]；Wenzelburger，2004[4]）和适应性预期（Hommes，1991[5]；李忠民等，1997[6]；孙婷婷等，2010[7]；范新英等，2013[8]）。在已有文献的基础上，适应性预期修正了理性预期假设（无限理性）和简单预期，认为人是有限理性的，像经济学家一样，根据过去价格来计算预期价格，这是理论假设的一大进步。当异质性预期理论应用到各类市场中，具体又略有差异，如涉及具体的资产定价（Wenzelburger，2004[4]）、通货膨胀预期（Branch，2004[9]；许志伟等，2015[10]；程均丽等，2015[11]）、金融风险（Westerhoff 和 Wieland，2010[12]）以及大宗产品预期价格设定等。Branch（2004）[9]在研究通货膨胀的预期时，在简单预期和适应性预期的基础上引入 VAR 预期，逐步提高预测的精度，并运用实际调查数据检验三种预期的精准性。从市场因素角度看，价格预期从供给方异质预期（Brock 和 Hommes，1997[13]；Goeree 和 Hommes，2000[14]）衍生到供需双方异质预期（李仲飞等，2015[15]），再到市场上的第三方因素——投机者异质预期（Wenzelburger，2004[4]；Westerhoff 和 Wieland，2010[12]）等方面展开。供给方异质预期中，在不同成本的前提下，生产者依据利润最大化原则选择最佳预期策略，而需求方则是从效用最大化角度出发选择最优预期策略。Westerhoff 和 Wieland（2010）[12]从投机者中的技术分析者（chartists）和基本面分析者（fundamentalists）异质着手，分析投机者充当供给者时动态蛛网模型演化路径，并以此认为投机者异质预期的互动作用能够防止价格剧烈波动。对比三种市场成分的异质预期，不难发现有限理性和自身利益（效用）最大是三者的共同特点。

然而在利益（效用）最大化的基础上，拥有有限理性思维的供给者和需求者通过不断学习占优策略，最终呈现在市场中的是动态"学习效应"过程，以及各种参数条件下的蛛网敛散性（Brock 和 Hommes，1997[13]；李忠民等，1997[6]；Goeree 和 Hommes，2000[14]；Waters，2009[16]，2010[17]；孙婷婷等，2010[7]；范新英等，2013[8]）。表现在动态蛛网模型的模拟图像中，是选择强度①（intensity of choice）参数控制下局部稳定性以及理性预期策略成本为零假设下的全局稳定性（Brock 和 Hommes，1997[13]；Goeree 和 Hommes，2000[14]），伴随着选择强度的逐步增大，图像开始由分形并进一步演化为混沌和奇异吸引子现象。与前两者假定

---

① Brock 和 Hommes 在 1997 年发表文章中提到，简称选择强度，度量生产者转换策略快慢的速度，我们在后面将其定义为学习效应。

异质预期成本逐级递增不同的是，Waters（2009）[16]把BNN动态学习①引入拥有两种预期的蛛网模型中，且认为所有预期策略所耗费的成本是无差异的，同样会出现不稳定的两周期混沌行为。在动态学习方法创新上，Branch和McGough（2008）[18]进一步延伸了Brock和Hommes（1997）[13]适应性理性动态均衡理论（ARED），引入与蛛网动态价格相关的动态复制方法（Sethi和Franke，1995[19]）。两者区别在于最终策略选择结果上，Brock和Hommes（1997）[13]得出的稳态是有较大比重的代理人会选取成本费用高的理性预期策略，而Branch和McGough（2008）[18]则在动态复制方法基础上得出开始占据主导地位且成本高的理性预期策略会逐渐在市场上消失。

现有文献深入分析了价格预期及其相关基础理论模型，并在异质性预期理论和学习效应方面进行了大量探索，生猪市场属于典型的供给与需求在时间上存在错配的市场，价格预期在市场价格的形成和波动中起了重要作用，尤其值得注意的是，与国外猪肉供给市场相比我国生猪市场的供给主体更加多元化，既包括以散养为主的传统养殖户、中等规模的专业养殖大户，也包括大规模集约的现代养殖公司，各个主体对于未来猪肉价格预期存在明显的异质性，这种异质性以及不同主体间的学习效应将会严重影响猪肉市场价格波动。本文针对我国生猪市场的异质性价格预期建立了一个学习效应内生的模型，并在此基础上进行实证分析。本文第二部分为模型分析和数理推导，将价格异质性预期与学习效应结合起来建立一个基础模型；第三部分利用中国30个省份的2000—2015年猪肉市场价格月度面板数据进行实证分析；第四部分对实证结果进行了详细讨论和分析；第五部分给出了结论与对策。

二、模型推导

生猪市场属于典型的供给需求在时间上有滞后的市场，传统的蛛网理论通过需求与即期价格相关、供给与上期相关对生猪市场价格波动进行了初步的分析。但随着研究的深入，生猪供给市场的简单价格预期理论越来越不适用于现实市场，开始出现了将前面若干期价格进行综合分析的适应性价格预期理论，对于蛛网模型的修正进一步提升了理论分析的深入。在中国生猪市场上，广泛存在着多种供给主体，包括以散养为主的传统养殖户、中等规模的专业养殖大户，也包括大规

---

① Brown、von Neuman和Nash在1950年提出的动态学习方法，简称BNN动态学习。

模集约的现代养殖公司,其中传统养殖户由于接触市场范围窄,获取信息能力弱,他们对于未来生猪价格的预期停留在比较初步的阶段,可以将其视为简单预期;中等规模的专业养殖大户由于接触市场面较广,获取信息渠道比较通畅,并且由于在生猪市场浸润多年,对于生猪价格周期有比较深入的了解,其在生产决策中往往能根据过去多年的价格进行综合分析,可以将其视为适应性预期;大规模集约的现代养殖公司由于市场信息获取来源广,对于市场价格有非常敏锐的判断能力,可以将其视为理性预期①。

(一)模型假设

在考虑供应方价格异质性预期的模式下,Brock 和 Hommes(1997)[13]、Goeree 和 Hommes(2000)[14]给出了一个经典的理论模型,不过他们的模型中只将供给方的价格异质性预期考虑为简单预期和理性预期两种情况,这种情况对于国外生猪大规模、工业化养殖供给市场是比较吻合的,但中国生猪市场供给主体种类较多,各个主体间对未来价格预期能力不同,导致 Goeree 和 Hommes(2000)的模型不能直接运用于中国市场,我们对其进行修正,通过引入更多的市场主体异质性价格预期和主体间学习效应进行分析,建立一个基于学习效应和多元异质性价格预期的动态蛛网模型。

作为模型推导的起点,我们对于生猪市场的需求和供应方进行了如下假设:

假设1:动态蛛网模型中生猪市场需求同质,事实上,不同消费群体对生猪市场价格需求也不同,但本文主要考虑供给方的异质性,为了简化模型分析,假定需求同质。

假设2:三种养殖主体生产的猪肉的质量是无差异的,且各养殖规模适用于同一生产函数。

假设3:动态蛛网模型中生猪市场供给异质,其中大规模集约的现代养殖公司的价格预期策略为理性价格预期;中等规模的专业养殖大户的价格预期策略为适应性价格预期;传统养殖户的价格预期策略为简单价格预期。

(二)数理推导

假设我国生猪市场的一个典型生产周期为 t。在此基础上,令 $D(P_t)$ 是第 t 期生猪市场的需求函数,与价格 P 负相关,$S(P_t)$ 是第 t 期生猪市场的供给函数,与价格 P 正相关,$m(q_t)$ 是关于产量 q 在 t 期的生产成本函数,P_t^e 是供给者在 $t-1$ 时期形成对 t 期市场价格的预期。生产者基于利润最大化原则从事生产活动,具体

---

① 理性预期当然不可能完全实现,我们在此只是想类比大型养殖公司对于未来价格的精准预测能力。

如下:

$$S(P_{t+1}^e) = arg \max_{q_t}\{P_{t+1}^e q_t - m(q_t)\} \quad (1)$$

按照假设 2，生产者有三种不同的价格预期策略，即生产者会采取三种不同价格预期策略，$k = 1, 2, 3$，将三种不同的价格预期策略代入（1）式可得到（2）式:

$$S(P_{k,\,t+1}^e) = arg \max_{q_t}\{P_{k,\,t+1}^e q_t - m(q_t)\} = (m')^{-1}(P_{k,\,t+1}^e) \quad (2)$$

按照假设 1，生猪市场需求者同质，再引入参数 $n_{k,\,t}$，$n_{k,\,t}$ 是指在 t 期时市场上选择 k 策略的生产者数所占市场上生产者总数的比例，该比例是由生产者所选预期策略带来的净利润决定的，将需求与供给方程联立可得市场均衡为（3）:

$$D(P_{t+1}) = \sum_{k=1}^{K} n_{k,\,t} S(P_{k,\,t+1}^e) \quad (3)$$

本期的生产者采取的价格预期策略不同，对其在本期的净利润有很大影响，同时也会由于在市场上各个采用不同价格预期策略主体的净利润存在明显差异，低净利润①的市场主体倾向于向高净利润市场市场主体进行学习，改进自身的价格预期策略。我们将这种行为定义为学习效应，令参数 β 为学习效应，可以测度生产者转换价格预期策略的快慢程度。同时假设生产者获取市场信息进行市场价格预测也需要花费成本，定义 C_k 是生产者选择 k 策略，为了获取相关市场信息所耗费的成本。

生产者的净利润函数如下:

$$R_{k,\,t+1} = P_{t+1} S(P_{k,\,t+1}^e) - m[S(P_{k,\,t+1}^e)] - C_k \quad (4)$$

参考 Manski 和 McFadden（1981）[24]同时在市场上选择 k 策略的生产者所占比重为:

$$n_{k,\,t+1} = \frac{exp[\beta R_{k,\,t+1}]}{\sum_{k=1}^{K} exp[\beta R_{k,\,t+1}]} \quad (5)$$

考虑三种价格预期的蛛网模型，即简单预期（$P_{1,\,t+1}^e$）、适应性预期（$P_{2,\,t+1}^e$）、理性预期（$P_{3,\,t+1}^e$），此时市场均衡模型如下:

$$D(P_{t+1}) = n_{1,\,t+1} S(P_{1,\,t+1}^e) + n_{2,\,t+1} S(P_{2,\,t+1}^e) + n_{3,\,t+1} S(P_{3,\,t+1}^e) \quad (6)$$

假设蛛网模型的需求和供给函数均为线性函数，生产成本函数 $m(q_t)$ 是关于 q_t 的二次函数，其中 A、B 和 b 均为正的常数，可以将需求函数和供给函数描述成

---

① 这里我们隐含了一个假设，即随着市场价格预测策略越复杂，相应市场主体的净利润越高，理性预期策略、适应型预期策略和简单预期策略的净利润依次降低。

(7) - (9):

$$D(P_t) = A - B P_t \tag{7}$$

$$S(P^e_{k,\,t+1}) = b P^e_{k,\,t+1} \tag{8}$$

$$m(q_t) = \frac{q_t^2}{2b} \tag{9}$$

当 k 分别为 1、2、3 时，即代表简单预期、适应性预期和理性预期，在此假定获取三者所耗费的成本是严格递增①的，同时为了方便运算且不失一般性，不妨设 $C_1 = 0$；$C_2 = 0.5C$；$C_3 = C$，其中 $C > 0$。

进一步设三种预期价格：

$P^e_{1,\,t+1} = P_t$

$P^e_{2,\,t+1} = \alpha P_t + (1 - \alpha) P_{t-1}$

$P^e_{3,\,t+1} = P_{t+1}$；其中 $0 < \alpha < 1$。

这三种市场预期价格是三种不同的市场主体所选择，其中养殖户采用的是 $P^e_{1,\,t+1}$，即简单价格预期，由于经验的缺乏和市场信息的获取量有限，只能简单将上期市场均衡价格作为市场预期价格；专业养殖大户采用的是 $P^e_{2,\,t+1}$，即适应性价格预期，由于具有较为专业的市场信息和预测能力，可以根据过去价格进行本期价格预测，我们这里定义为当期价格与过去一期价格线性组合②；专业养殖公司采用的是 $P^e_{3,\,t+1}$，即理性价格预期，由于具有极大的市场信息量加上高水平精准的预测，可以将其定义为未来一期的市场均衡价格③。可以根据（4）式分别计算出在三种价格预期策略行为各异质性市场主体下实现的净利润④，见（10）-（12）：

$$R_{1,\,t+1} = \frac{1}{2} b P_t (2 P_{t+1} - P_t) \tag{10}$$

$$R_{2,\,t+1} = \frac{1}{2} b [\alpha P_t + (1 - \alpha) P_{t-1}] [2 P_{t+1} - \alpha P_t - (1 - \alpha) P_{t-1}] - \frac{C}{2} \tag{11}$$

$$R_{3,\,t+1} = \frac{1}{2} b P_{t+1}^2 - C \tag{12}$$

---

① 这也符合我们的认知，因为想要获取更复杂的价格预期，必然就要花费更高的成本，包括信息获取、市场价格分析以及预测等。

② 事实上，此处应该定义为当期价格和所有之前价格的线性组合，但由于过去价格影响预期价格的权重较小，同时为了推导简便，故采用当前价格与过去一期价格的线性组合。

③ 即下一时期的市场实际均衡价格，当然这只是一个完美条件下才能实现的假设，不过极大方便了计算。

④ 这里忽略掉税收问题。

由（5）和（10）式可以得到采用简单价格预期策略的市场主体占据整个生猪市场供应主体的比重为：

$$n_{1,\ t+1} = \frac{exp\{\beta[\frac{1}{2}b P_t(2 P_{t+1} - P_t)]\}}{\sum_{k=1}^{3} exp[\beta R_{k,\ t+1}]} \quad (13)$$

同理，根据（5）和（11）、（12）式可以得到采用适应性预期策略和理性预期策略的市场主体所占比重为：

$$n_{2,\ t+1} = \frac{exp\{\beta(\frac{1}{2}b[\alpha P_t + (1-\alpha) P_{t-1}][2 P_{t+1} - \alpha P_t - (1-\alpha) P_{t-1}] - \frac{C}{2})\}}{\sum_{k=1}^{3} exp[\beta R_{k,\ t+1}]}$$

$$(14)$$

$$n_{3,\ t+1} = \frac{exp[\beta(\frac{1}{2}b P_{t+1}^2 - C)]}{\sum_{k=1}^{3} exp[\beta R_{k,\ t+1}]} \quad (15)$$

由（6）、（7）、（8）式可以推出，

$$P_{t+1} = \frac{A - b P_t(n_{1,\ t+1} + \alpha n_{2,\ t+1}) - b(1-\alpha) n_{2,\ t+1} P_{t-1}}{B + b n_{3,\ t+1}} \quad (16)$$

将三个市场主体分别的市场比重（13）、（14）、（15）代入（16）式可得最终的市场均衡价格为：

$$P_{t+1} = \frac{A - b P_t \left(\frac{exp\{\beta[\frac{1}{2}b P_t(2P_{t+1}-P_t)]\}}{\sum_{k=1}^{3} exp[\beta R_{k,t+1}]} + \alpha \frac{exp\{\beta[\frac{1}{2}b[\alpha P_t+(1-\alpha) P_{t-1}][2P_{t+1}-\alpha P_t-(1-\alpha) P_{t-1}]-\frac{C}{2}]\}}{\sum_{k=1}^{3} exp[\beta R_{k,t+1}]} \right) - b(1-\alpha) P_{t-1} \frac{exp\{\beta[\frac{1}{2}b[\alpha P_t+(1-\alpha) P_{t-1}][2P_{t+1}-\alpha P_t-(1-\alpha) P_{t-1}]-\frac{C}{2}]\}}{\sum_{k=1}^{3} exp[\beta R_{k,t+1}]}}{B + b \frac{exp[\beta(\frac{1}{2}b P_{t+1}^2 - C)]}{\sum_{k=1}^{3} exp[\beta R_{k,t+1}]}}$$

$$(17)$$

这样，我们可以得出一个内生价格异质性预期策略和学习效应的动态蛛网模型，其中市场均衡价格与各种价格预期策略、学习效应、信息成本等密切相关，假设忽略 $n_{k,\ t+1}$ 中所含的价格因素，那么（17）式就是一个简单的关于 P_{t+1} 和 P_t、P_{t-1} 的线性回归公式，而各个参数就是关于价格预期策略、学习效应、信息成本的表述。我们可以抽象假定公式右边滞后期价格的系数测度的是学习效应，即跟进较优策略的快慢速度，依据这种思路收集时间序列数据，我们可以通过生猪市场上价格波动状况，以及自回归模型来测度不同市场主体间的学习效应，即各种异质性价格预期策略的转换学习速度。

三、实证分析

（一）研究方法

根据文章第二部分的（16）式，为了便于计算，在这里令 $A = B = b$，可以化简得（18）式，

$$P_{t+1} = \xi_1 + (\xi_2 - \xi_3) P_t + \xi_3 P_{t-1} \tag{18}$$

其中 $\xi_1 = \dfrac{1}{1 + n_{3,t+1}}$，养殖公司 $\xi_2 = \dfrac{n_{3,t+1} - 1}{1 + n_{3,t+1}}$，$\xi_3 = \dfrac{(\alpha - 1) n_{2,t+1}}{1 + n_{3,t+1}}$，$0 < \alpha < 1$。

实证的时间序列数据必须满足稳定性的假设，故而在进行回归之前对时间序列的稳定性进行检验。利用单位根检验30个时间序列数据的稳定性，剔除不稳定序列，本文不考虑不稳定序列的回归实证分析。

（二）数据来源

样本数据为中国各省份的猪肉市场价格[①]，取自中国畜牧业信息网（http://www.caaa.cn/），样本数据涉及国内30个省份[②]，跨度为2000年1月至2015年12月的月度数据。以价格时间序列数据运用地方消费价格指数CPI折算成以1999年为基期的不变价，再经过对数化处理以消除异方差，最后利用Eviews7.0做ADF检验，结果如表1所示，剔除序列不平稳的地区：广西、甘肃、宁夏。

表1　　　　　　　　　　单位根检验

地区	变量	ADF	T值	地区	变量	ADF	T值
北京	lnbj	(c, t)	-5.418***	湖北	lnhb2	(c, t)	-4.938***
天津	lntj	(c, t)	-4.956***	湖南	lnhn2	(c, t)	-4.791***
河北	lnhb1	(c, t)	-5.278***	江西	lnjx	(c, t)	-4.543***
山西	lnsx1	(c, t)	-4.718***	广东	lngd	(c, t)	-4.511***
内蒙古	lnnmg	(c, t)	-4.544***	广西	lngx	(c, t)	-2.805

[①] 由于本文假定需求同质，故为了保持各省区数据具有可比性，采用的猪肉价格为销地市场价格。

[②] 由于数据获取原因，本文舍弃了西藏及港澳台的数据。

表1(续)

地区	变量	ADF	T值	地区	变量	ADF	T值
辽宁	lnln	(c, t)	-4.047***	海南	lnhn3	(c, t)	-3.253*
吉林	lnjl	(c, t)	-4.47***	重庆	lncq	(c, t)	-5.045***
黑龙江	lnhlj	(c, t)	-5.138***	四川	lnsc	(c, t)	-4.535***
上海	lnsh	(c, t)	-3.812**	贵州	lngz	(c, t)	-4.488***
江苏	lnjs	(c, t)	-4.808***	云南	lnyn	(c, t)	-3.985**
浙江	lnzj	(c, t)	-4.499***	陕西	lnsx2	(c, t)	-4.289***
安徽	lnah	(c, t)	-4.515***	甘肃	lngs	(c, t)	-3.081
福建	lnfj	(c, t)	-3.807**	青海	lnqh	(c, t)	-3.816**
山东	lnsd	(c, t)	-5.213***	宁夏	lnnx	(c, t)	-3.058
河南	lnhn1	(c, t)	-4.749***	新疆	lnxj	(c, t)	-4.706***

注：*** 表示在1%的水平上检验平稳，** 表示在5%的水平上检验平稳，* 表示在10*的水平上检验平稳；(c, t) 表示对时间序列数据做 ADF 检验时，选择的是有截距项和趋势项。

表2　　　　　　　　　　　　回归结果

地区				AR(3)	AIC	DW	是否为白噪声
北京	2.749*** (12.145)	0.977*** (63.018)			-2.651	1.406	否
	2.679*** (17.744)	1.272*** (18.257)	-0.303*** (-4.352)		-2.734	1.910	是
	2.716*** (16.556)	1.307*** (18.079)	-0.470*** (-4.099)	0.133* (1.846)	-2.754	1.996	是
天津	2.744*** (25.941)	0.936*** (38.152)			-1.934	2.357	否
	2.768*** (21.586)	0.757*** (10.541)	0.190*** (2.654)		-1.955	1.979	是
	2.785*** (23.888)	0.748*** (10.397)	0.140 (1.574)	0.052 (0.725)	-1.982	1.981	是
河北	2.716*** (18.178)	0.968*** (55.137)			-2.717	1.236	否
	2.661*** (27.288)	1.35*** (20.084)	-0.393*** (-5.863)		-2.870	1.882	是
	2.685*** (26.250)	1.397*** (19.372)	-0.563*** (-4.772)	0.124* (1.715)	-2.894	2.029	是

表2（续）

地区				AR（3）	AIC	DW	是否为白噪声
山西	2.694*** (18.150)	0.963*** (52.220)			−2.465	1.257	否
	2.642** (28.248)	1.329*** (19.799)	−0.381*** (−5.693)		−2.620	2.013	是
	2.636*** (28.078)	1.321*** (17.993)	−0.342*** (−2.883)	−0.031 (−0.422)	−2.607	1.987	是
内蒙古	2.695*** (16.615)	0.968*** (54.531)			−2.548	1.85	是
	2.685*** (18.777)	1.073*** (14.268)	−0.074* (−1.019)		−2.543	2.014	是
	2.681*** (20.863)	1.027*** (14.039)	−0.014 (−0.136)	−0.053 (−0.730)	−2.538	1.996	是
辽宁	2.744*** (19.089)	0.959*** (49.720)			−2.298	1.799	是
	2.732*** (22.340)	1.054*** (14.567)	−0.102 (−1.415)		−2.302	1.996	是
	2.723*** (22.036)	1.055*** (14.375)	−0.071 (−0.667)	0.032 (−0.433)	−2.289	1.988	是
吉林	2.673*** (20.933)	0.953*** (44.872)			−2.203	1.728	否
	2.667*** (26.661)	1.071*** (15.052)	−0.130* (−1.837)		−2.241	1.969	是
	2.664*** (25.085)	1.085*** (14.785)	−0.147 (−1.388)	0.007 (0.097)	−2.230	1.966	是
黑龙江	2.658*** (17.881)	0.964*** (53.029)			−2.475	1.438	否
	2.622*** (25.416)	1.236*** (17.803)	−0.284*** (−4.111)		−2.564	1.921	是
	2.648*** (23.159)	1.272*** (17.589)	−0.477*** (−4.231)	0.160** (2.242)	−2.581	1.977	是
上海	2.914*** (20.135)	0.974*** (60.299)			−3.233	1.704	是
	2.904*** (25.293)	1.112*** (15.524)	−0.144** (−2.011)		−3.258	1.996	是
	2.886*** (26.581)	1.110*** (15.223)	−0.047 (−0.437)	−0.096 (−1.320)	−3.259	1.994	是

表2(续)

地区			AR(3)		AIC	DW	是否为白噪声
江苏	2.719*** (16.623)	0.973*** (56.01)			-2.867	1.511	是
	2.728*** (24.240)	1.154*** (17.261)	-0.191 (-2.846)		-3.029	1.919	是
	2.706*** (25.004)	1.187*** (16.354)	-0.146 (-1.366)	-0.077 (-1.134)	-3.040	1.979	是
浙江	2.839*** (24.892)	0.962** (67.095)			-3.052	1.192	否
	2.817*** (14.240)	1.247*** (20.723)	-0.264*** (-4.473)		-3.427	1.660	是
	2.816*** (18.538)	1.395*** (19.677)	-0.500*** (-4.720)	0.083 (1.370)	-3.484	1.974	是
安徽	2.770*** (18.845)	0.971*** (56.702)			-2.957	1.338	否
	2.719*** (26.412)	1.300*** (18.908)	-0.337*** (-4.916)		-3.065	1.949	是
	2.730*** (25.796)	1.321*** (18.029)	-0.411*** (-3.407)	0.052 (0.712)	-3.058	2.013	是
福建	2.754*** (15.637)	0.978*** (60.509)			-3.289	1.566	否
	2.708*** (21.556)	1.195*** (1.195)	-0.222*** (-3.111)		-3.324	1.999	是
	2.711*** (22.588)	1.192*** (16.241)	-0.203* (-1.792)	-0.018 (-0.248)	-3.314	1.996	是
江西	2.796*** (17.585)	0.973*** (59.362)			-2.963	1.614	否
	2.764*** (21.910)	1.166*** (16.271)	-0.198*** (-2.771)		-2.988	1.989	是
	2.772*** (21.875)	1.170*** (15.938)	-0.226** (-2.02)	0.024 (0.323)	-2.976	1.999	是
山东	2.780*** (15.130)	0.974*** (61.893)			-2.835	1.264	否
	2.711*** (23.130)	1.342*** (19.823)	-0.377*** (-5.574)		-2.973	1.877	否
	2.737*** (19.288)	1.403*** (19.322)	-0.594*** (-5.014)	0.162** (2.228)	-2.984	2.068	否

表2(续)

地区			AR(3)	AIC	DW	是否为白噪声
河南	2.627*** (27.779)	0.920*** (32.066)		−1.683	2.298	是
	2.645*** (23.658)	0.769*** (10.677)	0.163** (2.257)	−1.697	2.048	是
	2.666*** (20.375)	0.744** (10.232)	0.056 (0.619)	0.140* (1.925)	−1.702	2.026	是
湖北	2.749*** (24.776)	0.954*** (44.372)		−2.529	2.012	是
	2.751*** (24.613)	0.948*** (12.961)	0.06 (0.086)	−2.513	2.000	是
	2.755*** (24.600)	0.947*** (12.890)	−0.004 (−0.0388)	0.01 (0.141)	−2.498	2.001	是
湖南	2.796*** (14.346)	0.976*** (56.835)		−2.746	2.279	是
	2.841*** (11.258)	0.833*** (11.499)	0.147*** (2.018)	−2.752	1.961	是
	2.803*** (13.175)	0.850*** (11.614)	0.234** (2.475)	−0.107 (−1.455)	−2.749	1.973	是
广东	2.827*** (14.431)	0.984*** (73.356)		−3.721	1.101	否
	2.758*** (27.242)	1.432*** (22.024)	−0.457*** (−7.020)	−3.942	1.795	是
	2.787*** (20.537)	1.533*** (21.299)	−0.772*** (−6.351)	0.220*** (3.049)	−3.975	1.990	是
海南	2.797*** (14.346)	0.976*** (56.835)		−2.746	2.279	否
	2.841*** (11.258)	0.833*** (11.499)	0.147** (2.018)	−2.752	1.961	是
	2.803*** (13.175)	0.850*** (11.614)	0.234** (2.475)	−0.107 (−1.455)	−2.749	1.973	是
重庆	2.780*** (13.643)	0.977*** (64.513)		−2.868	1.444	否
	2.713*** (18.093)	1.253*** (17.892)	−0.280*** (−4.008)	−2.938	1.909	是
	2.744*** (17.163)	1.290*** (17.789)	−0.419*** (−3.664)	0.103 (1.416)	−2.950	2.018	是

表2(续)

地区				AR(3)	AIC	DW	是否为白噪声
四川	2.799*** (10.355)	0.984*** (77.897)			-3.235	0.946	否
	2.658*** (20.795)	1.511*** (24.459)	-0.535*** (-8.659)		-3.556	1.723	是
	2.711*** (16.232)	1.646*** (23.206)	-0.916*** (-7.450)	0.251*** (3.531)	-3.613	2.026	是
贵州	2.909*** (9.519)	0.985*** (84.560)			-3.343	1.375	否
	2.790*** (14.291)	1.298*** (18.708)	-0.316*** (-4.559)		-.3.433	1.884	是
	2.853*** (10.627)	1.355*** (18.756)	-0.552*** (-4.751)	0.182** (2.527)	-3.452	1.939	是
云南	2.958*** (5.896)	0.991*** (94.039)			-3.587	1.120	否
	2.736*** (13.447)	1.430*** (21.846)	-0.443*** (-6.765)		-3.794	1.793	是
	2.804*** (12.154)	1.508*** (21.296)	-0.673*** (-5.631)	0.151** (2.136)	-3.853	1.947	是
陕西	2.703*** (17.585)	0.963*** (50.386)			-2.325	1.657	是
	2.669*** (19.751)	1.130*** (15.753)	-0.171*** (-2.392)		-2.346	1.962	是
	2.686*** (17.156)	1.150*** (15.742)	-0.301*** (-2.753)	0.116 (1.590)	-2.344	1.939	是
青海	2.658*** (2.658)	0.949*** (42.286)			-2.793	2.019	是
	2.659*** (30.836)	0.939*** (12.837)	0.010 (0.136)		-2.777	1.997	是
	2.658*** (32.831)	0.939*** (12.800)	0.058 (0.101)	-0.052 (0.073)	-2.766	1.986	是
新疆	2.724*** (28.525)	0.955*** (50.100)			-2.856	1.850	是
	2.718*** (30.892)	1.028*** (14.099)	-0.077 (-1.066)		-2.848	1.986	是
	2.728*** (29.264)	1.033*** (14.107)	-0.170 (-1.618)	0.089 (1.221)	-2.840	1.992	是

注：*** 表示在1%的水平上检验显著，** 表示在5%的水平上检验显著，* 表示在10*的水平上检验显著；( )内数值表示t值；表中d( )表示对非平稳序列做差分处理。

四、结果分析

从上述结果中可以得出以下结论：

1. 猪肉主要消费地省市价格不稳定。回归结果如表1所示，从表中可知天津、辽宁、黑龙江、上海、江西、重庆、黑龙江七省的价格数据不稳定，七省作为猪肉的主要消费地（崔小年等，2012[20]），且不具有生猪规模生产优势，在冗长供应链的联合作用下，显著加强了猪肉销地价格的不稳定性质。而在20世纪80年代中期，曾经作为猪肉主产区的华中和东南沿海地区，在经过几年高速发展之后，其中几个主产地省份逐步退居二、三线产地，如江苏、浙江等地。现象背后是外部不经济，也是生猪产地比较优势逐渐弱化所致。

2. 南北学习效应差别大。把表1中代表国内生猪市场学习效应的回归系数——即AR（1）项，利用Geoda软件呈现在中国地图中，如图2所示。剔除掉价格不稳定的七个省市，以及未纳入研究范围的西藏。从图2中可以看出，学习效应具有显著的集聚效应，①表现为中国南部以及部分西北地区具有较强的学习效应。一方面部分地区作为我国生猪主要产区，如江苏、湖南、福建等地，占据一定的信息和技术资源优势；另一方面由于资源的溢出效益，带动邻接省份培育技术快速发展，如湖北等地。②中国北部显示出较弱的学习效应。北方大部分地区作为我国的猪肉消费地，且以散养模式为主，不具有规模养殖的优势，相关养殖技术和信息不完善，造成学习效应低下。

3. 一些主产地省份学习效应较低。作为历史上的生猪主产地——浙江、广西、山东、河南（崔小年等，2012[20]），四省的学习效应反映在地图上均不显著。浙江、山东和广西三省区均是沿海省份，占据国内沿海位置优势，沿海城市的人力、技术等生产要素禀赋较充裕，发展工业具有较大优势，在改革开放30多年来，从外部政策环境和农业劳动力大量转移现状来看，农业发展逐渐让步于工业化发展，农业弱质性特征使农业成为我国面临的主要问题之一。而不占据地理位置优势的河南，作为农业大省，省内整体学习效应低下。首先，缺乏技术创新的推动作用；其次，河南省劳动力大量迁移至东南沿海地区，造成省内人力资源相对匮乏，无法形成人力资源与创新联动的技术团队，这是造成河南整体农业发展水平低下的主要原因。

Quantile:N6
☐ [0:0] (10)
▨ [0.838:0.972] (11)
■ [0.977:0.991] (11)

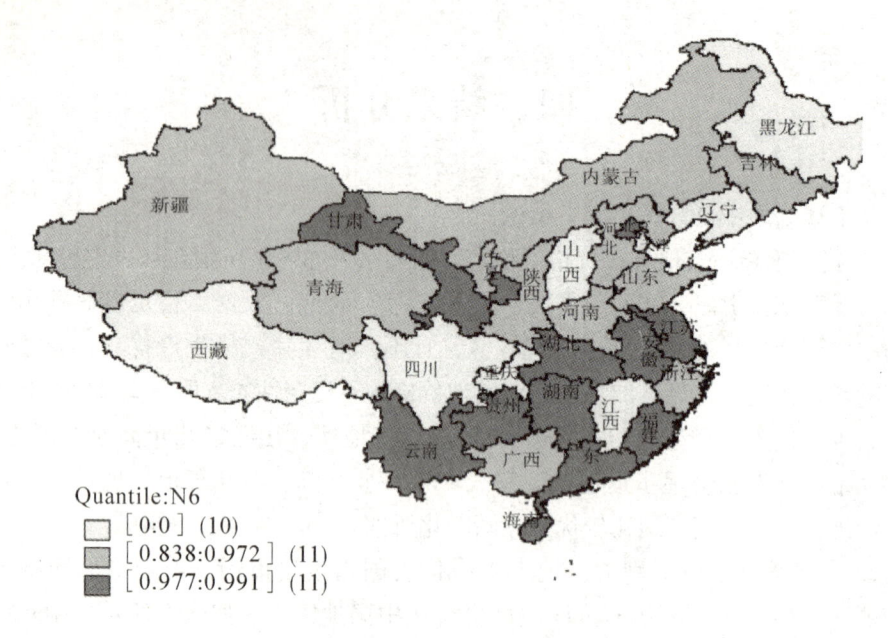

图2 各省学习效应分布示意图

数据来源：利用 Geoda 根据前文计算结果绘制，由于数据选择原因，港澳台及南海诸岛均未在地图中体现，西藏由于无数据故为0。

4. 三种生猪养殖模式的获利和抗风险能力的差别较大。从三种养殖模式的获利情况来看，图3、4、5分别代表散户养殖、小规模养殖和大规模养殖的盈利图。三个图中选择了五个生猪主产地作为代表，对比三图，可以发现几种现象。其一，近五年来各种养殖模式的所获净利润均在快速下降；其二，比较三者的损益，散户劣势凸显，小规模次之，大规模基本保持在盈利状态。其三，在2007、2011年，三者均有较大变化，对应的猪肉价格剧烈波动。综合以上异同，可以发现散户养殖模式对市场价格的预测以及抗击市场风险能力较差，大规模养殖模式在规模优势和充分市场信息情况下，有较为准确的市场价格预期，抗风险能力显著加强。

五、结论及对策

根据前面的理论分析和实证分析，我们可以得出一些简要的结论及对策：

1. 优化供应链协调作用

从表1的实证结果可以看出作为猪肉的几大消费地——天津、辽宁、黑龙江、上海和北京等地，均出现价格不稳定现象。从产地到销地的供应链无疑成为主要的弊病所在，由于信任机制、不完全信息、管理非标准化等现实问题（周树华等，2011[21]；陆杉，2012[22]；赵晓飞，2012[23]），给销地价格平添"离奇"色彩。鉴于此种现象，应适宜建立供应链监督机制，统筹协调各方供需和缓解零供紧张关系，同时实施统一的管理标准，以减少农产品耗损率。

2. 强化龙头企业带头作用

由于自然因素、规模优势、技术和习俗等因素，南北学习效应显著差异。从图2可以看出，学习效应较强的省份，大多集中于东南、西南部分地区。而我国生猪养殖模式主要以散养模式为主，小规模为辅，而大规模养殖却寥寥无几。借鉴国外养殖模式，应适当扶植当地龙头企业，培养高水平人才，形成"以点拉线"和"以线推面"养殖局面，以促进地方技术、信息、人才等要素充分流动，从而提高预知市场价格能力，降低市场风险。

3. 强化农村电子商务流通作用

首先，借助于农村电商的快速发展，发挥其缩短流通环节的优势，降低流通费用来缩小产销两地价格的巨大差异，同时也可以拓宽销售渠道；其次，依靠农村电商，获得市场信息所需成本极大降低，无疑有利于散养和小规模等不具有规模优势的养殖模式，使其作出合理的市场价格预期；最后，在农村电商环境下，有效改善生产商和零售商两者之间的市场势力，使得市场趋向完全竞争市场。

参考文献

[1] ZHOU D, KOEMLE D. Price Transmission in Hog and Feed Markets of China [J]. Journal of Integrative Agriculture, 2015, 14（06）：1 122-1 129.

[2] 周金城，陈乐一. 基于门限模型的我国猪肉产业链非对称价格传导研究 [J]. 经济问题探索，2014（1）：127-134.

[3] MUTH J F. Rational Expectations and The Theory of Price Movements [J]. Econometrica, 1961, 29（3）：315-335.

[4] WENZELBURGER J. Learning to Predict Rationally When Beliefs are Heterogeneous [J]. Journal of Economic Dynamics and Control, 2004, 28（10）：2 075-2 104.

[5] HOMMES C H. On the Consistency of Backward-looking Expectations: The Case of Cobweb [J]. Journal of Economic Behavior&Organization, 1998, 33：333-362.

[6] 李忠民，张世英. 非线性蛛网模型的动态分析 [J]. 数量经济技术经济研究，1997（2）：45-51.

[7] 孙婷婷，李宝毅，张静. 对加权蛛网模型稳定性的探讨 [J]. 数学的实践与认识，2010，40（17）：40-46.

[8] 范新英，张所地，冯江茹. 不同预期形式的蛛网模型及其稳定性研究 [J]. 数学的实践与认识，2013，43（24）：123-128.

[9] BRANCH W A. The Theory of Rationally Heterogeneous Expectations: Evidence from Survey Data on Inflation Expectations [J]. The Economic Journal, 2004, 114 (497): 592-621.

[10] 许志伟, 樊海潮, 薛鹤翔. 公众预期、货币供给与通货膨胀动态——新凯恩斯框架下的异质性预期及其影响 [J]. 经济学 (季刊), 2015, 14 (4): 1 211-1 234.

[11] 程均丽, 李雪, 刘枭. 中国通货膨胀预期异质性研究——兼论我国中央银行的通货膨胀预期管理 [J]. 经济评论, 2015 (6): 17-39.

[12] WESTERHOFF F, WIELAND C. A Behavioral Cobweb-like Commodity Market Model with Heterogeneous Speculators [J]. Economic Modelling, 2010, 27 (5): 1 136-1 143.

[13] BROCK W A, HOMMES C H. A Rational Route to Randomness [J]. Econometrica, 1997, 65 (5): 1 059-1 095.

[14] GOEREE J K, HOMMES C H. Heterogeneous Beliefs and the Non-linear Cobweb Model [J]. Journal of Economic Dynamics&Control, 2000, 24: 761-798.

[15] 李仲飞, 郑军, 黄宇元. 有限理性、异质预期与房价内生演化机制 [J]. 经济学 (季刊), 2015, 14 (2): 453-482.

[16] WATERS G A. Chaos in the Cobweb Model with a New Learning Dynamic [J]. Journal of Economic Dynamics and Control, 2009, 33 (6): 1 201-1 216.

[17] WATERS G. Instability in the Cobweb Model under the BNN Dynamic [J]. Journal of Mathematical Economics, 2010, 46 (2): 230-237.

[18] BRANCH W, MCGOUGH B. Replicator Dynamics in a Cobweb Model with Rationally Heterogeneous Expectations [J]. Journal of Economic Behavior&Organization, 2008, 65 (2): 224-244.

[19] SETHI J, FRANKE R. Behavioural Heterogeneity Under Evolutionary Pressure: Macroeconomic Implications of Costly Optimisation [J]. The Economic Journal, 1995, 105 (430): 583-600.

[20] 崔小年, 乔娟. 我国生猪主产省与大中城市大规模生猪生产比较优势分析 [J]. 技术经济, 2012 (6): 89-94.

[21] 周树华, 张正洋, 张艺华. 构建连锁超市生鲜农产品供应链的信息管理体系探讨 [J]. 管理世界, 2011 (3): 1-6.

[22] 陆杉. 农产品供应链成员信息信任机制的建立与完善——基于博弈理论的分析 [J]. 管理世界, 2012 (7): 172-173.

[23] 赵晓飞. 我国现代农产品供应链体系构建研究 [J]. 农业经济问题, 2012 (1): 15-22.

[24] MANSKI C, MCFADDEN D. Structural Analysis of Discrete Data With Econometric Applications [M]. Cambridge: MIT Press, 1981.

Study on the dynamic cobweb model expected price heterogeneity based on learning effect
— analysis of hog market prices

Liu Daobo   Yan Yushan

(*Hunan University of Commerce*, *Changsha*, *Hunan*, 410205)

Abstract: In recent years, the price of pork has fluctuated frequently and price expectation affect the price of pork by affecting the function of producer's supply. This paper establish a dynamic cobweb model based on the learning effect by introducing three heterogeneous price expectations: simple expectations, adaptive expectation and rational expectation, and on the basis of the use of Chinese 2000-2015 pork price data for empirical analysis. The results show that it created potential risks to producers. On the basis of the economic phenomenon, the article starts from the perspective of producer heterogeneity, adding three kinds of heterogeneity in price expectations to form the market pricing model based on dynamic cobweb model. Secondly use 30 provinces time span for the empirical analysis of the monthly pork price data 2000-2015. The north is generally not as good as south in the pig breeding mode learning effect to the province, and some main producing provinces is not high. In addition, the main sales price is not steady trend.

Key words: the heterogeneity price expectation; dynamic cobweb model; learning effect; auto regressive model

虚拟商圈生态结构动态演化研究

张俊英　朱晴晴

摘　要：本文尝试将商业生态系统理论与虚拟商圈相结合，解释虚拟商圈内部结构的静态和动态演化过程，从理论上深度探索了虚拟商圈内部生态发展的内在机理和运行机制，并归纳了虚拟商圈独特的结构特征，把虚拟商圈生态结构的演化过程归纳为萌芽期、成长期、繁殖期期、分化期四个主要阶段；并以阿里巴巴电子商务生态系统为案例从经验上对其内部生态系统的发展和演化构成进行了分析。

关键词：虚拟商圈　生态系统　内部演化

一、引言及文献综述

2011年商务部和银监会联合发布了《关于支持商圈融资发展的指导意见》，意见强调，要推动建立商圈与金融机构的合作机制，鼓励各类网络商城、社区、网络交易平台搭建虚拟商圈，并在商圈内开展经营主体信用认证和评价。苏宁云商

作者简介：张俊英：（1981—），女，湖南长沙人，湖南商学院经济与贸易学院讲师，博士，主要研究方向为电子商务；朱晴晴：（1992—），女，山东潍坊人，湖南商学院产业经济学硕士研究生，主要研究方向为电子商务。
基金项目：湖南省教育厅重点项目：虚拟商圈演化与互联网商业模式创新研究（项目编号：15A104）；湖南省科技计划重点项目：网络经济下湖南农村电子商务发展模式及对策研究（项目编号：2015ZK2013）。

副总裁范志军在"2015福布斯·静安南京路论坛"上表示,伴随着互联网基础设施和终端的普及,电子商务应用迅速发展。对人、货、场三者之间关系的构建,电子商务打破了"人到货"的零售路径,开启了"货到人"的虚拟商圈发展形态,这个商圈不是存在于哪个城市的地域空间,而是存在于消费者的记忆空间。虚拟商圈是以互联网平台为核心的集成了众多商家、消费者以及相关服务商而形成的互联网商业生态系统(唐红涛、张俊英,2014)。虚拟商圈已经打破了传统商圈的空间地理区域限制,通过互联网和移动互联网拓展到整个虚拟空间,从而在规模和业态上都极大拓展了商业空间发展格局。更加重要的是,虚拟商圈不像传统商圈一样仅仅局限于买卖双方的交易行为,而是拓展整合了整个商贸流通各个环节,从金融支付、商贸信息、物流体系等形成一个完整的商业生态闭环,众多企业在虚拟商圈内部不断演化升级,推动虚拟商圈生态结构不断成熟,形成了电子商务中的"小前端、大平台、富生态"的虚拟商圈生态格局。

商业生态系统的概念是由美国学者 James F. Moore(1993)提出,他第一次将生态学观点应用于互联网市场的企业竞争中。所谓商业生态系统,指以组织和个人的相互作用为基础的经济联合体,该经济联合体囊括大量的参与者,并且每个参与者必须依靠其他的参与者才能实现自己的生存。商业生态系统理论打破了传统企业之间"单赢"的竞争观念,强调企业的经营大环境是一个联系紧密、互为依赖的共生系统,企业需要在这个环境中与其他企业共同发展(胡岗岚、卢向华等,2009)。商业生态系统概念产生的灵感来自于自然界。商业生态系统模拟了自然界中的生态系统——物种相互依存,适应环境的变化,并共同进化。但是商业生态系统中各成员之间并不是吃与被吃的关系,而是价值或利益交换的关系(赵湘莲、陈桂英,2007)。姜奇平、曹小林等(2013)将电子商务总结成"小前端、大平台、富生态"的新结构,为保持虚拟商圈的生态多样性,应鼓励发展以租为中心的分享型经济,使生态型商业破解"搭便车"难题。

虚拟商圈作为互联网和移动互联网时代最典型的商业生态系统的表现形态,其内部生态结构以及演化过程目前尚未展开深入研究,本文希望通过对虚拟商圈内部生态系统这一"黑盒"进行解析,发现虚拟商圈发展演化的一般规律,这对于促进形成良好的虚拟商圈生态系统,推动电子商务领域的健康发展都是极为有益的。

二、虚拟商圈生态结构演化的一般路径

虚拟商圈是一个复杂的生态平台,在其中聚集了包括电子商务平台、商家、消费者、物流企业、金融机构、广告公司、培训机构等主体，每个主体都是使该生态系统中信息流、商流、资金流和物流得以实现的重要参与者，随着平台中各种资源的聚集，他们自身会随着时间的变迁不断成长壮大。同时，处于虚拟商圈之中的各个主体之间存在复杂的相互作用关系，作为各种产业和利益链条上的一环，各主体之间往往同生共荣，这种内生成长动力和相互作用共同构成了虚拟商圈生态系统的自组织内生动力。借鉴Moore的生态学理论，我们可以构建一个基于动态视角的虚拟商圈生态结构演化概念模型，从抽象意义层面看，将虚拟商圈生态结构的演进过程划分为四个阶段：萌芽期、成长期、繁殖期、分化期（见图1）。同时，为了精确区分虚拟商圈各个经济主体的属性，我们定义了虚拟商圈生态结构演化系统的变量，见表1。

表1　　　　　　　　　　虚拟商圈生态结构变量表

变量	主体	功能	关系
A	电子商务平台	聚合资源与协调分配	所有主体的载体
B	商家	网络交易产品或服务提供者	与平台A、专业服务商D、增值服务商E有关联
C	消费者	网络交易产品或服务的接受者	与平台A、专业服务商D、专业服务商系统D′有关联
D	专业服务商	为网络交易（包括消费者和商家）提供必要的专业服务，包括金融机构、物流公司等	与平台A、商家B、消费者C都有关联
E	增值服务商	为网络交易（主要是商家）提供增值的专业服务，包括技术外包商、广告服务商、培训机构、认证机构、教育机构、政府机构等	与平台A、商家B都有关联
A1、A2…	平台A分裂的各个子平台	当平台A规模超越临界值，为了更大限度利用现有平台，分裂为各个子平台有利于整个虚拟商圈发展	
D′	新的专业服务商	同D	基于自身发展形成新的虚拟商圈
E′	新的增值服务商	同E	基于自身发展形成新的虚拟商圈

从表1的描述中可以看出，各主体本身在虚拟商圈中都有明确的功能与定位，任何主体的存在和出现都不是多余的，只是不同主体的出现可能存在先后，有些主体是当虚拟商圈成长到一定规模才逐渐产生的，这种现象在虚拟商圈实践过程中很常见，比如专为网店拍摄宣传片的模特、网店装修师等新兴行业和职业的出

现，正是这种状况的真实写照。

为了更好地描述各个经济主体与其他变量的关系以及它们各自的特征与演化过程，我们构建了图1的概念模型，对虚拟商圈生态系统内部的相互关系以及成长路径进行描述。

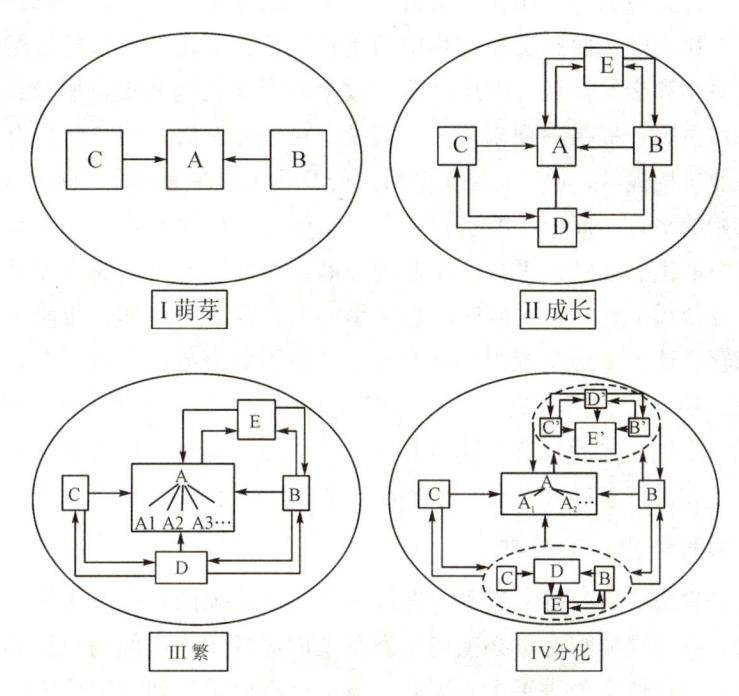

图1 虚拟商圈生态结构演进示意图

(一) 第Ⅰ阶段：萌芽期

该阶段一般指虚拟商圈的初创和形成期，严格意义上的商业生态系统在这一阶段还未形成，通常只有平台、商家、消费者存在。一般而言，虚拟商圈的形成过程中，最先出现的应该是平台，平台的搭建是整个电子商务系统的核心，正如传统商圈形成过程中首先出现的是自发形成的集市，其作用类似于生态体系中的土壤，商家与消费者依附在平台之上，三者构成相互平衡、互利共生的系统。但在这一阶段它们之间的相互依存关系较弱，因为缺乏规模效应，平台本身的网络外部性并没有显现，从而使得虚拟商圈各主体之间的交易效率没有显著性提高。但是作为一种新的商业渠道，为吸引更多的交易主体进入系统中，平台在这一时期通常采取免费定价策略，因此对于商家和消费者来说加入平台的边际收益虽不稳定但边际成本极低，也就愿意往平台上聚集，这便构成平台萌芽期成长的基本动力。我们将这一阶段称为萌芽期；例如蜜芽宝贝等具有特色经营理念的团购商城正在经历这个阶段。

(二) 第Ⅱ阶段: 成长期

作为双边市场的平台为聚集更多的交易主体会不断完善平台的功能,以改善交易体验、降低交易成本,比如将支付、物流等服务整合到平台上来,形成完整的交易闭环。作为电子商务交易过程中的重要环节,不论是支付还是配送,都直接影响交易效率和交易体验,因此需要高效率的专业机构来提供服务,由此,专业服务商和增值服务提供商便出现了。通常,在平台发展初期,此类专业服务多由第三方专业机构提供,也就是图1中所示的D和E。在这一阶段中,虚拟商圈生态系统从初始的平台、商家、消费者,发展到最后的包含专业服务商和增值服务商在内的完整的生态系统。平台、专业服务商、增值服务提供商为商家和消费者提供服务,并依托平台成长,但同时它又是一个个独立的个体,与商家和消费者之间相互依存。这个生态系统内部的利益链关系不断完善、日趋复杂,我们称这一阶段为成长期。随着商家进驻的数量以及消费者人数的增多,平台不断壮大,平台成长到一定规模之后就有可能将此类专业服务内部化,进而增强平台自身的垄断地位。例如,京东自营物流,阿里的支付宝的案例。

(三) 第Ⅲ阶段: 繁殖期

随着平台聚集的资源越来越多,虚拟商圈生态系统内各个主体规模随之不断扩大,平台自身的规模和容量必须与生态系统内部各主体之间的成长相适应,否则该商业生态系统便会失去平衡。因此,当平台规模扩张到一定阶段便开始了自我繁殖,以保持整个系统平衡。当然这种繁殖不是简单的复制,通常是基于相同的架构和原理通过不同的包装推出新的子平台或频道。这些子平台或频道归属于原母平台,主要起到为母平台分流或引流的作用。相比于第Ⅱ阶段,这一阶段中平台开始通过分裂进化进行扩容,但其在整个生态系统中的地位和作用并未发生改变,平台与其他主体之间的关系也未发生本质变化,我们将这一阶段称为繁殖期。

(四) 在第Ⅳ阶段: 分化期

当虚拟商圈生态系统内部各个主体都发展壮大到相当规模,会发生自我演化甚至是外溢的现象。我们将这一阶段称为分化期。即本身为平台、商家和消费者提供服务的专业服务和增值服务提供商,由于自身规模不断扩大同时也掌握交易过程中的关键数据,使其与平台之间的关系变得微妙。它们不再像以往一样单方面依附于平台,已经成长为独立的入口。在这一点上,支付宝便是最好的例证。经过十余年的发展,支付宝从最初的植根于淘宝网购平台的单一支付工具,发展成为了独立的第三方支付平台,其业务也拓展到阿里系以外的众多视频网站、游戏网站、旅游网站、票务网站、公共性事业缴费以及其他同业竞争的 B2C 平台。此外,顺丰优选、嘿客的出现也正是顺丰速运集团整合渠道资源,充分利用自身优势而开辟新平台的体现。

三、虚拟商圈生态结构演化的动力机制

正如自然界生态系统中的繁衍是为了保持物种的延续一样,在虚拟商圈的生态系统中各主体规模的扩大是为了使其在市场竞争中占据更有利的地位。但这种规模的扩大受到两方面因素的影响,即虚拟商圈系统内部因素和外部因素的影响,我们称之为内生动力和外生动力。

(一)内生动力

虚拟商圈生态系统发展的内生动力根源于网络的外部性。作为虚拟商圈发展过程中最先诞生的主体——平台(图 1 中的 A),其本身价值的高低取决于平台的活跃用户数量。因此,在平台诞生的初期千方百计扩大用户规模是其价值增值的基础。这也是今天我们看到众多电商平台争相烧钱争取用户(商家、消费者)的根源所在。当平台的用户规模突破一定的临界值,聚集于平台上的用户会因为资源的高度集聚而极大地降低交易成本,提高交易效率,因此会自动开始吸引更多的用户向平台聚集,使得平台本身的规模和价值不断提高,平台得到不断成长。与此同时,随着向平台聚集的用户数量越来越多,平台的交易能力、服务功能以及处理速度也必须随用户的增长而提高,而作为平台本身其容量也是有限的,比如页面数量和页面容量,这样就要求平台本身进行扩容,以防止交易效率的损失。因此,在整个虚拟商圈生态系统中,平台本身最先开始自我繁殖与自我进化,以维持其竞争地位和竞争优势。此外,平台在成长过程中为不断提升交易效率和改善用户体验,将在平台内部整合更多专业化功能(图 1 中的 D、E),专业化服务、增值服务与平台和用户之间的协同效应会随着平台规模和功能的完善不断显现,从而促进平台的进一步成长,也使得虚拟商圈生态体系进一步完善。

(二)外生动力

所谓外生动力,主要指来自外部环境的力量。虚拟交易平台相较于其他市场形态,信息不对称程度极大弱化,交易成本大幅降低,交易效率大大提高。交易效率的差别会使得用户从低效率系统进入高效率系统,因此,高效率的虚拟商圈可以从传统市场甚至其他虚拟商圈获得发展的动力。但这种高效率不可能持续保

持下去，随着平台上聚集的用户数量超过边界值，平台的交易效率将会大幅降低，成本将快速增加。此时，平台上的用户黏性会下降，开始脱离平台分流到其他平台。而专业服务提供商与增值服务提供商，由于自身的不断壮大也开始逐渐摆脱对原有平台的依附，建立新的独立的平台。只要新平台的交易效率不低于原有平台，用户便会被分流。从整个虚拟商圈生态系统看，多个独立完整的新的虚拟商圈开始形成。

四、虚拟商圈生态结构动态演化经验分析
——阿里巴巴

（一）阿里生态系统的结构组成

阿里巴巴集团被认为是目前中国最大的电子商务上市集团，通过向消费者、商家及其他参与者提供技术和服务，让用户在他们的生态系统里进行商贸活动。目前，阿里巴巴集团的业务和关联公司的业务包括：淘宝网、天猫、聚划算、AliExpress（全球速卖通）、alibaba.com（阿里巴巴国际交易市场）、1688.com（阿里巴巴中国交易市场）、阿里妈妈、阿里云、蚂蚁金服和菜鸟网络七大板块，经营着多个领先的网上及移动平台，业务覆盖零售和批发贸易及云计算等。阿里巴巴集团本身经营多项业务，另外也从关联公司的业务和服务中取得经营商业生态系统上的支援。如图2所示。

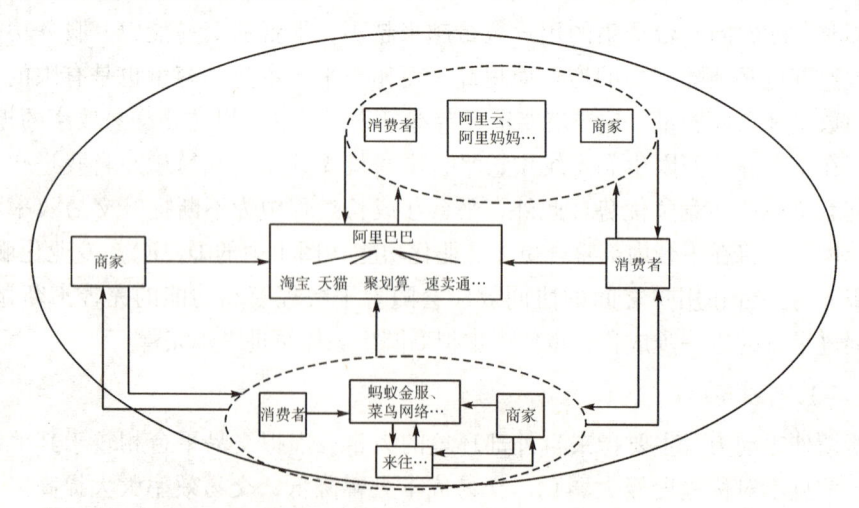

图2 阿里巴巴内部生态系统演化

（二）演化路径

2011年6月，淘宝网正式一分为三：淘宝网、一淘网、淘宝商城①，2014年10月，阿里小微金融服务集团以蚂蚁金融服务集团的名义正式成立，蚂蚁金服旗下包括：支付宝、支付宝钱包、芝麻信用、余额宝、招财宝、蚂蚁小贷、蚂蚁金融云、蚂蚁达客等平台。

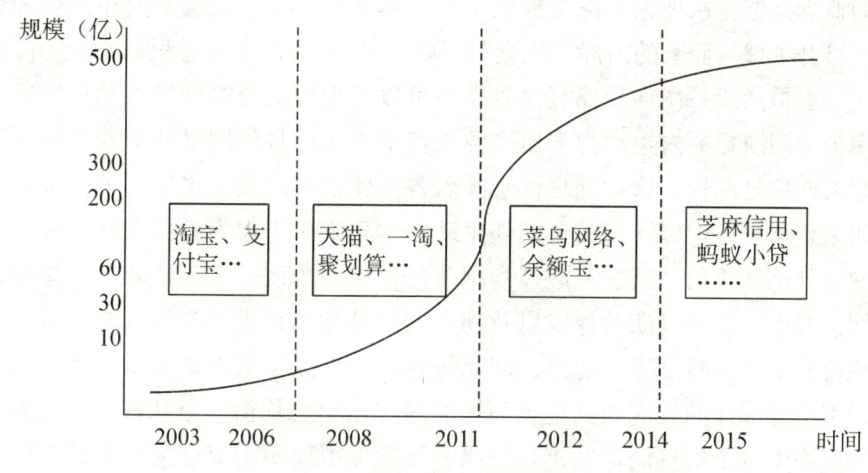

图3 阿里巴巴生态系统演进图

在阿里生态系统的演化过程中，各个经济主体的出现时间与图1的演化过程基本一致，同样经历了萌芽期、成长期、繁殖期以及分化期。阿里巴巴集团在发展初期，仅有1688和淘宝平台，商家、消费者与平台之间相互依存，共同成长；随着平台经营模式的创新、服务的改进，进驻的商家和消费者的数量愈来愈多，平台逐渐壮大；进入成长期后，支付宝、物流等专业服务以及阿里妈妈、阿里云计算等增值服务逐渐进入阿里生态系统，阿里的格局也基本确立；此后，随着平台用户越来越多，阿里通过开辟多个专业平台（自我繁殖）进行扩容和分流，以提供更加专业高效的服务，进而诞生了天猫、聚划算、速卖通等平台，将市场交易范围进一步拓展；随着专业化和增值服务规模的不断扩大，原来服务于平台的支付、物流以及数据与营销服务等功能，开始逐渐脱离平台，建立起独立的基于专业服务的新的生态系统，阿里生态系统进入分化阶段，该分化并非单纯的独立，而是整个生态系统能力的进一步进化和发展。

---

① 2012年1月11日，淘宝商城在北京举行战略发布会，宣布更换中文品牌"淘宝商城"为"天猫"。

五、结论与展望

本文将商业生态系统理论与虚拟商圈相结合，建立起一个虚拟商圈内部生态系统的概念模型，从理论上深度探索了虚拟商圈内部生态发展的内在机理和运行机制，打开了虚拟商圈的内部"黑盒"，从中可以发现许多有意思的结论。除了前面论述的虚拟商圈系统演化路径之外，还可以发现虚拟商圈独特的结构特征：首先，虚拟商圈演化的内生动力本质来源于各个主体自身的网络外部性以及主体之间的交叉网络外部性，这种外部性会随着各主体自身规模、主体间关联强弱而不断自我繁殖增强；虚拟商圈演化的外生动力本质来源于作为整体在外部环境中产生的网络外部性价值；其次，虚拟商圈演化可以分为萌芽期、成长期、繁殖期和分化期，其中这几个时期的界限以及拐点的划分是值得进一步深入探讨的，更进一步地说，虚拟商圈是否有边界，演化是否有临界点，从理论分析看是必然存在的，即网络外部性的效应与其他负面影响的作用形成均衡，但从现实角度看，由于虚拟商圈中电子信息的不断进步升级，导致虚拟商圈内部交易成本减低幅度和交易效率提升幅度都达到前所未有的高度，因此临界点往往难以实现，另外，平台的分化和新虚拟商圈的出现又从结构层面实现了虚拟商圈的演化；最后，虚拟商圈演化过程中最为重要的元素是平台，它关联着所有其他主体，影响着其他主体的演化发展过程，自身也会通过平台分裂实现深层次的演化。借鉴一些生态学的理论，我们也可以对一个成熟的虚拟商圈进行定性的评价，从虚拟商圈内部生态系统的复杂性、多样性、强壮性以及虚拟商圈演化的非线性、自组织性等对虚拟商圈进行深度分析和评价。

本文对虚拟商圈内部生态结构进行了理论上和经验上的探索，从四个演化阶段划分及演化过程进行了深入的探讨，但是研究虚拟商圈内部生态结构才刚刚开始，未来研究将更加深入，而且可以肯定将会从以下几个方面展开：首先，本文仅仅建立了一个初步的概念模型，事实上，虚拟商圈内部演化可以建立一个完整的模型进行刻画，模型的建立需要经济学、管理学、数学甚至计算机学科的相关知识，但是一个完整的、普适性的模型架构对于深入研究虚拟商圈有极大助力；其次，虚拟商圈的演化过程可以通过翔实的数据进行实证分析，通过大数据和数据挖掘工具的使用可以精准地描绘出虚拟商圈演化各个阶段，并计算出内部和外部因素对虚拟商圈演化的影响；最后，计算机仿真能够很好地应用在虚拟商圈演化过程研究中，通过不同演化参数的设定、演化环境的仿真可以在计算机平台上实现虚拟商圈演化过程的全模拟。

参考文献

［1］唐红涛，张俊英.虚拟商圈集聚：机理和效应分析［J］.中国流通经济，2014（2）：83-87.

［2］JAMES F MOORE. Predator and Prey：A New Ecology of Competition［J］. Harvard Business Review，1993（3）.

［3］胡岗岚，卢向华，黄丽华.电子商务生态系统及其演化路径［J］.经济管理，2009（6）：110-116.

［4］赵湘莲，陈桂英.未来新的商业模式——商业生态系统［J］.经济纵横，2007（4）.

［5］姜奇平，曹小林，肖芳，等.电子商务的生态构建［J］.互联网周刊，2013（6）：28-30.

Study on the dynamic evolution of the ecological structure of the virtual business circle

Zhang Jun-Ying   Zhu Qing-Qing

(*Hunan University of Commerce*，*Changsha*，*Hunan*，410205)

Abstract：Business ecosystem theory and virtual business circle were combined to interpret its internal structure of static and dynamic evolution process. We explore its inherent mechanism and the operation mechanism of the internal ecological development of virtual business circle from the theory in depth. And we summary the unique structure and features of virtual business circle. The evolutionary path of virtual business circle is divided into four main stages：budding period，growth period，breeding period，differentiation stage；We take advantage of the case of Alibaba e-commerce ecosystem to analyze its internal ecosystem development and evolution path emprically.

Keywords：Virtual circle；ecosystem；internal evolution

移动购物的行为研究：
一个国外文献综述

唐 清

> **摘 要**：随着移动电子商务的迅猛发展，移动购物作为移动电子商务最重要的组成部分，日益成为学术关注的热点问题。本文系统梳理了近十年国外学者的主要成果和最新进展，从消费者行为、生产者行为、技术行为等三个层面进行了深入细致的归纳。最后，对现有研究存在的不足进行分析，并在此基础上指出了移动购物的未来研究方向。
>
> **关键词**：移动购物 综述 消费者决策 消费者满意度 虚拟店铺

一、引言

2014年中国移动互联网市场规模为2 134.8亿元，突破千亿元大关，同比增长115.5%；移动购物、移动广告、移动游戏及移动增值分别占比54.3%、13.9%、12.9%以及18.9%；2014年中国移动网民5.7亿人，增速13.4%；移动购物市场

作者简介：唐清（1992—）女，湖南岳阳人，湖南商学院产业经济学硕士研究生，主要研究方向为电子商务。E-mail：tangqing629@163.com。

基金项目：国家社科基金重点项目：我国城市流通产业空间结构优化研究（项目编号：13AJY015）、湖南省社科基金项目：信息化与湖南流通现代化研究（项目编号：12JD39）、湖南省教育厅重点项目：虚拟商圈演化与互联网商业模式创新研究（项目编号：15A104）。

交易规模为 9 297.1 亿元,同比增长 239.3%。① 由此可见中国移动电子商务发展势头强劲,特别是移动购物市场有很大的发展潜力。截至 2013 年 5 月,美国 56% 的人已拥有智能手机,且大多数人已使用移动互联网,有三分之一的智能手机用户把移动互联网作为主要的上网途径(Liran 等,2014)[1]。与此同时,欧洲的智能手机普及率也早已达到了 50% 以上。智能手机的普及加速了移动互联网市场的发展,也标志着移动电子商务的到来。移动购物(M-shopping)在移动电子商务中的地位如同网络零售在传统 PC 电子商务的地位一样居于中心位置,移动购物也呈现出与传统网络零售显著不同的特点,根据 Michael(2014)[2] 的观点,移动购物是一种特殊的基于手机等智能设备的移动服务,它能够使消费者在任何时间、任何地点(这一便利性甚至超过 PC 购物)通过手机浏览和购买零售产品和服务。伴随着移动电子商务在时空存在性、便利性、本地性和人性化等独特而无法取代的优势,企业开始为消费者生活的方方面面提供移动服务和支持(Varnali 和 Toker,2010)[3]。事实上,移动购物并不仅仅只是将商品买卖过程转移到移动端,它也是一种全新的分销渠道,极大改变了现有电子商务和网络经济的发展格局,推动传统的线上线下双渠道模式出现变化,移动渠道和 PC 渠道共同组成了线上渠道,致使双渠道模式发生变异。同时,移动购物对电子商务生态链条各个主体也产生了深刻的影响,特别对于消费者行为和生产者行为,从多个维度形成差异。移动购物也提高了对于个人隐私及购物安全的重视程度,呈现出显著不同于 PC 电子商务的特征。

二、移动购物与消费者行为

移动购物过程与消费者行为息息相关、密不可分,Rebecca 等(2015)[4] 运用匹配法计算移动购物的倾向性指数,研究显示,移动购物影响消费者行为的机理主要表现在四个方面:①移动购物使全体消费者的订单数量都有所增加;②移动购物使全体消费者的订单率都显著提高;③相较于消费量较高的群体,消费量较低的群体在采用移动购物后订单数量和订单率的增长都更为显著,增长幅度也更大;④移动购物的消费者更偏好习惯性消费品或经验产品。他们建立了一整套分析移动购物和消费者行为的理论框架,但是消费者行为是非常复杂的系统过程,

---

① 艾瑞咨询. http://www.iresearch.com.cn/coredata/2014q4_3.shtml#a1.

消费者"黑盒"的决策行为以及移动购物后的满意度都深刻影响移动购物的发展和演变。我们将从移动购物的消费者决策行为和消费者满意度两个方面进行展开分析。

（一）移动购物决策

消费者在移动购物过程中的决策行为是极其复杂的，也是学者们研究的热点，如何打开消费者决策的"黑盒"，探寻消费者的购物动力源泉在理论和实践上探索较多，许多学者利用现有的 TPB 模型、UTAUT 模型和 TAM 模型进行了移动购物的分析。Mohamed 和 Kathy（2008）[5]分析了移动电子商务的特性，并据此改进了 TPB 模型①，从直接和间接两个层面深刻揭示了影响移动电子商务中消费动机的因素。直接因素包括感知结果、态度、主观规范和知觉行为控制；间接因素包括成本、便利、隐私、效率、安全，间接因素作为中介变量又直接影响感知结果和消费动机，实证结果验证了这一改进 TPB 模型的稳健性和可靠性。与实体商店、传统电子商务相比，移动电子商务和移动购物具有自己鲜明的特色，由于手机和智能设备的屏幕较小、运算速度较慢，消费者在用手机购物时往往选择较为简单的商品和服务，进行相对简单的购买决策行为，这一点也为 Moutusy（2010）[6]所证实。当然，随着移动电子商务的软硬件和基础设施环境的不断完善，移动电子商务的购物决策也越来越复杂，与实体商店和传统电子商务的决策程度日趋相似。Sinda 与 Joël（2014）[7]运用了最常见的 TAM 模型②构建了消费者移动购物消费动机的概念模型（见图 1），模型假设消费者在移动购物时的感知易用性会直接影响感知有用性，也能通过影响感知享受间接影响感知有用性。所有这些心理感知因素直接影响消费者移动购物的使用动机，同时通过影响消费者满意度间接影响使用动机。问卷调查的研究支持了这些假说。

---

① TPB 模型（Theory of planned behavior）是计划行为理论的简称，由 Icek Ajzen 提出，是 Ajzen 和 Fishbein 共同提出的理性行为理论（Theory of Reasoned Action，TRA）的继承者。计划行为理论（Theory of Planned Behavior，TPB）能够帮助我们理解人是如何改变自己的行为模式的。TPB 认为人的行为是经过深思熟虑的计划的结果。

② TAM 模型（Technology Acceptance Model）是技术接受模型的简称，1989 年，技术接受模型是 Davis1 运用理性行为理论研究用户对信息系统接受时所提出的一个模型，提出技术接受模型最初的目的是对计算机广泛接受的决定性因素做一个解释说明。

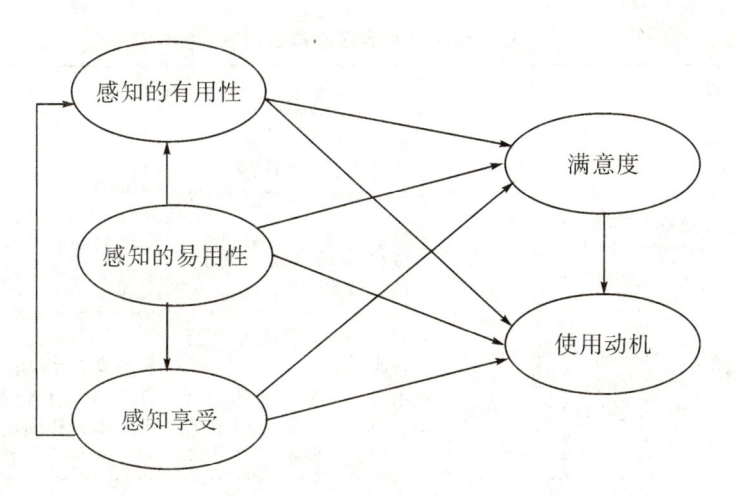

图 1　移动购物的使用动机

数据来源：Sinda 与 Joël（2014）。

这些关于移动购物消费者行为的基础研究被学者沿着两个脉络展开，一个是将移动购物消费者群体具体化，研究各个细分人群的独特动机；另一个是将移动购物消费者和非移动购物消费者进行对比，探索移动购物消费动机。Jiunn 和 David（2014）[8]特别探索了在移动购物中老年消费群体的决策行为，研究发现，相对于年轻消费者，中老年消费者购物动机的强度较弱，主要受到期望效果和社会群体的正向影响，购物风险和传统购物习惯则是主要的负面因素，而这些因素年轻消费者往往选择忽视。Patricio 等（2015）[9]研究了移动购物过程中性别差异的影响，并且差异通过不同的手机系统（主要是安卓系统和苹果系统）体现，男性群体中使用苹果系统的消费动机显著高于使用安卓系统①，与之相反，女性群体的移动购物动机与操作系统的差异几乎没有相关性，这证实了女性消费者在移动购物中感性程度要显著高于男性消费者。与研究细分群体的移动购物消费者行为不同，部分学者更加关注移动购物消费者与非移动购物消费者的对比。Kiseol 和 Hye（2012）[10]运用多元判别分析法（Multiple discriminant analysis）来分析消费者在移动购物中的消费动机，得出了他们选择移动购物的主要动机组成包括理念、效率、体验和满足感，这些与非移动购物（传统实体商店和传统电子商务购物）决策显著不同。Sinda 与 Joël（2014）[7]的比较也得出了类似的结论。我们将现有的具有代表性的移动购物消费者行为研究进行梳理，见表 1。

---

① 这里面隐含了一个重要的假设，即使用苹果系统手机的消费者收入要显著高于使用安卓系统手机的消费者。

表1　　　　　　　　　　移动购物消费者决策动机研究

研究者（年份）	模型（方法）	研究领域	对比群体	影响因素	结论
Mohamed等（2008）	TPB模型	移动电子商务	无	直接因素：感知结果、态度、主观规范和知觉行为控制；间接因素：成本、便利、隐私、效率、安全。	实证结果与TPB模型结论高度相符，但是安全和隐私风险可能会给消费者带来负面的感知结果。
Kiseol等（2012）	多元判别分析法	移动购物	移动购物和非移动购物消费者	实用主义消费动机：效率、成就；享乐主义消费动机：体验、社交、满足感、理念、角色、评价。	消费者在移动购物中的消费动机主要包括理念、效率、体验和满足感。
Jiunn等（2014）	UTAUT模型	线上购物	中老年消费者及年轻消费者	四个核心维度：绩效期望、付出期望、社群影响、配合情况；四个控制变量：性别、年龄、经验、自愿。	中老年消费者，线上购物的主要意向受到期望效果和社会影响，而评价、风险和传统习惯是线上购物的主要障碍；年轻消费者，他们对线上购物有更强的消费动机，但是受到的关于风险和传统习惯的阻碍会更小。
Sinda等（2014）	TAM模型	移动购物	移动购物和非移动购物消费者	感知的易用性、感知的有用性、感知的享受性。	感知有用性对移动购买者的使用动机具有促进作用，感知的易用性对非移动购买者无显著作用。

资料来源：作者自行整理。

消费者在移动购物决策中除了动机因素影响外，移动购物的技术支持和信息保障也极为重要。DSS（Decision support systems，决策支持系统）作为消费者移动购物过程中使用的有效工具被学者们进行了深入分析，当消费者购买的产品涉入程度较低时，例如在便利店购买矿泉水等，DSS的使用比重较低；随着产品涉入程度越来越高，DSS的使用比重越来越高（Karaatli和Suntornpithug，2010）[11]，Kowatsch等（2011）[12]发现当产品涉入程度非常高（例如购买数码相机）时消费者会倾向于借助DSS工具，甚至会愿意支付产品价格的5%作为代价了解产品信息和其他有价值内容。MRS（Mobile recommender systems，移动推荐系统）也会对消费者移动购物决策产生重要影响，移动推荐清单包括推荐产品目录、服务、订单和供应商网络等，这些推荐清单可以通过大数据和数据挖掘算法与消费者地理位置、购物清单、历史购物记录、浏览行为、对网络广告促销等的反应进行关联获取（Fang等，2012）[13]。移动购物导航系统通过RFID或者WiFi可以显著降低消费者搜寻成本，提高消费者购物效率，有研究显示搜寻成本最低可以降为原有的三分之一，这种购物系统不仅能在移动商店中发挥作用，也能在O2O的实体商店中产生影响（Hou和Chen，2011）[14]。上述移动购物技术支持能够有效降低消费者在移动购物中的交易成本，特别是信息搜寻成本，同时提高消费者决策效率。

从现有学者所做的研究可以发现，国内外学者关于移动电子商务和线上购物的消费者动机研究已经较为成熟，但尚缺乏原创性的理论模型，多是利用现有非常成熟的模型进行适当变化，或者修正模型背景或者加入移动购物中特有的控制变量，这样的研究结论能够从某些角度较好地分析移动购物行为，但是都不够全面，未来这一领域的研究仍然可以从横向和纵向两个方向拓展。横向方面，可以将性别、年龄、购买经验、不同国家和地区的因素考虑进来，进行探索性和实证性的对比研究，分析各个因素对消费者移动购物的内在影响；纵向方面，Rebecca等（2015）[4]指出未来的研究可以把消费者动机与实际的行为结合起来，并考虑设置一些控制变量或间接因素使现有研究更加贴近现实消费者购物决策行为，构建可以更好地模拟现实的、完善的移动购物消费者决策行为模型。

（二）移动购物满意度

随着移动购物的蓬勃发展，研究移动购物中的消费者满意度具有十分重要的现实意义，传统电子商务关于消费者满意度（e-satisfaction）和消费者忠诚度（e-loyalty）的研究已经非常深入，移动电子商务中满意度和忠诚度可以相应被称为m-satisfaction和m-loyalty，表面上看两者似乎没有本质区别，但是考虑到移动购物主要是通过智能手机等移动终端进行，两者还是有很大不同。Jeewon等（2008）[15]研究了在移动电子商务背景下，韩国消费者移动购物满意度的影响因素，特别对比了电子商务消费者和移动电子商务消费者这两个消费群体，并用DT①做出了影响消费者满意度的关系图。Jeewon认为，交易过程和客户服务是电子商务和移动电子商务中影响消费者满意度共同的因素，移动电子商务中的易获得性和使用移动电子商务的价格水平是其特有的影响因素。Kem等（2015）[16]研究了社交购物中的品牌忠诚度，以微博的实证结果为例，品牌忠诚度主要受到关系质量的影响。消费者与品牌的关系质量可以从三个方面进一步加强：自我因素（即自我和谐），社会因素（即社会规范），企业的品牌页面（即信息质量和互动性）。研究结果表明，以下这些方式可以使消费者更容易对社交购物产生信任，从

---

① 决策树（Decision Tree）是在已知各种情况发生概率的基础上，通过构成决策树来求取净现值的期望值大于等于零的概率，评价项目风险，判断其可行性的决策分析方法，是直观运用概率分析的一种图解法。

而提高满意度：①品牌的自我概念和品牌形象之间能够很好地匹配；②品牌形象符合消费者的社会期望；③在品牌页面获得高品质的信息；④公司与消费者积极互动。此外，消费者提高了对品牌的满意度后，将影响消费者重复购买其产品，并向他们的朋友推荐此品牌。这些结论已经被很多学者证明是可靠稳健的，但和电子商务的消费者满意度一样，性别和年龄以及经验会对移动购物的消费者满意度产生影响。零售商们已通过实践发现，连接移动零售服务和某个品牌的产品有助于提升客户的满意度，并有助于消费者通过手机零售重塑他们的消费价值观（Rujipun，2014）[17]。Harvir 等（2004）[18]曾对电子商务中消费者满意度进行研究，认为客户服务对消费者满意度的影响很小，但是如果客户服务不好，会对消费者的不满意度影响较大。有趣的是，有学者在移动电子商务中得出了相反的结论。Wu（2013）[19]把消费者的线上购物经验和消费者满意度结合起来，假设检验结果显示消费者之前的购物经验对消费者满意度和消费者的抱怨倾向影响不显著。Sonia 等（2015）[20]则考虑了年龄对移动购物的影响，把消费者分为 25 岁以下的年轻消费者和 25 岁以上成人消费者，研究发现，年轻消费者更加注重娱乐性，例如多设计一些互动、图片以及视频等。成人消费者则更加注重亲友推荐，或者说是社会舆论影响。

虽然国内外学者考虑到了移动购物背景下，年龄和购物经验对消费者满意度的影响，但是目前没有学者分析对比过不同国家之间，移动购物中的消费者满意度是否有差异，也较少考虑消费者的性格、收入、移动互联网技术对于消费者满意度的影响。关于消费者满意度的调查，多数基于调查问卷收集数据，所以设置的问题可能会产生歧义，从而影响检验结果。未来的研究可以把消费者的性格、收入、移动互联网技术、不同国家和地区等影响因素考虑进来。

三、移动购物与生产者行为

移动互联网的发展，使得人们越来越依赖移动网络来进行消费行为。于是，生产者的销售思路也发生了颠覆性的变化。零售商考虑到这些线上销售渠道的巨大潜力，纷纷在分销渠道中加入手机渠道和社交渠道，有的生产者甚至改变了零售业的商业模式。在过去十年，多渠道是最主流的销售手段，但是现在零售业迎来了全渠道零售①时代（Peter 等，2015）[21]。在移动电子商务时代，移动购物的生产者行为主要从虚拟店铺应用和信息媒体应用两方面展开，分别对应于传统商务的店面管理和促销宣传等。

（一）虚拟店铺应用

在全渠道到来之前，网络购物和移动购物经历了单渠道和多渠道时期，在多渠道时期的移动购物销售早已开始崭露头角。多渠道策略使得消费者可以交互使用线上购物（这里指通过非移动入口）和移动购物。通过连接线上购物和移动购物，多渠道销售的零售商可以整合线上购物和移动购物的数据使得消费者可以在线上轻松下订单，在移动客户端修改或查看订单状态。有效率的交叉渠道销售策略为零售商赢得消费者支持创造了机会，并交叉销售其他产品和服务（Lin，2012）[22]。而在全渠道时期，由于移动购物的发展，消费者能享受到随时随地随心所欲地购买的体验。因此，移动购物逐步取代传统购物和 PC 购物已经成为了明显的趋势，Liran 等（2014）[1]实时监测了美国 e-bay 的自建官方手机商城发现：消费者正从线下转移到电子商务平台和移动电子商务平台，而后者的增长更加引人注目，根据检测数据可以描绘出手机商城的增长曲线，曲线的变化趋势为：在短期内会有爆发式增长（网络外部性的影响和作用），然后增长速度变缓并维持相对比较长的时期。Gian（2014）[23]指出通过实体店铺和电子商务把所有线上和线下的商品展出需要能力。而在全渠道时期，市场营销最为关键的要素是找准市场定位，将所有消费者购买渠道中的数字资料和非数字资料整合并据此退出有针对性的营销策略。关于移动购物在虚拟店铺中的具体应用，国外学者给出了许多经验案例的证明。Lin（2012）[22]以音乐产品为例，发现 PC 和移动端的音乐经销商拥有大量消费者的有效数据，尤其是移动端消费者的历史音乐产品购买记录，在对数据深入挖掘和关联的基础上可以进行音乐产品的关联推荐。Gian（2014）[23]指出手机 APP 是营销人员发放电子折扣券的重要工具，相比较实体店和 PC 端发放，移动端发放显得更有效率。移动端电子折扣券可以同时满足消费者、零售商、生产者的需求。消费者能够通过电子折扣券来节约购物成本，而且这种优惠券的获取极为容易并且与消费者历史购物需求高度相关；零售商可以通过电子折扣券的方式提升客户忠诚度从而提升店铺和商品销售额，并且优惠券的发放相较传统方式成本极其低廉，但是发放精准度提高；生产者不仅仅将移动端电子折扣券视为简单的

---

① 全渠道零售（Omni-Channel retailing），就是企业为了满足消费者任何时候、任何地点、任何方式购买的需求，采取实体渠道、电子商务渠道和移动电子商务渠道整合的方式销售商品或服务，提供给顾客无差别的购买体验。

产品促销手段，而更重要的是它提供了一种将促销产品和移动购物消费者直接关联的方法和手段（Cameron 等，2012）[24]。Kiseol 和 Hye（2012）[10]分析了基于地理空间位置的移动促销服务提供，由于手机是消费者随时携带的个性化接入终端，随着全球定位系统和大数据挖掘技术的不断成熟，零售商可以根据每个消费者的实际购物需求以及空间位置进行实时、精准的移动促销服务，既提高了零售商捕捉目标消费者的可能性，也为消费者提供了实在的移动购物便利。

移动购物中虚拟店铺的应用形式丰富多样，包括自建官方手机商城、自建 APP 商城、进驻移动商务平台如微淘店等。国内外学者只是在多渠道和全渠道的背景下简单地分析了移动购物在虚拟店铺中的应用，或是结合移动购物在零售实体店的应用。但是对于虚拟店铺的应用如何影响生产者行为、消费者行为的内在机理并没有深入研究，不同类型移动虚拟店铺的对比研究也处于研究初期。可以预计，随着研究数据和研究方法的不断成熟完善，对于移动购物的虚拟店铺研究将会更加深入。

（二）信息媒体应用

利用信息媒体应用销售商品，PC 电子商务早已有之，但是在移动电子商务时期它的重要性开始加强，甚至日益成为中心环节。美国以 Facebook 为代表，率先大规模地在移动社交客户端销售商品，紧随其后的还有 YouTube 和 Twitter 等信息媒体，这些信息媒体改变了在传统商务过程中只能成为销售活动辅助的地位，一跃成为了商品销售的主阵地，中国的微信以社交工具作为起点，大规模连接微商、微商城、微信支付等，打造成了移动购物的全流程王国。Ju-Young 等（2015）[25]利用 3M 模型分析了 Facebook 上倾向于社交购物的消费者的特征。例如，为了搜寻信息和社交需要去购物的消费者，更加倾向于社交购物。还有追逐市场的消费者和社交媒体的常驻消费者也倾向于社交购物。因此零售商必须根据不同消费者社交购物倾向的不同采取差异化的营销策略。Irem（2015）[26]从品牌商的角度关注了在 Instgram（一款社交 APP）的移动购物者，发现能与用户达成良好沟通的及时销售策略更容易促成交易，这一点在女性消费者身上体现得更加明显。销售活动通常包含折扣和抵价券，且做得有趣又引人入胜。这些促销活动拉近了品牌商和消费者的距离，增加了消费者对品牌商的信任感和对品牌的购买意愿。同理，如果微博等社交媒体能提供高质量的服务，那么微博就有潜力促进社交商务行为，并对社交分享行为产生持续性影响（Liang 等，2011）[27]。除了从不同的信息媒体的角度去考虑，有学者从生产者和零售商的角度分析了如何利用信息媒体在移动客户端销售商品。Manjit 等（2013）[28]建议生产者用一个特定的社交软件来影响消费者的决策，提高消费者对产品的兴趣。更有挑战性的策略是，直接成为消费者社交的一部分。例如，使消费者关注制造商的 YouTube 或 Twitter 的账号，或是 Facebook 品牌网页，类似于传统许可 E-mail 营销模式，可以直接向消费者们推送产品信息。生产者可以分析消费者的社交信息并从中受益，也有机会更加接近消费者，最为极致的做法是使消费者能够与社交网络朋友"分享"和"推荐"产品。Ju-Young 等（2015）[29]认为零售商应该充分利用消费者在社交媒体的足迹进行位置服务通知和相关联的促销，通过追踪消费者在 APP 上停留的位置和购物活动记录，或者捕捉他们在网上或移动客户端的互动行为，零售商可以进行更加精准和有效率的位置促销和关联促销行为。除了利用社交媒体提供高效率的促销外，要想增加社交购物的销售额，必须要提高在社交购物过程中的服务质量，因为服务质量直接关系着移动购物数量及再次购物频率。Yen 等（2015）[30]利用层次分析法①分析了在 Facebook 上进行社交购物的调查问卷，样本是来自于不同国家的学生群体，研究结果发现：消费者在社交购物中最为关注的是产品品牌、网站安全性和交互信息、社交媒体的运用程度；在跨国社交销售活动中，语言功能的切换是非常重要而又常常被忽视的点，同时在社交信息上生产者必须及时更新和修正最新产品和服务；消费者也非常关注自己以及其他消费者的评价是否被及时回应，有没有充分的相互交流的渠道。来自于社交端消费者的正面评价有助于生产者在激烈市场竞争中获取独特的比较优势。

国外学者在研究社交购物方面已经较为成熟，且已经形成体系，但是信息媒体应用在技术和实践层面不断改变，这就使得如何分析信息媒体与移动购物的作用机理显得尤其重要，也是未来研究的重要方向。

四、移动购物与技术行为

移动互联网使用户可以更加随心所欲地享受移动购物带来的便捷。实时的移动互联网技术正在改变搜索过程，而且整合了消费者的历史购买信息来推测他们的购买决策（Alicia 等，2014）[31]。移动购物中的生产者为了更好地提供服务，通常需要用户提供位置信息，或其他的个人信息。因此，移动购物中安全和隐私问题显得更为突出。

（一）隐私行为

移动电子商务和 PC 电子商务中的隐私问题有较大相似性，有学者将这两种背

---

① 层次分析法（Analytic Hierarchy Process，简称 AHP）是将与决策总是有关的元素分解成目标、准则、方案等层次，在此基础之上进行定性和定量分析的决策方法。

景下的隐私问题进行了对比，Ruidong 等（2013）[32]利用 APCO 模型对比了移动电子商务和 PC 电子商务中的隐私问题。APCO 模型是从经历（Antecedents）到隐私问题（Privacy Concerns）再到结果（Outcomes）的一个传导机制。相比电子商务，移动电子商务有它独特的挑战，例如，它能随时随地为用户提供便利，与此同时，智能手机身份跟踪能力却造成更多的个人信息的泄露，包括位置、设备数据、IMEI、ICCID、SIM 卡、数据、社会关系、生活方式、偏好以及行为习惯。这些特殊的挑战将是移动电子商务和移动购物健康发展的阻碍。有学者对不同国家移动电子商务的隐私问题进行了比较分析，发现由于国别不同，消费者对隐私问题有不同的看法，且不同国别环境影响了消费者采取保护隐私的措施，因为不同国别的消费者所感受到的和实际的隐私威胁不一样（C. G. 和 Ashok，2009）[33]。Jim 等（2013）[34]对比研究了在移动电子商务背景下，美国和韩国消费者隐私问题的联系和区别，研究结果显示，美国的受访者更频繁地使用电子邮件和移动支付，但是无论是韩国还是美国都有相当大比例的用户使用他们的移动设备来从事商务活动。由于文化差异明显，美国用户对信息隐私的关注明显超过了韩国移动用户。另一个有趣的结论是，样本显示消费者对隐私问题的关注和年龄呈正相关，年龄越大的消费者越关注隐私问题。同时用户在最初几年使用智能手机时，对隐私问题非常谨慎，随着时间的推移，用户对隐私问题的警觉和关注渐渐褪色。还有学者从技术角度提出了解决消费者线上购物的办法，就是在 RSA 算法①的基础上，设计盲解码来解决消费者在线上购物中的隐私问题（Chen 等，2014）[35]。移动电子商务中的隐私问题比电子商务显得更为重要的原因是，智能手机增强了身份跟踪能力，却处于一种较弱的监管环境，再加上智能手机本身在安全执行中存在的漏洞，这些都会对消费者隐私造成威胁（Ruidong 等，2013）[32]。Anil 和 Tansu（2013）[36]曾用博弈论分析移动电子商务中的隐私问题，移动电子商务公司与用户进行位置服务的博弈竞争，生产者可以通过激励消费者来获取消费者的位置信息，激励手段设计决定了隐私机制的设计，消费者报告他们的空间位置与其他重要信息，生产者按照信息重要程度进行相应补贴。

上述研究大多是从移动电子商务或是线上购物的角度来研究消费者的隐私问题，目前还没有学者针对移动购物中的隐私问题做过研究。未来在研究消费者隐私问题时，可以把消费者的隐私经验、隐私意识、个人差异、文化差异如何影响消费者隐私考虑进来。其中在研究个人差异、文化差异对移动购物中的隐私问题

---

① RSA 是目前最有影响力的公钥加密算法，它能够抵抗到目前为止已知的绝大多数密码攻击，已被 ISO 推荐为公钥数据加密标准。

的影响时，要注意样本的广泛性和客观性。

（二）安全行为

移动购物中的安全问题主要包括支付安全问题、移动终端安全问题、无线应用安全问题和移动电子商务平台运营漏洞的安全问题。移动购物的风险从打开网站那一刻起就有可能发生，消费者可能需要打开不同的购物网站，最后选定一家网站进行购买。在购买之前还要输入个人信息，例如，信用卡号和地址。这些行为都加剧了线上购物的风险。而移动购物中的安全问题显得更为突出，而且也是体现在多种层面和多种角度的（Rajasree 等，2009）[37]。Antonia 等[38]（2016）研究探讨了网上供应商和移动支付供应商的声誉如何影响消费者的交易意向。研究表明，不同的供应商能够通过合作，最大限度地参与电子商务交易活动。在线供应商可以通过嵌入一个值得信赖的移动支付服务提供商提高消费者的交易意愿。相比之下，信誉良好的在线供应商不用依赖于整合移动支付供应商，因为消费者已经相信信誉良好的在线供应商。Rakhi 和 Mala（2015）[39]指出互联网用户对网上支付系统的缺乏信任可能会阻碍网上购物的进行。大多数电子零售商已经将常见的技术安全防护措施应用于电子交易（128 位 RSA 加密、数字证书、防火墙）。但作用相对较小的安全风险处理在全面推进的过程中是不同步的。印度的现状可以解释这一现象，印度 80% 的交易都以现金支付，而不在网上付款。这是由于印度的客户不信任网上渠道分享他们的个人银行的详细信息，而是在收到货物时以现金支付方式付款。所以，让消费者们意识到手机上的支付安全问题是很有必要的，因为消费者在使用手机与供应商交互时存在很多风险和不确定性。因此，电子商务公司可以在控制、认证系统以及付款方面采取安全措施。当消费者认为他们的个人信息受到保护时，会感到更加地安全和放心（Im 等，2008）[40]。Mehrbakhsh 等（2015）[41]用对比矩阵法验证了这一观点，结果表明专家认为安全功能和隐私策略声明在移动电子商务的安全问题中占很大的比重，权重分别达到了 0.488 和 0.283。这意味着移动购物网站的管理者们，应该更加重视安全功能和隐私策略声明问题。此外，公司使用认证授权系统可以保护其信息资产未经授权的访问（Angeliki 等，2014）[42]。除了从公司层面给出建议，欧盟还从个人层面给出了建议，指出个人应该更好地了解安全级别。① 也有学者从技术角度提出解决办法，Pai 和 Wu（2011）[43]介绍了近年来移动商务领域中出现的"虫孔"袭击事件，并提出了一种针对移动商务环境下的移动商务的对策。提出采用集群体系结构，采用这种结构，可以减少传输碰撞等，处理和存储在每个移动设备的信息量。最后，代替

---

① 欧盟. http://eur-lex.europa.eu/legal-content/EN/TXT/? uri=URISERV:l33306.

RSA 公共密钥加密系统，我们使用椭圆曲线公钥密码体制（ECC），这比 RSA 更高效。

上述研究关注支付安全问题的较多，而关于移动终端安全问题、无线应用安全问题和移动电子商务平台运营漏洞的安全问题鲜少有学者提及。未来的研究方向可以从移动终端安全问题、无线应用安全问题和移动电子商务平台运营漏洞的安全问题入手，并从政府、公司、个人、立法的不同层面给出建议。

五、研究展望

近年来，随着移动购物的兴起，国外关于移动购物的研究兴趣不断提高。取得不少值得关注的研究成果。尽管如此，仍然有一些问题需要深入探讨，而且现有研究在三个方面尚未取得重要突破。

首先，现有研究成果非常丰富，涉及移动购物的各个环节，从消费者行为、生产者行为和技术行为等角度都进行了深刻的分析，探讨了包括购买动机、心理、性别、年龄、消费者满意度等在内的消费者移动购物的重要影响因素，分析了虚拟店铺应用和移动信息媒体在移动购物中的广泛应用。但是从整体上看，并没有一个系统的、完整的分析移动购物的理论框架，将消费者行为、生产者行为和政府行为共同统一在一个分析范式内。可以借鉴经济学中可计算一般均衡模型（CGE）的分析范式，将消费者行为、生产者行为和政府行为用一系列的方程组进行描述和刻画，在各自目标完成（消费者目标是效用最大化、生产者目标是利润最大化、政府目标是市场均衡效率最大化）的基础上实现各自市场的均衡，从而建立起适应移动购物的基础理论模型。在此基础上，可以深入讨论单个影响因素或多个影响因素同时变化时，整个移动购物市场发生的系列变化。

其次，目前关于移动购物的定量研究和定性研究都非常丰富，但值得注意的是，移动购物的研究数据比较匮乏，相对于传统经济学和管理学研究的系统连续数据而言，现有移动购物领域的数据多为零散的、破碎的，互相之间缺乏直接比较和分析的平台，只有少部分学者运用了国际数据分析和比较了国别和文化差异对移动购物的影响（Ashok，2009[30]；Jim 等，2013[30]）。其余更多的学者都是运用调查问卷进行移动购物实证研究，由于调查问卷获取数据的方式受到许多限制，且问卷本身设置、发放样本范围、消费者因素等都会影响到调查问卷分析方式的有效性，更为严重的是研究结果往往不能重现，在不同时间和不同情境中结果截然不同，各个学者之间的结论也无法进行横向对比，从而无法形成连续性的系统学术成果。不过随着移动电子商务的发展速度加快，各个国家都日益重视移动购物相关数据的整理搜集。宏观层面上看，电子商务、移动电子商务行业及其相关支撑行业（物流、移动支付等）的数据日益完善，为从产业层面分析移动购物机理和宏观消费之间的关联打下了数据基础；微观层面上看，随着大数据的盛行和数据挖掘技术的深入，移动购物各个微观主体的数据日益完善，消费者的浏览、停留、预购、实际购买以及空间位置等都变得实时可得，生产者的广告支出、促销支出、动态定价、SEO 等数据也能在后台轻松获取，因此利用海量的微观数据能够更加深入分析移动购物的微观机理和动态模型。这些宏观和微观数据之间都存在着非常强的可比性和客观性，能够提高移动购物研究的精度和深度。

最后，现有文献对移动购物的研究几乎都是从管理学的角度展开，多是利用管理学的经典模型如 TPB、UTAUT 模型、TAM 模型和满意度模型等进行理论探讨和实证分析。但是，与电子商务一样，移动电子商务和移动购物是非常复杂的系统行为，又属于交叉学科研究范畴，涉及多学科的理论知识。在分析移动购物过程中，可以利用经济学建立移动购物的一般均衡模型，利用心理学对模型的适用性进行判断，利用管理学对模型的具体要素进行分析，利用计算机和数据挖掘对模型进行动态模拟和仿真，通过多个学科的交叉研究能够深入探讨移动购物的"黑箱"。

整体上看，在未来研究中必须要突出移动购物的"移动性"，并在此基础上构建起融合移动购物消费者行为、生产者行为和技术行为的基础框架理论，为移动购物和移动电子商务发展提供更为坚实的理论指导。

参考文献

[1] LIRANEINAV, JONATHAN LEVIN, IGOR POPOV, et al. Growth, Adoption, and Use of Mobile E-Commerce [J]. American Economic Review: Papers & Proceeding, 2014, 104 (5): 489-494.

[2] MICHAELGROß. Mobile shopping: a classification framework and literature review [J]. International Journal of Retail & Distribution Management, 2014, 43 (3): 221-241.

[3] VARNALI K, TOKER A. Mobile marketing research: the-state-of-the-art [J]. International Journal of Information Management, 2010, 30 (2): 144-151.

[4] REBECCA JEN-HUI WANGA EDWARD C. MALTHOUSEB, LAKSHMAN KRISHNAMURTHI. On the Go: How Mobile Shopping Affects Customer Purchase Behavior [J]. Journal of Retailing, 2015, 2 (91): 217-234.

[5] KATHY NING SHEN, REBECCA MOHAMED KHALIFA. Drivers for Transactional B2C M-Commerce Adoption: Extended Theory of Planned Beahavior [J]. Journal of Computer

Information Systems, 2008, Spring: 111-117.

[6] MOUTUSY MAITY. Critical Factors of Consumer Decision - Making on M - Commerce: A Qualitative Study in the United States [J]. Mobile Marketing Association, 2010, 5 (2): 81 -101.

[7] SINDA AGREBI, JOËL JALLAIS. Explain the intention to use smartphones for mobile shopping [J]. Journal of Retailing and Consumer Services, 2015 (22): 16-3.

[8] JIUNN-WOEILIAN, DAVID C YEN. Online shopping drivers and barriers for older adults: Age and gender differences [J]. Computers in Human Behavior, 2014 (37): 133-143.

[9] PATRICIO E RAMIREZ-CORREA, F JAVIER RONDAN-CATALUñA, JORGE ARENAS-GAITÁN. Predicting behavioral intention of mobile Internet usage [J]. Telematics and Informatics, 2015, 32 (4): 834-841.

[10] KISEOL YANG, HYE-YOUNG KIM. Mobile shopping motivation: an application of multiple discri-minantanalysis [J]. International Journal of Retail & Distribution Management, 2012, 40 (10): 778-789.

[11] KARAATLI G MA J, SUNTORNPITHUG N. Investigating mobile services' impact on consumer shopping experience and consumer decision-making [J]. International Journal of Mobile Marketing, 2010, 5 (2): 75-86.

[12] KOWATSCH T, MAASS W, FLEISCH E. The role of product reviews on mobile devices for in-store purchases: consumers' usage intentions, costs and store preferences [J]. International Journal Internet Marketing and Advertising, 2011, 6 (3): 226-243.

[13] FANG B, LIAO S, XU K, et al. A novel mobile recommender system for indoor shopping [J]. Expert Systems with Applications, 2012, 39 (15): 11 992-12 000.

[14] HOU J-L, CHEN T-G. An RFID-based shopping service system for retailers [J]. Advanced Engineering Informatics, 2011, 25 (1): 103-115.

[15] JEEWON CHOI, HYEONJOOSEOL, SUNGJOO LEE, et al. Customer satisfaction factors of mobile commerce in Korea [J]. Internet Research, 2008, 18 (3): 313-335.

[16] KEM Z K ZHANG, MORADBENYOUCEF, SESIA J ZHAO. Building brand loyalty in social commerce: The case of brand microblogs [J]. Electronic Commerce Research and Applications, 2015, 15 (14): 1-12.

[17] RUJIPUN ASSARUT. Consumption Values, Personal Characteristics and Behavioral Intentions in Mobile Shopping Adoption [J]. Rujipun Assarut, Somkiat Eiamkanchanala, 2015, 27 (1): 21-41.

[18] HARVIR S BANSAL, GORDON H G, MCDOUGALL SHANE S, et al. Sedatole. Relating e-satisfaction to behavioral outcomes: an empirical study [J]. Journal of Services Marketing, 2004, 18 (4): 290-302.

[19] ING-LONG WU. The antecedents of customer satisfaction and its link to complaint intentions in

online shopping: An integration of justice, technology and trust [J]. International Journal of Information Management, 2013, 33 (1): 166-176.

[20] SONIA SAN-MARTíN, JANAPRODANOVA, NADIAJIMÉNEZ. The impact of age in the generation of satisfaction and WOM in mobile shopping [J]. Journal of Retailing and Consumer Services, 2015 (23) 1-8.

[21] PETER C VERHOEFA, P K KANNAN, J JEFFREY INMAN. From Multi-Channel Retailing to Omni-Channel Retailing Introduction to the Special Issue on Multi-Channel Retailing [J]. Journal of Retailing, 2015, 2 (91): 174-181.

[22] HSIN-HUI LIN. The effect of multi-channel service quality on mobile customer loyalty in an online-and-mobile retail context [J]. The Service Industries Journal, 2012, 32 (11).

[23] GIAN M FULGONI. Omni-channel retail insights and the consumer's path-to-purchase how digital has transformed the way people make purchasing decisions [J]. Journal of Rduertisirg Research, 2014, 54 (4): 377-80.

[24] CAMERON DAVE, GREGORY CHRIS, BATTAGLIA DARYL, et al. The mobile shopping app, if you build the technology, they will come [J]. Journal of Advertising Research, 2012, 52 (3): 333-338.

[25] JU-YOUNG M KANGA, KIM K P. Johnsonb. F-Commerce platform for apparel online social shopping: testing a mowen's 3M model [J]. International Journal of Information Management, 2015, 35 (6): 691-701.

[26] EREN ERDOĞMUş. Drivers of social commerce through brand engagement [J]. Social and Behavioral Sciences, 2015 (207): 189-195.

[27] TING-PENG LIANG, YI-TING HO, YU-WEN LI, et al. What drives social commerce: the role of social support and relationship quality [J]. International Journal of Electronic Commerce, 2011, 16 (2): 69-90.

[28] MANJIT S YADAV, KRISTINE DE VALCK, THORSTENHENNIG-THURAU, et al. Social commerce: a contingency framework for assessing marketing potential [J]. Journal of Interactive Marketing, 2013, 27 (4): 311-323.

[29] JU-YOUNG M KANG, JUNG MEEMUN, KIM K P JOHNSON. In-store mobile usage: downloading and usage intention toward mobile location-based retail apps [J]. Computers in Human Behavior, 2015 (46): 210-217.

[30] YEN-CHUN JIM WU, JU-PENG SHEN, CHAN-LAN CHANG C. Electronic service quality of facebook social commerce and collaborative learning. [J]. Computers in Human Behavior, 2015 (51): 1 395-1 402.

[31] ALICIA BAIK, RAJKUMARVENKATESAN, PAULFARRIS. Marketing: assessing the impact of mobile technology on consumer path to purchase [J]. In Shopper Marketing and the Role of In-Store Marketing. Published online, 2014, 10 (10): 1-25.

[32] RUIDONG ZHANG, JIM Q CHEN, CA JAEJUNG LEE. MobIle commerce and consumer privacy concern [J]. Journal of Computer Information Systems, Summer, 2013: 31-38.

[33] CĂLINGURĂU, ASHOK RANCHHOD. Consumer privacy issues in mobile commerce: a comparative study of British, French and Romanian consumers [J]. Journal of Consumer Marketing, 2009, 26 (7): 496-507.

[34] JIM Q CHEN, RUIDONG ZHANG, JAEJUNG LEE. A cross-culture empirical study of m-commerce privacy concerns [J]. Journal of Commerce, 2013 (12): 348-364.

[35] YU-CHI CHEN, GWOBOA HORNG. Privacy protection in on-line shopping for electronicdocuments [J]. Information Sciences, 2014, 277 (1): 321-326.

[36] ANIL KUMAR CHORPPATH, TANSUALPCAN. Trading privacy with incentives in mobile commerce: A game theoretic approach [J]. Pervasive and Mobile Computing, 2013, 9 (4): 598-612.

[37] RAJASREE K RAJAMMA, AUDHESH K PASWAN, MUHAMMAD M HOSSAIN. Why do shoppers abandonshoppingcart? Perceived waiting time, risk, and transaction inconvenience [J]. International Journal of Service Industry Management, 2009, 18 (3): 102-121.

[38] ANTONIA KöSTER, CHRISTIAN MATT, THOMAS HESS. Carefully choose your (payment) partner: How payment provider reputation influences m-commerce transactions [J]. Electronic Commerce Research and Applications, 2016 (15): 26-37.

[39] RAKHI THAKUR, MALA SRIVASTAVA. A study on the impact of consumer risk perception and innovativeness on online shopping in India [J]. International Journal of Retail & Distribution Management, 2015, 43 (2): 148-166.

[40] IM I, KIM Y, HAN H J. The effects of perceived risk and technology type on users' acceptance of technologies [J]. Information & Management, 2008, 45 (1): 1-9.

[41] MEHRBAKHSH NILASHI, OTHMAN IBRAHIM, VAHID REZA MIRABI, et al. The role of security, design and content factors on customer trust in mobile commerce [J]. Journal of Retailing and Consumer Services, 2015 (26): 57-69.

[42] ANGELIKI VOSA, CATHERINE MARINAGIC, PANAGIOTIS TRIVELLASC, et al. Risk reduction strategies in online shopping: e-trust perspective [J]. Social and Behavioral Sciences, 2014 (147): 418-423.

[43] HAO-TING PAI, FAN WU. Prevention of wormhole attacks in mobile commerce basedon non-infrastructurewireless networks [J]. Electronic Commerce Research and Applications, 2011, 10 (4): 384-397.

Research on the Behavior of M-shopping: A Review of Foreign Literature

Tang Qing

(*Hunan University of Commerce, Changsha, Hunan, 410205*)

Abstract: With the rapid development of mobile e-commerce, mobile shopping, as the most important part of mobile e-commerce has increasingly become a hot issue in the academic attention. This paper reviews the main achievements of foreign scholars in recent ten years and the latest progress. It can be summarized from three aspects, includingbehavior ofthe consumer, behavior of the producer, behavior of technology. Finally this paper analyzes the deficiencies of the existing research, and the paper discusses the future research directions of M-shopping on this basis.

Keywords: M-shopping; review; consumer decision-making; consumer satisfaction; virtual shop

互联网金融发展新视角
——基于小微企业融资与征信体系深化研究

龚瑞风 夏 凯 蒋雪林

摘 要： 伴随着互联网快速发展衍生出人们行为的新变化，互联网金融成为经济生活的新热点。互联网金融打破了融资门槛，突破了场地限制，流程上更便捷，能有效解决小微企业的"融资难"问题。同时由于缺少抵押物，融资成本高以及存在信息泄露风险，使得不少小微企业主对风头正盛的互联网金融"敬而远之"。本文以小微企业融资和征信体系发展为研究对象，分析在互联网金融2.0时代下，影响小微企业融资与征信体系建设的重要因素。利用互联网思维，搭建网络金融服务形态和渠道，为小微企业信贷的换代升级创造发展空间，是商业银行参与互联网金融市场竞争所需要突破的重要关口之一。追溯银行系小微企业网贷的演进历程，使用SWOT方法分析小微企业网贷平台的优劣环境，做到互联网思维与模式构建的深度融合，从而真正地达成银行系小微企业网贷的良好发展愿景。

关键词： 互联网金融 小微企业 融资 征信体系

作者简介：龚瑞风（1990—），男，湖北咸宁人，湖南商学院企业管理硕士研究生，主要研究方向为物流与供应链管理。

一、引言

在经济新常态变革主题下,互联网凭借技术的通用性与黏合性迅速渗透至各行各业,改变着金融产业生存发展的外部生态环境,同时催生了互联网金融新模式。各种金融势力主动顺应网络时代的发展新趋势,依托互联网技术和信息通信技术谋划转型发展新路径,探索"互联网+金融"的最佳结合点,各类高效、便捷、普惠的互联网金融品牌应运而生。在早前的政策空窗期,互联网金融势力为抢占网贷市场新空间可谓是群雄混战。随着互联网金融监管意见、网络支付新规等政策的密集出台,互联网金融即将告别野蛮生长的草莽时代,对于商业银行来说是值得密切关注的政策信号。互联网金融(Internet of Finance)是传统金融行业与互联网精神相结合的新兴领域,并不是简单的"互联网技术的金融",而是技术作为必要支撑的"基于互联网思想的金融"(Allen,2002)[1]。广义上来说,互联网金融是现代信息技术、网络技术和各种金融业务的有机结合,是在互联网和移动互联网虚拟空间进行金融活动的一种新型金融模式。互联网金融模式的概念在2012年被谢平、邹传伟(2012)首次提出,被定义为是随着互联网为代表的现代信息科技[2]。万建华(2013)则认为,互联网金融更准确的表述应该是信息时代的一种金融模式,应定义为第三种金融模式[3]。支付宝之父马云(2013)则从公司的类别来定义,互联网企业从事金融业务的行为称为互联网金融,互联网金融从本质上说仍具有金融的一般属性,金融的本质是融通资金、跨时间跨空间的资源重新配置[4]。互联网金融作为一种新的支付结算、融通资金的方式并没有打破传统金融的界定,只不过是一种模式的改变,使得金融不仅仅可以通过传统的方式进行,还可以利用互联网、社交网络以及云计算等技术在网上完成这些操作。互联网金融让金融摆脱了金融机构标准化的服务产品,使得金融服务开始注重交互式的产品服务,更加自助化、私人化。

从中国小微企业融资现实案例层面出发,小微企业信贷体系的深化发展,备受国内外学者和企业关注。是否对小微企业创新有新的启示以及如何将其信贷模式与其融资方式正确结合是我们的困惑与思索的内容。

二、小微企业融资与征信体系研究现状

国外关于企业融资主要围绕企业的资本结构选择,在现代企业筹融资理论的

基础之上，较为关注企业的融资结构和渠道等方面。而关于互联网金融在小型和微型企业筹融资中的研究并不是很多，但相对于国内而言还是比较全面和深入。Hauswald and Agarwal（2008）认为导致小微企业在信贷市场较难满足资金需求的最重要原因是小微企业普遍缺乏市场认可的信用评级[5]。以网络借贷为特色的互联网金融融资模式相对其他融资模式，在信用评级的审核上要更加宽松。Steel man（2006）的观点是互联网金融融资模式最有特色的地方就在于匿名交易，这是目前世界各国互联网金融融资平台共有的特点。而匿名交易存在的重要风险在于可能导致筹融资双方都无法取得与自己交易者的可靠信息，从而产生信息不对称的问题。同时，以互联网金融为平台的小微企业融资多为无抵押的信用贷款，所以其信用风险较其他方式更大。Duarte and Siegel（2010）则认为无论是互联网金融融资模式还是传统融资模式，其关键问题都在于企业的信用[6]。在国内，对小型企业和微型企业更多的融资研究，主要围绕造成其融资困难的因素和丰富融资途径等方面。林毅夫（2001）认为，我国十分有必要创建专门服务于小微企业的专一性服务机构，进而促进解决小微企业融资难的问题，同时这些专门服务小微企业融资的服务机构应主要以非国家导向的机构为主体，政策性金融机构只是作为补充，一方面避免政策性金融服务机构因缺乏有效竞争而导致的低效率，另一方面也促进金融机构的市场化[7]。吴晓光（2011）认为，互联网金融融资平台是互联网时代金融改革的一个十分具有代表性的例子[8]。其具有多方面的积极性意义：一方面小微企业信用信息得到补充完善，另一方面也利于商业银行基于小微企业的信用信息拓展业务。但与此同时，我们万万不可轻视网络融资平台蕴藏的风险，比如贷款信用风险、操作风险和技术风险。针对网络平台的潜在运行风险，商业银行不能袖手旁观，而是应该主动予以配合和支持，同网络信贷平台一同加强贷款风险控制水平。李安朋（2011）指出：互联网金融融资模式非常符合小微企业融资所表现的特点[9]。第一，网络平台降低了对小微企业融资的高门槛要求，第二，依托于网络平台积累的网络信用可以一定程度上弱化小微企业融资过程中信贷双方的信息不对称问题。陈初（2010）将目前现存的互联网金融融资模式简单划分为四类：一是依托电子商务等平台积累企业真实交易数据等信息进行信用评估进而综合授信；二是P2P网络融资模式；三是通过作为银行某些金融业务的外包服务商；四是建立网络社区为学生等信用较好的人们提供贷款[10]。

三、基于互联网金融的小微企业融资模式

（一）互联网金融的两种融资模式

（1）"平台+小贷"融资模式

以阿里小贷为典型的"平台+小贷"融资模式，其依托于天猫、淘宝等类似电子商务平台日常经营所沉淀的商户运营数据等真实信息，通过进一步的数据挖掘和分析，将得出的目标信息通过量化分析系统进行评估，进而作出对平台上的小微商户提供贷款的过程。

图1 平台+小贷融资模式

（2）"P2P网络借贷"融资模式

以宜信为典型的P2P网络借贷融资模式，其最早出现在英国，指的是借贷双方通过网络平台而非传统渠道完成无抵押、无担保贷款的融资业务。从本质上看，P2P网络借贷融资模式是一种将互联网技术融合到小额信贷领域的创新实践，它最大程度发掘个人及企业的信用价值，促进个人与个人、个人与小微企业之间通过信用完成信贷交易。

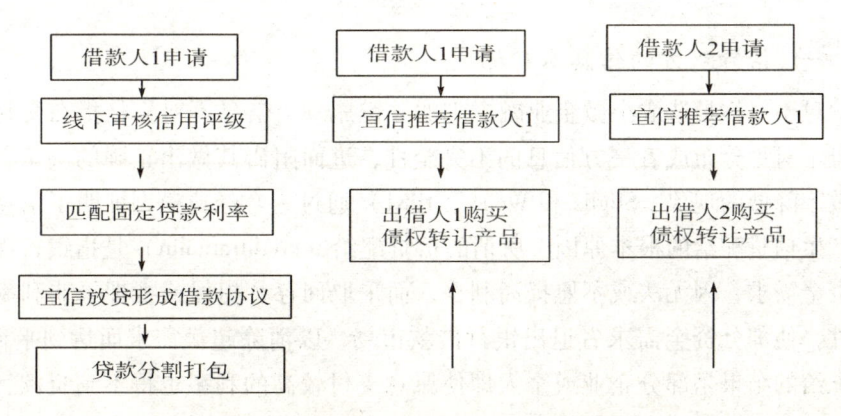

图2 宜信理财式中介的P2P运作模式

(二) 互联网金融的融资模式的SWOT分析

当前,互联网金融已经发展到一定阶段。通过SWOT方法分析互联网平台布局小微企业网贷业务模式的优势、劣势、机会、威胁,审视小微企业网贷模式发展的内外部环境,寻找竞争突破点,为制定最优战略选择提供思路。

表1　　　　　　　　　　网贷模式SWOT分析表

外部环境＼内部环境	优势S ·丰富的基础客户资源 ·有效的风险防控手段	劣势W ·金融应用场景较为缺乏 ·线上审批要点有失偏颇
机遇O ·良好的金融支持政策 ·成熟的移动互联网技术	SO开拓期战略 ·把握外部机会 ·利用内部优势	WO成长期战略 ·紧抓外部机遇 ·弥补内部弱点
威胁T ·大量的新生势力介入 ·细化的同业创新产品	ST成熟期战略 ·减轻外部威胁 ·挖掘内部潜力	WT瓶颈期战略 ·回避外部冲击 ·规避内部劣势

四、小微企业融资问题

由西南财经大学等机构发布的《中国小微企业发展报告2014》显示,小微企业获得银行贷款的比例为46%,11.6%的申请贷款者被拒,42.4%的小微企业并未申请贷款。报告显示,全国有4.8%的小微企业资产小于负债。在有负债的小微企业中,超过两成已经资不抵债。大致推算,中国已经有267万个资不抵债的小微企业。

(一) 借贷双方的信息不对称

信息不对称是造成小微企业融资难的关键瓶颈。信息不对称是指在交易双方的信息不对称分布或者一方信息的不完全性,进而阻碍其做出正确的决策,导致交易效率降低的现象。Stigliz和Weiss(1981)通过一个经典模型证明了信息不对称是产生信贷配给的根本原因。所谓的信贷配给(creditrationin)是指银行面对超额的资金需求,因无法或不愿提高利率,而采取回存、担保或抵押等非利率的贷款条件,使部分资金需求者退出银行借款市场,以消除超额需求而达到平衡[11]。信贷配给的结果是部分企业或个人即使愿意支付较高的利率也得不到贷款,或者贷款申请只能部分被满足。信息不对称可以分为事前的信息不对称和事后的信息不对称两类,在信贷市场上会分别导致事前隐藏信息的逆向选择和事后隐藏信息或行动的道德风险,这两种行为都深刻影响着小微企业融资的难度和成本。

(二) 风险管理中的激励不相容

随着银行业的不断发展,其风险管理机制也在不断升级和优化,但是,与其相对应的激励机制却发展缓慢,具体表现在对于企业新增贷款的"风险容忍度为零"和贷款质量对客户经理实行终身追究责任等。客户经理对于风险控制上的收益与责任不对称只好采取更为谨慎的放贷思路,从而产生"惜贷"的现象。另外,因为贷后管理的成本较高,客户经理出于成本收益考虑并未积极采取及时有效的监督手段,可能造成很多违约率大的项目在后期无法及时发现,无法有效阻止小微企业违约风险的产生,从而使得银行一再将小微信贷的风险指数调高,再加上银行小微信贷的收益成本比不高,银行会进一步收紧对小微企业的资金供给。现在银行采取的是先评级后贷款的模式,这种模式的问题在于,信用评级是基于财务数据,模型的建立是基于财务数据,这种信用评级体系对于大企业是比较适用和科学的,但是对小企业并非适合。因为,小企业一方面没有财务数据积累,财务方面的数据质量很差、很有限,另一方面依据传统的信用评级体系,小企业很难获得较高的信用评级,自然也难以获得信用放款。

(三) 经济调整过程影响

经济步入调整期,小微企业业绩普遍受到影响,银行因此不愿意将信贷向小微企业倾斜。国家统计局对全国3.9万户规模以下工业企业抽样调查数据显示,今年一季度,工业小型微型企业经营状况好或很好的比例仅为21.1%,比去年年底下降了1.7个百分点。其中,微型企业经营状况好或很好的比例仅为18.3%。企业普遍反映,目前出现了"订单荒"。尤其是广东、浙江、重庆等地制造业出口企业,订单普遍减少了20%~30%。

五、小微企业融资与征信体系建议与对策

(一) 建立信用评级模型

审核企业融资资质,信用等级评估是关键。小微企业治理结构不健全、财务体系不规范、主营业务不鲜明、企业信用记录不完整,信用评估体系的建立以及数据采集颇具难度。可以借鉴阿里巴巴"水文模型",对小微企业的信用评分,需要列出信用指标,分别给予权重,逐项计算信用得分。信用指标包括偿债能力、

盈利能力、营运能力、信用记录、企业素质和市场分析。在这些因素中，企业及其高管征信记录所占分数比重最大，流动比率、速动比率和现金比率反映短期偿债能力，资产负债率、利息保障倍数和权益乘数体现长期的偿债实力，另外，盈利能力、营运能力和纳税记录，以及企业治理结构和财务管理水平也是重要的考量因素。汇总企业各项信用指标评估分值，就是企业的信用评级得分，满分100分，得分在90~100的归为A类，表明企业各项资质都比较优秀，偿债能力优良，信用风险很低；得分在80~90的归为B类，表明信用风险略高于A类企业，企业资质相对优良，偿债能力比较有保障；得分在70~80分归为C类，表明此类企业存在一定的信用风险，并不完全符合市场对于融资企业的要求，其偿债能力存疑，有待增加相应的增信措施。得分在70分以下的企业归为D类，表明这类企业信用风险较大，偿债能力较弱，原则上对其融资需求不予考虑。

（二）促进互联网非公开股权融资

将融资项目在互联网平台上进行展示，吸引潜在投资者关注，并最终促成投资者对项目的资金支持，实现互联网非公开股权融资。区域性股权交易中心凭借资源集聚优势，在互联网非公开股权融资平台建设方面进行科学探索，建立领投人制度，引入多家投资机构作为领投人，为成长型、创新型企业和投资人提供多元化的投融资渠道。携手高新园区、孵化器、高校等，筛选优质项目到平台进行非公开股权融资，开辟成熟项目托管转让通道，延伸互联网非公开股权融资平台的服务链条，拓宽小微企业融资的新渠道，是对传统融资渠道的有益补充，能够缓解现有融资模式对小微企业辐射面窄的局面，完善多层次资本市场体系中的场外市场部分。

（三）建立与经济转型相适应的差异化银行业体系

金融服务对于国民经济发展和全面建设小康社会的作用毋庸置疑，特别是在我国以间接融资为主的金融结构下，银行业更是发挥了支柱性作用。在我国，改革是推动建立适应实体经济发展新常态的金融体系建设的必经之路，而改革我国金融体系以大银行服务大企业为主、经营同质化现象明显的短板，建立与经济转型相适应的差异化银行业体系是重中之重。

虽然金融改革涉及的领域很多，但加强对银行小微金融服务的法律和政策支持是一个较好的切入点，"小微活、就业稳"。"在深入基层调研、广泛听取政府、银行、企业等多方面意见的基础上，要彻底解决小微企业融资难、融资贵问题。"关于小微企业融资难、融资贵问题，既有企业自身资信状况达不到商业银行放贷标准的原因，也有商业银行信贷服务和风险管理能力与我国企业生态的变化趋势仍不匹配的原因，更有司法、税收制度等对银行发放小微企业贷款的保护和支持力度不够的原因。因此必须通过完善财政税收、行业监管、担保增信等多领域政策的改革，引导更多中小银行聚焦小微企业，营造有利于商业银行转型的外部环境。

（四）规范发展互联网金融创新业务

越来越多的非金融公司进入互联网金融行业，这些企业普遍创新能力比较强，但是缺乏金融风险管控的经验，对此应规范发展。应尽快完善相关法律制度，培育一批具有行业影响力的互联网金融创新型企业。充分发挥第三方平台在促进金融业务融合创新方面的基础设施作用。鼓励互联网企业或金融机构依法合规设立互联网支付机构、网络借贷平台、股权众筹融资平台、网络金融产品销售平台等，更好地满足中小微企业和个人的投融资需求。鼓励这类新型机构借鉴硅谷银行经验和 PE 做法，探索建立以认股权证为核心的风险控制与盈利模式，有效地解决风险—收益的不匹配问题，实现金融机构和企业共成长共担风险、共享收益、共同成长。

参考文献

［1］ALLEN F. E-finance：An introduction［J］. Journal of Financial Services Research，2002，22（1/2）：5-27.

［2］谢平. 迎接互联网金融模式的机遇和挑战［N］. 21 世纪经济报道，2012-09-03（016）.

［3］万建华. 互联网金融的兴起与金融生态的变革［N］. 金融时报，2013-11-22（009）.

［4］刘海二. 基于金融抑制视角的农村公共产品供给研究［D］. 成都：西南财经大学，2010.

［5］AGARWAL，HAUSWALD. Distance and private information in lending［J］. The Review of Financial Studies，2008（01）.

［6］MARK GERTLER，SIMON GILCHRIST. Monetary policy，business cycles and behavior of small manufacturing firm［J］. Journal of Economics，2002（5）.

［7］林毅夫. 建立以中小银行为主体的金融体系是金融改革的方向［J］. 中国经济快讯，2001（26）：18.

［8］吴晓光. 浅谈商业银行网络融资业务的风险控制［J］. 新金融，2011（7）：27-30.

［9］李安朋. 微小企业融资新出路——网络融资［J］. 知识经济，2011（3）：107.

［10］陈初. 对中国 P2P 网络融资的思考［J］. 人大论坛，2010（26）：30-31.

［11］STIGLITZ，JOSEPH E，ANDREW WEISS. Credit rationing in markets with imperfect information［J］. The American Economic Review，1981（71）：393-410.

New perspective of the development of Internet Finance
— Research on the deepening of financing and credit report system based on small and micro enterprises

Gong Rui-feng　Xia Kai　Jiang Xue-lin
(*Hunan University of Commerce, Changsha, Hunan, 410205*)

Abstract: With the rapid development of the Internet Finance derived from the new changes in the behavior of people, internet finance has become a new hot spot for economic life. The Internet Financial break the financing threshold, break the space constraints and can effectively solve the small and micro businesses' financing problem. At the same time, there is a high cost of financing and a risk of information leakage because of the lack of collateral, many small and micro businesses to the limelight masamori Internet financial "at a distance". This paper take the development of small and micro enterprise financing and credit system as the research object and analyze the important factor of impact of small and micro enterprises financing and credit system construction in the Internet Financial 2 times. Thinking of using the Internet, this paper builds the network financial service forms and channels to create development space for small and micro businesses credit upgrade, which is one of the important juncture to break through commercial banks to participate in the competition in the Internet financial market. Trace back to the evolution of the banking system of small and micro businesses credit network, analysis of the merits of environmental small and micro businesses net loan platform using the SWOT method, so that the integration construction of Internet thinking and mode of depth, good vision so as to truly reach the banking system Small and micro businesses net loan.

Key words: Internet finance; small and micro enterprises; financing;
　　　　　　credit reporting system

首届移动互联网与商业模式创新高峰论坛会议综述

湖南商学院移动电子商务协同创新中心

由湖南市场协会、湖南商学院移动电子商务协同创新中心与海口经济学院联合主办的首届移动互联网与商业模式创新高峰论坛,于2015年12月25日至27日在海口经济学院举行。来自中国社会科学院、北京邮电大学、海南大学、台湾博文创新中心、湖南农业大学、吉首大学、中南林业科技大学、长沙学院等多所院校的专家学者围绕移动电子商务商业模式、农村电子商务、互联网+传统产业等移动互联网热点话题进行了深入探讨,并分享了一系列富有价值的研究成果和学术观点。

一、移动互联网及移动电商发展与影响

中国社会科学院评价中心主任荆林波教授在主题报告中提出了未来移动电子商务发展趋势,他认为目前我国移动电子商务发展呈现出以下特点:规模化快速化发展趋势,移动设备出货量增长快速化、移动手机上网网民规模大;平台化趋势,以阿里巴巴、京东为代表,移动电商平台化;顾客需求个性化、碎片化,特别是80后、90后、00后消费群体的这一趋势明显;园区化趋势,全国50多个移动电子商务示范城市都建了产业示范园区;移动电子商务发展两大热点竞争白热化,即农村电商、跨境电商成为移动电商的两大热点,竞争十分激烈。荆林波教授在主题报告中还强调:移动电商是一场新的流通生产力革命,它颠覆了旧的规则,亟待建立新的游戏规则;要加快大数据背景下网络安全标准创新;要加大移动电商基本价值取向的顶层设计;要注意与O2O的融合发展实行全渠道化;要注意在发展移动电商中开发和有效利用大数据。

海口经济学院陈显军副教授和冉兆春副教授结合海南国际旅游岛的发展实际,

探讨了虚拟旅游技术与移动互联网旅游商业模式创新。他们认为移动互联网的普及为虚拟旅游的发展带来了新的契机,因此,虚拟旅游是需求拉动、技术推动和行业内竞争的必然结果。他们提出了移动互联网在旅游业中应用的商业模式趋势,并提出完善三维重构技术与虚拟旅游系统的具体方向,包括基于点云的三维表面重建、基于Possion等式的隐式方程三维表面重建算法、结合现代游戏引擎技术等。

湖南师范大学王兆峰教授则结合移动电子商务的最新发展趋势背景,总结了旅游电子商务发展的机遇与挑战,并为发展旅游电子商务提出了建议。海口经济学院谢明山和廖树安基于android的移动电商平台设计,研究其关键技术。他们对基于该平台的移动电子商城应用的一些关键技术做了简要的分析并写出了关键代码,包括客户端功能的实现和管理后台web端的主要功能实现。

湖南商学院副教授唐红涛和硕士生唐清系统梳理了近十年国外学者的相关文献,从消费者行为、生产者行为、技术行为等三个层面对移动购物进行了综述,重点探讨了移动购物对消费者行为的影响,并就现有研究不足进行总结,对移动购物未来研究方向进行了探讨。

二、移动电商背景下农村电商与流通体系创新

柳思维教授对发展农村电商加快农村流通体系提出了创新性的建议,认为发展农村电商环境下创新农村流通体系的重点问题主要包括以下几个方面:借助农村电商按现代农业要求重构农产品流通体系是农村流通体系创新的重中之重,借助农村电商契机突出发展农村流通中介组织及龙头企业是农村流通体系组织创新的重点,借助农村电商契机农村流通体系创新要充分融合和发挥农村邮政网络的优势,农村流通体系创新的空间重点仍然要突出农村重点小城镇即中心镇的流通体系网络建设,借助县级政府的公信力整合农村分散流通资源是农村流通体系创新的保障。他强调要通过农村电商体系完善倒逼农业生产方式的轻工业化、集约化、现代化。

海口经济学院周义龙从产业链的角度探讨了海南"互联网农业小镇"的建设与发展,分析了海南"互联网农业小镇"建设的优势与存在的问题,并在此基础上,提出了海南"互联网农业小镇"建设与发展的具体举措。海南"互联网农业小镇"建设不是互联网和"三农"两者的简单叠加,而是需要实现深度的融合、创新产业发展模式、加强基础设施建设、加强创业政策扶持、提供相关配套服务、发展特色休闲农业。

海口经济学院勾四清副教授和海南省旅游发展委员会的齐静文从现代农业机制的创新视角研究了基于全产业链的"互联网+农业"增收路径。他们设计了农业基础产业链、互联网+农业产业链、旅游+农业产业链、互联网+旅游+农业产业链主链，分析了主链各节点的生产、旅游、在线运营等业务，及每个节点的增值、增收来源，并进一步分析了收入的类别和实现路径。

湖南农业大学徐志耀博士和湖南商学院尹元元副教授从"泛纵向一体化"和交易成本节约的视角解读了城市主体在互联网背景下对农村的支持，其次具体分析当前社区支持农业发展的主要困境及其形成机理，在"互联网+"背景下，探讨如何充分利用网络技术、完善运营模式、降低交易成本和突破社区支持农业发展困境。

三、互联网+与传统产业的变革与创新

湖南商学院黄福华教授探讨了"互联网+"时代的贸易变革与物流服务创新。他认为未来贸易变革的趋势是：自由贸易的大发展，电子商务和移动电子商务的大发展，服务贸易的大发展。随着贸易的发展，物流市场中流通的交易标的物流服务如何进行交易成为了一个研究的热点问题。黄福华教授指出在互联网时代，特别是移动互联网时代，物流服务贸易内容在不断拓展和创新。物流服务贸易方式的发展，包括从短期交易服务到长期合同服务；从完成客户指令到实行协同运作；从提供物流服务到进行物流合作。

海口经济学院宋军副教授，基于"互联网+"的国家战略，以海南五金行业为出发点，通过对国内外关于五金行业互联网研究现状、背景、技术路线、不确定因素及对策的研究与阐述，指出海南五金行业的不确定性包括人力资源、资金、信息平台用户与参展商数量、质量及增速以及项目到第三阶段的掌控能力等。在此基础上为海南五金行业发展及其国际化提出对策。

湖南商学院硕士生龚瑞风等以小微企业融资和征信体系发展为研究对象，分析在"互联网+"时代下，影响小微企业融资与征信体系建设的重要因素。从借贷双方、经济调整、风险管理三个方面分析小微企业融资问题。他们指出要重视利用互联网思维，搭建网络金融服务形态和渠道，为小微企业信贷的换代升级提出小微企业融资与征信体系建议与对策。

中南林业科技大学商学院熊曦博士等运用主成分分析和因子分析的方法，系统地分析了各年份电子商务零售消费的发展变化趋势。他们认为，电子商务零售

消费总体上呈现出稳步上升的态势，其规模影响力的作用效果最显著。新阶段要继续积极引导电子商务零售业发展，要进一步激发电子商务零售消费市场的潜力，促进电子商务零售消费的跨越式发展。

四、移动电商背景下城市商圈变化研究

长沙学院朱艳春博士等分析了电子商务对城市商圈演进的影响，深入探讨了电子商务对外生变量和内生变量的复杂作用，阐述了电子商务影响城市商圈的内在机理，把典型的商业企业商圈演化路径用公式表示出来，并通过中观层面数据对电子商务的影响进行了经验研究，研究显示电子商务对不同零售业态和不同等级城市商圈的影响具有显著差异，电子商务的发展会推动城市商圈和商圈体系空间重构。

湖南商学院国家社科重点项目课题组探讨了互联网时代下虚拟商圈的集聚机理，详细对比了传统商圈与虚拟商圈集聚机理的异同，并初步构建了一个虚拟商圈发展的概念模型，指出了虚拟商圈集聚将产生规模经济和技术创新两种效应；对虚拟商圈成长曲线和影响因素进行理论探讨，并从需求、平台、服务和商家四个角度初步构建了影响商圈成长的概念模型；同时，分析了虚拟商圈边界的影响因素，指出在虚拟商圈中技术创新和人力资源成本是边界改变的重要影响因素，技术创新有利于保持高度的核心竞争力，人力资源成本表示所拥有的知识资源越丰富，越有利于创新发展和扩大边界；资产专用性和盈利能力对虚拟商圈边界的影响程度较微弱。

湖南商学院副教授王娟和硕士生逯洋从供给和需求的相互作用及其动态平衡关系视角综述了商业空间结构的形成机理，重点探讨立体交通网络和移动互联网背景下商业空间结构拓展的最新研究，认为虚拟商圈和电子商业对商业空间结构的影响深远而复杂。

五、移动电商背景下商业模式创新应注意问题

参加会议的专家学者们根据当今移动互联网时代下的经济形势，围绕如何更好地运用大数据时代下的先进数据传输工具去服务与发展企业、地域经济、农业与旅游产业等方面进行了充分的交流与研讨，提出了一系列有建设性的对策和

意见。

  柳思维教授在结束阶段对论坛做了总结，指出移动互联网与商业模式创新要特别注意七个方面的内容：一是首先应有适应移动互联网的思维观念创新，这是商业模式创新的前提；二是应以消费服务需求作为移动电商商业模式创新动力源，创造粉丝；三是应以扩大消费服务供给侧创新作为商业模式创新重点；四是商业模式创新三个要件是平台、链条、网络，包括价值链、供应链、产业链，网络是互联网、物联网、商流网、物流网；五是商业模式创新的最重要的资源是大数据、最重要的能力是整合资源的能力；六是商业模式创新只有逗号没有句号，各种各样成功的商业模式都值得总结与研究；七是电商商业模式创新离不开实体经济，移动电商要为实体经济插上翅膀。

移动电子商务研究的过去、现在和未来
——还有哪些领域需要继续研究？

Key Pousttchi[1], David Tilson[2], Kalle Lyytinen[3],
Yvonne Hufenbach[4] 著

盛小芳，唐红涛 译

原文载于 International Journal of Electronic Commerce /Summer 2015 Issue, 原文标题为"Introduction to the Special Issue on Mobile Commerce: Mobile Commerce Research Yesterday, Today, Tomorrow – What Remains to Be Done"。原文作者为 Key Pousttchi, David Tilson, Kalle Lyytinen, Yvonne Hufenbach。本文经译者联系 International Journal of Electronic Commerce 合作出版方 Taylor & Francis LLC. 获得授权，将此文翻译成中文在本刊发表。本文来源及最终版权声明如下：2015Taylor & Francis Group, LLC. First published by International Journal of Electronic Commerce. Distributed by Taylor & Francis LLC. 未经上述出版机构授权的任何转载构成侵权行为。

[1] KEY POUSTTCHI（key. pousttchi@ uni-postdam. de）是德国波茨坦大学商业信息和数字化学院的院长。他专注于研究移动商业和移动商务已经有十五年的时间，是 2013 年移动电子商务国际会议的主席，是德国计算机科学学会的移动性和移动信息系统工作小组的发言人。他和许多国际公司和欧洲顶级公司有合作关系，并且是政府多个顾问委员会的成员。目前主要研究虚拟玩家对现实世界产业的影响、顾客所有权的战略性变化以及由此产生的新价值网络类型。

[2] DAVID TILSON（davide. tilson@ simon. rochester. edu）是美国罗切斯特大学西蒙商学院的全日制 MBA 项目的副主任、计算机和信息系统副教授。他主要研究技术标准和移动计算以及电子平台和基础设施。

[3] KALLE LYTINEN（kale. lyytinen@ case. edu）是美国西储大学的教授、瑞典于默奥大学的教授和英国伦敦经济学院的访问学者。他分别在芬兰的尤瓦斯吉拉大学获得计算机科学的博士学位和瑞典于默奥大学的名誉博士。在 AIS 评选的 1992—2012 年期间信息系统领域最高产的学者中，他名列第三。

[4] YVONNE HUFENBACH（Yvonne. hufenbach@ wi-mobile. de）在德国奥格斯堡大学学习商务和法律。她主要研究移动市场营销、移动金融服务、法律事务和移动产品信息系统。她是奥格斯堡大学无线移动研究小组的高级顾问，并于 2014 年获得移动电子商务的博士学位。

移动电子商务研究的过去、现在和未来
——还有哪些领域需要继续研究？

摘　要： 移动电子商务在智能手机时代是突破性建立的价值网络，且正在改变着经济领域。本文力求在移动电子商务的已有研究和未来研究之间搭起一座桥梁。邀请这个领域的顶尖学者，运用德尔菲法，对近十多年的相关研究展开回顾。这种回顾揭示出：随着时间的推移，移动电子商务的研究发生了巨大的改变，也为预测本领域未来发展的研究提供了初始的启示。最警醒的发现是：移动电子商务需要建立强大的理论基础。但是，在信息系统领域最权威的杂志上发表的关于移动电子商务的文章非常有限而移动电子商务却是我们的数字化生活中最核心的部分。因此，我们期待移动电子商务的研究能迎接挑战，为理解我们这个时代的重要现象做出突出的贡献。

关键词： 德尔菲法　文献综述　移动电子商务　移动电子商务研究

　　移动电子商务被认为是和商业交易联系在一起的。交易双方通过移动通信技术开始接触、达成合作协议和履行合作内容[10]。移动电子商务研究者认为：设备及使用者的移动性、设备之间服务的可能移动性和对某固定位置或移动信息的使用，可以促使、支持或实施交易。总的来说，移动电子商务在最近的五年已经越来越重要了。智能手机和宽带连接在许多发达国家甚至全球各地都已进入日常生活。本文旨在推进移动电子商务的研究并探讨相关的挑战。

　　总的来说，本文的目标是在移动电子商务现有的研究和未来研究之间架起一座桥梁。我们试图通过以下两个方面来达成此目标：①对自第一届 ICMB 开始的所有关于移动电子商务的文献进行回顾；②对最突出的移动电子商务的学术研究主题进行德尔菲法研究。文献的梳理包括自 2002 年到 2013 年的总共 1 613 篇文章，并对其中 274 篇文章进行深度分析；之后再用德尔菲法，经过典型的三轮选择，针对移动电子商务研究的过去、现在和未来，收集此领域最顶尖的 14 位专家的观点。

　　之后，我们将根据文献梳理和总结的内容，对移动电子商务研究已经取得的成果及其对信息系统学科的影响作一个全面的呈现，并对参与德尔菲法研究的顶级学者们的观点作一个总结。最后，我们将对 Lyytinen 和 Yoo 关于"移动性的挑战"主题的奠基性研究[14]再次进行回顾，并与以上两个研究的结果进行比照。这样做的目的是提供一个平台，以全面探讨移动电子商务研究的挑战性地位和意义、对实践的启发性作用和其在信息系统研究领域的地位。

一、文献总览：对已有的移动电子商务研究的回顾

移动电子商务不是一个新的话题，已经有好几个关于这方面的全面文献综述了。Ngai 和 Gunasekaran[17]对 2000—2003 年的移动电子商务研究作了一个详细的分析。他们把 73 份期刊的 149 篇文章分类为移动电子商务的理论和研究、无线网络基础设施、移动中间设备、无线使用者基础设施和案例分析及应用。Kourouthanassis 和 Giaglis[9]也用同样的分类对 2002—2011 年的 41 份期刊的 1 031 篇文章进行分析。Fouskas 等[4]根据公开发表的文章和实践经验对移动电子商务研究提出了一个研究路线图。这些研究把移动电子商务研究分类为技术（基础设施和设备）、服务（包括应用）、内容、支付、价值（包括商业模式）、使用者/工作者、促成者（包括安全和隐私）、政策和法规等方面。除了这些整体的分析，还有一些文章是对移动电子商务的某些特定主题的研究，比如 Min 和 Ji[15]关于中国移动支付的研究，Fischer 和 Smolnik[3]关于移动计算的研究，Hong、Suh 和 Kim[7]关于环境感知系统的研究，还有 Varnali 和 Toker[29]关于移动市场营销的研究。但是 2011 年之后就再没有比较完整、系统的文献总结了，而且之前那些研究也没有考虑文章发表的刊物及理由。

本研究涵盖了在主要的信息系统期刊和会议上发表的文章。我们集中选取了 2002—2013 年的顶尖文献和最活跃的文章，因此包括了从移动电子商务研究的起飞到 ICMB 在柏林召开的整个阶段。对这些文章的搜索是通过关键词、标题和摘要内容分析得出的，从 12 个期刊和 4 个会议中共选取了 1 613 篇文章（具体见表 1）。

表 1　　　　　　　　移动电子商务发表汇总（年/刊物）

	2002	2003	2004	2005	2006	2007	2008	2009	2010	2011	2012	2013	Σ
Electronic Commerce Research and Applications	1	-	1	1	6	2	7	1	6	7	3	3	38
European Journal of Information Systems	-	-	-	7	-	1	1	-	-	-	-	-	9
Information Systems Journal	-	-	-	1	1	-	-	1	2	-	-	1	6
Information Systems Research	2	-	-	-	2	-	-	-	2	-	4	2	12
International Journal of Electronic Commerce	-	6	5	-	-	-	-	-	-	-	6	1	20
International Journal of Mobile Communications	-	22	27	27	40	39	43	32	31	32	31	29	353
Journal of Information Technology	-	2	-	-	3	-	1	7	2	-	2	1	18
Journal of Management Information Systems	-	-	-	-	-	-	-	-	-	-	-	2	9
Journal of Strategic Information Systems	-	-	-	1	4	1	2	-	-	1	1	1	12
Journal of the Association for Information Systems	-	-	-	1	-	1	-	-	-	-	1	-	4

表1(续)

	2002	2003	2004	2005	2006	2007	2008	2009	2010	2011	2012	2013	Σ
MIS Quarterly	–	–	–	–	–	–	–	–	1	1	1	2	5
Mobile Network and Applications	5	12	15	8	6	6	3	10	11	14	21	20	131
International Conference on Information Systems	3	4	4	2	2	3	3	6	7	9	9	12	64
European Conference on Information Systems	7	2	13	12	10	12	10	16	7	10	10	6	115
Hawaii International Conference on System Sciences	13	25	10	28	13	13	15	7	11	7	17	17	176
International Conference on Mobile Business	62	50	40	108	46	67	38	64	69	43	25	29	641
Σ	92	123	116	190	124	146	115	145	142	117	128	122	1613

注：列表上的杂志和会议均按字母顺序排列。

目前为止，移动电子商务的研究文章数量在2005年达到顶峰：在6个期刊和4个会议上共发表文章190篇。移动电子商务一直是会议的主要议题（共996篇文章，其中ICMB会议上有641篇文章），但在期刊上却数量偏少。实际上，期刊的档次越高，关于移动电子商务的文章就越少。就地理上而言，大部分的文章来自欧洲（882篇），然后是亚洲（462篇）、北美（418篇）、澳大利亚/大洋洲（165篇）、非洲（11篇）和南美（9篇）。研究最活跃的国家有美国（351篇）、德国（155篇）、中国（153篇，包括香港地区）、芬兰（137篇）和澳大利亚（126篇）。

（一）文献发表的具体情况分析

首先，我们要弄清楚在那些顶尖刊物上发表的文章是关于什么类型的移动电子商务，包括是什么主题、作者采取的研究战略和策略是什么。因此，我们对在AIS（信息系统协会）资深学者推荐的系列刊物（其中《International Journal of Electronic Commerce》是最顶尖的移动电子商务期刊）以及顶级的两个会议——"信息系统国际会议"和"欧洲信息系统会议"——中，共找出274篇文章进行分析。

我们采用形态学方法[31]对选出的文章按照32个细分类进行划分。形态学方法包括三个研究特征：第一个特征表现为研究战略，即整个研究和研究过程方向的把握[25]。研究战略可以是理论性的、实践性的（定量或定性）和/或设计导向的。第二个特征是关于研究策略，主要是指数据收集和分析的方法[25]。研究策略的分类采用Galliers的方法[5]，并通过四个设计科学原则来实施：基本构建、基础评估、框架和原型研究。研究策略中没有落入这18种细分类的则归类为"另外"。第三个特征则反映研究主题。这里我们采用ICMB分类的8个主题：移动手机数据集和网络分析、B2B的应用和服务、B2C的应用和服务、移动市场发展、法律和政治层面、移动推动发展、移动技术和理论发展（实证性的或理论性的）。图1展示了分类的框架。

特征	细分类							
研究战略	设计科学			实证研究				理论研究
				定性研究		定量研究		
研究策略	行为研究	基本构建	基础评价	案例研究	人种研究	田间试验	焦点小组	预测	框架	基础理论	深入调查	实验法	大规模调查	文献回顾	数学仿真	参与观察	原型研究	情境研究	其他
主要研究主题	移动手机数据收集和网络分析	B2B服务和应用	B2C服务和应用	移动市场发展	法律和政治层面	移动推动发展	移动技术	移动IS理论发展	
								实证	理论

图 1　分类框架

图 2 展示了在 2002—2005 年期间、2006—2009 年期间和 2010—2013 年期间不同阶段的研究战略。正如普遍认为的那样，不同阶段的文章数量随着时间的推移而增加。而且，随着研究主题的日渐成熟，定量的研究越来越多。定性研究一般用来研究新的现象，刚开始时比定量研究的数量多，在 2006—2009 年期间达到顶峰。相比而言，设计科学的文章数量保持在一个比较稳定但偏低的产量水平。理论研究一直产量较低，实际上，还是下降的趋势：2002—2005 年，13%（10 篇），2006—2009 年，4%（5 篇），2010—2013 年，5%（6 篇）。

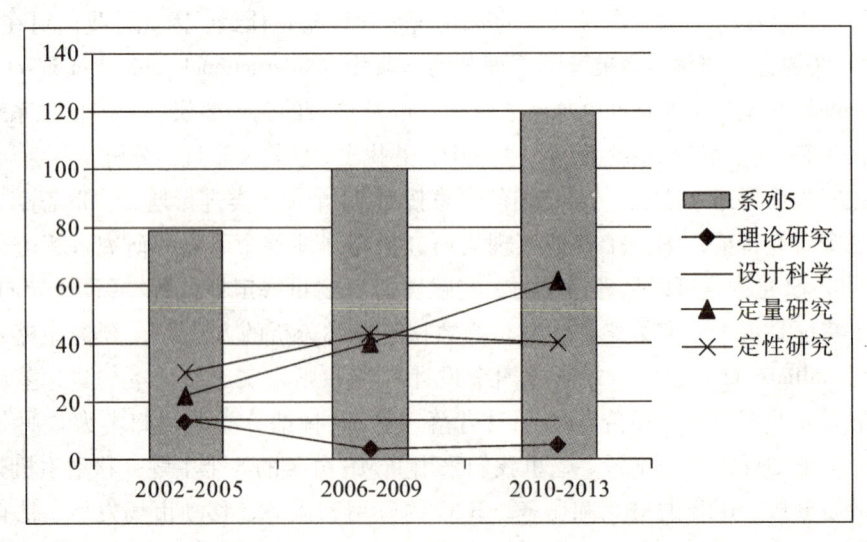

注：多重赋值是可能的。

图 2　每个时期的研究战略

图 3 表示主要的研究策略。最常用的研究策略是大规模调查（随着主题的成熟日渐增多）、案例分析（稍有下降）和深度调研（2006—2009 年是峰值）。

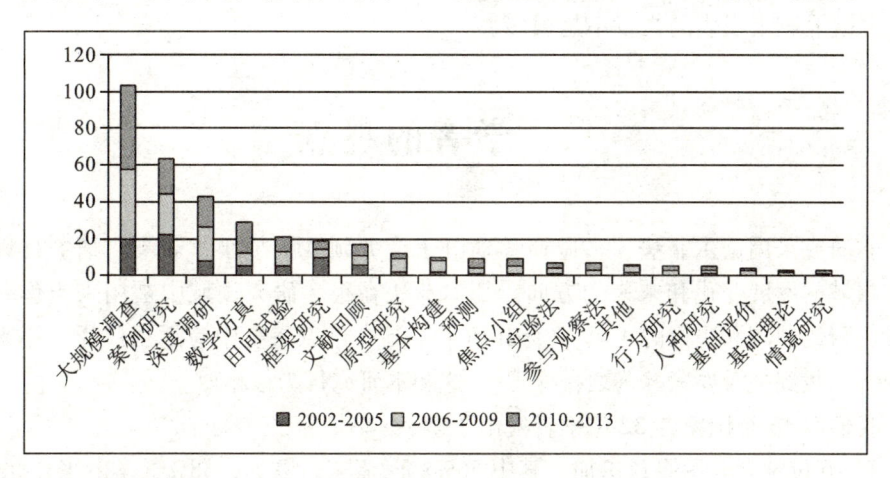

注：多重赋值是可能的。

图 3　每个时期研究策略

最后，图 4 显示了这些年研究主题的发展和其研究的热度。

一直以来，3 个主要的主题贡献了 69% 的文章：移动信息系统理论发展（实证性的）、B2C 服务和应用、移动市场发展（如商业模式、价值链、市场支配力等）。大家对 2 个主题研究是中等兴趣：B2B 应用和服务以及移动技术，这两个主题加起来大概有 10% 的文章。

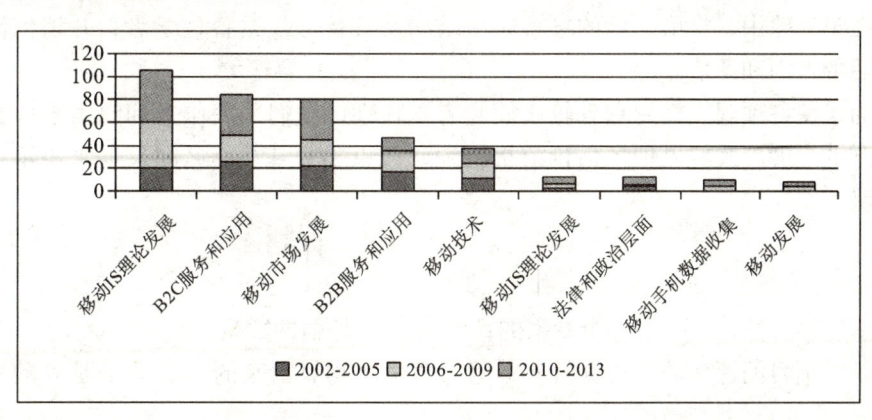

注：多重赋值是可能的。

图 4　每个时期的研究主题

实证研究的主题绝大部分是关于策略的，比如消费者接受理论，几乎都是针对 B2C 的应用和服务。而关于理论发展的文献数量仍然非常有限（只占 3% 的文章篇数），针对战略方面的几乎没有。这表明：移动电子商务的研究关注点还是在实证性、消费者层面上。但理论发展研究的缺少也正说明为什么这个领域在顶尖的信息系统刊物上发表的文章不是很多。

二、学者的观点

本研究采用德尔菲法[2]，邀请移动电子商务领域的顶级学者参与研究，以探索本领域的发展变化和未来的方向。德尔菲法在很多研究领域中被用来当作一个测量、帮助预测和决策的工具[26]，其衍生工具在信息系统中应用很广泛，用来为管理行为找到关键要素并为之排序[27]，这和本研究行为很相似。

我们给13个国家的32位学者发出了邀请。

有16位学者表示愿意参加，其中56%的学者来自欧洲，38%的学者来自北美，6%来自亚洲。我们采用的是传统的德尔菲三轮法。第一轮是内容创造（R1），第二轮是评估阶段（R2），第三轮是共识和异议（R3）。在第一轮，我们共收到15份调查表的回复，从中提取了30项观点，每项观点都是由学者团中一位或几位提出。这些观点都不是本文作者预设的，因此没有偏差风险。

在第二轮和第三轮各收到14份回复，对第一轮中的各项观点采用李克特氏五点量表（five-point Likert scale）进行评级。

在第二轮中，各位学者对问卷中的各项观点评级，且相互之间不进行信息沟通。在第三轮中，将第二轮的投票结果结构及分析分发给各位学者，并请他们进行最后的考虑和评估。

为了使各项观点之间和各轮之间具有可比性，我们采用位置和幅度来检验共识达到的程度。我们也把评估价值重新编码成以零为基点的区间尺度来表示等距的等级[23]。

$$x \in \left[-\frac{a-1}{2},\ +\frac{a-1}{2} \right] \tag{1}$$

x：一个专家的评估值，a：评估的数量

一个项目的评估的平均价值 u 是通过数学平均算出来的，变量 σ 是 u 的平均偏差。

$$\sigma = \left(\sum_{i=1}^{n} |x_i - \mu| \right) \times \frac{1}{n} \tag{2}$$

i：第 i 个专家（$i = 1 \cdots n$），x_i：第 i 个专家成员的评估值

通过这种方式，我们就可以描述和比较第二轮和第三轮中各项的评估以及达

成的共识。

而且,我们通过运用德尔菲图解提升了德尔菲法研究结论的表述性和可比性。

通过这种方式,我们就可以描述和比较第二轮和第三轮中各项的评估以及达成的共识。

而且,我们通过运用德尔菲图解提升了德尔菲法研究结论的表述性和可比性。

(一)学者对于已有研究的观点

在第一轮中,学者们从过去十年的研究中选取了14个相关的主题。第二轮和第三轮对这14项主题的评估体现在图5中。

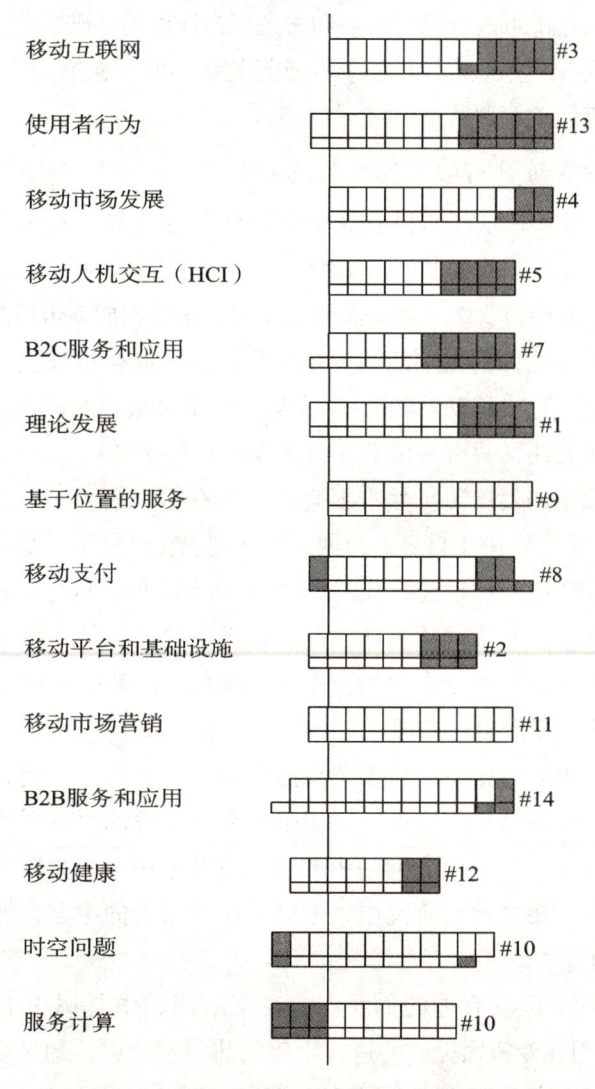

主题	排名
移动互联网	#3
使用者行为	#13
移动市场发展	#4
移动人机交互(HCI)	#5
B2C服务和应用	#7
理论发展	#1
基于位置的服务	#9
移动支付	#8
移动平台和基础设施	#2
移动市场营销	#11
B2B服务和应用	#14
移动健康	#12
时空问题	#10
服务计算	#10

图5 过去十年移动电子商务最相关的研究主题

学者们认为，其中有 6 个是非常重要的主题：①移动互联网（向智能手机和移动网络转移）、使用者行为（如对消费者接受、使用移动设备和服务的可能性研究）；②移动市场的发展（如移动电子商务的模式和框架；③对自然出现的移动电子商务范式的理解；④移动性对已存在的商业模式的价值及对主要股东的影响等）；⑤移动人机交互（可使用性，固定和移动技术之间的关系等）；⑥ B2C 应用和服务（如设计、可使用性、发展、扩散性、服务的采用等）和理论发展（如对 B2C 和 B2B 应用的深层次思考等）。然而这些主题内容并非完全不重叠，这些观点在广义上和我们的文献综述也是一脉相承的。既然完全客观评估很难做到，我们就可以认为这些观点将组成我们对目前和未来研究评价的基础。

我们也观察到有一些选票是互相矛盾或无关紧要的。在第二轮和第三轮之间，我们要求学者专家们重新评估了 14 个中的 7 个选项。

（二）学者专家对目前的研究的观点

在第一轮，专家团确认了与目前研究相关的 17 个主题，在第二轮和第三轮对这些主题的评估结论在图 6 中罗列出来了。

学者们认为，其中有 5 个主题是非常重要的。这里我们就可以观察到一个范式的转移：之前占主导地位的主题渐渐发生变化，慢慢地被边缘化了。比如，过去十年最热门的研究主题"移动互联网"，在第一轮中仍是主导地位，但在之后两轮中就被评估为弱相关性（只有两位学者仍支持这个主题）。

主题"移动市场的发展"仍然占据高位，但有些主题（如，"商业模式"或"物联网的生态系统"）由于自身的原因，发展到现在已经不是那么重要了。在第一轮中，专家们发现在基础设施、战略和 App 经济转变之间的双向关系，过去并不受关注，但现在已经成为时代新的主题。这类主题还包括新竞争性地形、市场和股东。引人注目的是，理论发展仍占据主要地位，虽然第一轮的专家认为"移动信息系统研究仍然缺乏自己的理论基础"。

到目前为止，最大的相关性给了最新涌现的一个主题：大型数据收集和网络的分析。根据第一轮的结果，这个主题包括对移动设备产生数据的分析、移动设备在新的商业模式和增长的社会网络中的应用以及应用中产生数据的分析。而基于位置信息的服务，在之前的研究中，也属于比较相关的主题，现在已经成为最热门的主题之一了。

移动企业是一个比较有趣的例子。它在文献回顾中是属于中等热度的主题（在 B2B 之下），但在专家团提名的过去十年的热门主题中，却是唯一没有被提及的。目前还不清楚为什么这个主题不在专家的扫描雷达中。但在当下的研究中，

移动电子商务研究的过去、现在和未来
——还有哪些领域需要继续研究？

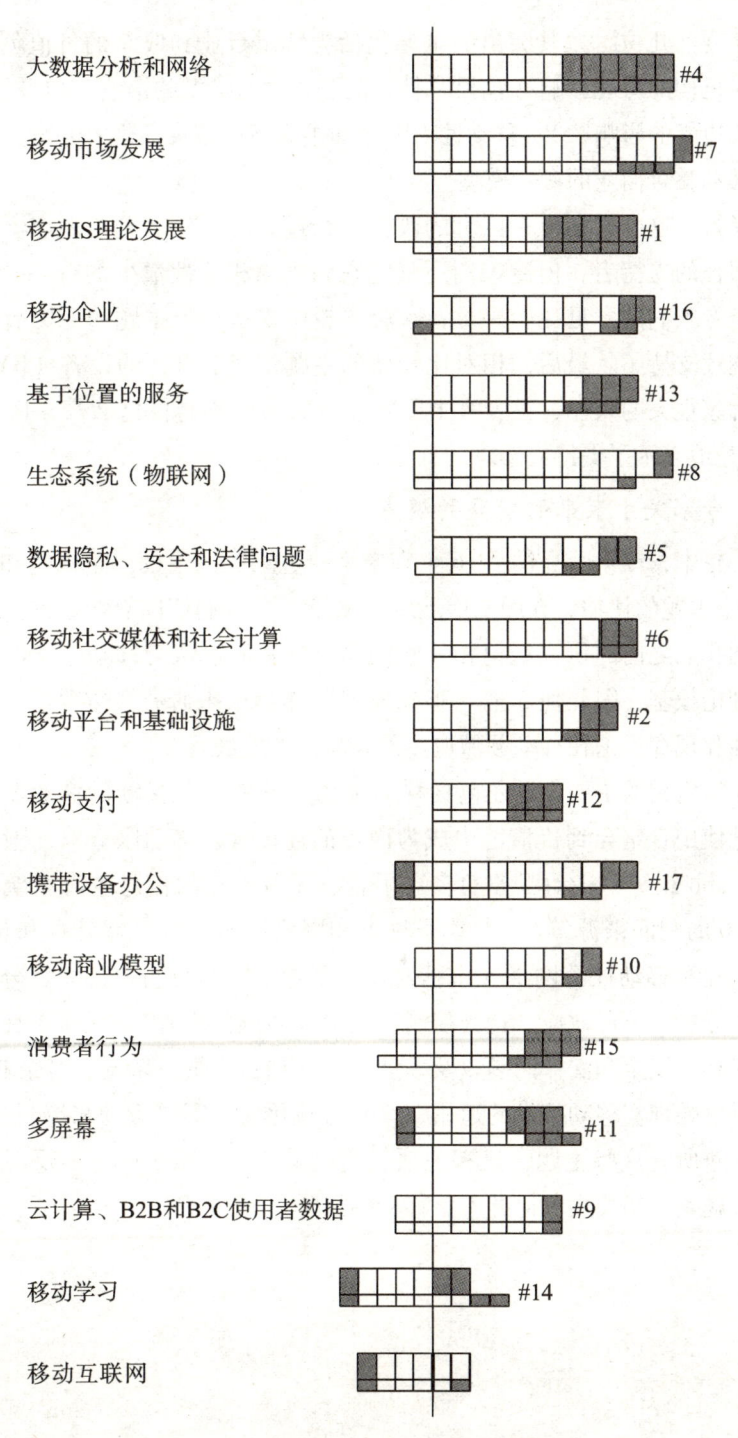

研究主题	排名
大数据分析和网络	#4
移动市场发展	#7
移动IS理论发展	#1
移动企业	#16
基于位置的服务	#13
生态系统（物联网）	#8
数据隐私、安全和法律问题	#5
移动社交媒体和社会计算	#6
移动平台和基础设施	#2
移动支付	#12
携带设备办公	#17
移动商业模型	#10
消费者行为	#15
多屏幕	#11
云计算、B2B和B2C使用者数据	#9
移动学习	#14
移动互联网	

图6 现在移动电子商务最相关的研究主题

151

这个主题名列前几位。尤其突出的主题包括为特定行业和股东的价值创造、移动商业进程对机构的可能影响（包括"持续的联通性对员工的影响"以及"对行为、法律和道德边界的影响"）、移动性对顾客和供应商反应灵活性和弹性的影响、建设方法、移动整合商业的参考模型。

使用者行为这个主题也有巨大的改变。在过去的十年名列前两名。虽然现在也还是有很强的支持者，但专家们还是把它归类为相关性最少的行列。移动学习这个主题，专家们的意见比较一致，在第二轮中支持这个主题的专家有一半在第三轮没有继续支持了。最后，相对比较新的主题，带上自己的设备（BYOD），反倒激起了大家很大的兴趣，很少有主题能让专家团的参与性这么高，14个回复中有13个清楚地表示了支持或反对的意见。

（三）专家关于未来的研究的观点

在第一轮中，专家团提供了16个和未来研究相关的主题。第二轮和第三轮中关于这16个主题的评估，在图7中展示出来了。学者们认同有半数的主题是极其重要的。同我们之前的研究结论相一致的是，学者们也认为移动电子商务研究缺乏扎实的理论根基，因此他们把"理论发展"作为未来研究最重要的主题，包括针对移动性和现存理论在移动领域应用的新理论的发展。

关于未来研究的主要主题还包括移动市场的发展（包括新的商业模式和利润来源，如把使用者整合到价值链中成为内容的提供者、移动服务对一般的商业运营的影响、app经济、移动服务的多边平台、无所不在的信息生态系统经济以及web 3.0/4.0的利润来源等）、大数据收集和网络分析、可穿戴计算和量化自我、社会网络构建和移动社会网络（包括对用户形象、行为分析，如情感分析、态度挖掘、影响分析、羊群效应、行为控制、聚集和共识分析等）、无所不在的生态系统、数据隐私、安全和法律问题以及移动企业（如智能供应系统、对企业移动app的管理、对增强现实移动技术的运用、移动游戏化app等以激励和控制员工）。了不起的是针对所有这些主题，只有一票反对，是针对大数据的——反对票认为大数据这个主题具有相关性，但并不是移动领域独有的。

移动电子商务研究的过去、现在和未来
——还有哪些领域需要继续研究？

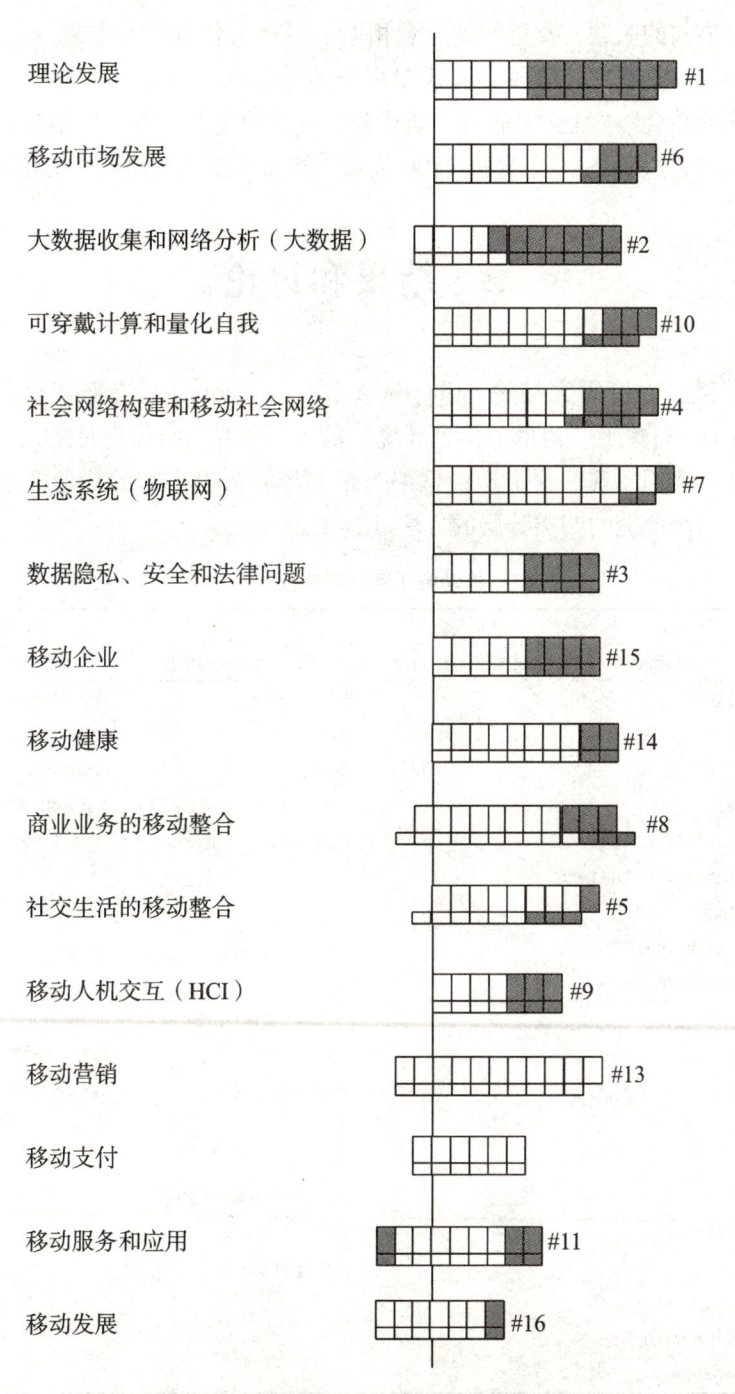

研究主题	排名
理论发展	#1
移动市场发展	#6
大数据收集和网络分析（大数据）	#2
可穿戴计算和量化自我	#10
社会网络构建和移动社会网络	#4
生态系统（物联网）	#7
数据隐私、安全和法律问题	#3
移动企业	#15
移动健康	#14
商业业务的移动整合	#8
社交生活的移动整合	#5
移动人机交互（HCI）	#9
移动营销	#13
移动支付	
移动服务和应用	#11
移动发展	#16

图7 未来移动电子商务最相关的研究主题

153

对排名靠前的主题，支持的观点总相似；但对排名靠后的主题，意见各不同。在第三轮的几个重新决策阶段，有些专家们的排名调了不止一个档次。对如"商业业务的移动整合""社交生活的移动整合"这样的主题，专家们很难达成一致的意见。因此唯有这两个主题是排在中间位置，然而专家团却没有给出任何意见。

三、结果和讨论

下一步我们将把研究结论与 Lyytinen 和 Yoo 提出的理论框架进行对照[14]。Lyytinen 和 Yoo 对关于"离散的信息环境"的主要研究进行梳理总结，提出了独立的理论框架。我们发现，这个理论框架为根据经验衍生出来的移动电子商务研究总貌提供了一个便捷的归类分层的方法（详见表2）。

表 2　　　　　　　　　　移动电子商务研究大观

服务	个人层面	团队层面	组织层面	组织间层面
	主题1:个人层面服务	主题3:团队层面服务	主题5:组织层面服务	主题7:组织间层面服务
设计	·[基于位置的服务] ·移动平台 ·B2C 服务和应用 ·移动支付 ·移动营销 ·大数据收集和网络/大数据分析 ·移动健康 ·移动人机交互(HCI) ·<可穿戴计算和量化自我>		·B2B 服务和应用 ·移动支付 ·移动企业 ·大数据收集和网络/大数据分析 ·<商业业务的移动整合>	·携带设备办公 ·移动支付 ·移动市场发展 ·大数据收集和网络/大数据分析 ·<商业业务的移动整合>
使用和采用	·[基于位置的服务] ·[消费者行为] ·(移动社会媒体和社会计算) ·(多屏幕) ·移动支付 ·移动营销 ·B2C 服务和应用 ·理论发展 ·移动人机交互(HCI) ·<可穿戴计算和量化自我> ·<社会网络构建和移动社会网络>		·(移动社会媒体和社会计算) ·(多屏幕) ·B2B 服务和应用 ·移动支付 ·移动企业 ·大数据收集和网络/大数据分析 ·<可穿戴计算和量化自我> ·<社会网络构建和移动社会网络>	·携带设备办公 ·移动市场发展 ·<商业业务的移动整合>

表2(续)

服务	个人层面	团队层面	组织层面	组织间层面
	主题1：个人层面服务	主题3：团队层面服务	主题5：组织层面服务	主题7：组织间层面服务
影响	·[基于位置的服务] ·[消费者行为] ·移动健康 ·<社会网络构建和移动社会网络>		·(移动商务模型) ·B2B 服务和应用 ·移动企业 ·大数据收集和网络/大数据分析 ·<商业业务的移动整合>	·移动市场发展 ·移动健康 ·<商业业务的移动整合>
可能容量	·((移动互联网)) ·((与手机信息系统内在性和特殊性关联时空问题)) ·[基于位置的服务] ·(云计算，B2B、B2C 用户无处不在的数据访问) ·移动人机交互(HCI) ·<社会网络构建和移动社会网络>	·(云计算，B2B、B2C 用户无处不在的数据访问)	·[移动平台] ·(云计算，B2B、B2C 用户无处不在的数据访问) ·移动服务和应用 ·移动支付 ·大数据集分析和网络/大数据	·移动市场发展 ·移动支付 ·大数据收集和网络/大数据分析
政府和控制	·数据隐私、安全和法律问题	基础驱动 ·流动性 ·收敛性 ·大规模	·数据隐私、安全和法律问题	·[移动平台] ·移动市场发展

注：需要的主题被涵括在一个研究背景：R_1 和 R_3 一致估计为正（$\mu > 0$）。
过去/现在/未来/的归类使用圆括号和方括号：((过去的研究主题))，(现在的研究主题)，[过去和现在的研究主题]，过去/现在/+未来的研究主题，<未来的研究主题>

  把根据过去/现在/将来分类的研究内容浓缩成三种：①在圆括号和方括号中的主题，表示在未来的研究中不再具有相关性，即不具有热度；②没有圆括号或方括号的主题，表示目前具有相关性，且在未来仍会保持这种相关性；③在三角括弧里面的主题表示预计未来会成为重要的研究主题。和 Lyytinen 和 Yoo 理论明显相偏离的是缺少关于研究团队水平的主题。计算机支持的协同工作（CSCW）在移动电子商务研究中没有成为一个主要的研究主题，仍停留在其原有的研究领域。理论发展因为涉及所有的分类，所以没有在表2中体现，但之后会简短地阐述一下。

  比较专家们对已有研究的观点和我们做的文献总结，会有一些有趣的发现，即：专家们提出的关于已有研究的主题都在文献综述中体现了，但着重点不同。比如"使用者行为"和"移动市场的发展"在德尔菲法中的排位和文献综述中的是一样的；然而，和"时空问题"相关的移动信息系统在专家们看来是非常重要的研究主题，但在文献综述中则几乎没有踪影。移动人机交互也是同样的情况。

另一方面，B2C 应用和服务在德尔菲实验中排名只是居中，但其文章发表数量却是排在最高的位置。因此，专家们认为：能帮助最大程度地观察和理解理论与实践问题的主题，非常难抓住，而且大部分还没有被涉及。

四、结论

移动电子商务作为一个独特的研究领域且已有成型的研究圈子，是以移动性和移动信息系统[11,13,20]以及它们的生态系统和给传统行业重写的规则[18,19,21,22]作为基础的。我们认为：会议上所陈述的那些关于移动性主题的文章是已学习了技术浪潮的信息系统学者们对理论和方法的再次运用。在许多案例中，文章并没有单独分析移动系统的独特方面（比如位置移动性、尺度交互、实时交互等）。因此，这样的文章很少在高档次、需要理论原创性的信息系统刊物上发表，并不令人惊讶。

Lyytinen 和 Yoo 的评论[14]强调在研究游牧计算时应考虑背景和意识。他们提出：融合、大规模和移动性的尺度是其应用时的特点；智能电话和其他设备就是这方面的先行者，是各种的媒体和独立设备的融合体（如平板电脑、音乐播放器、照相机、电子邮件访问等）。苹果、谷歌、facebook 和其他的类似产品通过智能手机和其他渠道给大众提供服务。位置服务，有时运用在移动运作系统，已经带我们在语境意识方面前进了一步。然而，这些并没有被信息系统领域广泛地检验过，因为将之理论化和找到合适的数据集以理解这许多的新现象是一个挑战。

近年来，设备和服务的融合已经改变了数字内容产业。然而，信息系统方面的文献并没能站在产业升级或宏观变化等基础理论构建的最前沿[28]。我们也必须悲哀地承认，几乎没有一个产业人士关注我们知道什么。比如，我们观察到许多电子支付系统或其应用领域的创业者，事业还没来得及起飞就夭折了，因为他们没有把自己的努力定位为一项基础设施建设，并始终围绕这一点，如没能打动挑剔的大众或使相关的股东看到价值[24]。

虽然信息系统中的设计科学已有很长的历史，但从整体来讲，这个领域还只是一个跟随者。新技术已经在市场上开花结果之后，它负责描述和解释（比如九十年代的 ERP 系统）。构造相关研究进程的关键挑战，是在宏观层面或在处理创新和新使用形式的复合体时，需要构建理论观点。而且，我们认为：对这些宏观层面的问题进行深入分析所需要的数据很难收集到，因为这些数据经常都锁在那些相关领域的专业机构中心。从以消费者为中心的产品中发展而来的这些数据平台，现如今掌握着供应市场，并提供特别定制的服务，如黑莓公司。另外一个融合的例子就是享乐主义和企业电脑计算的结合。

好消息是：移动信息系统和移动电子商务现在是数字化的核心。然而，对我们研究者而言，如何在这个领域构建创新的理论框架，并对我们这个时代最重要的转型现象进行定义和诠释，仍是挑战。

参考文献

[1] DAHLBERG T, MALLAT N, ONDRUS J, et al. Past present and future of mobile payments research: A literature review [J]. Electronic Commerce Research and Applications, 2008, 7, (2): 165-181.

[2] DAKEY N, HELMER O. An experimental application of the Delphi method to the use of experts [J]. Management Science, 1963, 9 (3), 458-467.

[3] FISCHER N, SMOLNIK S. The impact of mobile computing on individuals, organizations, and society: Synthesis of existing literature and directions for future research [J]. In Proceedings of the Forty-Sixth Hawaii International Conference on System Sciences, Wailea: HICCS 2013: 1 082 -1 091.

[4] FOUSKAS K G, GIAGLIS G M, KOUROUTHANASSIS P E, et al. A roadmap for research in mobile business [J]. International Journal of Mobile Communications, 2005, 3 (4): 350-373.

[5] GALLIERS R D. Information Systems Research: Issues, Methods and Practical Guidelines [M]. Oxford: Blackwell Scientific, 1992.

[6] HILL K Q, FOWLES J. The methodological worth of the Delphi forecasting technique [J]. Technological Forecasting and Social Change, 1975, 7 (2), 179-192.

[7] HONG J Y, SUH E H, KIM S J. Context-aware systems: A literature review and classification [J]. Expert Systems with Applications, 2009, 36 (4): 8 509-8 522.

[8] HUANG G-H, KORFIATIS N. Trying before buying: The moderating role of online reviews in trial attitude formation toward mobile applications [J]. International Journal of Electronic Commerce, 2015 (19).

[9] KOUROUTHANASSIS P E, GIAGLIS G M. Mobile commerce: The past present, and future of mobile commerce research [J]. International Journal of Electronic Commerce, 2012, 16 (4): 5-17.

[10] KREYER N, POUSTTCHI K, TUROWSKI K. Mobile payment procedures: Scope and characteristics [J]. E-Service Journal, 2003, 2 (3): 7-22.

[11] LINCK K, POUSTTCHI K, WIEDEMANN D. Security issues in mobile payment from the customer view point [J]. In Proceedings of the Fourteenth European Conference on Information Systems, 2006 (11): 1-11.

[12] LINSTONE H A, TUROFF M. The Delphi Method: Techniques and Applications [M]. Reading,

MA: Addison-Wesley, 1975.

[13] LUARN P, YANG J-C, CHIU Y-P. Why people check into social network sites [J]. International Journal of Electronic Commerce, 2015, 19 (this issue).

[14] LYYTINEN K, YOO Y. Research commentary: The next wave of nomadic computing [J]. Information Systems Research, 2002, 13 (4): 377-388.

[15] MIN Q, JI S. Ameta-analysis of mobile commerce research in China 2002-2006 [J]. International Journal of Mobile Communications, 2008, 6 (3): 390-403.

[16] MURRY J -W JR, HAMMONS J O. Delphi: Aversatile methodology for conducting qualitative research [J]. Review of Higher Education, 1995, 18 (4): 423-436.

[17] NGAI E W T, GUNASEKARAN A. A review for mobile commerce research and applications [J]. Decision Support Systems, 2007, 43 (1): 3-15.

[18] PALKA W, POUSTTCHI K, WIEDEMANN D. Mobile word-of-mouth: A grounded theory of mobile viral marketing [J]. Journal of Information Technology, 2009, 24 (2): 172-185.

[19] PIOTROWICZ W, CUTHBERTSON R. Introduction to the special issue Information Technology in Retail: Towards omnichannel retailing [J]. International Journal of Electronic Commerce, 2014, 18 (4): 5-15.

[20] POUSTTCHI K, GOEKE L. Determinants of customer acceptance for mobile data services: An empirical analysis with formative constructs [J]. International Journal of Electronic Business, 2011, 9 (1): 26-43.

[21] POUSTTCHI K, HUFENBACH Y. Enabling Evidence-based retail marketing with the use of payment data: The mobile payment reference model 2.0 [J]. International Journal of Business Intelligence and Data Mining, 2013, 8 (1): 19-44.

[22] POUSTTCHI K, HUFENBACH Y. Engineering the value network of the customer interface and marketing in the data-rich retail environment [J]. International Journal of Electronic Commerce, 2014, 18 (4): 17-42.

[23] POUSTTCHI K, MOORMANN J, FELTEN J. The impact of new media on bank processes: A Delphi study [J]. International Journal of Electronic Business, 2015, 12 (1): 1-45.

[24] POUSTTCHI K, S CHIEßLER M, WIEDEMANN D. Proposing a comprehensive frame work for analysis and engineering of mobile payment business models [J]. Information Systems and e-Business Management, 2009, 7 (3): 363-393.

[25] REMENYI D, WILLIAMS B, MONEY A, et al. Doing research in business and management: An introduction to process and method [M]. London: Sage, 1998.

[26] ROWE G, WRIGHT G. The delphi technique as a forecasting tool: Issues and analysis [J]. International Journal of Forecasting, 199, 15: 353-375.

[27] SCHMIDT R C. Managing Delphi surveys using nonparametric statistical techniques [J]. Decision Sciences, 1997, 28 (3): 763-774.

[28] TILSON D, LYYTINEN K, SøRENSEN C. Research commentary—Digital infrastructures: The missing IS research agenda [J]. Information Systems Research, 2001, 21 (4): 748-759.

[29] VARNALI K, TOKER A. Mobile marketing research: The-state-of-the-art [J]. International Journal of Information Management, 2010, 30 (2): 144-151.

[30] WANG Y, YUAN Y, TUREL O, et al. Understanding the development and diffusion of mobile commerce technologies in China: A biographic study with an actor-network theory perspective [J]. International Journal of Electronic Commerce, 2015, 19 (this issue).

[31] ZWICKY F. Entdecken, Erfinden, Forschen im Morphologischen Weltbild [M]. Munich: Knaur-Droemer, 1966.

全球零售企业 250 强

德勤国际人力资本咨询公司 2015 年发布了全球零售企业 250 强，排名根据各公司 2013 财务年度零售业务销售额数据。在全球零售 250 强中，中国内地的苏宁、国美、京东、上海友谊、大商、重庆百货、永辉超市和农工商分别排名第 59、69、92、129、179、188、189 和 197 位，中国香港地区的屈臣氏、华润、牛奶国际控股、周大福珠宝和百丽国际分别排名第 51、78、98、104 和 162 位，台湾的统一超商排名第 156 位。

单位：百万美元

排名	公司名称	国家/地区	零售营业额	集团收益	集团纯利	经营业态	业务所在国家/地区的数量	CAGR（%）
1	Wal-Mart Stores, Inc.	美国	476 294	476 294	16 695	高级百货店/特大购物中心/大型超级市场	28	3.3%
2	Costco Wholesale Corporation	美国	105 156	105 156	2 061	现购自运/仓储俱乐部	9	7.7%
3	Carrefour S.A.	法国	98 688e	101 844e	1 812	高级百货店/特大购物中心/大型超级市场	33	-3.0%
4	Schwarz Unternehmens Treuhand KG	德国	98 662	98 662	n/a	折扣店	26	6.5%
5	Tesco PLC	英国	98 631	100 213	1 529	高级百货店/特大购物中心/大型超级市场	13	2.9%
6	The Kroger Co.	美国	98 375	98 375	1 531	超市	1	5.3%
7	Metro AG[3]	德国	86 393e	86 393e	588e	现购自运/仓储俱乐部	32	-0.9%
8	Aldi Einkauf GmbH & Co. oHG	德国	81 090e	81 090e	n/a	折扣店	17	5.5%
9	The Home Depot, Inc.	美国	78 812	78 812	5 385	家居装饰	4	2.0%
10	Target Corporation	美国	72 596	72 596	1 971	折扣百货店	2	2.9%
11	Walgreen Co.	美国	72 217	72 217	2 450	药店/药房	2	4.1%
12	CVS Caremark Corp.	美国	65 618	126 761	4 592	药店/药房	3	6.0%
13	Casino Guichard-Perrachon S.A.	法国	63 468**	64 613**	2 023	高级百货店/特大购物中心/大型超级市场	29	11.1%
14	Groupe Auchan SA	法国	62 444	63 859	1 109	高级百货店/特大购物中心/大型超级市场	13	4.0%

续表1

排名	公司名称	国家/地区	零售营业额	集团收益	集团纯利	经营业态	业务所在国家/地区的数量	CAGR（%）
15	Amazon.com, Inc.	美国	60 903	74 452	274	无店铺	14	26.7%
16	Edeka Zentrale AG & Co. KG	德国	59 704**	61 399**	n/a	超市	1	5.9%
17	Aeon Co., Ltd.	日本	57 986**	64 271**	835	高级百货店/特大购物中心/大型超级市场	10	3.9%
18	Woolworths Limited	澳大利亚	54 457	55 974	2 258	超市	2	4.3%
19	Seven & i Holdings Co., Ltd.	日本	54 258**	56 600**	1 890	高级百货店/特大购物中心/大型超级市场	18	-0.1%
20	Lowe's Companies, Inc.	美国	53 417	53 417	2 286	家居装饰	4	2.1%
21	Rewe Combine	德国	51 109**	55 745**	266	超市	11	3.5%
22	Wesfarmers Limited	澳大利亚	50 711	55 265	2 076	超市	2	4.8%
23	Centres Distributeurs E. Leclerc	法国	47 671^e	60 569^g	n/a	高级百货店/特大购物中心/大型超级市场	7	5.4%
24	Koninklijke Ahold N.V.	荷兰	43 321**	43 321**	3 370	超市	7	4.9%
25	Best Buy Co., Inc.	美国	42 410	42 410	523	电子专业店	5	-1.2%
26	J Sainsbury plc	英国	38 031	38 076	1 138	超市	1	4.8%
27	ITM Développement International (Intermarché)	法国	37 351^e	52 998^g	n/a	超市	6	2.0%
28	The IKEA Group (INGKA Holding B.V.)	荷兰	36 495	37 288	4 339	其他专业店	43	5.6%
29	Sears Holdings Corp.	美国	36 188	36 188	-1 116	百货店	3	-5.0%
30	Safeway Inc.	美国	35 011	36 139	3 522	超市	3	-4.1%
31	Loblaw Companies Limited	加拿大	30 697**	31 446**	612	高级百货店/特大购物中心/大型超级市场	2	0.5%
32	Publix Super Markets, Inc.	美国	29 148	29 148	1 654	超市	1	3.9%
33	Delhaize Group	比利时	28 037**	28 037**	243	超市	9	2.1%
34	Macy's, Inc.	美国	27 931**	27 931**	1 486	百货店	3	2.3%
35	Wm Morrison Supermarkets PLC	英国	27 739	27 739	-373	超市	1	4.0%
36	The TJX Companies, Inc.	美国	27 423	27 423	2 137	服装/鞋专业店	7	7.6%
37	Rite Aid Corporation	美国	25 526	25 526	249	药店/药房	1	-0.6%

续表2

排名	公司名称	国家/地区	零售营业额	集团收益	集团纯利	经营业态	业务所在国家/地区的数量	CAGR（%）
38	Migros - Genossenschafts Bund	瑞士	25 010[e]	28 863	847	高级百货店/特大购物中心/大型超级市场	3	1.4%
39	Système U, Centrale Nationale	法国	24 706[e]	31 413[g]	n/a	超市	5	5.4%
40	Lotte Shopping Co., Ltd.	韩国	24 601	25 955	810	高级百货店/特大购物中心/大型超级市场	6	17.5%
41	LVMH Moët Hennessy-Louis Vuitton S.A.	法国	24 392[e]	38 717[**]	5 243	其他专业店	76	14.6%
42	Mercadona, S.A.	西班牙	23 954	23 954	684	超市	1	4.8%
43	Albertson's LLC	美国	23 000[e]	23 000[e]	n/a	超市	1	38.6%
44	Inditex, S.A.	西班牙	22 265[**]	22 265[**]	3 171	服装/鞋专业店	89	10.0%
45	H. E. Butt Grocery Company	美国	20 330	20 330	n/a	超市	2	6.3%
46	Apple Inc./Apple Stores	美国	20 228	170 910	37 037	电子专业店	14	22.6%
47	Cencosud S.A.	智利	19 855	20 889	505	超市	5	11.3%
48	Empire Company Limited/Sobeys	加拿大	19 829[**]	19 890[**]	230	超市	1	7.3%
49	H & M Hennes & Mauritz AB	瑞典	19 729	19 729	2 632	服装/鞋专业店	54	7.7%
50	Coop Group	瑞士	19 529	29 111[**]	592	超市	1	1.1%
51	AS Watson & Company, Ltd.	中国香港	19 230[**]	19 230[**]	n/a	药店/药房	25	4.7%
52	Kohl's Corporation	美国	19 031	19 031	889	百货店	1	3.0%
53	Yamada Denki Co., Ltd.	日本	18 921[**]	18 921[**]	199	电子专业店	7	0.2%
54	Groupe Adeo SA	法国	18 197[e]	18 197[e]	n/a	家居装饰	13	10.0%
55	OJSC "Magnit"	俄罗斯	18 197	18 202[**]	1 118	便利店/大堂店	1	27.9%
56	Dollar General Corporation	美国	17 504	17 504	1 025	折扣店	1	10.9%
57	Kingfisher plc	英国	17 454	17 454	1 114	家居装饰	9	2.1%
58	X5 Retail Group N. V.	俄罗斯	16 785	16 785	345	折扣店	2	15.0%
59	Suning Commerce Group Co., Ltd.	中国	16 616	17 010	60	电子专业店	3	16.3%
60	Marks and Spencer Group plc	英国	16 391	16 391	804	百货店	48	2.6%
61	The Gap, Inc.	美国	16 148	16 148	1 280	服装/鞋专业店	54	2.1%

续表3

排名	公司名称	国家/地区	零售营业额	集团收益	集团纯利	经营业态	业务所在国家/地区的数量	CAGR（%）
62	Jerónimo Martins, SGPS, S.A.	葡萄牙	15 712	15 712	521	折扣店	3	12.3%
63	Coop Italia	意大利	15 211e	16 901g	n/a	超市	1	-0.2%
64	Meijer, Inc.	美国	15 000e	15 000e	n/a	高级百货店/特大购物中心/大型超级市场	1	1.8%
65	ICA Gruppen AB	瑞典	14 952**	15 274**	219	超市	6	1.7%
66	El Corte Inglés, S. A.	西班牙	14 789	19 055	232	百货店	5	-4.4%
67	Conad Consorzio Nazionale, Dettaglianti Soc. Coop. a.r.l.	意大利	14 438e**	15 408g	n/a	超市	2	5.8%
68	John Lewis Partnership plc	英国	14 164**	14 164**	159	超市	3	7.6%
69	Gome Home Appliance Group	中国	13 441e	13 782ge	n/a	电子专业店	1	3.2%
70	Otto (GmbH & Co KG)	德国	13 355	17 100	239	无店铺	54	2.5%
71	S Group	芬兰	13 233	15 080	300	超市	5	6.2%
72	Distribuidora Internacional de Alimentación, S. A. (Dia, S.A.)	西班牙	13 076**	13 076**	260	折扣店	6	ne
73	Whole Foods Market, Inc.	美国	12 917	12 917	551	超市	3	10.2%
74	Isetan Mitsukoshi Holdings Ltd.	日本	12 856	13 202	217	百货店	9	-1.5%
75	Co-operative Group Ltd.	英国	12 652	16 484	-3 601	超市	1	8.7%
76	Fast Retailing Co., Ltd.	日本	12 639**	12 664**	1 033	服装/鞋专业店	30	14.3%
77	Toys "R" Us, Inc.	美国	12 543	12 543	-1 036	其他专业店	38	-1.8%
78	China Resources Enterprise, Limited	中国香港	12 258	18 877**	406	高级百货店/特大购物中心/大型超级市场	5	22.4%
79	Alliance Boots GmbH	瑞士	12 170	37 150**	1 544	药店/药房	14	1.4%
80	Nordstrom, Inc.	美国	12 166	12 540	734	百货店	1	8.0%
81	Staples, Inc.	美国	12 160e	23 114	620	其他专业店	13	-1.0%
82	J. C. Penney Company, Inc.	美国	11 859	11 859	-1 388	百货店	2	-8.5%

续表4

排名	公司名称	国家/地区	零售营业额	集团收益	集团纯利	经营业态	业务所在国家/地区的数量	CAGR（%）
83	BJ's Wholesale Club, Inc.	美国	11 800^e	11 800^e	n/a	现购自运/仓储俱乐部	1	3.3%
84	Louis Delhaize S.A.	比利时	11 689^e	11 689^e	n/a	高级百货店/特大购物中心/大型超级市场	6	-4.4%
85	Dixons Retail plc	英国	11 560	11 560	-113	电子专业店	7	-2.9%
86	Bed Bath and Beyond Inc.	美国	11 504**	11 504**	1 022	其他专业店	4	9.8%
87	Spar Holding AG (formerly SPAR Österreichische Warenhandels-AG)	奥地利	11 411**	11 518**	251	超市	8	2.2%
88	S.A.C.I. Falabella	智利	11 377	12 523	1 004	百货店	5	11.4%
89	Metro Inc.	加拿大	11 236**	11 236**	711	超市	1	1.2%
90	E-MART Co., Ltd.	韩国	11 164	11 992	438	高级百货店/特大购物中心/大型超级市场	2	ne
91	NorgesGruppen ASA	挪威	11 054**	11 483**	306	折扣店	1	6.6%
92	JD.com, Inc. (formerly Beijing Jingdong Century Trading Co., Ltd. And 360buy Jingdong Inc.)	中国	10 827	11 202	-8	无店铺	78	123.6%
93	L Brands, Inc.	美国	10 773**	10 773**	903	服装/鞋专业店	58	3.6%
94	Shoppers Drug Mart Corporation	加拿大	10 742	10 742	584	药店/药房	1	3.3%
95	J. Front Retailing Co., Ltd.	日本	10 411	11 521	348	百货店	2	1.5%
96	Family Dollar Stores, Inc.	美国	10 391	10 391	444	折扣店	1	8.3%
97	Canadian Tire Corporation, Limited	加拿大	10 385**	11 449**	548	其他专业店	1	4.9%
98	Dairy Farm International Holdings Limited	中国香港	10 357	10 357	513	超市	12	9.0%
99	Liberty Interactive Corporation	美国	10 307	11 252	580	无店铺	9	5.0%
100	Ross Stores, Inc.	美国	10 230	10 230	837	服装/鞋专业店	1	9.5%
101	Uny Group Holdings Co., Ltd.	日本	10 156**	10 373**	66	便利店/大堂店	3	-2.8%

续表5

排名	公司名称	国家/地区	零售营业额	集团收益	集团纯利	经营业态	业务所在国家/地区的数量	CAGR（%）
102	Southeastern Grocers, LLC (formerly Bi-Lo Holdings, LLC)	美国	10 126ᵉ	10 126ᵉ	n/a	超市	1	32.2%
103	Tengelmann Warenhandelsgesellschaft KG	德国	10 072ᵉ**	10 390**	n/a	家居装饰	13	-12.0%
104	Chow Tai Fook Jewellery Group Limited	中国香港	9 979**	9 979**	960	其他专业店	6	33.3%
105	Dansk Supermarked A/S	丹麦	9 921	9 974	315	折扣店	4	-0.5%
106	Giant Eagle, Inc.	美国	9 900ᵉ**	9 900ᵉ**	n/a	超市	1	3.8%
107	Shoprite Holdings Ltd.	南非	9 869**	9 869**	361	超市	15	11.5%
108	Oxylane Groupe	法国	9 829	9 829	n/a	其他专业店	22	8.3%
109	C&A Europe	比利时/德国	9 733ᵉ	9 733ᵉ	n/a	服装/鞋专业店	21	3.0%
110	Menard, Inc.	美国	9 500ᵉ	9 500ᵉ	n/a	家居装饰	1	3.2%
111	Jumbo Groep Holding B.V.	荷兰	9 420ᵍ	9 420ᵍ	n/a	超市	1	36.9%
112	Globus Holding GmbH & Co. KG	德国	9 349ᵍ	9 349ᵍ	n/a	高级百货店/特大购物中心/大型超级市场	4	4.0%
113	CP ALL Public Company Limited	泰国	9 286	9 300**	347	便利店/大堂店	1	17.5%
114	AutoZone, Inc.	美国	9 148	9 148	1 016	其他专业店	4	7.0%
115	GameStop Corporation	美国	9 040	9 040	354	其他专业店	16	0.5%
116	dm-drogerie markt GmbH + Co. KG	德国	9 009ᵉ	10 090ᵍ	n/a	药店/药房	12	10.1%
117	Home Retail Group plc	英国	8 929	8 929	85	其他专业店	3	-0.8%
118	SuperValu Inc.	美国	8 879**	17 155**	182	超市	1	-23.8%
119	Bic Camera Inc.	日本	8 827	8 924	40	电子专业店	1	5.8%
120	Dirk Rossmann GmbH	德国	8 820	8 820	n/a	药店/药房	6	11.5%
121	"Kesko Corporation"	芬兰	8 776ᵉ**	12 373**	245	超市	8	1.5%
122	Colruyt Group	比利时	8 760	11 598**	469	超市	3	6.2%
123	Reitan Group	挪威	8 512	9 754	341	折扣店	7	11.2%

续表6

排名	公司名称	国家/地区	零售营业额	集团收益	集团纯利	经营业态	业务所在国家/地区的数量	CAGR（%）
124	Esselunga S.p.A.	意大利	8 474^e	9 241^g	279	高级百货店/特大购物中心/大型超级市场	1	3.8%
125	Takashimaya Co., Ltd.	日本	8 390	9 087	196	百货店	4	-1.8%
126	Army & Air Force Exchange Service (AAFES)	美国	8 308	8 308	167	高级百货店/特大购物中心/大型超级市场	26	-1.3%
127	Organización Soriana, S.A.B. de C.V.	墨西哥	8 240**	8 240**	245	高级百货店/特大购物中心/大型超级市场	1	1.9%
128	Steinhoff International Holdings Ltd.	南非	8 217	11 333	952	其他专业店	26	31.5%
129	Shanghai Friendship Group Incorporated Co.	中国	8 166**	8 389**	202	超市	1	14.8%
130	Hy-Vee, Inc.	美国	8 014	8 014	n/a	超市	1	5.3%
131	Beisia Group Co., Ltd.	日本	7 885^e	8 524^e	n/a	家居装饰	1	1.7%
132	Compagnie Financière Richemont SA	瑞士	7 841	14 275**	2 771	其他专业店	170	20.5%
133	Dollar Tree, Inc.	美国	7 840	7 840	597	折扣店	2	11.0%
134	FEMSA Comercio, S.A. de C.V.	墨西哥	7 655	7 655	n/a	便利店/大堂店	2	15.7%
135	SHV Holdings N.V./Makro	荷兰	7 621	23 377	4 727	现购自运/仓储俱乐部	6	6.5%
136	Grupo Eroski	西班牙	7 585^e	7 829	-136	超市	2	-6.2%
137	Edion Corporation	日本	7 277**	7 659**	52	电子专业店	1	-0.9%
138	K's Holdings Corporation	日本	7 005**	7 005**	175	电子专业店	1	4.1%
139	Wegmans Food Markets, Inc.	美国	7 000^e	7 000^e	n/a	超市	1	7.8%
140	PetSmart, Inc.	美国	6 917	6 917	420	其他专业店	3	6.4%
141	Yodobashi Camera Co., Ltd.	日本	6 901^e	6 901^e	n/a	电子专业店	1	-0.3%
142	Coop Danmark A/S	丹麦	6 859**	7 071**	10	超市	1	1.3%
143	Kering S.A.	法国	6 732	12 948	53	服装/鞋专业店	90	-18.5%
144	Associated British Foods plc/ Primark	英国	6 673	20 792	990	服装/鞋专业店	8	17.2%
145	O'Reilly Automotive, Inc.	美国	6 649	6 649	670	其他专业店	1	13.2%

续表7

排名	公司名称	国家/地区	零售营业额	集团收益	集团纯利	经营业态	业务所在国家/地区的数量	CAGR（%）
146	Dillard's, Inc.	美国	6 599e	6 692	324	百货店	1	-0.9%
147	Foot Locker, Inc.	美国	6 505	6 505	429	服装/鞋专业店	30	4.4%
148	Pick n Pay Stores Limited	南非	6 351	6 351	59	超市	7	4.8%
149	Coppel S.A. de C.V.	墨西哥	6 304	6 304	850	百货店	3	17.1%
150	Lojas Americanas S.A.	巴西	6 247	6 247	188	折扣百货店	1	14.0%
151	BiM Birleşik Mağazalar A.Ş.	土耳其	6 242	6 242	218	折扣店	3	22.8%
152	Dick's Sporting Goods, Inc.	美国	6 213	6 213	338	其他专业店	1	8.5%
153	Central Retail Corporation Ltd.	泰国	6 207e	6 207e	n/a	百货店	4	17.2%
154	Advance Auto Parts, Inc.	美国	6 171**	6 494**	392	其他专业店	2	4.4%
155	Sonae, SGPS, SA	葡萄牙	6 144	6 404	616	超市	16	1.9%
156	President Chain Store Corp.	中国台湾	6 136e	6 771**	312	便利店/大堂店	4	8.1%
157	Bauhaus GmbH & Co. KG	德国	6 073e	6 073e	n/a	家居装饰	17	8.8%
158	Office Depot, Inc.	美国	6 015e	11 242	-20	其他专业店	21	-4.7%
159	The Sherwin-Williams Company/Paint Stores Group	美国	6 002	10 186**	753	家居装饰	8	4.4%
160	Defense Commissary Agency（DeCA）	美国	5 900	5 900	n/a	超市	13	0.3%
161	The Great Atlantic & Pacific Tea Company, Inc.	美国	5 900e	5 900e	n/a	超市	1	-9.1%
162	Belle International Holdings Limited	中国香港	5 856	5 856	726	服装/鞋专业店	3	15.2%
163	Next plc	英国	5 843	5 868**	868	服装/鞋专业店	74	3.8%
164	Don Quijote Co., Ltd.	日本	5 842	6 063	238	折扣百货店	2	5.0%
165	WinCo Foods LLC	美国	5 700e	5 700e	n/a	超市	1	7.3%
166	OJSC Dixy Group	俄罗斯	5 628	5 679	96	超市	1	30.2%
167	Izumi Co., Ltd.	日本	5 564	5 596	176	高级百货店/特大购物中心/大型超级市场	1	3.0%
168	KF Gruppen	瑞典	5 449e**	5 854**	-8	超市	1	1.3%

167

续表8

排名	公司名称	国家/地区	零售营业额	集团收益	集团纯利	经营业态	业务所在国家/地区的数量	CAGR（%）
169	Deichmann SE	德国	5 313	6 110^g	n/a	服装/鞋专业店	23	8.3%
170	Nike, Inc.	美国	5 304	27 799**	2 693	服装/鞋专业店	49	19.5%
171	Big Lots, Inc.	美国	5 302	5 302	125	折扣店	2	2.7%
172	H2O Retailing Corporation	日本	5 270	5 763	3	百货店	1	2.0%
173	Life Corporation	日本	5 226	5 376	38	超市	1	2.9%
174	The SPAR Group Limited	南非	5 175**	5 175**	129	超市	7	12.1%
175	Tractor Supply Company	美国	5 165	5 165	328	其他专业店	1	11.4%
176	Grupo Comercial Chedraui, S.A.B. de C.V.	墨西哥	5 157	5 207	134	高级百货店/特大购物中心/大型超级市场	2	10.4%
177	El Puerto de Liverpool, S.A.B. de C.V.	墨西哥	5 156	5 814	604	百货店	1	9.7%
178	Coop Norge, the Group	挪威	5 133**	5 362**	-7	超市	1	3.2%
179	Dashang Co., Ltd.	中国	5 047	5 452	203	百货店	1	12.2%
180	Shimamura Co., Ltd.	日本	5 044	5 044	267	服装/鞋专业店	3	4.1%
181	Hudson's Bay Company	加拿大	5 034	5 034	-249	百货店	2	n/a
182	Foodstuffs North Island Ltd.	新西兰	5 021^{e**}	5 021^e	127	高级百货店/特大购物中心/大型超级市场	1	ne
183	Emke Group/Lulu Group International	阿联酋	5 000^e	5 000^e	n/a	高级百货店/特大购物中心/大型超级市场	10	18.7%
184	Groupe FNAC S.A.	法国	4 932**	5 187**	20	其他专业店	7	ne
185	MatsumotoKiyoshi Holdings Co., Ltd.	日本	4 919**	4 949**	134	药店/药房	1	4.8%
186	E.Land World Ltd.	韩国	4 914^{e**}	5 683**	111	服装/鞋专业店	15	11.4%
187	Darty plc	英国	4 821	4 821	-9	电子专业店	5	-9.5%
188	Chongqing Department Store Co., Ltd	中国	4 733	4 886	126	百货店	1	36.0%
189	Yonghui Superstores Co., Ltd.	中国	4 733	4 934	117	高级百货店/特大购物中心/大型超级市场	1	38.8%
190	Ascena Retail Group, Inc.	美国	4 715	4 715	151	服装/鞋专业店	3	26.7%
191	Harris Teeter Supermarkets, Inc.	美国	4 710	4 710	108	超市	1	5.1%

续表9

排名	公司名称	国家/地区	零售营业额	集团收益	集团纯利	经营业态	业务所在国家/地区的数量	CAGR（%）
192	OJSC "Company M. Video"	俄罗斯	4 657	4 657	180	电子专业店	1	16.8%
193	Neiman Marcus Group LTD Inc.	美国	4 648	4 648	164	百货店	2	0.2%
194	Michaels Stores, Inc.	美国	4 570	4 570	264	其他专业店	2	3.7%
195	Arcs Co., Ltd.	日本	4 554	4 567	64	超市	1	13.8%
196	Lenta Group	俄罗斯	4 539	4 539	223	高级百货店/特大购物中心/大型超级市场	1	23.2%
197	Nonggongshang Supermarket（Group）Co. Ltd.	中国	4 538ᵉ	4 538ᵍ	n/a	高级百货店/特大购物中心/大型超级市场	1	5.2%
198	Douglas Holding AG	德国	4 532ᵉ	4 532ᵉ	n/a	其他专业店	18	1.9%
199	Celesio AG	德国	4 532	28 435**	221	药店/药房	7	-0.8%
200	Sundrug Co., Ltd.	日本	4 474**	4 474**	157	药店/药房	1	14.2%
201	Burlington Coat Factory Investments Holdings, Inc.	美国	4 462	4 462	44	百货店	2	4.6%
202	Tokyu Corporation	日本	4 432	10 820	574	百货店	3	-5.2%
203	Save Mart Supermarkets	美国	4 390ᵉ	4 390ᵉ	n/a	超市	1	-3.0%
204	Williams - Sonoma, Inc.	美国	4 388	4 388	279	其他专业店	10	5.5%
205	DCM Holdings Co., Ltd.	日本	4 361	4 364	103	家居装饰	1	0.7%
206	O'Key Group S.A.	俄罗斯	4 330	4 387	157	高级百货店/特大购物中心/大型超级市场	1	22.3%
207	Valor Co., Ltd.	日本	4 324	4 537	92	超市	2	5.8%
208	Iceland Topco Limited	英国	4 309**	4 309**	n/a	超市	7	5.4%
209	Coach, Inc.	美国	4 303ᵉ	4 806ᵉ	781	其他专业店	17	9.6%
210	Demoulas Super Markets, Inc.	美国	4 300ᵉ	4 300ᵉ	n/a	超市	1	9.0%
211	Barnes & Noble, Inc.	美国	4 295	6 381**	-47	其他专业店	1	-3.5%
212	Berkshire Hathaway Inc./Retail operations	美国	4 288	182 150	19 845	其他专业店	8	6.7%
213	Arcadia Group Limited	英国	4 277**	4 277**	693	服装/鞋专业店	46	8.2%

续表10

排名	公司名称	国家/地区	零售营业额	集团收益	集团纯利	经营业态	业务所在国家/地区的数量	CAGR (%)
214	SM Investments Corporation	菲律宾	4 276	5 988	904	百货店	1	9.5%
215	Lawson, Inc.	日本	4 229**	4 877**	384	便利店/大堂店	4	6.6%
216	GS Retail Co., Ltd.	韩国	4 223	4 332	110	便利店/大堂店	1	7.4%
217	Signet Jewelers Limited	百慕大	4 209	4 209	368	其他专业店	3	4.7%
218	HORNBACH-Baumarkt-AG Group	德国	4 202	4 202	75	家居装饰	9	3.9%
219	Abercrombie & Fitch Co.	美国	4 117	4 117	55	服装/鞋专业店	22	3.1%
220	RONA Inc.	加拿大	4 072**	4 072**	-149	家居装饰	1	-3.0%
221	Belk, Inc.	美国	4 038	4 038	159	百货店	1	2.9%
222	Agrokor d.d.	克罗地亚	4 011**	5 291**	6	超市	3	n/a
223	East Japan Railway Company (JR East)	日本	4 005	27 002	2 008	便利店/大堂店	1	-0.7%
224	Forever 21, Inc.	美国	4 000e	4 000e	n/a	服装/鞋专业店	39	18.7%
225	PRADA Group	意大利	3 989	4 776	849	服装/鞋专业店	42	28.0%
226	Axfood AB	瑞典	3 989	5 763**	153	超市	1	2.4%
227	Gruppo Eurospin	意大利	3 985e**	4 317e**	n/a	折扣店	2	7.8%
228	Groupe Vivarte	法国	3 977	3 977	n/a	服装/鞋专业店	64	0.9%
229	Norma Lebensmittelfilialbetrieb Stiftung & Co. KG	德国	3 958e	3 958e	n/a	折扣店	4	3.2%
230	Roundy's, Inc.	美国	3 950	3 950	35	超市	1	0.4%
231	Systembolaget AB	瑞典	3 948	3 948	44	其他专业店	1	3.9%
232	Academy Sports + Outdoors	美国	3 900e	3 900e	n/a	其他专业店	1	11.5%
233	Tsuruha Holdings Inc.	日本	3 864	3 865	148	药店/药房	2	9.1%
234	Heiwado Co., Ltd.	日本	3 863	4 066	81	高级百货店/特大购物中心/大型超级市场	2	-0.4%
235	Joshin Denki Co., Ltd.	日本	3 863**	4 014**	30	电子专业店	1	2.1%
236	Stater Bros. Holdings Inc.	美国	3 860	3 860	30	超市	1	1.2%
237	Müller Ltd. & Co. KG	德国	3 854e	4 582ge	n/a	药店/药房	7	6.5%
238	XXXLutz Group	奥地利	3 852e	3 852e	n/a	其他专业店	8	4.7%

续表11

排名	公司名称	国家/地区	零售营业额	集团收益	集团纯利	经营业态	业务所在国家/地区的数量	CAGR（%）
239	Woolworths Holdings Limited	南非	3 834	3 834	289	百货店	17	13.4%
240	Nitori Holdings Co., Ltd.	日本	3 831	3 895	386	其他专业店	3	9.5%
241	SMU S.A.	智利	3 823**	3 857**	-1 073	超市	2	29.8%
242	Lagardère Services SA	法国	3 810	4 974	n/a	其他专业店	34	4.3%
243	Reinalt – Thomas Corporation（dba Discount Tire/America's Tire）	美国	3 800ᵉ	3 800ᵉ	n/a	其他专业店	1	9.5%
244	Tiffany & Co.	美国	3 800	4 031**	181	其他专业店	25	7.1%
245	Ralph Lauren Corporation	美国	3 798	7 450**	776	服装/鞋专业店	47	14.4%
246	Liquor Control Board of Ontario	加拿大	3 773ᵉ	4 750**	1 659	其他专业店	1	3.1%
247	Magazine Luiza SA	巴西	3 758	4 063	53	电子专业店	1	27.5%
248	HTM-Group	法国	3 706ᵉ	3 706ᵉ	n/a	电子专业店	1	19.1%
249	Welcia Holdings Co., Ltd.	日本	3 705	3 705	89	药店/药房	2	ne
250	Overwaitea Food Group	加拿大	3 700ᵉ	3 700ᵉ	n/a	超市	1	6.5%

资料来源：http://www2.deloitte.com/cn/en/pages/consumer-business/articles/global-powers-of-retailing-2015.html。

注释：①母公司或集团收益和净利润可能包括非零售业务；②"CAGR"表示 2006—2011 年的复合年增长率（Compound annual growth rate）；③"n/a"表示数据不可得；④"ne"表示数据不存在（由于合并或剥离）；⑤上标"e"表示估计值；⑥上标"g"表示公司报告的总营业额；⑦上标"*"收益反映批发额；⑧上标"**"收益包括批发和零售额。

*** Spun off from PPR (now Kering) through an IPO in June 2013; classified by PPR as a discontinued operation in 2012.

中英文对照：①服装/鞋专业店-Apparel/Footwear Specialty；②高级百货店/特大购物中心/大型超级市场-Hypermarket/Supercenter/Superstore；③电子专业店-Electronics Specialty；④超市-Supermarket；⑤其他专业店-Other Specialty；⑥便利店/大堂店-Convenience/Forecourt Store；⑦现购自运/仓储俱乐部-Cash & Carry/Warehouse Club；⑧家居装饰-Home Improvement；⑨折扣百货店-Discount Department Store；⑩药店/药房-Drug Store/Pharmacy；⑪折扣店-Discount Store；⑫无店铺-Non-Store；⑬百货店-Department Store。

国际学术动态

《经济文献杂志》/ Journal of Economic Literature
1963 年创刊 Journal of Economic Abstracts，1969 年改为现名
Ideas 简单影响因子最新统计：64.976

2016 年 1 月，54 卷 1 期 / Jan 2016, 54 (1)

《积极行动与质量契合贸易》Peter Arcidiacono and Michael Lovenheim

《监管种族：关于监管标准的管辖权竞争的影响》Bruce G. Carruthers and Naomi R. Lamoreaux

《临时迁移的经济学》Christian Dustmann and Joseph-Simon Görlach

《为什么组织失败？模型与案例》Luis Garicano and Luis Rayo

《婚姻市场的定量分析：不平等是如何重塑美国家庭的？（Carbone 与 Cahn 的著作）》Kirsten Cornelson and Aloysius Siow

《金融发展的政治学：对 Calomiris 和 Haber 的脆弱设计回顾》Peter L. Rousseau

《科学事业造成了工业革命吗？》Cormac Ó Gráda

2015 年 12 月，53 卷 4 期 / Dec 2015, 53 (4)

《长路漫漫：关于内幕交易集中市场的设计》Loertscher, Simon, Leslie M. Marx, and Tom Wilkenin

《文化与制度》Alberto Alesina and Paola Giuliano

《培育老虎与美国的不平等：对虎妈夫妇新作——〈成功三要素：三个不可能的要素是如何解释美国文化团体的兴衰的？〉的评论》Shelly Lundberg

《关于移民与全球化的评论》George J. Borjas

《来自成功的压力：对盖特纳的〈金融危机回忆录〉的评论》Gary Gorton

《剑桥历史上的"资本主义"》Peter Termin

2015 年 9 月，53 卷 3 期 / Sep 2015, 53 (3)

《从 1750 年到目前的美国健康与经济》Dora L. Costa

《一项关于贝弗里奇曲线的调查》Michael Elsby, Ryan Michaels and David Ratner

《沟通在官方经济统计中的不确定性——在莫根施特恩身后五十年的再次评估》Charles F. Manski

《对 Jeffrey Sachs 的〈可持续发展时代〉的评论》Matthew Kahn

《从失败中学习：对 Peter Schuck 的〈政府为什么屡屡失灵？——及政府如何才能更有效?〉的评论》David Levy and Sandra J. Peart

2015 年 6 月，53 卷 2 期 / Jun 2015, 53（2）

《医疗保健市场的产业组织》Martin Gaynor, Kate Ho and Robert J. Town

《本科生的教学经济学研究》Sam Allgood, William B. Walstad and John Siegfried

《重温萨缪尔森的经济分析基础》Roger Backhouse

《种族主义：关于民事权利后的约翰·斯科任特尼的评论》Kevin Lang

2015 年 3 月，53 卷 1 期 / Mar 2015, 53（1）

《Envirodevonomics：一个新兴领域的研究议程》Michael Greenstone and B. Kelsey Jack

《Robert E. Lucas 关于货币理论的论文集》Thomas Sargent

《对 Jon Elster 的〈治理无序议价：陪审团、集会和选举〉的评论》David Austen-Smith

《全球气候变化的科学、经济与政治学：对 William Nordhaus〈气候赌场〉的评论》Adam Jaffe and Suzi Kerr

《对 William Easterly〈专家的暴政〉的评论：经济学家、独裁者与被遗忘的穷人的权利》Carol Graham

《对 Angus Deaton〈大逃亡〉的评论：健康、财富和不平等的起源》David Weil

《经济学季刊》/ *Quarterly Journal of Economics*
1886 年创刊
Ideas 简单影响因子最新统计：68.4

2016 年 2 月，131 卷 2 期 / Feb 2015, 131（2）

《编辑摘选：罕见的灾害与汇率》Emmanuel Farhi and Xavier Gabaix

《从通胀经济中学习》Ulrike Malmendier and Stefan Nagel

《企业选择与增长的统一理论》Costas Arkolakis

《学校教育支出对教育与经济结果的影响——来自学校金融改革的证据》C. Kirabo Jackson, Rucker C. Johnson, and Claudia Persico

《包税制的回归——来自税收员绩效工资的证据》Adnan Q. Khan, Asim I. Khwaja, and Benjamin A. Olken

《鬼屋的克星：对大量反逃税计划的选举反应》Lorenzo Casaburi and Ugo Troiano

《动态选择：关于进入、贸易与增长的思想流理论》Thomas Sampson

《政治集权与政府问责》Federico Boffa, Amedeo Piolatto, and Giacomo A. M. Ponzetto

《青年就业的影响——来自纽约市彩票的证据》Alexander Gelber, Adam Isen, and Judd B. Kessler

《效率、福利与政治竞争》Felix J. Bierbrauer and Pierre C. Boyer

2015年11月, 130卷11期／ Nov 2015, 130（11）

《编辑摘选：高频交易的军备竞赛——频繁的批量拍卖市场设计反应》Eric Budish, Peter Cramton, and John Shim

《健康保险中的行为危险》Katherine Baicker, Sendhil Mullainathan, and Joshua Schwartzstein

《药剂师买拜耳吗？知情消费者与品牌溢价》Bart J. Bronnenberg, Jean-Pierre Dubé, Matthew Gentzkow, and Jesse M. Shapiro

《货币联盟的协调与危机》Mark Aguiar, Manuel Amador, Emmanuel Farhi, and Gita Gopinath

《宽带互联网的技术互补》Anders Akerman, Ingvil Gaarder, and Magne Mogstad

《人力资本与产业化：来自启蒙时代的证据》Mara P. Squicciarini and Nico Voigtländer

《广播与纳粹在战前德国的崛起》Maja Adena, Ruben Enikolopov, Maria Petrova, Veronica Santarosa, and Ekaterina Zhuravskaya

《衡量广告回报率的不利因素》Randall A. Lewis and Justin M. Rao

《为什么你在雨中找不到出租车及其他从出租车司机中得到的劳动力供给教训》Henry S. Farber

《风险、收益与跨国生产》José L. Fillat and Stefania Garetto

2015年8月, 130卷8期／ Aug 2015, 130（8）

《编辑摘选：学校选择的总体效果——来自印度两阶段实验的证据》Karthik Muralidharan and Venkatesh Sundararaman

《编辑摘选：工作时间——实际工作任务的动态不一致》Ned Augenblick,

Muriel Niederle, and Charles Sprenger

《方案评价中的选址偏差》Hunt Allcott

《预防与治疗》Michael Kremer and Christopher M. Snyder

《美元资金与全球银行的借贷行为》Victoria Ivashina, David S. Scharfstein, and Jeremy C. Stein

《价格的一致性与过度的中介》Benjamin Edelman and Julian Wright

《同行压力如何影响教育投资？》Leonardo Bursztyn and Robert Jensen

《国际流动性与汇率动态》Xavier Gabaix and Matteo Maggiori

《夫妻财产转让》Siwan Anderson and Chris Bidner

《金融资产持有与政治态度——来自英国革命的证据》Saumitra Jha

2015年5月，130卷5期／ May 2015, 130 (5)

《总需求、空闲时间与失业率》Pascal Michaillat and Emmanuel Saez

《家庭内的性别特征与相对收入》Marianne Bertrand, Emir Kamenica, and Jessica Pan

《编辑摘选：宗教影响经济增长与幸福吗？——来自伊斯兰斋月的证据》Filipe Campante and David Yanagizawa-Drott

《比较优势与最佳贸易政策》Arnaud Costinot, Dave Donaldson, Jonathan Vogel, and Iván Werning

《教育与人力资本外部性——来自殖民地贝宁的证据》Leonard Wantchekon, Marko Klašnja, and Natalija Novta

《未成年人监禁、人力资本与未来犯罪——来自随机分配的法官证据》Anna Aizer and Joseph J. Doyle, Jr.

《通过员工推荐录用的价值》Stephen V. Burks, Bo Cowgill, Mitchell Hoffman, and Michael Housman

《药品支出对非线性合同设计的反应：来自医疗保险处方药计划的证据》

《支出偏颇的立法者：通过分歧的纪律》Facundo Piguillem and Alessandro Riboni

《联邦系统实验》Steven Callander and Bård Harstad

2015年2月，130卷2期／ Feb 2015, 130 (2)

《编辑摘选：非常长期的运行折扣率》Stefano Giglio, Matteo Maggiori, and Johannes Stroebel

《船舶价格与投资的波动》Robin Greenwood and Samuel G. Hanson

《调节消费金融产品——来自信用证的证据》Sumit Agarwal, Souphala

Chomsisengphet, Neale Mahoney, and Johannes Stroebel

《是否在家工作？来自中国的实验证据》Nicholas Bloom, James Liang, John Roberts, and Zhichun Jenny Ying

《市场是否会侵蚀社会责任？》Björn Bartling, Roberto A. Weber, and Lan Yao

《州际资源战争的地理学》Francesco Caselli, Massimo Morelli, and Dominic Rohner

《专利与累积创新：来自法院的因果证据》Alberto Galasso and Mark Schankerman

《天气对购买汽车的心理影响》Meghan R. Busse, Devin G. Pope, Jaren C. Pope, and Jorge Silva-Risso

《声誉问题的最优管理》Andrew Atkeson, Christian Hellwig, and Guillermo Ordoñez

《住房援助对儿童结局的影响：一项来自随机住房彩票的证据》Brian A. Jacob, Max Kapustin, and Jens Ludwig

2014年11月，129卷3期／ Nov 2014, 129（11）

《编辑摘选：机会之地在哪里？美国代际流动的地理位置》Raj Chetty, Nathaniel Hendren, Patrick Kline, and Emmanuel Saez

《论自我刻板与观念贡献的证据》Katherine Baldiga Coffman

《基于过滤性的有限理性模型》Xavier Gabaix

《家庭福利文化》Gordon B. Dahl, Andreas Ravndal Kostøl, and Magne Mogstad

《扭曲信仰模型的福利标准》Markus K. Brunnermeier, Alp Simsek, and Wei Xiong

《贸易调整：来自工人级别的证据》David H. Autor, David Dorn, Gordon H. Hanson, and Jae Song

《广泛的模仿是不合理且有害的》Erik Eyster and Matthew Rabin

《企业的民族分裂与生产》Jonas Hjort

《宣传与冲突——来自卢旺达大屠杀的证据》David Yanagizawa-Drott

《有能耐就向我征税！最优非线性所得税在政府之间的竞争》Etienne Lehmann, Laurent Simula, and Alain Trannoy

2014年8月，129卷2期／ Aug 2014, 129（8）

《印度与墨西哥植物的生命》Chang-Tai Hsieh and Peter J. Klenow

《空间经济的贸易与地形》Treb Allen and Costas Arkolakis

《主动与被动的决定与退休储蓄账户中的人群：来自丹麦的证据》Raj Chetty, John N. Friedman, Søren Leth-Petersen, Torben Heien Nielsen, and Tore Olsen

《金融与财富的保护》Nicola Gennaioli, Andrei Shleifer, and Robert Vishny

《编辑摘选：资本又回来了——富裕国家的财富收入比（1700—2010年）》Thomas Piketty and Gabriel Zucman

《通过注意学习：理论与实验的证据》Rema Hanna, Sendhil Mullainathan, and Joshua Schwartzstein

《向传统公立学校注入特许学校最佳做法：来自田野调查的证据》Roland G. Fryer, Jr.

《性别、竞争力与职业选择》Thomas Buser, Muriel Niederle, and Hessel Oosterbeek

《公理化与准双曲线贴现的测量》José Luis Montiel Olea and Tomasz Strzalecki

《国际贸易的难题：一种连接生产与偏好的解决方案》Justin Caron, Thibault Fally, and James R. Markusen

2014年5月，129卷2期／ May 2014, 129 (2)

《编辑摘选：国际价格与内生质量》Robert C. Feenstra and John Romalis

《货币联盟、产品推介与实际汇率》Alberto Cavallo, Brent Neiman, and Roberto Rigobon

《放松信贷与风险约束后的农业决策》Dean Karlan, Robert Osei, Isaac Osei-Akoto, and Christopher Udry

《公共健康保险、劳动力供给与就业锁定》Craig Garthwaite, Tal Gross, and Matthew J. Notowidigdo

《发展中国家的技术自主就业——来自乌干达的证据》Christopher Blattman, Nathan Fiala, and Sebastian Martinez

《国际贸易与制度变迁：中世纪威尼斯对全球化的反应》Diego Puga and Daniel Trefler

《中世纪大学、法律制度与商业革命》Davide Cantoni and Noam Yuchtman

《监管不一致：来自银行业的证据》Sumit Agarwal, David Lucca, Amit Seru, and Francesco Trebbi

《农业生产力差距》Douglas Gollin, David Lagakos, and Michael E. Waugh

《区域偏好》Roland Hodler and Paul A. Raschky

《经济学杂志》/ Journal of Economics
1986 年创刊
Ideas 简单影响因子最新统计：0.33

2016 年 4 月，117 卷 3 期 / Apr 2015，117（3）
　　《功利性的人口伦理与生育时机》Gregory Ponthiere
　　《苛刻的职业、健康状况和社会保障》Pierre Pestieau, Maria Racionero
　　《重复采购拍卖中的最优隐性勾结》Hong Wang
　　《了解全球危机：一个新兴的范式》Konstantin M. Wacker

2016 年 3 月，117 卷 2 期 / Mar 2015，117（2）
　　《在监管关系中的议价与共谋》Raffaele Fiocco and Mario Gilli
　　《在混合寡头条件下的 Cournot-Bertrand 比较》Junichi Haraguchi and Toshi-hiro Matsumura
　　《消费者异质性与容量受限条件下的提前销售模型》X. Wang and Chenhang Zeng
　　《空间价格歧视条件下的位置一致猜想》John Heywood and Zheng Wang
　　《动态分配和定价机制的设计方法》Marco LiCalzi

2016 年 1 月，117 卷 1 期 / Jan 2015，117（1）
　　《具有真实资产与财富依赖信用额度特征的不完全金融市场》Matthew Hoelle, Marina Pireddu and Antonio Villanacci
　　《要素替代是生产性公共支出模型中的一个增长引擎》Manuel Gómez Suárez
　　《劳动税对就业和工作时间的影响：塑造工作时间机制的作用》Been-Lon Chen and Chih-Fang Lai
　　《全球变暖的可持续性》Gregor Schwerhoff
　　《规范经济科学中的计量经济学：理论与经济关系的计量》Jennifer Castle

2015 年 11 月，116 卷 3 期 / Nov 2015，116（3）
　　《一种对称赫克歇尔-俄林内生增长模型》Basant Kapur
　　《具有公共支出外部性经济的最优财政策略》Chia-Hui Lu
　　《创新与劳动力的流动性》Rajit Biswas
　　《对发展中国家非法模仿的强制性法律执行》Keishun Suzuki
　　《离散时间动态经济学》Martin Barbie

2015 年 10 月，116 卷 2 期 / Oct 2015，116（2）
　　《当零售商的努力很重要时的上下游寡头》Franz Wirl
　　《稳定、战略替代与战略补充》Jeroen Hinloopen

《竞争和私有化政策的重新审视：收益相互依存的方法》Toshihiro Matsumura and Makoto Okamura

《专利许可下的私有化》Shuai Niu

《混合双寡头模型的内生时机》José Naya

《新自由资本主义的兴衰》Peter Rosner

《掌握的度量：从原因到结果的路径》Claudio Lucifora

2015年9月，116卷1期／ Sep 2015, 116 (1)

《管理代表团与成本削减的福利效应》Thijs Jansen, Arie Lier and Arjen Witteloostuijn

《学习与横向一体化》Apostolis Pavlou

《国际跨国公司所有权与战略私有化策略》Dapeng Cai and Yukio Karasawa-Ohtashiro

《两步收费制许可协议能否同时提高利润与福利?》Arijit Mukherjee and Yingyi Tsai

《报纸采编部的竞争与不确定性》Ascension Andina-Diaz

《日本资本主义的伟大变革》Werner Pascha

2015年7月，115卷3期／ Jul 2015, 115 (3)

《竞争、创新与研发知识的影响》Alexander Steinmetz

《古诺寡头中的竞争研发合资企业的溢出效应》Antonio Tesoriere

《不确定性纳什议价问题的风险规避》Sanxi Li, Hailin Sun, Jianye Yan and Xundong Yin

《双边垄断的社会责任》Björn Brand and Michael Grothe

《经济学编辑的秘密》Katarina Zigova

2015年6月，115卷2期／ Jun 2015, 115 (2)

《公共资本、持续健康与贫困陷阱》Pierre-Richard Agénor

《再分配的税收、财富分配与经济增长》Toshiki Tamai

《创新型金融与经济增长》Paolo Giordani

《随机Mitra-Wan林业模型：中性风险与风险规避方案》Adriana Piazza and Bernardo Pagnoncelli

《非贝叶斯与半参数方法及其应用》Christian Aßmann

2015年5月，115卷1期／ May 2015, 115 (1)

《工资不平等与创造性破坏的动态分析》Keiichi Kishi

《资本对劳动力流动空间的索洛模型》Joao Plinio Juchem Neto and Julio

Claeyssen

《知识产权保护下的经济增长：专利与商业的秘密》Keishun Suzuki

《公共支出与经济增长的多部门模型》Lifeng Zhang

《我国消费变化的景观》Baomin Dong

《公平的本能：罗宾汉心态与我们的生物学性质》Rupert Sausgruber

2015年4月，114卷3期／ Apr 2015，114（3）

《异质供应商采购拍卖中的信息策略》Domenico Colucci, Nicola Doni and Vincenzo Valori

《当工资信号增强时的分散式联盟寡头议价》Wei Ding

《勾结的良心》Rudy Santore, Youping Li and Stephen Cotten

《在外国竞争与战略政策条件下的私有化》Bouwe Dijkstra, Anuj Mathew and Arijit Mukherjee

《媒体偏见、倾斜管制与公共利益媒体》Wen-Chung Guo and Fu-Chuan Lai

《下一场经济灾难：为什么要来？如何避免它到来？》Angelo Baglioni

2015年3月，114卷2期／ Mar 2015，114（2）

《广播市场的质量选择与广告限制》Miguel González-Maestre and Francisco Martínez-Sánchez

《市场集中度与说服力广告：一种理论方法》Nelson Sá

《权力下放：企业组织与反垄断政策》Emilie Dargaud and Armel Jacques

《论市场力量与银行风险的关系》Kaniska Dam, Marc Escrihuela-Villar and Santiago Sánchez-Pagés

《永恒：迁移经济学的国际手册》Nicola Coniglio

2015年2月，114卷1期／ Jan 2015，114（1）

《高等教育的扩张、跟踪与学生的努力》Kangoh Lee

《消费税、铸币税与在经济增长条件下的现金优先经济的税收转换》Wen-ya Chang, Hsueh-fang Tsai, Juin-jen Chang and Kuo-Hao Lee

《非合作与合作家庭》Atsue Mizushima and Koichi Futagami

《战略延迟与资讯串联》Edward Cartwright

《审前协调中的律师费》Jeong-Yoo Kim

《Walter A. Friedman：算命者——美国第一经济预测者的故事》Francesco Daveri

《美国经济评论》/ *American Economic Review*
1911 年创刊
Ideas 简单影响因子最新统计：36.778

2016 年 4 月，106 卷 4 期／ Apr 2016, 106 (4)

《接触到更好的儿童邻居的影响：从移动到机会实验的新证据》Raj Chetty, Nathaniel Hendren and Lawrence F. Katz

《儿童访问安全网络的长期影响》Hilary Hoynes, Diane Whitmore Schanzenbach and Douglas Almond

《现金转移对贫困家庭的长期影响》Anna Aizer, Shari Eli, Joseph Ferrie and Adriana Lleras-Muney

《边界劳动供给对随机福利实验的反应：一种揭示偏好的方法》Patrick Kline and Melissa Tartari

《总统与美国经济：一次计量经济学的探索》Alan S. Blinder and Mark W. Watson

《战略复杂性的演变》Nikolaus Robalino and Arthur Robson

《私有经济体中组策略的作用》Salvador Barberà, Dolors Berga and Bernardo Moreno

《财政政策与经济复苏——1936 年退伍军人资金的案例》Joshua K. Hausman

《文化的热量成本——来自印度移民的证据》David Atkin

2016 年 3 月，106 卷 3 期／ Mar 2016, 106 (3)

《决定因素与福利影响：美国工人因技能导致的不同地区抉择（1800—2000 年）》Rebecca Diamond

《少数民族大学毕业的差异——来自加利福尼亚的证据》Peter Arcidiacono, Esteban M. Aucejo and V. Joseph Hotz

《搜索设计与广泛匹配》Kfir Eliaz and Ran Spiegler

《电力短缺如何影响工业？——来自印度的证据》Hunt Allcott, Allan Collard-Wexler and Stephen D. O'Connell

《开放经济下的企业动态、就业周围与工资分配》A. Kerem Coar, Nezih Guner and James Tybout

《一般均衡中的参数学习：资产定价的影响》Pierre Collin-Dufresne, Michael Johannes and Lars A. Lochstoer

《流动性陷阱与过度杠杆》Anton Korinek and Alp Simsek

《失业救济与未就业时间对工资的影响》Johannes Schmieder, Till von

Wachter and Stefan Bender

《高等学历在劳动力市场的价值：一项实验研究》David J. Deming, Noam Yuchtman, Amira Abulafi, Claudia Goldin and Lawrence Katz

《纳税人混淆：儿童纳税人抵免的证据》Naomi E. Feldman, Peter Katuš？ák and Laura Kawano

《口述风险：在风险环境中给出的实验证据（回复）》J. Michelle Brock, Andreas Lange and Erkut Y. Ozbay

《一个关于贸易的球箱模型（评论）》Bernardo S. Blum, Sebastian Claro and Ignatius J. Horstmann

《一个关于贸易的球箱模型（回复）》Roc Armenter and Mikls Koren

2016 年 2 月，106 卷 2 期／ Feb 2016, 106 (2)

《妥协的政治》Alessandro Bonatti and Heikki Rantakari

《贫困与经济决策——来自发薪日金融资源变化的证据》Leandro S. Carvalho, Stephan Meier and Stephanie W. Wang

《论沟通与共谋》Yu Awaya and Vijay Krishna

《合同变更的剖析》Rajshri Jayaraman, Debraj Ray and Francis de Véricourt

《再分配与社会保险》Mikhail Golosov, Maxim Troshkin and Aleh Tsyvinski

《消费不平等与家庭劳动供给》Richard Blundell, Luigi Pistaferri and Itay Saporta-Eksten

《汇率、利率与风险溢价》Charles Engel

《只是运气：冒险与公平的研究》Alexander W. Cappelen, James Konow, Erik Ø. Sørensen and Bertil Tungodden

2016 年 1 月，106 卷 1 期／ Jan 2016, 106 (1)

《赌分裂：围绕奴隶制和南北战争的量化政治事件》Charles W. Calomiris and Jonathan Pritchett

《最优税收理论的广义社会边际福利权》Emmanuel Saez and Stefanie Stantcheva

《网络与分配不当：保险、迁移与城乡工资差距》Kaivan Munshi and Mark Rosenzweig

《发展中国家药品专利的市场影响：来自印度的证据》Mark Duggan, Craig Garthwaite and Aparajita Goyal

《新药物的专利与全球扩散》Iain M. Cockburn, Jean Lanjouw and Mark Schankerman

《黏性价格昂贵吗？——来自股票市场的证据》Yuriy Gorodnichenko and Michael Weber

《真实刚度、名义刚度与社会信息价值》George-Marios Angeletos, Luigi Iovino and Jennifer La´O

2015 年 12 月，105 卷 12 期／ Dec 2015, 105（12）

《资本税制改革与实体经济：2003 年红利削减的效应》Danny Yagan

《大型失业保险推广计划的外部性》Rafael Lalive, Camille Landais and Josef Zweimüller

《媒体对社会结果的影响：MTV16 与青少年怀孕的影响》Melissa S. Kearney and Phillip Levine

《页岩气开发对房市的影响》Lucija Muehlenbachs, Elisheba Spiller and Christopher Timmins

《进口投入与生产率》László Halpern, Miklós Koren and Adam Szeidl

《研发、国际采购及二者对公司绩效的联合影响》Esther Ann Bler, Andreas Moxnes and Karen Helene Ulltveit-Moe

《主权债务的资历安排》Satyajit Chatterjee and Burcu Eyigungor

《反馈效应、非对称机制与套利限制》Alex Edmans, Itay Goldstein and Wei Jiang

2015 年 11 月，105 卷 11 期／ Nov 2015, 105（11）

《人力资本风险、合同执行与宏观经济》Tom Krebs, Moritz Kuhn and Mark L. J. Wright

《随机死亡率的最优年金化与相关的医疗费用》Felix Reichling and Kent Smetters

《独家契约与市场支配地位》Giacomo Calzolari and Vincenzo Denicolò

《财政波动冲击与经济活动》Jesus Fernandez-Villaverde, Pablo Guerrón-Quintana, Keith Kuester and Juan Rubio-Ramírez

《邻里选择评估模型——来自一个住房援助实验的经验》Sebastian Galiani, Alvin Murphy and Juan Pantano

《心烦的方便：通过扭曲利他信念来避免利他行为》Rafael Di Tella, Ricardo Perez-Truglia, Andres Babino and Mariano Sigman

《最优税收与不能度量风险的人力资本债务积累》Piero Gottardi, Atsushi Kajii and Tomoyuki Nakajima

《声誉与学校竞争》W. Bentley Macleod and Miguel Urquiola

《心理摩擦与社会福利的不完全性——来自美国国税局现场实验的证据》Saurabh Bhargava and Dayanand Manoli

2015 年 10 月，105 卷 10 期／ Oct 2015，105（10）

《避免灾难：斯库拉与卡律布迪斯的奇怪经济学》Ian Martin and Robert Pindyck

《伤残保险与激励保险交易的动态性》Hamish Low and Luigi Pistaferri

《在摩擦劳动力市场中有效的企业动力学》Leo Kaas and Philipp Kircher

《技术变化、工资不平等与税收》Laurence Ales，Musab Kurnaz and Christopher Sleet

《非优化机构设计》Jason D. Hartline and Brendan Lucier

《土地所有权与使用权的分离：墨西哥的认证与迁移》Alain de Janvry，Kyle Emerick，Marco Gonzalez-Navarro and Elisabeth Sadoulet

《下一代的佩恩表》Robert Feenstra，Robert Inklaar and Marcel Timmer

《竞争、涨价与国际贸易收益》Chris Edmond，Virgiliu Midrigan and Yi Xu

2015 年 9 月，105 卷 9 期／ Sep 2015，105（9）6

《消费不平等是否映射了收入不平等？》Mark Aguiar and Mark Bils

《教育、艾滋病毒与早期生育——来自肯尼亚的证据》Esther Duflo，Pascaline Dupas and Michael Kremer

《401（K）退休养老金计划（默认观点）中的福利经济学》B. Douglas Bernheim，Andrey Fradkin and Igor Popov

《信用约束与全球经济增长》Nicolas Coeurdacier，Stéphane Guibaud and Keyu Jin

《合作却没有互惠：个别策略在重复囚徒困境》Yves Breitmoser

《关系的价值：来自对肯尼亚玫瑰出口供应冲击的证据》Rocco Macchiavello and Ameet Morjaria

2015 年 8 月，105 卷 8 期／ Aug 2015，105（8）

《你的、我的与我们的：离婚法律是否影响夫妻双方的跨期行为？》Alessandra Voena

《主权危机中的国家团结》Jean Tirole

《国家能力与经济发展：一种网络方法》Daron Acemoglu，Camilo García-Jimeno and James A. Robinson

《跨党派：对再分配政治信息的影响》Katherine Casey

《"人"的健康保险：信息摩擦、计划选择与消费者福利》Benjamin R. Handel and Jonathan T. Kolstad

《评价行为动机的政策——来自灯泡市场的实验数据》Hunt Allcott and Dmitry Taubinsky

《没有信息的税收：增值税的威慑与自我执行》Dina Pomeranz

《回到基础面：抽象经济的平衡》Michael Richter and Ariel Rubinstein

《内生进入型拍卖业中的歧视》Philippe Jehiel and Laurent Lamy

《信息刚度与预期形成的过程：一个简单的框架与新的事实》Olivier Coibion and Yuriy Gorodnichenko

《如何控制被控制学校的选择》Federico Echenique and M. Bumin Yenmez

《以儿女的名义：美国的代际流动（1840—1950年）》Claudia Olivetti and M. Daniele Paserman

2015年7月，105卷7期／ Jul 2015, 105（7）

《医学比赛的实证模型》Nikhil Agarwal

《金融纠缠：一种关于不完全集成、杠杆、崩溃与传染的理论》Nicolae Grleanu, Stavros Panageas and Jianfeng Yu

《银行学、流动性与在一个无限地平线经济运行的银行》Mark Gertler and Nobuhiro Kiyotaki

《公司在长期研究中是否投资不足？——来自癌症临床实验的数据》Eric Budish, Benjamin N. Roin and Heidi Williams

《收购、生产率与盈利能力——来自日本棉纺织业的证据》Serguey Braguinsky, Atsushi Ohyama, Tetsuji Okazaki and Chad Syverson

《多配对战斗的团队比赛》Qiang Fu, Jingfeng Lu and Yue Pan

《信息机会主义的纵向契约》Vianney Dequiedt and David Martimort

《显示性偏好、理性的注意力不集中与昂贵的信息获取》Andrew Caplin and Mark Dean

《一场消耗战的估计：来自美国电影业的案例》Yuya Takahashi

《风险偏好不是时间偏好：在风险条件下对时间偏好的启发（评论）》Stephen Cheung

《风险偏好不是时间偏好：分离风险与时间偏好（评论）》Bin Miao and Songfa Zhong

2015年6月，105卷6期／ Jun 2015, 105（6）

《市场失灵与公共政策》Jean Tirole

《消费者搜索与双重边缘化》Maarten Janssen and Sandro Shelegia

《时间不一致选民的政府政策》Alberto Bisin, Alessandro Lizzeri and Leeat Yariv

《贩卖网络与墨西哥毒品战争》Melissa Dell

《印度村庄的庇护主义》Siwan Anderson, Patrick Francois and Ashok Kotwal

《民主的价值——来自肯尼亚道路建设的证据》Robin Burgess, Remi Jedwab, Edward Miguel, Ameet Morjaria and Gerard Padr贸 i Miquel

《美国的生育与儿童》Thomas Baudin, David de la Croix and Paula Gobbi

《内生流动性与商业周期》Saki Bigio

2015年5月, 105卷5期 / May 2015, 105 (5)

《基于实用主义视角的行为经济学与公共政策》Raj Chetty

《二十一世纪的资本与财富》David Weil

《二十一世纪的资本税收》Alan Auerbach and Kevin Hassett

《是的, r>g, 那又怎么样?》N. Gregory Mankiw

《关于二十一世纪的资本》Thomas Piketty

《基于供给侧视角的长期停滞》Robert J. Gordon

《需求方长期停滞》Lawrence Summers

《基于长远视角的长期停滞》Barry Eichengreen

《Gary Becker对经济学与政策的影响》Edward P. Lazear

《人力资本与增长》Robert Lucas

《经济增长理论中的Mathiness》Paul Romer

《熊彼特经济增长理论的经验与教训》Philippe Aghion, Ufuk Akcigit and Peter Howitt

《全球化与增长》Gene M. Grossman and Elhanan Helpman

《信息与任务：通过交流影响消费者的健康保险登记》Natalie Cox, Benjamin Handel, Jonathan Kolstad and Neale Mahoney

《医疗保险交易所的狭义网络：他们看起来像什么样子？他们是如何影响价格的？——基于德克萨斯州的一个案例研究》Leemore Dafny, Igal Hendel and Nathan Wilson

《有限供应商的消费者价值评估》Keith Ericson and Amanda Starc

《市场规模与结构对健康保险费的影响——来自第一年医疗平价法案的证据》Michael J. Dickstein, Mark Duggan, Joe Orsini and Pietro Tebaldi

《失业救助对失业保险收据持续时间的影响：来自密苏里州的回归扭结设计的新证据（2003—2013年）》David Card, Andrew Johnston, Pauline Leung,

Alexandre Mas and Zhuan Pei

《退伍军人的劳动参与率：退伍军人管理局的伤残赔偿计划有什么作用?》Courtney Coile, Mark Duggan and Audrey Guo

《收入、可支配收入、允许与拒绝残疾保险申请者的消费》Andreas Ravndal Kost and Magne Mogstad

《回忆期望与持续时间依赖》Arash Nekoei and Andrea Weber

《大萧条与跨收入群体的信贷趋势》Gene Amromin and Leslie McGranahan

《经济周期与大萧条的异质性：收入分配的影响》Marianne Bitler and Hilary Hoynes

《大萧条期间安全网使用的变化》Patricia Anderson, Kristin Butcher and Diane Whitmore Schanzenbach

《生计、加倍与大萧条：这一次不同吗?》Marianne Bitler and Hilary Hoynes

《延长失业保险福利的影响：来自逐步淘汰的2012—2013年的证据》Henry S. Farber, Jesse Rothstein and Robert G. Valletta

《残疾保险与大萧条》Nicole Maestas, Kathleen J. Mullen and Alexander Strand

《解构能源效率的差距：概念框架与证据》Todd Gerarden, Richard Newell and Robert Stavins

《能效补贴的标签与目标》Hunt Allcott, Christopher Knittel and Dmitry Taubinsky

《有限关注与住宅节能的差距》Karen Palmer and Margaret Walls

《个人时间偏好与能源效率》Richard Newell and Juha Siikamäki

《非货币性成本的能源投资效率大吗？理解一个自由能源效率计划的低吸纳量》Meredith Fowlie, Michael Greenstone and Catherine Wolfram

《移民执法与犯罪》Paolo Pinotti

《移民法制化对犯罪的影响》Scott R. Baker

《刑事司法对行政干预的回应：来自移民改革的证据》Sarah Bohn, Matthew Freedman and Emily Owens

《墨西哥移民对美国犯罪的长期影响：来自墨西哥裔生育率变化的证据》Aaron Chalfin

《增长、污染与预期寿命：中国（1991—2012年）》Avraham Ebenstein, Maoyong Fan, Michael Greenstone, Guojun He, Peng Yin and Maigeng Zhou

《卫星、自我报告与淹没：孟加拉国的洪涝灾害风险》Raymond Guiteras, Amir Jina and A. Mushfiq Mobarak

《账单到期即付：南非的预付计量与电费支出》B. Kelsey Jack and Grant Smith

《攀登能源阶梯：经济福利的增长对印度穷人能源消费选择的影响》Rema Hanna and Paulina Oliva

《适应气候变化的趋同现象：来自高温与死亡的证据（1900—2004年）》Alan Barreca, Karen Clay, Olivier Deschenes, Michael Greenstone and Joseph S. Shapiro

《地理、折旧与增长》Solomon M. Hsiang and Amir S. Jina

《热带经济学》Solomon M. Hsiang and Kyle C. Meng

《联邦农作物保险与适应酷热的消极化》Francis Annan and Wolfram Schlenker

《为什么现时偏向型代理人不作出承诺?》David Laibson

《现时偏向：吸取与需要吸取的经验教训》Ted O'Donoghue and Matthew Rabin

《动态不一致的实证判断证据》Charles Sprenger

《忠诚、退出与执法——来自肯尼亚奶业合作社的证据》Lorenzo Casaburi and Rocco Macchiavello

《事前（中）有效谈判与贸易破裂》Rajkamal Iyer and Antoinette Schoar

《约束条件下企业成长外部效应的两难困境》Greg Fischer and Dean Karlan

《培训服务市场：一个关于孟加拉国服装加工行业的需求实验》Rocco Macchiavello, Atonu Rabbani and Christopher Woodruff

《信贷繁荣、精明的银行家与金融危机》Anjan Thakor

《被忽视的风险：金融危机的心理学》Nicola Gennaioli, Andrei Shleifer and Robert Vishny

《严格的资本要求会提升资本成本吗？银行监管、资本结构与异常的低风险》Malcolm Baker and Jeffrey Wurgler

《某家银行的历史是否会影响它的风险?》Christa H. S. Bouwman and Ulrike Malmendier

《为什么公司有"目的"？公司作为身份与声誉载体的作用》Rebecca Henderson and Eric Van den Steen

《组织文化与绩效》Elizabeth A. Martinez, Nancy Beaulieu, Robert Gibbons, Peter Pronovost and Thomas Wang

《企业文化、社会文化与制度》Luigi Guiso, Paola Sapienza and Luigi Zingales

《理解非洲的民族认同：来自内隐联想测验（IAT）的证据》Sara Lowes, Nathan Nunn, James A. Robinson and Jonathan Weigel

《宗教与创新》Roland Benabou, Davide Ticchi and Andrea Vindigni

《测量选票销售：来自菲律宾的田野调查》Allen Hicken, Stephen Leider, Nico Ravanilla and Dean Yang

《更多的钱，更多的问题？高工资能否是强制性的和令人厌恶的?》Sandro Ambuehl, Muriel Niederle and Alvin Roth

《神圣的价值观？信息对人体器官支付态度的影响》Julio Elias, Nicola Lacetera and Mario Macis

《决定何时退出：对自动售货机结果的参考依赖性》Jaimie W. Lien and Jie Zheng

《最优停止决定的配置效应检验》Jacopo Magnani

《消费者产品在售后的损失规避与替代》Debajyoti Ray, Matthew Shum and Colin F. Camerer

《NFL 球员在短暂收入上涨至巅峰后的破产率》Kyle Carlson, Joshua Kim, Annamaria Lusardi and Colin F. Camerer

《（行为）经济学原理》David Laibson and John List

《教一门行为经济学的选修课：突出经济学的科学性》Ted O'Donoghue

《行为经济学与公共政策102：超越刺激》Saurabh Bhargava and George Loewenstein

《站立或跌倒分开？电视游戏节目中的高风险交易》Dennie van Dolder, Martijn J. van den Assem, Colin F. Camerer and Richard H. Thaler

《动态钓鱼游戏中的合作：一个框架化的现场实验》Charles Noussair, Daan van Soest and Jan Stoop

《我关心我自己：领导如何处理个人与集体之间激励冲突的领域研究》Romain Gauriot and Lionel Page

《退休储蓄系统的流动性：一个国际比较》John Beshears, James Choi, Joshua Hurwitz, David Laibson and Brigitte Madrian

《消费的构成效应——来自新加坡的证据》Sumit Agarwal, Jessica Pan and Wenlan Qian

《界定供款退休金计划：共同基金资产的配置变化》Clemens Sialm, Laura Starks and Hanjiang Zhang

《中国的退休消费难题》Hongbin Li, Xinzheng Shi and Binzhen Wu

《私人股本公司拥有更好的管理实践吗?》Nicholas Bloom, Raffaella Sadun and John van Reenen

《非正式管理的正式措施:平衡计分卡能改变一种文化吗?》Robert Gibbons and Robert S. Kaplan

《关系契约的真正影响》Steven Blader, Claudine Gartenberg, Rebecca Henderson and Andrea Prat

《官僚机构中民族多样性的影响——来自尼日利亚的证据》Imran Rasul and Daniel Rogger

《自然领域的实验是否比实验室的实验提供了更多或更少的控制?》Omar Al-Ubaydli and John List

《影响评价的非均匀处理效应》Eva Vivalt

《从实验中学习情境》Lant Pritchett and Justin Sandefur

《设定误差稳定性的一种方法》Susan Athey and Guido Imbens

《需求估计的机器学习方法》Patrick Bajari, Denis Nekipelov, Stephen Ryan and Miaoyu Yang

《带有许多控制与工具的线性模型的后选择与后调整化推理》Victor Chernozhukov, Christian Hansen and Martin Spindler

《预测政策问题》Jon Kleinberg, Jens Ludwig, Sendhil Mullainathan and Ziad Obermeyer

《在线教育能否提高高等教育的成本曲线?》David Deming, Claudia Goldin, Lawrence Katz and Noam Yuchtman

《中学后教育援助的计量经济学评估》Joshua Angrist, David Autor, Sally Hudson and Amanda Pallais

《学生贷款与劳动力市场结果之间的联系:来自智利的经验》Harald Beyer, Justine Hastings, Christopher Neilson and Seth Zimmerman

《高分的低收入学生对大学了解多少?》Caroline Hoxby and Sarah Turner

《不制造产品的制造公司》Andrew B. Bernard and Teresa Fort

《测算美国企业内的贸易量有多好?》Kim Ruhl

《跨国生产:数据与程式化的事实》Natalia Ramondo, Andres Rodriguez-Clare and Felix Tintelnot

《公司的提高标价与成本分散——来自巴基斯坦生产调查的直接证据》David Atkin, Azam Chaudhry, Shamyla Chaudhry, Amit K. Khandelwal and Eric

Verhoogen

《在增长与全球化的低收入国家的非正式就业》Brian McCaig and Nina Pavcnik

《贸易自由化与技能溢价：一种本土劳动力市场的方法》Rafael Dix-Carneiro and Brian K. Kovak

《历史与城市规模》Hoyt Bleakley and Jeffrey Lin

《健康转型期城市在死亡下降率方面的不平等》Dora L. Costa and Matthew Kahn

《杀手城市：过去与现在》W Hanlon and Yuan Tian

《临时保护状态对移民劳动力市场结果的影响》Pia Orrenius and Madeline Zavodny

《强制迁移对劳动力市场的影响》Isabel Ruiz and Carlos Vargas-Silva

《经济自由对黑白人收入差距的影响》Gary Hoover, Ryan Compton and Daniel Giedeman

《收入不平等、资本主义与民族语言的分馏》Jan-Egbert Sturm and Jakob de Haan

《经济自由对黑白人收入差距的影响》Gary Hoover, Ryan Compton and Daniel Giedeman

《通过裂缝？可能未经授权移民的儿童年级保留与辍学》Catalina Amuedo-Dorantes and Mary J. Lopez

《高分少数民族学生的学术低匹配：来自种族中立和整体招生政策的证据》Sandra Black, Kalena E. Cortes and Jane Arnold Lincove

《家庭资产配置、子女教育与三明治一代》Vicki L. Bogan

《印度配偶间的信任与互惠》Carolina Castilla

《禁止饮酒能减少对妇女的暴力行为吗？》Dara Lee Luca, Emily Owens and Gunjan Sharma

《延迟首次生育对劳动力供给的影响》Jane Leber Herr

《儿童性别与父母的投入：韩国不再有生儿子的偏好了？》Eleanor Jawon Choi and Jisoo Hwang

《需求冲击与开放的难题》Yan Bai and José-Víctor Ríos-Rull

《基于实时监测与预报误差分布的宏观经济不确定性指标》Barbara Rossi and Tatevik Sekhposyan

《FOMC前瞻指引与投资者的信念》Arunima Sinha

《（间接）输入联系》Marcela Eslava, Ana Cecília Fieler and Yi Xu

《美国经济协会通用学术问卷汇总统计》Charles E. Scott and John Siegfried

2015年4月，105卷4期／ Apr 2015, 105（4）

《气候俱乐部：克服国际气候政策中的搭便车现象》William Nordhaus

《圣迭戈的住房市场》Tim Landvoigt, Monika Piazzesi and Martin Schneider

《美国金融业的效率会越来越低？——论金融中介的理论与测量》Thomas Philippon

《信贷危机的剖析：美国20世纪20年代农产品的繁荣与萧条》Raghuram Rajan and Rodney Ramcharan

《弹性是如何成为重新分配的偏好的？——来自随机调查实验的证据》Ilyana Kuziemko, Michael I. Norton, Emmanuel Saez and Stefanie Stantcheva

《发展中国家的工资与非正式收入》Costas Meghir, Renata Narita and Jean-Marc Robin

《医疗保险处方药计划是保险公司的低收入补贴设计吗？》Francesco Decarolis

《惩罚与威慑：来自酒驾的证据》Benjamin Hansen

《直到痛苦结束：在动态背景下的前景理论》Sebastian Ebert and Philipp Strack

《相关忽视、投票行为与信息聚集》Gilat Levy and Ronny Razin

《竞争性政策发展》Gilat Levy and Ronny Razin

2015年3月，105卷3期／ Mar 2015, 105（3）

《价格歧视的限度》Dirk Bergemann, Benjamin Brooks and Stephen Morris

《信贷供应与住房价格》Giovanni Favara and Jean Imbs

《销售周期、定期与有效价格：经济周期和政策的影响》Olivier Coibion, Yuriy Gorodnichenko and Gee Hee Hong

《逆向选择与个人任务：当理论碰到实践》Martin B. Hackmann, Jonathan T. Kolstad and Amanda Kowalski

《公共医学上的贫困实验战争：社区卫生中心与美国老年人的死亡率》Martha Bailey and Andrew Goodman-Bacon

《新型贸易模式与新型福利的启示》Marc Melitz and Stephen Redding

《犹豫的优点：一个不稳定世界的最佳时机》Urmee Khan and Maxwell B. Stinchcombe

《测量不确定度》Kyle Jurado, Sydney Ludvigson and Serena Ng

《不平等、杠杆和危机》Michael Kumhof, Romain Rancière and Pablo Winant

《不确定条件下的灵活性和随机性偏好》Kota Saito

《债务减免和债务人的结果：消费者破产保护的影响》Will Dobbie and Jae Song

《汽车以旧换新与汽油政策》Mark R. Jacobsen and Arthur A. van Benthem

2015年2月，105卷2期／ Feb 2015，105（2）

《大迁徙对非裔美国人死亡率的影响：来自美国深南部地区的证据》Dan Black, Seth G. Sanders, Evan J. Taylor and Lowell J. Taylor

《政治行为上的过度自信》Pietro Ortoleva and Erik Snowberg

《稳健性与线性合同》Gabriel Carroll

《金融网络的系统性风险与稳定性》Daron Acemoglu, Asuman Ozdaglar and Alireza Tahbaz-Salehi

《价格补贴、诊断试验与疟疾治疗的靶向性：一组随机对照试验证据》Jessica Cohen, Pascaline Dupas and Simone Schaner

《自我确认平衡与模型的不确定性》Pierpaolo Battigalli, Simone Cerreia-Vioglio, Fabio Maccheroni and Massimo Marinacci

《环境健康风险与住房价值：来自1600家排毒工厂开关门的证据》Janet Currie, Lucas Davis, Michael Greenstone and Reed Walker

《相当于隐性健康保险的破产》Neale Mahoney

《群体中的领导惩罚与合作：来自埃塞俄比亚公共资源管理的田野调查》Michael Kosfeld and Devesh Rustagi

《经验的价格》Hyeok Jeong, Yong Kim and Iourii Manovskii

《最优生命周期失业保险》Claudio Michelacci and Hernán Ruffo

《反周期的风险厌恶证据：来自金融专业的实证》Alain Cohn, Jan Engelmann, Ernst Fehr and Michel Maréchal

《作为匹配机制的信息披露：来自田野实验的理论与证据》Steven Tadelis and Florian Zettelmeyer

《资产实验市场中的性别、竞争和泡沫》Catherine Eckel and Sascha Fullbrunn

2015年1月，105卷1期／ Jan 2015，105（1）

《关于异质信念和财富效应的信息：反应不足、动量与反转》Marco Ottaviani and Peter Sorensen

《基础设施质量与补贴陷阱》Shaun McRae

《分布式约束下的高效匹配：理论与应用》Yuichiro Kamada and Fuhito Kojima

《当教师质量政策遇见供给问题》Jesse Rothstein

《配置与技术：来自美国钢铁业的证据》Allan Collard-Wexler and Jan De Loecker

《价格谈判与并购：来自医院行业的证据》Gautam Gowrisankaran, Aviv Nevo and Robert Town

《对医疗保险处方药计划的关注或支付太多了？》Jonathan D. Ketcham, Claudio Lucarelli and Christopher A. Powers

《移动通讯的服务需求：偏见、学习与手机账单冲击》Michael Grubb and Matthew Osborne

《类别选择的理性疏忽：一个多项分布对数模型的新基础》Filip Matejka and Alisdair McKay

《显示性偏好理论》Efe A. Ok, Pietro Ortoleva and Gil Riella

《选民如何回应信息？——随机运动的证据》Chad Kendall, Tommaso Nannicini and Francesco Trebbi

《机构腐败与选举舞弊——来自阿富汗的田野调查》Michael Callen and James D. Long

《非洲发展中的"采采蝇效应"》Marcella Alsan

《监管何时会扭曲成本？——来自美国发电燃料采购的教训》Steve Cicala

《寿险公司的金融摩擦成本》Ralph S. J. Koijen and Motohiro Yogo

2014年12月，104卷12期／ Dec 2014, 104（12）

《基于成本验证的优化配置》Alberto Alesina and Eliana La Ferrara

《三个或多个结果的模糊厌恶》Mark J. Machina

《医院选择、医疗价格和对医生的财务激励》Kate Ho and Ariel Pakes

《你认识谁或者你知道什么？——关于游说过程的实证评估》Marianne Bertrand, Matilde Bombardini and Francesco Trebbi

《基于儿童认识发展研究的新生儿健康状态不佳的影响》David Figlio, Jonathan Guryan, Krzysztof Karbownik and Jeffrey Roth

《私人股本、工作和生产力》Steven Davis, John Haltiwanger, Kyle Handley, Ron Jarmin, Josh Lerner and Javier Miranda

《房地产市场的冷季与热季》L. Rachel Ngai and Silvana Tenreyro

《二级贷款市场中逆向选择的声誉与持续性》V. V. Chari, Ali Shourideh and Ariel Zetlin-Jones

《公共资源开发中的动态效率成本》Ling Huang and Martin D. Smith

《贸易战与贸易谈判》Ralph Ossa

《现在或再晚点消费？时间不一致、集体选择和显示性偏好》Abi Adams, Laurens Cherchye, Bram De Rock and Ewout Verriest

《实验室中的偏差与集体动态选择》Matthew Jackson and Leeat Yariv

《消费与债务对未预期收入冲击的响应——来自新加坡自然实验的证据》Sumit Agarwal and Wenlan Qian

《风险问题：波动冲击的真正影响——评论》Benjamin Born and Johannes Pfeifer

2014 年 11 月，104 卷 11 期 / Nov 2014, 104 (11)

《对死刑中种族偏见的检验》Alberto Alesina and Eliana La Ferrara

《对仲裁员的选择》Geoffroy de Clippel, Kfir Eliaz and Brian Knight

《基于资产需求的预期效用最大化测试》Felix Kubler, Larry Selden and Xiao Wei

《关于社会折现的生物学理论》Arthur Robson and Balázs Szentes

《幸福数据能推断出边际替代率吗？——来自居住选择的证据》Daniel Benjamin, Ori Heffetz, Miles Kimball and Alex Rees-Jones

《不匹配失业》Ay?egül ?ahin, Joseph Song, Giorgio Topa and Giovanni L. Violante

《入门级劳动力市场的低效雇佣》Amanda Pallais

《国际贸易的网络结构》Thomas Chaney

《结构转型、生产力的增长额和服务成本病》Alwyn Young

《二手车市场的定量分析》Alessandro Gavazza, Alessandro Lizzeri and Nikita Roketskiy

《沿广义与集约边界的生育过渡》Daniel Aaronson, Fabian Lange and Bhashkar Mazumder

《索赔确认》Nabil Al-Najjar, Luciano Pomatto and Alvaro Sandroni

《沟通的力量》David Rahman

《人力资本存量——一种广义的方法》Benjamin F. Jones

2014 年 10 月，104 卷 10 期 / Oct 2014, 104 (10)

《强制性与自主性开支：现状的效应》T. Renee Bowen, Ying Chen and Hülya Eraslan

《行为实施》Geoffroy de Clippel

《行为干预的短期与长期影响：来自节能的经验证据》Hunt Allcott and Todd Rogers

《印度的环境法规、空气与水污染和婴儿死亡率》Michael Greenstone and Rema Hanna

《竞争与意识形态的多元化：来自美国报纸的历史证据》Matthew Gentzkow, Jesse Shapiro and Michael Sinkinson

《金融网络与危机传染》Matthew Elliott, Benjamin Golub and Matthew Jackson

《零利率下限对中长期利率的影响评估》Eric Swanson and John Williams

《金融摩擦造成的生产力损失：自筹经费能否解决资本配置不当的问题？》Benjamin Moll

《德国犹太人？移民与美国发明》Petra Moser, Alessandra Voena and Fabian Waldinger

《效率、平等和标签：来自明确谈判中焦点问题的经验调查》Andrea Isoni, Anders Poulsen, Robert Sugden and Kei Tsutsui

《竞争拍卖中的有效性入口》James Albrecht, Pieter Gautier and Susan Vroman

《重新审视私人股本溢价之谜》Katya Kartashova

《风险选择如何应对风险调整？——来自医疗保险特惠项目的新证据》Jason Brown, Mark Duggan, Ilyana Kuziemko and William Woolston

《搜索市场的并购效应：来自加拿大抵押贷款行业的证据》Jason Allen, Robert Clark and Jean-Fran?ois Houde

2014年9月，104卷9期／ Sep 2014, 104 (9)

《衡量教师的影响力（1）：增值评估中的偏差测算》Raj Chetty, John Friedman and Jonah E. Rockoff

《衡量教师的影响力（2）：教师增值与学生在成年时期的产出》Raj Chetty, John Friedman and Jonah E. Rockoff

《你要花多少钱来解决长期风险？》Larry Epstein, Emmanuel Farhi and Tomasz Strzalecki

《超越幸福与满足：基于意向性调查的幸福指数》Daniel Benjamin, Ori Heffetz, Miles Kimball and Nichole Szembrot

《人力资本与国家财富》Rodolfo E. Manuelli and Ananth Seshadri

《地铁、罢工与怠工：公共交通对交通拥堵的影响》Michael Anderson

《华尔街与房地产泡沫》Ing-Haw Cheng, Sahil Raina and Wei Xiong

《按揭修改与战略行为——一个来自全国性法律协议的证据》Christopher

Mayer, Edward Morrison, Tomasz Piskorski and Arpit Gupta

《不可逆投资的动态搭便车》Marco Battaglini, Salvatore Nunnari and Thomas R. Palfrey

《电力市场的排放成本》Natalia Fabra and Mar Reguant

《欺诈性索赔与吹毛求疵的保险公司》Jean-Marc Bourgeon and Pierre Picard

《多种复合产品搜索与联合搜索的效果》Jidong Zhou

《经济研究评论》/ Review of Economic Studies
1933 年创刊
Ideas 简单影响因子最新统计：44.773

2016 年 4 月，83 卷 2 期 / Apr 2016, 83 (4)

《疏忽生产者模型中的货币冲击》Fernando E. Alvarez, Francesco Lippi, and Luigi Paciello

《投票立场、选择疲劳与投票行为》Ned Augenblick and Scott Nicholson

《注意力竞争》Pedro Bordalo, Nicola Gennaioli, and Andrei Shleifer

《以中介为基础的求职网》Christian Dustmann, Albrecht Glitz, Uta Schönberg, and Herbert Brücker

《受限的科斯定理：承包、所有权与搭便车》Tore Ellingsen and Elena Paltseva

《原谅慈善中的自私：风险的作用》Christine L. Exley

《关系与成长：论经济发展中的关系契约与竞争市场的相互动态作用》Shingo Ishiguro

《递归的词典搜索：寻找所有马尔可夫完美均衡的有限状态定向动态博弈》Fedor Iskhakov, John Rust, and Bertel Schjerning

《求助与金融脆弱性》Todd Keister

《最薄弱环节游戏中的有效协调》Arno Riedl, Ingrid M. T. Rohde, and Martin Strobel

《机场、污染与同期健康》Wolfram Schlenker and W. Reed Walker

《登陆第一份工作：中介人在网上招聘的价值》Christopher T. Stanton and Catherine Thomas

2016 年 1 月，83 卷 1 期 / Jan 2016, 83 (1)

《作为挟持解决方案的纵向一体化》Marie-Laure Allain, Claire Chambolle, and Patrick Rey

《搜索威慑》Mark Armstrong and Jidong Zhou

《一分钱拍卖中的沉没成本谬误》Ned Augenblick

《贸易引起的技术变化？中国进口对创新、IT 和生产力的影响》Nicholas Bloom, Mirko Draca, and John Van Reenen

《马拉维与HIV/AIDS 相关的预期与危险性行为》Adeline Delavande and Hans-Peter Kohler

《定价网络效应》Itay P. Fainmesser and Andrea Galeotti

《专利权与创新披露》Hugo A. Hopenhayn and Francesco Squintani

《非洲需要一个坏的亲属定理吗？——来自乡村经济的实验证据》Pamela Jakiela and Owen Ozier

《能源部门游说的政策影响与私人回报》Karam Kang

《许多玩家的游戏推理》Konrad Menzel

《订单驱动的市场几乎都是有竞争力的》Klaus Ritzberger

《生育差异、人力资本与发展》Tom S. Vogl

《一个一般偏好下易于处理的模型》Tsz-Nga Wong

2015 年 10 月，82 卷 10 期／ Oct 2015, 82 (10) 12

《大学专业选择与先上大学再选专业》Paola Bordon and Chao Fu

《坏男孩：犯罪认同感显著如何影响违规的?》Alain Cohn, Michel André Maréchal, and Thomas Noll

《企业预测市场——来自谷歌、福特与某公司的证据》Bo Cowgill and Eric Zitzewitz

《政治联系的死亡代价》Raymond Fisman and Yongxiang Wang

《证券化与贷款竞争》David M. Frankel and Yu Jin

《国家能力与军事冲突》Nicola Gennaioli and Hans-Joachim Voth

《实物期权与风险动态》Dirk Hackbarth and Timothy Johnson

《调解与和平》Johannes Hörner, Massimo Morelli, and Francesco Squintani

《商业周期动态下的理性疏忽》Bartosz Maćkowiak and Mirko Wiederholt

《资产市场下的不确定性、信息获取与价格波动》Antonio Mele and Francesco Sangiorgi

《中国大饥荒的制度原因（1959-1961 年）》Xin Meng, Nancy Qian, and Pierre Yared

《收入差异与可转让价格：在线零售商的见解》Ina Simonovska

2015 年 7 月，82 卷 3 期／ Jul 2016, 82 (3)

《具有内生违约的常设委员会谈判》Vincent Anesi and Daniel J. Seidmann

《论噪声理性预期模型类别中的均衡性与唯一性》Bradyn Breon-Drish
《对分散股东与公司控制的信号》Mike Burkart and Samuel Lee
《信贷市场、有限承诺与政府债务》Francesca Carapella and Stephen Williamson
《对固定效应模型的分割面板刀切法评估》Geert Dhaene and Koen Jochmans
《婴儿潮与二战：宏观经济分析》Matthias Doepke, Moshe Hazan, and Yishay D. Maoz
《管理薪酬的识别与测试模型》George-Levi Gayle and Robert A. Miller
《完整市场与抵押品约束条件下的动态竞争经济》Piero Gottardi and Felix Kubler
《让步条件：中国市场准入的技术资本转移》Thomas J. Holmes, Ellen R. McGrattan, and Edward C. Prescott
《小型开放经济体的金融脆弱性：企业资产负债表与部门结构》Yannick Kalantzis
《弱受控策略下的实施：第二价格拍卖与牌价机制的最优化》Takuro Yamashita

2015 年 4 月，82 卷 2 期／ Apr 2016, 82 (2) 12

《历史、期望与领导在社会规范中的演变》Daron Acemoglu and Matthew O. Jackson
《竞争对管理质量的影响——来自公立医院的证据》Nicholas Bloom, Carol Propper, Stephan Seiler, and John Van Reenen
《竞争性劳动力市场中的关系契约》Simon Board and Moritz Meyer-Ter-Vehn
《跨境银行与全球流动性》Valentina Bruno and Hyun Song Shin
《从一夫多妻制到一夫一妻制：一个统一的婚姻制度理论》David De La Croix and Fabio Mariani
《讨价还价与声誉：在行为类型条件下的讨价还价实验》Matthew Embrey, Guillaume R. Fréchette, and Steven F. Lehrer
《最优契约与知识组织》William Fuchs, Luis Garicano, and Luis Rayo
《职业流动的 U 型》Fane Groes, Philipp Kircher, and Iourii Manovskii
《姓氏的信息内容、代际流动的演变及选型交配》Maia Güell, José V. Rodríguez Mora, and Christopher I. Telmer
《组织的透明度》Philippe Jehiel
《具有退出权的最优销售合同》Daniel Krähmer and Roland Strausz
《选择大学主修科目的决定因素：使用信息实验的识别》Matthew Wiswall

and Basit Zafar

2015年1月，82卷1期 / Jan 2016, 82 (1)

《北美自由贸易区的贸易与福利影响估计》Lorenzo Caliendo and Fernando Parro《学习与模型验证》In-Koo Cho and Kenneth Kasa

《一个外国直接投资的林德假说》Pablo Fajgelbaum, Gene M. Grossman, and Elhanan Helpman

《竞争性工作场所禁止女性工人吗？——关于工作进入决策的大范围自然现场实验》Jeffrey A. Flory, Andreas Leibbrandt, and John A. List

《信念异质性能否解释资产价格？关于远景偏见的案例》Amit Gandhi and Ricardo Serrano-Padial

《项目与团队动态》George Georgiadis

《消费者注意力不集中与手机账单震撼的调控》Michael D. Grubb

《城市的商品价格与有效性》Jessie Handbury and David E. Weinstein

《损失规避与低效谈判》Fabian Herweg and Klaus M. Schmidt

《剖析信贷供给对贸易的影响——来自匹配信贷出口数据的证据》Daniel Paravisini, Veronica Rappoport, Philipp Schnabl, and Daniel Wolfenzon

《多产品零售》Andrew Rhodes

《共同代理问题中的可收缩合同》Balázs Szentes

《经济地理》/ *Economic Geography*
1925年创刊
Ideas 简单影响因子最新统计：2.735

2015年10月，91卷4期 / Oct 2015, 91 (4)

《欧洲移民、祖籍国家和美国经济的长期发展》Andrés Rodríguez-Pose and Viola von Berlepsch

《新体制的责任：新的碳经济时期初级商品的碳排放》Jim Ormond

《有界限的创业活力：女性创业者的混合嵌入》Thilde Langevang, Katherine V. Gough, Paul W. K. Yankson, George Owusu and Robert Osei

《平衡技能和城市：创业技能的平衡、密集度和创新之间的关系》Elisabeth Bublitz, Michael Fritsch and Michael Wyrwich

2015年7月，91卷3期 / Jul 2015, 91 (3)

《区域块和帝国遗产：全球离岸市场的外商直接投资网络绘图》Daniel Haberly and Dariusz Wójcik

《金融指数：保密地理的一道新曙光》Alex Cobham, Petr Janský and Markus Meinzer

《境外的外商直接投资、资本往返和腐败：基于俄罗斯地区的实证分析》Svetlana Ledyaeva, Päivi Karhunen, Riitta Kosonen and John Whalley

《移民的文化引力影响：基于欧洲 15 国的比较研究》

2015 年 4 月，91 卷 2 期 / Apr 2015, 91 (2)

《再来一个飞地的欢呼：智利矿工业飞地的兑换本质》Nicholas A. Phelps, Miguel Atienza and Martin Arias

《马戏团的表演：太阳马戏团对〈翻译区〉的角色创造分析》Norma M. Rantisi and Deborah Leslie

《空间竞争和战略决策中的相互依存关系：基于特许经营的经验数据分析》Shaoling Chen, Susheng Wang and Haisheng Yang

《经合组织对地区总增长的贡献》Enrique Garcilazo and Joaquim Oliveira Martins

《电子商务研究与应用》/ Electronic Commerce Research and Applications
2002 年创刊
Ideas 简单影响因子最新统计：1.482

2016 年 1 月，15 卷 / Jan 2016, 15

《有组织的社会资本和金融信贷市场的贷款绩效：基于在线市场点对点交易的实证研究》Xiangru Chen, Lina Zhou, Difang Wan

《在社交商务中建立品牌忠诚度：微博的品牌效应》Kem Z. K. Zhang, Morad Benyoucef, Sesia J. Zhao

《仔细挑选您的支付合作伙伴：支付供应商声誉对电子商务交易的影响》Antonia Köster, Christian Matt, Thomas Hess

《关系加强与有效的在线服务建议经验》Dong-Mo Koo

《购买隐私：消费细节泄露给了贝宝》Sören Preibusch, Thomas Peetz, Gunes Acar, Bettina Berendt

2015 年 10 月，14 卷 6 期 / Oct 2015, 14 (6)

《基于公众角度的客户授权对电子政务成功的影响分析》Haitham Alshibly, Raymond Chiong

《基于盈余最大化的组合双拍卖赢家奖励计划》Fu-Shiung Hsieh, Chi-Shiang Liao

《应用程序意料之外的功能对用户持续使用意向的影响》Jack Shih-Chieh Hsu, Tung-Ching Lin, Tzu-Wei Fu, Yu-Wen Hung

《基于云计算的交通数据中心地图匹配》Jian Huang, Jinhui Qie, Chunwei Liu, Siyang Li, Jingnong Weng, Weifeng Lv

《股票市场中投资组合选择因子的概念漂移挖掘》Yong Hu, Kang Liu, Xiangzhou Zhang, Kang Xie, Weiqi Chen, Yuran Zeng, Mei Liu

《云计算智能技术在财务安全管理中的应用》Lidia Ogiela

《基于随机波动模型的醒目广告晶格定价理论框架》Bowei Chen, Jun Wang

《电子显性成熟度模型：一个评价和比较电子商务领域单个企业和企业群的方法》Olga Levina, Iris Vilnai-Yavetz

《在线团购中的消费者利益创造：社会资本、平台协同效应以及中介作用》Yi-Cheng Chen, Jen-Her Wu, Lifang Peng, Ron Chuen Yeh

《时尚电商的品牌竞争》David Heuer, Malte Brettel, Jan Kemper

《基于用户的内部云服务迁移的决策框架》Zia ur Rehman, Omar Khadeer Hussain, Elizabeth Chang, Tharam Dillon

《未知网络中基于动态数据驱动的半分散式声誉机制》Szu-Yin Lin, Ping-Hsien Chou

《台湾使用移动操作系统设计者的可信服务经理发展模式分析》Wei-Hsun Lee, Kuo-Ping Hwang, Wei-Jhe Lin, Jin-Lih Shieh

《在线信息搜索中的信息流控制：功利主义消费者和享乐主义消费者的调节影响》Ling-Ling Wu, Yi-Ting Wang, Chin-Hsiu Wei, Ming-Yih Yeh

《基于计划行为理论和公平理论视角的消费者参与电子口碑传播的原因分析》Jen-Ruei Fu, Pei-Hung Ju, Chiung-Wen Hsu

《精益营销：知道谁不用做广告》Ahmet Bulut

《社交商务社区内卖家和卖家的网络关闭》Bangming Xiao, Minxue Huang, Aaron J. Barnes

《购物搜索、消费和售后服务全过程中的营业渠道模式识别》Marta Frasquet, Alejandro Mollá, Eugenia Ruiz

2015年9月，14卷5期 / Sep 2015, 14 (5)

《特殊问题：当代全球金融革命中支付方式和信用卡研究》Robert J. Kauffman, Dan Ma

《移动支付的关键评估研究》Tomi Dahlberg, Jie Guo, Jan Ondrus

《消费者使用借记卡多过现金吗?》Emma Runnemark, Jonas Hedman, Xiao Xiao

《芬兰支付卡市场创新分析》Ewelina Sokołowska

《移动支付生态系统的市场合作新标准》Jonas Hedman, Stefan Henningsson

《主导移动支付平台的竞争：市场进入和扩张战略》Kalina S. Staykova, Jan Damsgaard

《移动支付平台的集体行为：银行和电信运营商合作的案例研究》Mark de Reuver, Edgar Verschuur, Fatemeh Nikayin, Narciso Cerpa, Harry Bouwman

《网络支付框架最高标准和挑战》Antonio Ruiz-Martínez

《一个基于信用卡交易的安全移动商务系统》Fang-Yie Leu, Yi-Li Huang, Sheng-Mao Wang

《国家层面的网络银行扩散分析》Samer Takieddine, Jun Sun

《竞争、合作和规则：移动支付技术生态系统的演变》Jun Liu, Robert J. Kauffman, Dan Ma

2015 年 7 月，14 卷 4 期 / Jul 2015, 14 (4)

《电子销售的特殊部分和在线参与》Petri Parvinen, Harri Oinas-Kukkonen, Maurits Kaptein

《电子销售：服务设计和在线参与分析的新途径》Petri Parvinen, Harri Oinas-Kukkonen, Maurits Kaptein

《网络功能对网络关系营销的影响：一个在线酒店预订的案例分析》Anil Bilgihan, Milos Bujisic

《在线购物的精细加工可能性模型的眼动跟踪研究》Shu-Fei Yang

《基于客户参与的网络游戏促销》Christy M. K. Cheung, Xiao-Liang Shen, Zach W. Y. Lee, Tommy K. H. Chan

《基于消费者社会化框架视角的推特上品牌追随者的电子口碑团队成员关系分析》Shu-Chuan Chu, Yongjun Sung

2015 年 5 月，14 卷 3 期 / May 2015, 14 (3)

《亚洲区域新电子商务研究的特殊部分》Sang-Yong Tom Lee, Chee Wei (David) Phang, Robert J. Kauffman

《亚洲利用社交媒体从事电子商务的领域和机会》Sang-Yong Tom Lee, Chee Wei (David) Phang

《基于用户分析的微博用户生命周期活动预测》Xi Chen, Ruibin Geng, Shun Cai

《基于技术进步以合理使用个人记录服务的商业模型的广告分析》Myunsoo Kim, Byungtae Lee

《媒体功能感知对微博状态更新的影响》Chuang Wang, Xiao-Ling Jin, Zhongyun Zhou, Yulin Fang, Matthew K. O. Lee, Zhongsheng Hua

《基于病人生成的信息和基于系统生成的信息对病人在线搜索、评估和决策的影响分析》Hualong Yang, Xitong Guo, Tianshi Wu, Xiaofeng Ju

《虚拟社区的社会网络中发起者的相互依存和网络收敛》Ching-I Teng

2015年3月,14卷2期/ Mar 2015, 14 (2)

《电子商务中不完美的舆情操控对卖家声誉的影响》Silvia Bertarelli

《电子逆向拍卖绩效的实证研究》Willem Standaert, Steve Muylle, Isabelle Amelinckx

《父母和同龄人对年轻一代网络道德态度的影响》Vince Mitchell, Dan Petrovici, Bodo B. Schlegelmilch, Ilona Szöcs

《基于不同结果规则和价值假设的在线拍卖竞价战略》Chuangyin Dang, Qiying Hu, John Liu

《基于导弹防御警报系统模型和谷歌搜索数据的中国通货膨胀指数预测》Xin Li, Wei Shang, Shouyang Wang, Jian Ma

《M-S-QUAL:移动服务质量测评》Eugenia Y. Huang, Sheng-Wei Lin, Ya-Chu Fan

《零售和消费者服务》/ JOURNAL OF RETAILING AND CONSUMER SERVICES
1994年创刊
Ideas简单影响因子最新统计:1.249

2016年9月,32卷/ May 2016, 32

《前客户决定赢回金融服务》Svetlana Bogomolova

《伏特加消费者态度和购买行为的见解》Catherine Prentice, Nikolai Handsjuk

《试衣间环境对老年服装购物者的影响》Kyungnam Seo, Ann Marie Fiore

《奖励与忠诚计划成员的努力相匹配吗?》Peter J. Danaher, Laszlo Sajtos, Tracey S. Danaher

《产品选择过程中中心性效应的边界》Luke Greenacre, James Martin, Sarah Patrick, Victoria Jaeger

《明星代言:产品代言人与千禧一代的态度和购买意愿的适配影响》Karla McCormick

《西班牙裔和病毒广告》Pradeep Korgaonkar, Maria Petrescu, John Gironda

《面向功利性享乐型零售服务业发展的研究》Gregory T. Bradley, Elizabeth K.

国际学术动态

LaFleur

《顾客与顾客间抱怨的诱因及结果》Joshua D. Dorsey, Christy Ashley, Jason D. Oliver

《消费者自我中心的概念化：消费者本地购买产品意愿的研究》Wai Jin (Thomas) Lee, Isaac Cheah, Ian Phau, Min Teah, Basem Abou Elenein

《流媒体还是盗版？流媒体音乐与音乐盗版的互补特征》Karla Borja, Suzanne Dieringer

《协助消费者检测虚假评论：身份信息披露与共识的作用》Andreas Munzel

《首次销售接触中客户对销售人员的选择》Theo Lieven

《消费者对大型零售商可持续发展的做法敏感吗？法国语境中的符号学分析》Aurélie Kessous, Anne-Laure Boncori, Gilles Paché

《利用基于序数逻辑回归的核心机器回归方法建立时尚领域购买的增强预测模型》Ali Fallah Tehrani, Diane Ahrens

《购物中心再投资和改进对销售和访问增长的影响》Johan Anselmsson

《了解顾客参与度与忠诚度：购物移动设备的案例》Rakhi Thakur

《消费者的动机与西方媒体在摩洛哥奢侈品买家的影响》Nicolas Hamelin, Park Thaichon

《在零售系统中的时间依赖性需求和效用敏感的销售价格》Behrouz Afshar-Nadjafi, Hamidreza Mashatzadeghan, Alireza Khamseh

《零售特许经营组织发展创新与长期导向的关系绩效模型》Jeff Shockley, Tobin Turner

《一个值得考虑的风险：将感知风险作为满意度、忠诚度和愿意支付溢价的调节变量》Riza Casidy, Walter Wymer

《随着时间推移消费者教育影响消费者机制：一个对使用单位价格的纵向调查研究》Clinton S. Weeks, Gary Mortimer, Lionel Page

《通过编排故事创造知名品牌内涵：斯堪的纳维亚最大百货公司的案例》Daniel Hjelmgren

《零售业封闭性的综合视角：从零售商的感知提供到消费者的感知决策》Maryline Schultz, Damien Chaney, Alain Debenedetti

《警告告示减少或增加电影院的机会主义行为？》Yi-Mu Chen, Tseng-Lung Huang

《互联网还是商店？消费者网络购物行为与商店购物行为的人类学研究》Jonathan Elms, Ronan de Kervenoael, Alan Hallsworth

2016年7月，31卷／ Jul 2016, 31

《购物福利：一个快乐的问题还是面临的任务？购物者性别和自我一致性的作用》Kamel El Hedhli, Haithem Zourrig, Jean-Charles Chebat

《服务属性作为赌场行为忠诚的驱动因素：态度忠诚的中介作用》Anil Bilgihan, Melih Madanoglu, Peter Ricci

《购物中心顾客满意度：知觉功利性与享乐性购物价值观的研究》Bikrant Kesari, Sunil Atulkar

《对活跃消费的理解：识别和量化其决定因素》Sabine Benoit (née Moeller), Tobias Schaefers, Raphael Heider

《价格的透明度反映了质量保证和可靠性》Divya Mittal, Shiv Ratan Agrawal

《个性五维度、幸福和购物》Ronald Goldsmith

《服务失误对品牌可信度的影响》Ursula Sigrid Bougoure, Rebekah Russell-Bennett, Syed Fazal-E-Hasan, Gary Mortimer

《自有品牌使用与商店忠诚度：购物价值的调节作用》ilayda ipek, Nilay Aşkın, Burcu ilter

《服务接触过程中客户和零售员工的不安全感比较》Katri Koistinen, Raija Järvinen

《少比多更好：延伸价格促销中的合适低折扣》Prantosh J. Banerjee, Sanjeev Tripathi, Arvind Sahay

《冲动性购买如何影响强迫性购买：消费者焦虑和逃避的中心作用》Aadel A. Darrat, Mahmoud A. Darrat, Douglas Amyx

《他们会回来吗？让私人标签消费者回归：价格、促销和新产品影响》Carmen Abril, Joaquin Sanchez

《折扣赎回要求：他们能够补偿？》Shane Currie, Dick Mizerski

《请解释产生原因！知觉公平与顾客涉入对后补救评估之影响：一个伊朗网络购物者的研究》Ali Gohary, Bahman Hamzelu, Hamid Alizadeh

《感恩和义务在长期客户关系中的作用》Prem Prakash Dewani, Piyush Kumar Sinha, Sameer Mathur

《购物中心的恢复潜力》Mark S. Rosenbaum, Mauricio Losada Otalora, Germán Contreras Ramírez

《"NEW"一词如何唤起消费者的新奇感和兴趣？》Billy Sung, Nicole Hartley, Eric Vanman, Ian Phau

《基于自然计算方法的需求预测在食品零售市场中的应用》Claudimar Pereira

da Veiga, Cássia Rita Pereira da Veiga, Weslly Puchalski, Leandro dos Santos Coelho, Ubiratã Tortato

《服务补救中共同创造对认知的影响、情感和行为评价：一个民族文化的分析》Ali Gohary, Bahman Hamzelu, Lida Pourazizi, Kambiz Heidarzadeh Hanzaee

《销售人员非语言交流对消费者购物行为的影响》Gopal Das

《质量或价值？医学旅游者的态度与行为的见解》Lyn Manassannan Prajitmutita, Áron Perényi, Catherine Prentice

《购物环境、顾客感知价值、满意度与忠诚度关系的实证研究：以 UAE 购物中心为背景》Mohammed Ismail El-Adly, Riyad Eid

《识别改善网上购物网站的机会》Gerson Tontini

《销售公告对易腐烂物品库存系统最优策略的影响》Behrouz Afshar-Nadjafi

《忠诚度计划中的准货币概念》May Chan, Simon Kemp, Jörg Finsterwalder

《挪威汽车拥有者的品牌忠诚度》Finn Jørgensen, Terje Andreas Mathisen, Hassa Pedersen

《零售品牌资产的预测和影响——跨部门分析》Bernhard Swoboda, Julia Weindel, Frank Hälsig

《探索消费者体验与消费者支出之间的忠诚度联系》Mala Srivastava, Dimple Kaul

《社会支持对网络品牌社区顾客满意度和公民行为的影响：支持源的调节作用》Dong Hong Zhu, Hui Sun, Ya Ping Chang

《情境如何干扰客户和服务提供商之间的相似性吸引力》Aaron D. Arndt, Kiran Karande, Myron Glassman

《X 世代 vs. Y 世代——网上购物的十年》Sabina Lissitsa, Ofrit Kol

《品牌移动应用程序对消费者满意度和购买意愿的互动产生的有益影响》Ibrahim Alnawas, Faisal Aburub

《利他网络口碑营销：超过替代货币的奖励》Thomas Reimer, Martin Benkenstein

《店内移动支付的采用：被感知的风险和方便是唯一驱动力？》Gwarlann de Kerviler, Nathalie T. M. Demoulin, Pietro Zidda

《对大学生的零售职业吸引力：个人特征与工作属性的权衡》Hyunjoo Oh, Barton Weitz, Jeremy Lim

《奖励卡只是一个商业交易吗？计算与情感承诺在驱动商店忠诚的角色》

Ameet Pandit, Sonia Vilches-Montero

《最大化消费者需要更多的选择：消费者如何应对过度选择市场》Banwari Mittal

《旅游体验质量的维度和结果：葡萄酒酒窖的案例》Teresa Fernandes, Mariana Cruz

《锻造协同生产关联：一个扩展服务情境下的消费承诺模型》Lin Guo, Cuiping Chen, Huimin Xu

《消费者对环保产品的购买决策：德国消费者的实证分析》Andrea K. Moser

2016 年 5 月, 30 卷／ May 2016, 30

《个人网络使得节俭的消费者不再节俭》Seung Hwan (Mark) Lee

《客户体验接触点元素的识别》Alisha Stein, B. Ramaseshan

《情商、一线员工适应性、工作满意度和工作绩效之间的联系》Michael Sony, Nandakumar Mekoth

《中国鲜食零售业现代化中消费者的角色》Masayoshi Maruyama, Lihui Wu, Lin Huang

《一线员工的个人自我表现能力对消费者接触式体验的影响》Pernille K. Andersson, Anders Gustafsson, Per Kristensson, Erik Wästlund

《利用人际关系相似性提高病人对医院的满意度》Louisa Luther, Martin Benkenstein, Katja Rummelhagen

《虚拟中介的性别和着装风格对其吸引力和消费者在线反馈行为的交互影响》Renaud Lunardo, Gregory Bressolles, François Durrieu

《售后服务质量与客户满意度、客户保持和客户忠诚度之间关系的模型构建和调查研究：家电业务案例研究》S. Murali, S. Pugazhendhi, C. Muralidharan

《渠道成员了解多方合作战略的价值吗?》Ruiliang Yan, Zhi Pei, Chris Myers

《食物垃圾的价值：基于零售业的探索性研究》Clara Cicatiello, Silvio Franco, Barbara Pancino, Emanuele Blasi

《主力店对消费者的快消品跨业态消费模式的主导作用》Andreas Klein, Gertrud Schmitz

《消费者在药店购物的原因？一个脆弱特征和商店类型的交叉检查》Jie Meng, Roger Layton, Yimin Huang

《金融咨询服务会议及其对储蓄行为的影响：一个差分分析》Cecilia Hermansson, Han-Suck Song

《发展中国家情境下在非顾客中采用互联网购物技术的行为意向预测因素的实

证分析：性别问题吗?》Khaled M. S. Faqih

《链接使用与购物：价值体验如何区分消费者》Gicquel Inès, Castéran Herbert

《影响 Y 世代对原型品牌与模仿品牌购买意向的因素》Vanessa Quintal, Ian Phau, Daniel Sims, Isaac Cheah

《消费者敌意效应模型：消费者购买国外产品和混合产品的意愿》Isaac Cheah, Ian Phau, Garick Kea, Yu An Huang

《建设性的异常行为作为零售业绩效驱动要素》Willem Mertens, Jan Recker, Tyge-F. Kummer, Thomas Kohlborn, Stijn Viaene

《预期的零售客户：价值共同创造者、合作生产者或干扰?》Markus Fellesson, Nicklas Salomonson

《一线员工服务传递的消费者认知：俄罗斯银行顾客满意度与行为意向的研究》Michel Rod, Nicholas J. Ashill, Tanya Gibbs

《专业社交媒体网络的零售商应用：特许经营的见解》Manish Kacker, Rozenn Perrigot

《领先民族品牌面临商店品牌竞争：价格竞争力是唯一重要的事情吗?》Daniele Fornari, Edoardo Fornari, Sebastiano Grandi, Mario Menegatti

《时间约束和紧急购买对购物影响一样吗？基于触觉触摸影响的研究》Abhishek

《增强现实：媒体特征对消费者行为影响的研究议程》Ana Javornik

《顾客忠诚的影响因素：顾客关系管理质量与品牌形象的中介模型》Munyaradzi W. Nyadzayo, Saman Khajehzadeh

《从消费者姓名分析出年龄和性别》Guy Lansley, Paul Longley

《在线购买忠诚的决定因素：旅游满意度的中介作用》Hélia Gonçalves Pereira, Maria de Fátima Salgueiro, Paulo Rita

《购物中的自我表达》M. Joseph Sirgy, Dong-Jin Lee, Grace B. Yu, Eda Gurel-Atay, John Tidwell, Ahmet Ekici

《经济学家》/ *Economica*
1937 年创刊
Ideas 简单影响因子最新统计：1.045

2016 年 4 月，83 卷 330 期 / Apr 2016, 83 (330)
《科斯的演讲——人力资本、不平等和税收改革不远的过去和未来的前景》

Richard Blundell

《为什么现代政府可以税赋如此重？一个公司财政中介的代理模型》Henrik Jacobsen Kleven, Claus Thustrup Kreiner and Emmanuel Saez

《货比三家：经济大衰退时期如何调整家庭的食物支出》Rachel Griffith, Martin O'Connell and Kate Smith

《不断上涨中的研究生工资溢价》Joanne Lindley and Stephen Machin

《可预测的复苏》Xiaoming Cai, Wouter J. Den Haan and Jonathan Pinder

《基于克鲁格曼——瑞卡多模型的产业内贸易实证分析》Kwok Tong Soo

《政府债务的影响、总投资的支出和税收、生产率增长》Simone Salotti and Carmine Trecroci

2016年1月，83卷329期 / Jan 2016, 83 (329)

《教育就是解放？》Willa Friedman, Michael Kremer, Edward Miguel and Rebecca Thornton

《个人破产法的一般均衡分析》Ulf von Lilienfeld-Toal and Dilip Mookherjee

《非正式信贷市场的信息和操作》Parikshit Ghosh and Debraj Ray

《新工厂的缓慢增长：需求的学习？》Lucia Foster, John Haltiwanger and Chad Syverson

《空间资产定价：第一步》François Ortalo-Magné and Andrea Prat

《竞争能解决套牢问题吗？》Leonardo Felli and Kevin Roberts

2015年12月，82卷增刊1 / Dec 2015, 82 (s1)

《银行在正常时期和危机时期的授信：基于调查数据的实证分析》Markus Knell and Helmut Stix

《首次购房和追赶购房：基于队列研究的实证分析》Renata Bottazzi, Thomas F. Crossley and Matthew Wakefield

《家庭债务和财政乘数》J. Andrés, J. E. Boscá and J. Ferri

《幸福、等价收入和个人偏好尊重》Koen Decancq, Marc Fleurbaey and Erik Schokkaert

《农业增长会导致制造业增长吗？》Abdulaziz B. Shifa

《继承是如何影响遗产计划的？》Oded Stark and Anna Nicinska

《欧元区的市场信念异构、基本面和主权债务危机》Roberto Tamborini

《家族企业、公司治理和出口》Raoul Minetti, Pierluigi Murro and Susan Chun Zhu

《社会地位的关注是怎样使得我们富裕和快乐的？》Holger Strulik

《绩效工资和工伤：基于面板数据的分析》Benjamin Artz and John S. Heywood

《工会寡头垄断的培训和产品质量》Emanuele Bacchiega and Antonio Minniti

《贸易开放和经济增长：基于撒哈拉以南非洲的面板数据的实证分析》Markus Brueckner and Daniel Lederman

《专利许可和市场进入威胁：低版权税的作用》Anne Duchêne, Debapriya Sen and Konstantinos Serfes

《解雇限制收购溢价会对 CEO 薪酬造成影响吗?》Swarnodeep Homroy

《一个增强的静态奥利—佩克斯生产率的投入产出分解：测算和解释》Mika Maliranta and Niku Määttänen

2015 年 10 月, 82 卷 328 期 / Oct 2015, 82 (328)

《最佳分享税》Vidar Christiansen

《误导性广告的受益者是谁?》Keisuke Hattori and Keisaku Higashida

《法律和秩序减弱了经济发展中民主带来的好处吗?》Andreas Assiotis and Kevin Sylwester

《吸烟对体重的影响——基于室内空气清洁法不连续实施的因果估计》L. Pieroni and L. Salmasi

《公共债务和经济增长》Jaejoon Woo and Manmohan S. Kumar

《创业和人力资本的工作关联性》Atsushi Ohyama

《行业集中度、知识扩散和不考虑规模效应的经济增长》Colin Davis and Ken-Ichi Hashimoto

《双重劳动力市场的工资激励配置文件》Marco Di Cintio and Emanuele Grassi

《大海捞针：基于贝叶斯模型平均的 2008—2009 年越野危机回顾》Tai-kuang Ho

《英国国家最低工资对就业的影响的再测算》Richard Dickens, Rebecca Riley and David Wilkinson

《失业与主观幸福感关联间的异质性：基于分位数方法》Martin Binder and Alex Coad

《基于商业周期的人才分配及其对部门工作效率的长期影响》Michael J. Böhm and Martin Watzinger

《不同通胀机制下的欧洲央行货币政策行为解构》Thanassis Kazanas and Elias Tzavalis

《真正的平衡效果会使得泰勒原理在封闭经济和开放经济中失效吗?》Stephen McKnight and Alexander Mihailov

《免费校餐的推广：价格影响和同群效应》Angus Holford

2015年7月，82卷327期／ Jul 2015，82（327）

《繁荣、萧条和退休时间》Richard Disney, Anita Ratcliffe and Sarah Smith

《表面有效市场的信息采集》Alasdair Brown

《平衡逃避、信贷渠道和内源性全要素生产率波动》Manoj Atolia, Tor Einarsson and Milton Marquis

《私立学校和长期教育结果——基于瑞典大规模凭证改革的分析》Anders Böhlmark and Mikael Lindahl

《房产的财富效应——基于澳大利亚面板数据的实证分析》Callan Windsor, Jarkko P. Jääskelä and Richard Finlay

《税收公平与民族正义》Marc Fleurbaey

《市场的制造业：法律政治和经济动态》Mark Casson

《基于利息、货币、市场、商业周期和经济发展的所有制经济》Ingo Sauer

《英国货币史上沿用两个世纪的货币》Dror Goldberg

《企业判断的组织：一种新方法》Tomasz Mickiewicz

《布雷德森林之战：约翰·梅纳德·凯恩斯，哈里·德克斯特·怀特和新的世界秩序》Maria Cristina Marcuzzo

《贫困测算：对欧洲贫困措施和美国教训的新思考》Giovanni Vecchi

《非洲的民主轨迹：外国援助影响的解构》Rod Alence

《后苏联时代的非正规经济：转型的结果？》Ruta Aidis

《大学、城市和区域：知识和创新的轨迹》Tim Vorley

2015年4月，82卷326期／ Apr 2015，82（326）

《政府规模和商业周期波动：信贷约束有多重要？》Markus Leibrecht and Johann Scharler

《国家规模和汇率》Vahagn Galstyan

《最低工资的帕累托改进》Eliav Danziger and Leif Danziger

《干预减少：发展的一个反馈机制》Carlos Bethencourt and Fernando Perera-Tallo

《1911-1925年间中国北方的气候剧变、国家能力和农民起义》Qiang Chen

《殖民主义对腐败的持久影响》Luis Angeles and Kyriakos C. Neanidis

《企业比较优势、市场和契约：一个系统的理论框架》Birger Wernerfelt

《人力资本和经济增长：规范很重要》Uwe Sunde and Thomas Vischer

《宏观经济学中的伟大想法：一个非技术性的视角》David Colander

《工人缺勤和病假工资》Alex Bryson

《普罗米修斯束缚：戈德史密斯银行和1700年之后的英格兰金融革命》C. Knick Harley

《经济物理学和企业：复杂商业网络中的统计学生死》Dror Y. Kenett

2015年1月，82卷325期 / Jan 2015, 82 (325)

《环境保护、罕见的灾难和折现率》Robert J. Barro

《按工人的才干分工》Arnaud Dupuy

《竞争退出机制中的提前退休政策——基于芬兰的养老金改革的实证分析》Tomi Kyyrä

《搜寻摩擦，信贷市场的流动性与净息差周期性》Kevin E. Beaubrun-Diant and Fabien Tripier

《社会资本和家庭：紧密的家庭关系陶冶公民美德》Martin Ljunge

《自由职业者只是劳动力市场实验的失败品》Philipp D. Koellinger, Julija N. Mell, Irene Pohl, Christian Roessler and Theresa Treffers

《性别歧视和评价者的性别——基于意大利学术界的实证分析》Maria De Paola and Vincenzo Scoppa

《一个亟待敲响的警钟》Max Steuer

《社会经济学：纪念 Michael J. Piore 论文集》Oded Stark

《罗马基督教的经济学起源》Giacomo Todeschini

《城市经济杂志》/ JOURNAL OF URBAN ECONOMICS
1974年创刊
Ideas 简单影响因子最新统计：1.609

2016年3月，92卷 / Mar 2016, 92

《卡车里程税的影响》Simon Luechinger, Florian Roth

《保护历史还是限制发展？纽约市的历史街区对当地房地产市场的异构效应》Vicki Been, Ingrid Gould Ellen, Michael Gedal, Edward Glaeser, Brian J. McCabe

《大卫·卡斯特尔斯·昆塔纳的〈生活在贫民窟的马尔萨斯：城市集中度、基础设施和经济增长〉的出版说明》

《抵押贷款歧视：基于通信实验的实证分析》Andrew Hanson, Zackary Hawley, Hal Martin, Bo Liu

《美国城市的发明创造网络和创新效率》Stefano Breschi, Camilla Lenzi

《联邦法律服务项目的效率评价：基于犯罪率和所有权价值的实证分析》 Jamein P. Cunningham

《公共住房的家庭支付意愿》 Jos N. Van Ommeren, Arno J. Van der Vlist

《公共交通能降低汽车旅行的外部性吗——基于交通罢工准自然实验的实证分析》 Martin W. Adler, Jos N. van Ommeren

2016年1月，91卷 ／ Jan 2016, 91

《房屋净值降低、经济不景气和大萧条时期的家庭流动》 Jesse Bricker, Brian Bucks

《城市内的聚集》 Stephen B. Billings, Erik B. Johnson

《存在双中心匹配摩擦的城市的工作地点、均衡失业率》 Etienne Lehmann, Paola L. Montero Ledezma, Bruno Van der Linden

《土地使用法会遏制住宅开发吗——基于加州的实证分析》 Kristoffer Jackson

《一段旅程：是什么决定流浪者无家可归的时间？》 Deborah A. Cobb-Clark, Nicolas Herault, Rosanna Scutella, Yi-Ping Tseng

《代际冲突和高等教育资助的政治经济学》 Eric J. Brunner, Erik B. Johnson

《特许学校会影响私人学校的招生吗——基于密歇根的实证分析》 Rajashri Chakrabarti, Joydeep Roy

《市场价值会增值吗？——基于公开发布学校和教师增值信息后的房价的实证分析》 Scott A. Imberman, Michael F. Lovenheim

《地方财政竞争：多市联盟体内销售税的应用》 David R. Agrawal

2015年11月，90卷 ／ Nov 2015, 90

《什么时候会因为疏忽而导致犯罪？抵押贷款危机和财产维护》 Lauren Lambie-Hanson

《房屋净值抵押贷款转换程序中的违约风险分析》 Stephanie Moulton, Donald R. Haurin, Wei Shi

《能源对城市规模和密度的影响》 William Larson, Anthony Yezer

《电子道路收费系统对新加坡房地产价格的影响》 Sumit Agarwal, Kang Mo Koo, Tien Foo Sing

《信息技术和城市的产品种类：基于快餐车的实证分析》 Elliot Anenberg, Edward Kung

《自然灾害会导致恐高症过渡吗——基于汶川地震的实证分析》 Guoying Deng, Li Gan, Manuel A. Hernandez

2015年9月，89卷 ／ Sep 2015, 89

《产业集群的空间规模》 Tomoya Mori, Tony E. Smith

《随着专利书面记录的产业定位、距离衰减和知识溢出效应》Octávio Figueiredo, Paulo Guimarães, Douglas Woodward

《单中心城市的次优拥挤价格对收入循环和福利的影响》Ioannis Tikoudis, Erik T. Verhoef, Jos N. van Ommeren

《重建旧金山：1906年的灾难作为城市重建的一个自然实验》James Siodla

《道路定价对驾驶员行为和空气污染的影响》Matthew Gibson, Maria Carnovale

《通往机遇之路：本地房租、工资、通勤和陪都生活质量》David Albouy, Bert Lue

2015年7月，88卷／ May 2015, 88

《居住地税收制对家庭收入分配的影响：基于联邦授权区域项目的实证分析》C. Lockwood Reynolds, Shawn M. Rohlin

《全球变暖的空间经济影响》Klaus Desmet, Esteban Rossi-Hansberg

《餐馆禁烟令对外出用餐支出的影响：基于面板数据的实证分析》Dohyung Kim, Barış K. Yörük

《基于外部空间视角的台风对中国当地经济活动的影响》Robert J. R. Elliott, Eric Strobl, Puyang Sun

《吹起来，敲下去：降低公共住房高密度对本地和全市范围内的犯罪的影响》Dionissi Aliprantis, Daniel Hartley

2015年5月，87卷／ May 2015, 87

《沃尔玛总是在低房价时进入城市？总是吗?》Devin G. Pope, Jaren C. Pope

《家庭安全、可访问性和老年健康：基于老年家庭的实证分析》Michael D. Eriksen, Nadia Greenhalgh-Stanley, Gary V. Engelhardt

《大学的溢出效应：基于增地计划的实证分析》Shimeng Liu

《取消抵押贷款赎回的外部效应：新的数据》Kristopher Gerardi, Eric Rosenblatt, Paul S. Willen, Vincent Yao

《能源价格、监管和联邦补贴在公交巴士采购中的影响》Shanjun Li, Matthew E. Kahn, Jerry Nickelsburg

《止赎、空置和犯罪》Lin Cui, Randall Walsh

《房屋自有投票者与房屋租赁投票者之间的对决：机场影响的空间分析》Gabriel M. Ahlfeldt, Wolfgang Maennig

《芝加哥小高中的首创精神的影响》Lisa Barrow, Diane Whitmore Schanzenbach, Amy Claessens

《联邦制、税收和经济增长》John William Hatfield

2015年3月，86卷／ Mar 2015, 86

《当保险公司具有市场话语权时交通事故管理规则的外部性》Maria Dementyeva, Paul R. Koster, Erik T. Verhoef

《享乐市场和排序均衡：公共服务和社区设施的出价函数包络线》John Yinger

《选举或任命等市长提名计划对政府权力分散产生的影响》Sebastian Garmann

《中国的房地产抵押价值和投资》Jing Wu, Joseph Gyourko, Yongheng Deng

《孩子青少年时期的房价增长：一条通往更高收益的路径?》Daniel Cooper, María José Luengo-Prado

《经纪人的曼哈顿住宅租赁市场合同》Heski Bar-Isaac, Alessandro Gavazza

《市区路边的停车容量》Richard Arnott, Eren Inci, John Rowse

《有组织犯罪和商业补贴：钱去哪了?》Guglielmo Barone, Gaia Narciso

《非公务旅行中的性别差距：收入增长潜力和土地利用的相对作用》Marlon G. Boarnet, Hsin-Ping Hsu

《航空服务和城市增长：基于准政策实验的实证分析》Bruce A. Blonigen, Anca D. Cristea

《发展经济学杂志》／ Journal of Development Economics
1986年创刊
Ideas 简单影响因子最新统计：19.218

2016年3月，120卷C期／ Mar 2016, 120（C）

《儿童的价值：代际支持、生育能力和人力资本》Jaqueline Oliveira

《太多太快了？公共投资扩大和吸收能力》Andrea F. Presbitero

《工作招聘会有用吗？来自出席工作招聘会的实验证据》Emily A. Beam

《储蓄的风险态度和跨期选择的影响》Leandro S. Carvalho, Silvia Prina and Justin Sydnor

《离婚、堕胎与儿童性别比：中国离婚改革的影响》Ang Sun and Yaohui Zhao

《农村储蓄和贷款协会的影响：一群随机试验的证据》Christopher Ksoll, Helene Bie Lilleør, Jonas Helth Lønborg and Ole Dahl Rasmussen

《伊斯兰教、不平等与前工业化比较发展》Stelios Michalopoulos, Alireza Naghavi and Giovanni Prarolo

《误差测量评估：一种定性验证测量数据的方法》Christopher Blattman, Julian Jamison, Tricia Koroknay-Palicz, Katherine Rodrigues and Margaret Sheridan

《儿子就是守寡保险：来自塞内加尔的证据》Sylvie Lambert and Pauline Rossi

《收入不平等与暴力犯罪：墨西哥毒品战争的证据》Ted Enamorado, Luis Lopez-Calva, Carlos Rodríguez-Castelán and Hernán Winkler

《自然资源丰富和资本稀缺的经济体经常账户规范》Juliana D. Araujo, Bin Grace Li, Marcos Poplawski-Ribeiro and Luis-Felipe Zanna

《广播传输和移动通信：在自然灾害发生后的证据》Joshua E. Blumenstock, Nathan Eagle and Marcel Fafchamps

《巫术信仰与社会资本的侵蚀：来自撒哈拉以南非洲地区的证据》Boris Gershman

《移民与民主》Frédéric Docquier, Elisabetta Lodigiani, Hillel Rapoport and Maurice Schiff

2016年2月, 119卷C期 / Feb 2016, 119 (C)

《投保健康还是投保财富？柬埔寨农村医疗保险的实验评价》David Levine, Rachel Polimeni and Ian Ramage

《暴力与出生结果：来自巴西的凶杀案证据》Martin Foureaux Koppensteiner and Marco Manacorda

《劳动力市场机会与妇女在家庭中的决策权》Kaveh Majlesi

《比较优势、国际贸易与生育能力》Quy-Toan Do, Andrei Levchenko and Claudio Raddatz

《对国内因素的冲击是如何影响到亚洲发展中国家的实际汇率的？》Taya Dumrongrittikul and Heather M. Anderson

《新兴市场经济体的经常账户动态, 实际汇率调整, 汇率制度》Olivier Gervais, Lawrence Schembri and Lena Suchanek

《选择性移民政策能减少移民的质量吗？》Simone Bertoli, Vianney Dequiedt and Yves Zenou

《穷人变得更穷：使用耐用消费品为主的混合模型跟踪印度的相对贫困现象》Sudeshna Maitra

《出口行为、国家规模和发展阶段：来自出口动态数据库的证据》Ana M. Fernandes, Caroline Freund and Martha Denisse Pierola

2016年1月，118卷C期／ Jan 2016, 118 (C)

《佩特罗的民粹主义》Egil Matsen, Gisle Natvik and Ragnar Torvik

《对微型企业的大量保险：一项对革命后的埃及的随机试验》Matthew Groh and David McKenzie

《灾难后的利益：印度尼西亚农村福利的长期运行效应》Jérémie Gignoux and Marta Menéndez

《扩大出口品种：发展中国家机构改革的作用》Liugang Sheng and Dennis Yang

《指数保险在何处以及如何可以提高农业技术的采用》Michael R. Carter, Lan Cheng and Alexandros Sarris

《土地管制的长期影响：来自印度租赁改革的证据》Timothy Besley, Jessica Leight, Rohini Pande and Vijayendra Rao

《地方的财富：地理、机构及在国家内的发展》Todd Mitton

《是否禁止非正规医疗卫生机构挽救生命？——来自马拉维的证据》Susan Godlonton and Edward N. Okeke

《中世纪欧洲的重利与农业革命》Thomas Andersen, Peter Jensen and Christian Skovsgaard

《一般是时间偏好？得出好的具体折扣率》Diego Ubfal

《有条件的现金转移、民事冲突和反叛势力的影响：来自菲律宾的实验证据》Benjamin Crost, Joseph H. Felter and Patrick B. Johnston

《资本进口成分，补充和发展中国家的技能溢价》Ohad Raveh and Ariell Reshef

《合法化、税收和威慑：对腐败官员最优执法政策》Alfredo Burlando and Alberto Motta

《腐败对企业创新的非对称性影响》Caroline Paunov

《国内道路基础设施与国际贸易：来自土耳其的证据》A. Kerem Coşar and Banu Demir

《企业家精神与失业：解释自我就业的增长》Paolo Falco and Luke Haywood

《外国援助是否伤害了政治机构？》Sam Jones and Finn Tarp

《非正式风险对穷人不太有效吗？共同保险中的风险外部性与道德风险》Matthieu Delpierre, Bertrand Verheyden and Stéphanie Weynants

2015年12月，117卷C期／ Dec 2015, 117 (C)

《"捕蝇纸效应"转向妇女目标：孟加拉国农村发展委员会的"靶向赤贫"计

划》Shalini Roy, Jinnat Ara, Narayan Das and Agnes Quisumbing

《降低公共事业支付：来自南非的实验证据》Andrea Szabó and Gergely Ujhelyi

《资源集中与内战》Massimo Morelli and Dominic Rohner

《非洲一夫多妻制：过去和现在》James Fenske

《印度教师素质评估》Mehtabul Azam and Geeta Gandhi Kingdon

《购买选票与提供公共服务的政策：支持穷人政策中投资不足的政治激励》Stuti Khemani

《印度尼西亚的贫困、劳动力市场与贸易自由化》Krisztina Kis-Katos and Robert Sparrow

《人力资本与贸易的动态效应》Raphael Auer

《支付，偷看，惩罚？处罚、信息采集与小额信贷实验室在田间试验中的惩罚》Kristina Czura

《长期影响和自然灾害的代际传递：以1970年安卡什地震为例》Germán Caruso and Sebastian Miller

《稳定性实验、调查措施的风险、时间和社会偏好：一个回顾和一些新的结果》Yating Chuang and Laura Schechter

2015年10月，116卷C期／ Oct 2015, 116（C）

《失败与位移：为什么一个创新的反贫困计划在南印度没有表现出净影响？》Jonathan Bauchet, Jonathan Morduch and Shamika Ravi

《扩展农业家庭中的生产效率低下：来自马里的证据》Catherine Guirkinger, Jean-Philippe Platteau and Tatiana Goetghebuer

《对"看不见的手"的监察：非政府组织的监督和行业监管机构的平衡》Gani Aldashev, Michela Limardi and Thierry Verdier

《更好的产权会改善地方收入吗？——来自第一个国家条约的证据》Fernando M. Aragón

《被驱散的资源诅咒：一组国家的证据》Brock Smith

《儿童死亡率风险与生育：预防HIV母婴传播的证据》Nicholas Wilson

《地方政府的财政激励与政策选择：来自中国的证据》Li Han and James Kai-Sing Kung

《通过认证在发展中国家的质量信号》Emmanuelle Auriol and Steven G. M. Schilizzi

《金融发展与贸易伙伴选择》Jackie M. L. Chan and Kalina Manova

《人民币升值对外国企业的影响：加工出口的作用》Barry Eichengreen and

Hui Tong
《遏制腐败的社会责任》Ariane Lambert-Mogiliansky
《公平贸易认证的实证分析》Andrea Podhorsky
《联邦预算修正案与地方选举权的关系》Sergio Firpo, Vladimir Ponczek and Viviane Sanfelice
《信用挂钩指数保险与农业技术应用的异构代理模型》Katie Farrin and Mario J. Miranda
《对朋友说实话：社会网络和印度农民对技术异质性利益的需求》Nicholas Magnan, David Spielman, Travis J. Lybbert and Kajal Gulati
《全家人：解释非洲西部女性生殖器切割的持续性》Marc Bellemare, Lindsey Novak and Tara L. Steinmetz

2015年8月，115卷C期 / Aug 2015, 115 (C)
《制造业的增长和孟加拉国的妇女生活》Rachel Heath and Ahmed Mobarak
《通过储蓄账户把贫困人口存入银行：来自田野调查的证据》Silvia Prina
《经济冲击、内战与种族》Thorsten Janus and Daniel Riera-Crichton
《玻璃拖鞋与玻璃天花板：婚姻预期与女性教育的分析》Saqib Jafarey and Dibyendu Maiti
《降雨与冲突：一个警世故事》Heather Sarsons
《小额信贷与动态激励》D. A. Shapiro
《高效的非正规贸易：开普敦出租车市场的理论与实验研究》Niklas Bengtsson
《对劳动的非正式社会计划的影响：阿根廷的儿童津贴计划案例》Santiago Garganta and Leonardo Gasparini
《评估世界银行编制对项目结果的影响》Christopher Kilby
《中国城市公共教育支出与私人替代》Cheng Yuan and Lei Zhang
《集团规模在集团贷款中的作用》Christian Ahlin
《地理是如何影响质量的?》Volodymyr Lugovskyy and Alexandre Skiba
《跨国价格溢价》Ying Ge, Huiwen Lai and Susan Chun Zhu
《印度尼西亚东部季节性食品储存和信贷方案的评价》Karna Basu and Maisy Wong
《生育和农村劳动力市场的低效率：来自印度的证据》Prashant Bharadwaj

2015年6月，114卷C期 / Jun 2015, 114 (C)
《投票权和不安全的财产权》Paul Castañeda Dower and Tobias Pfutze
《腐败的政府不接受更多的国家援助：治理和通过非国家行为者提供对外援

助》Martin Acht, Toman Omar Mahmoud and Rainer Thiele

《希克斯可分性不保留空间:家庭调查和价格问卷设计的影响》John Gibson and Bonggeun Kim

《社会资本、产品模仿与学习外部性增长》Pierre-Richard Agénor and Hinh T. Dinh

《资源诅咒:一个统计的幻象?》Alexander James

《印度的自杀与财产权》Siwan Anderson and Garance Genicot

《异质性与风险共享联盟的形成》Fernando Jaramillo, Hubert Kempf and Fabien Moizeau

《在金融危机之后保护儿童营养状况:来自印度尼西亚的证据》John Giles and Elan Satriawan

《渔业部门和海上海盗行为的经济冲击》Matthias Flückiger and Markus Ludwig

《石油、治理和发展中国家人才的(管理信息系统)分配》Christian Hubert Ebeke, Luc Omgba and Rachid Laajaj

《基于性别的印度种姓制度起源理论》Chris Bidner and Mukesh Eswaran

《商业环境对非洲产出和生产率的影响》El-hadj Bah and Lei Fang

《电力短缺与企业生产率:来自中国工业企业的证据》Karen Fisher-Vanden, Erin Mansur and Wang, Qiong (Juliana)

《迁移、拥挤外部性与空间投资评价》Taryn Dinkelman and Sam Schulhofer-Wohl

《新兴市场的新出口:从开拓者中获益?》Rodrigo Wagner and Andres Zahler

《劳动法规和劳动合同的使用:来自印度企业的证据》Ritam Chaurey

《赋予女性权力? 印度的继承权、女性教育和支付的款项》Sanchari Roy

2015年4月,113卷C期/ Apr 2015, 113(C)

《给孩子一个起点:对中国农村贫困学生资助的早期承诺的影响和机制》Hongmei Yi, Yingquan Song, Chengfang Liu, Xiaoting Huang, Linxiu Zhang, Yunli Bai, Baoping Ren, Yaojiang Shi, Prashant Loyalka, James Chu and Scott Rozelle

《城市和农村印度的私立学校效应:小学和中学时代的小组估计》Abhijeet Singh

《商业培训加上女性创业? 秘鲁的短期和中期实验证据》Martín Valdivia

《不要告诉我:跨国家庭信息不对称的实验证据》Kate Ambler

2015年2月，112卷C期／ Feb 2015, 112（C）

《在危机中学习：台湾的"非典"》Daniel Bennett, Chun-Fang Chiang and Anup Malani

《气候与奴隶贸易》James Fenske and Namrata Kala

《非正规部门在低学历工人早期就业中的作用》Javier Cano-Urbina

《外商直接投资的局部中间投入和共享的供应商外溢效应》Hiau Looi Kee

《巴西半干旱地区的水资源短缺及生育结局》Rudi Rocha and Rodrigo Soares

《经济行为与组织杂志》／ Journal of Economic Behavior & Organization
1986 年创刊
Ideas 简单影响因子最新统计：9.433

2016年3月，123卷C期／ Mar 2016, 123（C）

《团队建设和隐性成本控制》Riener, Gerhard & Wiederhold, Simon

《集团内部的纪律和激励机制》Levine, David K. & Modica, Salvatore

《相关领域实验中的合作伙伴选择》Belot, Michèle & James, Jonathan

《卫生保健绩效计划的最优定价》Kristensen, Søren Rud & Siciliani, Luigi & Sutton, Matt

《网络认知》Dessí, Roberta & Gallo, Edoardo & Goyal, Sanjeev

《在遏制交通违法行为的一般和具体的信息：来自一个随机试验的证据》Lu, Fangwen & Zhang, Jinan & Perloff, Jeffrey M.

《对自由商品的需求：一个实验性的调查》Boshi, Shlomi & Lavie, Moshik & Weiss, Avi

《基于顺序搜索与选择的一二代理模型》Mauring, Eeva

《隐私冲击下的个人信息披露》Feri, Francesco & Giannetti, Caterina & Jentzsch, Nicola

《过去的回报和感知的夏普指数》Kaplanski, Guy & Levy, Haim & Veld, Chris & Veld-Merkoulova, Yulia

《通过企业间劳动力流动的教育多元化与知识转移》Marino, Marianna & Parrotta, Pierpaolo & Pozzoli, Dario

《不对称成本转嫁？市场力量、搜索和菜单成本作用的经验证据》Loy, Jens-Peter & Weiss, Christoph R. & Glauben, Thomas

2016年2月，122卷C期／ Feb 2016, 122（C）

《市场是否显示偏好或塑造它们？》Isoni, Andrea & Brooks, Peter & Loomes,

Graham & Sugden, Robert

《添加剂的奖励与惩罚、最弱的环和最佳射击比赛》Kamijo, Yoshio

《基于提前生产的双边寡头的买方力量：实验证据》Orland, Andreas & Selten, Reinhard

《选举竞争与内生政治制度：德国准实验证据》Baskaran, Thushyanthan & Lopes da Fonseca, Mariana

《罪恶货物的包装是承诺还是剥削?》Christensen, Else Gry Bro & Nafziger, Julia

《未满足的愿望是健康年龄 U 形的一种解释》Schwandt, Hannes

《可以有内部控制点的控制，以防止负冲击？从面板数据的心理证据》Buddelmeyer, Hielke & Powdthavee, Nattavudh

2016 年 1 月，121 卷 C 期 / Jan 2016, 121（C）

《经济交易中的声誉形成》Abraham, Martin & Grimm, Veronika & Neeß, Christina & Seebauer, Michael

《资产定价实验中预期的路径依赖性：行为解释》Agliari, Anna & Hommes, Cars H. & Pecora, Nicolò

《谎称代表团》Sutan, Angela & Vranceanu, Radu

《该公司作为社会比较的轨迹：标准的推广做法与"不晋则退"法》Auriol, Emmanuelle & Friebel, Guido & von Bieberstein, Frauke

《易如反掌：退休储蓄者如何使用规定的投资披露?》Bateman, Hazel & Dobrescu, Loretti I. & Newell, Ben R. & Ortmann, Andreas & Thorp, Susan

《活在边缘：贩毒团伙的青年人进入、职业和退出》Carvalho, Leandro S. & Soares, Rodrigo R.

《消极竞选、筹款与投票率：一个领域的实验》Barton, Jared & Castillo, Marco & Petrie, Ragan

《主观绩效评价中的雇佣和升级偏差：实验室实验》Angelovski, Andrej & Brandts, Jordi & Sola, Carles

2015 年 12 月，120 卷 C 期 / Dec 2015, 120（C）

《野心家与政治失准》Chen, Chia-Hui & Ishida, Junichiro

《一般培训劳动力市场：不可观察的投资的共同价值拍卖》Rao, Neel

《信仰和网络的协同进化》Arifovic, Jasmina & Eaton, B. Curtis & Walker, Graeme

《润滑的车轮：猪肉和公共物品的贡献在立法讨价还价的实验》Christiansen,

Nels

《"顽强"或"脱离"？不平等现象对团队竞争行为影响的实验研究》Hargreaves Heap, Shaun P. & Ramalingam, Abhijit & Ramalingam, Siddharth & Stoddard, Brock V.

《一种歧视行为的自愿披露》Liu, Liqun & Rettenmaier, Andrew J. & Saving, Thomas R.

《实验设置中的交换不对称》Brown, Thomas C. & Morrison, Mark D. & Benfield, Jacob A. & Rainbolt, Gretchen Nurse & Bell, Paul A.

《论纵向关系与技术采纳时机》Alipranti, Maria & Milliou, Chrysovalantou & Petrakis, Emmanuel

《欧洲联盟的销售信息》Belloc, Marianna

《在大白天：更充分的信息和高阶的惩罚机会可以促进合作》Kamei, Kenju & Putterman, Louis

《公民资本的长期差异：来自意大利独特的移民事件的证据》Bracco, E. & De Paola, M. & Green, C. P.

《在市场中的技能：在一个领域为基础的实验中的市场效率，社会取向与能力》Fiala, Nathan

《持续改善培训的影响》Higuchi, Yuki & Nam, Vu Hoang & Sonobe, Tetsushi

2015年11月，119卷C期／ Nov 2015, 119（C）

《家族企业对冲击和隐性就业保护的敏感性》Bjuggren, Carl Magnus

《基于客观概念的减少复合彩票率：理论和证据》Harrison, Glenn W. & Martínez-Correa, Jimmy & Swarthout, J. Todd

《科学至上主义的起源：气候、人口与技术》Dow, Gregory K. & Reed, Clyde G.

《占主导地位的选择和医疗保险优势招生》Afendulis, Christopher C. & Sinaiko, Anna D. & Frank, Richard G.

《管理信念和激励政策》Kim, Jaesoo

《游戏、设置和匹配：在竞争激烈的情况下，女性和男性有不同的表现吗？》Jetter, Michael & Walker, Jay K.

《正向契约对隐性合谋的影响：实验证据》Schubert, Jens

《财产犯罪：调查职业生涯模式和盈利》Williams, Geoffrey Fain

《反馈真的在只有一次的首价拍卖中很重要吗？》Katuščák, Peter & Michelucci, Fabio & Zajíček, Miroslav

《机械模糊测试》Oechssler, Jörg & Roomets, Alex

《集市经济》Miller, John H. & Tumminello, Michele

《利用竞争来刺激法规遵从性：一种基于比赛的动态瞄准机制》Gilpatric, Scott M. & Vossler, Christian A. & Liu, Lirong

《非政府组织的使命设计》Heyes, Anthony & Martin, Steve

《对转诊的招聘模式在一个U形异构工人搜索模型》Stupnytska, Yuliia & Zaharieva, Anna

《慈善捐赠中的美丽、重量和皮肤颜色》Jenq, Christina & Pan, Jessica & Theseira, Walter

《在实验室里测量个人风险态度：一个实证比较研究》Lönnqvist, Jan-Erik & Verkasalo, Markku & Walkowitz, Gari & Wichardt, Philipp C.

《这是所有的时间：在一个发展中国家的现金转移和消费平滑》Bazzi, Samuel & Sumarto, Sudarno & Suryahadi, Asep

《中国二孩政策下的性别比》Xu, Bing & Pak, Maxwell

《基础设施投资的政治：产品市场竞争的作用》Ghosh, Arghya & Meagher, Kieron

《金融不稳定是男性驱动的吗？实验资产市场中的性别与认知技能》Cueva, Carlos & Rustichini, Aldo

《离散选择实验中学习、疲劳和偏好形成》Campbell, Danny & Boeri, Marco & Doherty, Edel & George Hutchinson, W.

《健康俱乐部的出席、期望和自我控制》Garon, Jean-Denis & Masse, Alix & Michaud, Pierre-Carl

《网络经济的稳定性：机构的作用》Gilles, Robert P. & Lazarova, Emiliya A. & Ruys, Pieter H. M.

《社会网络中的基于有限理性的舆论动力学：入度很重要吗？》Battiston, Pietro & Stanca, Luca

《大总部没有生产吗？》Morikawa, Masayuki

《产品线、产品设计和有限的关注》Dahremöller, Carsten & Fels, Markus

《单升职（只提职、不提薪）与社区参与：来自巴西渔村自然田间试验的证据》Cavalcanti, Carina & Leibbrandt, Andreas

《市场的分裂与稳定》Ladley, Daniel & Lensberg, Terje & Palczewski, Jan & Schenk-Hoppé, Klaus Reiner

《风险偏好的社会经济梯度的生命周期模式》Schurer, Stefanie

《团队激励契约：实验证据》Landeo, Claudia M. & Spier, Kathryn E.

《基于愿望的选择实验》Guney, Begum & Richter, Michael

2015年10月，118卷C期／ Oct 2015, 118（C）

《直接给予：来自一个家庭间转移实验的证据》Batista, Catia & Silverman, Dan & Yang, Dean

《建设社会资本：有条件的现金转移与合作》Attanasio, Orazio & Polania-Reyes, Sandra & Pellerano, Luca

《公平分享的比较：来自不同文化的实验证据》Jakiela, Pamela

《经济地位和获得的权利确认》Barr, Abigail & Burns, Justine & Miller, Luis & Shaw, Ingrid

《伊斯兰教慈善捐赠的规范：两个在摩洛哥的田间试验》Lambarraa, Fatima & Riener, Gerhard

《自尊和社会信息：坦桑尼亚临床医生的社会行为的决定因素》Brock, J. Michelle & Lange, Andreas & Leonard, Kenneth L.

《不平等、社会制裁与南非渔业社区合作》Visser, M. & Burns, J.

《多样性和公共物品的提供：来自南非的实验证据》Burns, Justine & Keswell, Malcolm

《异质性家庭：肯尼亚配偶间非对称信息的主题检验》Hoel, Jessica B.

《冲突的风险态度》Lahno, Amrei M. & Serra-Garcia, Marta & D´Exelle, Ben & Verschoor, Arjan

《复合风险厌恶、歧义和愿意支付的小额保险》Elabed, Ghada & Carter, Michael R.

《一个罕见事件后的风险和风险学习：来自巴基斯坦实地实验的证据》Said, Farah & Afzal, Uzma & Turner, Ginger

《冒险全都是为了爱？低收入南非青少年艾滋病风险的重新设定》Datta, Saugato & Burns, Justine & Maughan-Brown, Brendan & Darling, Matthew & Eyal, Katherine

《灾难和时间偏好：印度洋地震的证据》Callen, Michael

《公共资源博弈中的通信网络：现场实验证据》Mantilla, César

《邻里效应和社会行为：菲律宾保和岛靠雨水灌溉的农民》Tsusaka, Takuji W. & Kajisa, Kei & Pede, Valerien O. & Aoyagi, Keitaro

《刻板印象和学校：巴基斯坦实验的证据》Delavande, Adeline & Zafar, Basit

《因刻板而丧失能力？——来自乌干达的实验证据》Bjorvatn, Kjetil & Tungodden, Bertil

《咨询和基于加纳的裁缝微型企业的资本实验》Karlan, Dean & Knight, Ryan & Udry, Christopher

《在实验室中竞争，在现场成功吗?》Berge, Lars Ivar Oppedal & Bjorvatn, Kjetil & Garcia Pires, Armando Jose & Tungodden, Bertil

《青年时代的性别与偏好：来自亚美尼亚的证据》Khachatryan, Karen & Dreber, Anna & von Essen, Emma & Ranehill, Eva

《营销信息与付款时间对支付节能高效炉灶意愿的影响》Beltramo, Theresa & Blalock, Garrick & Levine, David I. & Simons, Andrew M.

《热带森林保护措施的试验研究》Handberg, Øyvind Nystad & Angelsen, Arild

《论发展中国家财富再分配的一个问题——股权与框架效应的实验研究》Leibbrandt, Andreas & Maitra, Pushkar & Neelim, Ananta

《在比赛中的框架操作：一种自然的田间试验》Hong, Fuhai & Hossain, Tanjim & List, John A.

《风险偏好、技术采纳与保险吸收：一个框架性的实验》Brick, Kerri & Visser, Martine

《白人效应：外国人在实验中的存在影响行为》Cilliers, Jacobus & Dube, Oeindrila & Siddiqi, Bilal

2015年9月，117卷C期／Sep 2015, 117（C）

《积极老龄化、预防性健康和依赖性：异质性工作者，差异行为》Aisa, Rosa & Larramona, Gemma & Pueyo, Fernando

《主观和预测的教育回报率》Grossman, Zachary

《自我信号与社会信号》Siniver, Erez & Yaniv, Gideon

《意志力耗竭与框架效应》de Haan, Thomas & van Veldhuizen, Roel

《经验相似性和谷歌趋势的波动性预测》Hamid, Alain & Heiden, Moritz

《实验资产市场中交易者的异质性和泡沫碰撞模式》Baghestanian, S. & Lugovskyy, V. & Puzzello, D.

《任务分工与互补性任务》Gregor, Martin

《社会认同和投资决策》Bauer, Rob & Smeets, Paul

《跨越界限：社会等级如何阻碍经济流动》Jacoby, Hanan G. & Mansuri, Ghazala

《主观绩效反馈、能力归因与防止重开谈判的合同》Chen, Bin R.

《清洁技术研发：一个具有学习效应的项目选择模型》Oikawa, Koki & Managi, Shunsuke

《脂肪税——补贴还是两者兼而有之？信息和儿童消费力在食物选择中的作用》Papoutsi, Georgia S. & Nayga, Rodolfo M. & Lazaridis, Panagiotis & Drichoutis, Andreas C.

《收益权益促进协调吗？谢林猜想的一个测试》López-Pérez, Raúl & Pintér, Ágnes & Kiss, Hubert J.

《同行压力与生产力：观察和观察的作用》Georganas, Sotiris & Tonin, Mirco & Vlassopoulos, Michael

《工资与基于生产率差异和不确定性的工资压缩》Gross, Till & Guo, Christopher & Charness, Gary

《在一个薄弱环节的比赛中，预测市场有助于防守吗?》Deck, Cary & Hao, Li & Porter, David

《企业采购中的文化协商》Rosar, Frank & Mueller, Florian

《信心能增强业绩吗？——在职业高尔夫赛事中成功对未来业绩的因果关系》Rosenqvist, Olof & Skans, Oskar Nordström

《女性为何不跑：政治竞争厌恶性别差异的实验证据》Preece, Jessica & Stoddard, Olga

《美国房屋价格与福岛核事故》Fink, Alexander & Stratmann, Thomas

《热手和赌徒的谬误：来自投资实验的证据》Stöckl, Thomas & Huber, Jürgen & Kirchler, Michael & Lindner, Florian

《我们在实验游戏中能中和社会偏好吗?》Krawczyk, Michal & Le Lec, Fabrice

《在仲裁的影子里讨价还价》Marselli, Riccardo & McCannon, Bryan C. & Vannini, Marco

《对整个人口的默认训练选择的敏感性》Borghans, Lex & Golsteyn, Bart H. H.

《成长之星：网络形成的实验室分析》Rong, Rong & Houser, Daniel

《公司内外的工资比较——来自匹配的雇主证据》Godechot, Olivier & Senik, Claudia

《一个在位企业的产品创新激励：动态分析》Dawid, Herbert & Keoula, Michel Y. & Kopel, Michael & Kort, Peter M.

《信息披露和预期支付与成本补偿的等价性》Ma, Ching-to Albert & Mak, Henry Y.

《这只是个性的问题吗？论主观幸福感在生育行为中的作用》Le Moglie, Marco & Mencarini, Letizia & Rapallini, Chiara

2015年8月，116卷C期／Aug 2015, 116（C）

《在冻结信贷市场衰退期的资本存量管理》Caulkins, Jonathan P. & Feichtinger, Gustav & Grass, Dieter & Hartl, Richard F. & Kort, Peter M. & Seidl, Andrea

《实验资产市场的锚定》Baghestanian, Sascha & Walker, Todd B.

《激励的诱因》Kvaløy, Ola & Schöttner, Anja

《正溢出效应的二元选择实验中的非对称性、不确定性和限制》Sorensen, Andrea Lockhart

《当基线消耗随时间变化时如何获取折扣功能?》Gerber, Anke & Rohde, Kirsten I. M.

《税收遵从和执行——来自潘帕斯草原的田间实验证据》Castro, Lucio & Scartascini, Carlos

《多家公司之间的合谋：定向惩罚的惩戒权》Roux, Catherine & Thöni, Christian

《主观生活水平与投资组合选择》Spaenjers, Christophe & Spira, Sven Michael

《生活满意度和性少数群体：来自澳大利亚和英国的证据》Powdthavee, Nattavudh & Wooden, Mark

《公理化多奖金嵌套彩票比赛——一个完整而严格的评级观点》Lu, Jingfeng & Wang, Zhewei

《制定国家安全政策的政治家们的军事生涯》Stadelmann, David & Portmann, Marco & Eichenberger, Reiner

《对随机性的理性路径管理》Schmitt, Noemi & Westerhoff, Frank

《政治上的陈述只是表现? 一个实验》Barton, Jared & Rodet, Cortney

《为什么家庭放弃高回报的技术采用? 来自布基纳法索改进的烹饪炉灶证据》Bensch, Gunther & Grimm, Michael & Peters, Jörg

《增加性频率提高幸福感吗?》Loewenstein, George & Krishnamurti, Tamar & Kopsic, Jessica & McDonald, Daniel

《一个基于有限市场知识的进化的古诺模型》Bischi, Gian Italo & Lamantia, Fabio & Radi, Davide

《多部分关税和有限理性：手机方案选择的实证分析》Friesen, Lana & Earl, Peter E.

《投资自由化、技术的腾飞和出口市场的进入：外国的所有制结构问题？》Girma, Sourafel & Gong, Yundan & Görg, Holger & Lancheros, Sandra

《注意、意图与在预防健康行为的持续性——来自流感疫苗的田野调查》Bronchetti, Erin Todd & Huffman, David B. & Magenheim, Ellen

《交配精神与创业》Chang, Simon & Zhang, Xiaobo

《对冲尴尬》Goulart, Marco & da Costa, Newton C. A. & Andrade, Eduardo B. & Santos, André A. P.

《压力对性能的影响：来自职业高尔夫巡回赛的证据》Hickman, Daniel C. & Metz, Neil E.

《现在你看到了，现在你不：消失的美容费》Deryugina, Tatyana & Shurchkov, Olga

《谎称价格？议价的最后通牒与不完全观察到的出价》Anbarcı, Nejat & Feltovich, Nick & Gürdal, Mehmet Y.

《员工信任和工作场所表现》Brown, Sarah & Gray, Daniel & McHardy, Jolian & Taylor, Karl

《上下文相关的作弊：来自16个国家的实验证据》Pascual-Ezama, David & Fosgaard, Toke R. & Cardenas, Juan Camilo & Kujal, Praveen & Veszteg, Robert & Gil-Gómez de Liaño, Beatriz & Gunia, Brian & Weichselbaumer, Doris & Hilken, Katharina & Antinyan, Armenak & Delnoij, Joyce & Proestakis, Antonios & Tira, Michael D. & Pratomo, Yulius & Jaber-López, Tarek & Brañas-Garza, Pablo

《异质性个体的重复选择及相对年龄效应》Dawid, Herbert & Muehlheusser, Gerd

《信息串联中有用的门外汉》Wu, Jiemai

《单人和双人淘汰赛》Deck, Cary & Kimbrough, Erik O.

《非对称史在谈判中的有害作用》Dezső, Linda & Loewenstein, George & Steinhart, Jonathan & Neszveda, Gábor & Szászi, Barnabás

《相对消费住房：边际储蓄补贴和收入税作为一种二次最佳政策？》Aronsson, Thomas & Mannberg, Andrea

《测量时间偏好：一种与实验方法的比较》Andreoni, James & Kuhn, Michael A. & Sprenger, Charles

《一个胡萝卜和议程设置的坚持方法》Dahm, Matthias & Glazer, Amihai

《这是一个重要的想法：意图在嘈杂重复游戏中的作用》Rand, David G. &

Fudenberg, Drew & Dreber, Anna

《重大自然灾害的福利影响——以日本福岛为例》Rehdanz, Katrin & Welsch, Heinz & Narita, Daiju & Okubo, Toshihiro

《如果我闭上眼睛，没有人会受到伤害：在一个真正的努力实验中，无知对性能的影响》Kajackaite, Agne

《社会偏好能解释经济行为中的性别差异吗?》Kamas, Linda & Preston, Anne

《妈妈轨道和公共政策：自我实现的预言及雇用和晋升中的性别差距》Lommerud, Kjell Erik & Straume, Odd Rune & Vagstad, Steinar

2015年7月，115卷C期／ Jul 2015, 115（C）

《教育行为经济学》Koch, Alexander & Nafziger, Julia & Nielsen, Helena Skyt

《教室里的社会规范：自律在下面给出的规范中的作用》Blake, Peter R. & Piovesan, Marco & Montinari, Natalia & Warneken, Felix & Gino, Francesca

《大学生成功的认知技能、个性和经济偏好》Burks, Stephen V. & Lewis, Connor & Kivi, Paul A. & Wiener, Amanda & Anderson, Jon E. & Götte, Lorenz & DeYoung, Colin G. & Rustichini, Aldo

《作弊与社会互动——来自国家评估计划的随机试验的证据》Lucifora, Claudio & Tonello, Marco

《捐赠、风险态度和时间偏好：一项对小学生利他行为的研究》Angerer, Silvia & Glätzle-Rützler, Daniela & Lergetporer, Philipp & Sutter, Matthias

《行为问题和学校结果的性别差异》Kristoffersen, Jannie H. G. & Obel, Carsten & Smith, Nina

《竞争压力下行为的性别差异：大学入学考试中的省略模式》Pekkarinen, Tuomas

《耐心、自我控制和对承诺的要求：来自一个大型的实地实验的证据》Alan, Sule & Ertac, Seda

《学业成绩与单性别教育——来自瑞士自然实验的证据》Eisenkopf, Gerald & Hessami, Zohal & Fischbacher, Urs & Ursprung, Heinrich W.

《夏季接近：个性化短信与同行导师宣传能否鼓励低收入的高中毕业生来考大学?》Castleman, Benjamin L. & Page, Lindsay C.

《评分与等级：非财务激励对测试性能的影响》Jalava, Nina & Joensen, Juanna Schrøter & Pellas, Elin

《社会网络结构的个体特征》Girard, Yann & Hett, Florian & Schunk, Daniel

《拖延、学业成功和治疗方案的有效性》De Paola, Maria & Scoppa, Vincenzo

2015年6月，114卷C期／ Jun 2015, 114（C）
　　《权衡选择的好处和成本——来自澳大利亚选举的证据》Nagler, Matthew G.
　　《排他性：在团队生产中强制排名的实验室研究》Croson, Rachel & Fatas, Enrique & Neugebauer, Tibor & Morales, Antonio J.
　　《绿色消费与污染控制》Chander, P. & Muthukrishnan, S.
　　《抵销稳定工作匹配均衡中的工资差距》Han, Seungjin & Yamaguchi, Shintaro
　　《爱的人比被爱的人更害怕：名誉和冲突的动机》Long, Iain W.
　　《谁来参加人造的现场实验？中国农村移民的参与偏差》Frijters, Paul & Kong, Tao Sherry & Liu, Elaine M.

2015年5月，113卷C期／ May 2015, 113（C）
　　《信念与真理：实验室实验》Peeters, Ronald & Vorsatz, Marc & Walzl, Markus
　　《市场异常的研究："白人不能跳"，但你敢打赌吗？》Igan, Deniz & Pinheiro, Marcelo & Smith, John
　　《学生与非学生在经典实验游戏中的综合比较》Belot, Michele & Duch, Raymond & Miller, Luis
　　《具有信息成本的离散选择理论》Cheremukhin, Anton & Popova, Anna & Tutino, Antonella
　　《在小团体的简单决策规则：合议规则与旋转规则》Shadmehr, Mehdi
　　《搜索成本和自适应消费者：短时间的延迟不影响选择质量》Sonntag, Axel

2015年4月，112卷C期／ Apr 2015, 112（C）
　　《外币借款和汇率风险的知识》Beckmann, Elisabeth & Stix, Helmut
　　《战略信息披露：商学院排名情况》Luca, Michael & Smith, Jonathan
　　《性与幸福》Cheng, Zhiming & Smyth, Russell
　　《解决冲突的承诺问题》Kimbrough, Erik O. & Rubin, Jared & Sheremeta, Roman M. & Shields, Timothy W.
　　《内生价格预期作为拍卖的参考点》Ahmad, Husnain Fateh
　　《在不断变化的环境中的协调》Matros, Alexander & Moser, Scott
　　《经济模型与实验中的扭曲风险》Ebert, Sebastian
　　《风险态度和认知老化》Bonsang, Eric & Dohmen, Thomas
　　《声誉与反馈机制的社会（不）认可——一个实验研究》Lumeau, Marianne & Masclet, David & Penard, Thierry
　　《绩效工资信息：减少印度儿童营养不良》Singh, Prakarsh

《交通：转型和后转型国家的移民福祉》Nikolova, Milena & Graham, Carol
《一个从过渡到可持续技术的离散选择模型》Zeppini, Paolo
《双语劳动力市场的平衡和效率》Armstrong, Alex
《汇，还是不汇，这是个问题——汇款的田间试验》Torero, Máximo & Viceisza, Angelino
《一个股票市场业绩与福利的生命周期视角》Frijters, Paul & Johnston, David W. & Shields, Michael A. & Sinha, Kompal
《论学习与动态进化条件下太阳黑子均衡的脆弱性》Berardi, Michele
《学习社会的演变及其经济后果》Bossan, Benjamin & Jann, Ole & Hammerstein, Peter
《超指数内气泡平衡模型的原教旨主义和图表交易者》Kaizoji, Taisei & Leiss, Matthias & Saichev, Alexander & Sornette, Didier
《基于互补性的团队竞赛最优排序》Brookins, Philip & Lightle, John P. & Ryvkin, Dmitry

2015年3月，111卷C期／ Mar 2015, 111（C）

《神权政体与反经济制裁的弹性》Naghavi, Alireza & Pignataro, Giuseppe
《收入亮点：在线约会的现场试验》Ong, David & Wang, Jue
《合同欺诈与散文市场》Rigby, Dan & Burton, Michael & Balcombe, Kelvin & Bateman, Ian & Mulatu, Abay
《文化整合：关于移民偏好收敛的实验证据》Cameron, Lisa & Erkal, Nisvan & Gangadharan, Lata & Zhang, Marina
《炫耀性消费、炫耀性健康和最优税收》Mujcic, Redzo & Frijters, Paul
《移民对本国居民福利同化的影响：一个理论》Stark, Oded & Bielawski, Jakub & Jakubek, Marcin
《善良的时机——来自现场实验的证据》Ockenfels, Axel & Sliwka, Dirk & Werner, Peter
《对协调博弈均衡选择的滞后效应》Romero, Julian
《社会是否低估了女人？来自赛马女骑师的业绩证明》Brown, Alasdair & Yang, Fuyu
《公司间的匹配和信息资本的供给》Anjos, Fernando & Drexler, Alejandro
《主观幸福感的异质性：在非洲职业分配中的应用》Falco, Paolo & Maloney, William F. & Rijkers, Bob & Sarrias, Mauricio
《市场价格的复杂性与买方的困惑》Kalaycı, Kenan

《青少年没有短视损失厌恶——一个实验注解》Glätzle-Rützler, Daniela & Sutter, Matthias & Zeileis, Achim

《基于抵押贷款与选择退出私人产品的公共供给支持：一个受控的实验室实验》Buckley, Neil & Cuff, Katherine & Hurley, Jeremiah & Mestelman, Stuart & Thomas, Stephanie & Cameron, David

《基于软、硬承诺的直接教育汇款：来自现场实验室实验与在罗马的菲律宾移民新产品使用的新证据》De Arcangelis, Giuseppe & Joxhe, Majlinda & McKenzie, David & Tiongson, Erwin & Yang, Dean

《高等学校创业教育对创业绩效的长期影响》Elert, Niklas & Andersson, Fredrik W. & Wennberg, Karl

《自愿捐款从现金转移到学校的影响》Bando, Rosangela

2015年2月，110卷C期 / Feb 2015, 110 (C)

《呼吁节能的反常影响》Holladay, J. Scott & Price, Michael K. & Wanamaker, Marianne

《母语是否有助于做妇女工作？语言学、家务劳动与性别身份》Hicks, Daniel L. & Santacreu-Vasut, Estefania & Shoham, Amir

《选择与年龄-生产力分布图——来自棋手的证据》Bertoni, Marco & Brunello, Giorgio & Rocco, Lorenzo

《相对工资及其对转型经济中企业效率的影响》Firth, Michael & Leung, Tak Yan & Rui, Oliver M. & Na, Chaohong

《吸烟行为是文化决定的吗？——来自英国移民的证据》Christopoulou, Rebekka & Lillard, Dean R.

《研发劳动力的流动会提升创新能力吗？》Kaiser, Ulrich & Kongsted, Hans Christian & Rønde, Thomas

《信号的智慧吗？显示偏好的自我和智能的社会观念》McManus, T. Clay & Rao, Justin M.

《"邪恶之眼"信仰的经济起源》Gershman, Boris

《选择被训练：行为特征很重要吗？》Dasgupta, Utteeyo & Gangadharan, Lata & Maitra, Pushkar & Mani, Subha & Subramanian, Samyukta

《选择、比赛和不诚实》Faravelli, Marco & Friesen, Lana & Gangadharan, Lata

2015年1月，109卷C期 / Jan 2015, 109 (C)

《公益性实验中的异质性与同伴惩罚：合作与规范冲突》Chatterji, Shurojit &

Lobato, Ignacio N.
《参考相关的喜好、球队搬迁与扩建大联盟》Humphreys, Brad R. & Zhou, Li
《信息的性质及其对招投标行为的影响：第一次价格共同价值拍卖的实验室证据》Brocas, Isabelle & Carrillo, Juan D. & Castro, Manuel
《最佳失效容差》Siegert, Caspar & Trepper, Piers
《直接销售的农产品营销专业合作社——非合作博弈》Agbo, Maxime & Rousselière, Damien & Salanié, Julien
《买家群体有利于共谋吗？》Normann, Hans-Theo & Rösch, Jürgen & Schultz, Luis Manuel
《环境风险：未来逃税的影响与风险暴露下的劳动力供给机会》Doerrenberg, Philipp & Duncan, Denvil & Zeppenfeld, Christopher
《具有拟双曲折现率的动态非线性所得税》Guo, Jang-Ting & Krause, Alan
《异质性与合作：公共物品供给能力与评价的作用》Kölle, Felix
《对于回教保险经营者的最佳激励》Khan, Hayat
《腐败、生育和人力资本》Varvarigos, Dimitrios & Arsenis, Panagiotis
《横截面的"赌徒谬误"：在彩票号码选择集设置代表性》Lien, Jaimie W. & Yuan, Jia
《谁是淘气包？谁表现好？关于亲社会工作者是否能从激烈的商业环境中脱颖而出的实验》Hoffman, Mitchell & Morgan, John
《一个实验动态随机一般均衡经济中的定价决策》Noussair, Charles N. & Pfajfar, Damjan & Zsiros, Janos
《管理者的外部社会关系在工作：祝福或诅咒的公司吗？》Brandes, Leif & Brechot, Marc & Franck, Egon
《基于小衰减的最小双向流动网络》De Jaegher, K. & Kamphorst, J. J. A.

《行为经济学与实验经济学杂志》/ Journal of Behavioral & Experimental Economics
1986 年创刊
Ideas 简单影响因子最新统计：2.378
2016 年 2 月，60 卷 C 期／ Feb 2016, 60 (C)
《在不确定条件下的决策风险厌恶情绪：是否存在性别差异？》Sarin, Rakesh & Wieland, Alice
《不太适应社会孩子的成人就业概率》Sciulli, Dario
《在劳动力市场的行为偏差，老年人和年轻人之间的差异》Luski, Israel &

Malul, Miki

《隐性协调情境中主导妥协的焦点》Bett, Zoë & Poulsen, Anders & Poulsen, Odile

《退休投资的复杂性和资产的合法性》Tse, Alan & Friesen, Lana & Kalaycı, Kenan

《公益性实验中的异质性与同伴惩罚：合作与规范冲突》Kingsley, David C.

2015年12月，59卷C期／ Oct 2015, 59（C）

《主观信念分布与经济素质的表征》Di Girolamo, Amalia & Harrison, Glenn W. & Lau, Morten I. & Swarthout, J. Todd

《建议是犯罪吗？一种基于不可执行建议的公共池塘资源实验》Mantilla, Cesar

《收入比较、收入形成和主观幸福感：关于羡慕与信号的新证据》Welsch, Heinz & Kühling, Jan

《孩子们的合作与竞争》Cárdenas, Juan Camilo & Dreber, Anna & von Essen, Emma & Ranehill, Eva

《具有显著效果的一阶随机占优违反现象》Dertwinkel-Kalt, Markus & Köster, Mats

《社会联结与认同对粮食生产投资决策的影响》Alho, Eeva

《哪一种对竞争中性别差异的解释才是与一个简单理论模型一致的？》S. Cotton, Christopher & Li, Cheng & McIntyre, Frank & P. Price, Joseph

《基于参考点的国际环境协议》Hong, Fuhai

《季节性情感障碍与老练的艺术品拍卖价格：来自大师们的新证据》Kliger, Doron & Raviv, Yaron & Rosett, Joshua & Bayer, Thomas & Page, John

《水不流上山：为北卡罗来纳州西部山区水保护措施支付意愿的决定因素》Groothuis, Peter A. & Cockerill, Kristan & Mohr, Tanga McDaniel

《竞争对税收遵从的影响：审计规则与耻辱的作用》Casagrande, Alberto & Cagno, Daniela Di & Pandimiglio, Alessandro & Spallone, Marco

2015年10月，58卷C期／ Oct 2015, 58（C）

《节能与社会责任消费者竞争的实验：打开黑匣子》Vasileiou, Efi & Georgantzís, Nikolaos

《激励信任：能激发情绪和激励，增加人际信任吗？》Mislin, Alexandra & Williams, Lisa V. & Shaughnessy, Brooke A.

《人事管理中的性别差异：一些实验证据》Chaudhuri, Ananish & Cruickshank, Amy & Sbai, Erwann

《信息透明、公平与劳动力市场效率》Işgın, Ebru & Sopher, Barry
《关于人类随机化的一个注解》Bruttel, Lisa & Friehe, Tim
《少数产品：互惠行为与负公共产品供给》Delaney, Jason & Jacobson, Sarah
《我们有理由绝望吗？》Pecchenino, Rowena A.
《拖延和不耐烦》Reuben, Ernesto & Sapienza, Paola & Zingales, Luigi
《为何教会需要自由骑士：宗教资本的形成和宗教团体的生存》McBride, Michael
《沟通渠道对失信行为的影响》Conrads, Julian & Lotz, Sebastian
《贝特朗竞争博弈中启动效应的实验研究》Jiménez-Jiménez, Francisca & Rodero-Cosano, Javier
《临界规模在建立成功网络市场中的作用：一个实验调查》Weiss, Avi & Etziony, Amir
《快乐的人不指责别人的自私行为？信任和礼品交换游戏的实验调查证据》Drouvelis, Michalis & Powdthavee, Nattavudh
《对偷猎者作出严厉的猎场看守人？对逃税的态度和对欺诈的态度》Cullis, John & Jones, Philip & Lewis, Alan & Castiglioni, Cinzia & Lozza, Edoardo
《启发机制和奖励规模对时间偏好的估计量的影响》Meyer, Andrew G.
《所有权的两面性：所有权与经济决策的特殊章节》Kamleitner, Bernadette & Dickert, Stephan
《野外所有权效应：土地所有权在阿根廷潘帕斯草原农业的目标和决策的影响》Arora, Poonam & Bert, Federico & Podesta, Guillermo & Krantz, David H.
《所有权的意义与敏感性：所有权的类型及商品的估价》(Xiao-Tian) Wang, X. T. & Ong, Lay See & Tan, Jolene H.
《提升估值：自我和谐与品牌效应的影响》Thomas, Veronica L. & Yeh, Marie & Jewell, Robert D.
《自我投资：对投资者心理所有权与口碑传播意图的无意识影响》Kirk, Colleen P. & McSherry, Bernard & Swain, Scott D.
《归属的需要和物品的价值：不排斥改变个人财产的主观价值？》Walasek, Lukasz & Matthews, William J & Rakow, Tim

2015年8月，57卷C期／ Aug 2015, 57（C）

《一个尺寸合适吗？旨在培养亲社会行为的激励》Barile, Lory & Cullis, John & Jones, Philip
《一个关于政治信任的实验》Rodet, Cortney S.

《社会资本的货币价值》Orlowski, Johannes & Wicker, Pamela
《竞争行为、对他人的影响与竞争对手的数量》Vandegrift, Donald & Duke, Kristen
《多重收益比较与主观盈余公平性：一个跨国研究》Tao, Hung-Lin
《专家如何更新信仰？非市场环境的经验教训》Sinkey, Michael
《能力视角下的可持续消费：可操作性和实证分析》Leßmann, Ortrud & Masson, Torsten
《思维近期与远期：利用实验数据对资产市场中交易者信念的形成进行建模》Afik, Zvika & Lahav, Yaron
《群体成员特征与协商一致的风险》Nieboer, Jeroen
《个人社会福利偏好：一项实验研究》Hong, Hao & Ding, Jianfeng & Yao, Yang
《（不）诚实：在一个现实生活市场中测量收费过高现象》Conrads, Julian & Ebeling, Felix & Lotz, Sebastian
《慷慨和村民之间的分享：女人付出的要多一些吗？》Bezu, Sosina & Holden, Stein T.
《团体是不是比个人能更好地进行规划？——实验分析》Carbone, Enrica & Infante, Gerardo
《守信、关系亲密和可识别性：一项在中国的实验研究》Cadsby, C. Bram & Du, Ninghua & Song, Fei & Yao, Lan
《谢林动态战略行为：理论和实验证据》Benito-Ostolaza, Juan M. & Brañas-Garza, Pablo & Hernández, Penélope & Sanchis-Llopis, Juan A.
《自愿市场付款：潜在动机、成功驱动因素和成功潜力》Natter, Martin & Kaufmann, Katharina
《小费习俗：国家差异对小费的态度及对社会压力敏感度的影响》Lynn, Michael & Starbuck, Mark M.
《在匿名"买你想要的"定价环境中的锚定和规范》Armstrong Soule, Catherine A. & Madrigal, Robert
《"买你想要的"定价模式：它能赚钱吗？》Chao, Yong & Fernandez, Jose & Nahata, Babu
《鲜花和荣誉盒：框架效应的证据》Schlüter, Achim & Vollan, Björn
《"买你想要的价格"或者砍价模式：客户选择定价的框架效应》Schröder, Marina & Lüer, Annemarie & Sadrieh, Abdolkarim

《为什么消费者自愿付费：来自在线音乐的证据》Regner, Tobias

《"买你想要的"商业模式：不错的收入与内生价格歧视》Isaac, R. Mark & P. Lightle, John & A. Norton, Douglas

《信任及美国出生居民与移民的可信度》Cox, James C. & Orman, Wafa Hakim

2015年6月，56卷C期／ Jun 2015, 56（C）

《关于信息的价值：为什么人们拒绝医学检验?》Fels, Markus

《食品需求的决定因素和健康标签的体验效应》Thunström, Linda & Nordström, Jonas

《为什么人们逃税？来自希腊的新实验证据》Kaplanoglou, Georgia & Rapanos, Vassilis T.

《性别规范、工作时间与修正的税务》Aronsson, Thomas & Granlund, David

《国民经济中的工作满意度、员工敬业度和职业生涯变化之间的联系转变》Cahill, Kevin E. & McNamara, Tay K. & Pitt-Catsouphes, Marcie & Valcour, Monique

《支付部分与普遍平等的意愿》Bäker, Agnes & Güth, Werner & Pull, Kerstin & Stadler, Manfred

《社会和个人的背景下风险的决定：社会偏好的限制?》Linde, Jona & Sonnemans, Joep

《公共产品供给、惩罚和捐赠的来源：实验证据》Antinyan, Armenak & Corazzini, Luca & Neururer, Daniel

《搭便车在多层次相互作用中行为溢出效应》Thommes, Kirsten & Vyrastekova, Jana & Akkerman, Agnes

2015年4月，55卷C期／ Apr 2015, 55（C）

《消费者付款选择的商人转向：2012年日记调查的证据》Stavins, Joanna & Shy, Oz

《工作中的性别：激励与自我分类》Migheli, Matteo

《有条件的性别对等效应?》Iversen, Jon Marius Vaag & Bonesrønning, Hans

《社会语境中的锚》Meub, Lukas & Proeger, Till E.

《回收废物：文化很重要吗?》Crociata, Alessandro & Agovino, Massimiliano & Sacco, Pier Luigi

《空调怎么了？异质性贡献与条件合作》Hartig, Björn & Irlenbusch, Bernd & Kölle, Felix

《服务酬金和小费的解释：来自倾斜的动机和倾向的个体差异的证据》Lynn, Michael

《四个欧洲国家的金融威胁评价量表（FTS）——非学生样本》Marjanovic, Zdravko & Greenglass, Esther R. & Fiksenbaum, Lisa & De Witte, Hans & Garcia-Santos, Francisco & Buchwald, Petra & Peiró, José María & Mañas, Miguel A.

《动态重复性随机专制与性别歧视》Dittrich, Dennis A. V. & Büchner, Susanne & Kulesz, Micaela M.

《基于任务的收入不平等与再分配偏好的比较研究》Iida, Yoshio

《"相信我，我是一个经济学家"——对实验室实验怀疑论的一个注解》Krawczyk, Michal

2015 年 2 月，54 卷 C 期 / Feb 2015, 54（C）

《基于经济偏好与控制点的健康行为预测》Conell-Price, Lynn & Jamison, Julian

《我们的生活质量有什么好的教育？澳大利亚教育与生活满意度的联立方程模型》Powdthavee, Nattavudh & Lekfuangfu, Warn N. & Wooden, Mark

《处理知名域名》Kitchens, Carl & Roomets, Alex

《"海盗不是盗窃！"有些学生就是这样认为的吗？》Krawczyk, Michał & Tyrowicz, Joanna & Kukla-Gryz, Anna & Hardy, Wojciech

《促进资源困境中的合作：理论预测和实验证据》Botelho, Anabela & Dinar, Ariel & Pinto, Lígia M. Costa & Rapoport, Amnon

《论与"博弈"中的"悲观"本质》Smith, Alexander

《税收政策与新闻：纳税人对税收相关媒体覆盖率的影响及对税收遵从的影响》Kasper, Matthias & Kogler, Christoph & Kirchler, Erich

《人格与健康满足》Kesavayuth, Dusanee & Rosenman, Robert E. & Zikos, Vasileios

《西非劳动力市场的转变：家庭网络的作用》Nordman, Christophe J. & Pasquier-Doumer, Laure

《法国家庭是否使用汽车上瘾？——基于微观经济学的视角》Collet, Roger & de Lapparent, Matthieu & Hivert, Laurent

《战略设置中的时间折扣的实验研究》Deck, Cary & Jahedi, Salar

《一种基于退款担保应用的保险合同参数评估变化的前景理论》Heiman, Amir & Just, David R. & McWilliams, Bruce P. & Zilberman, David

《公共经济学杂志》/ *Journal of Public Economics*
1986 年创刊
Ideas 简单影响因子最新统计：22.288

2016 年 3 月，135 卷 / Mar 2016, 135

《犯罪与炫耀性消费》Daniel Mejía, Pascual Restrepo

《劳动力供给的最优再分配与监控》Floris T. Zoutman, Bas Jacobs

《税收政策与创新融资》Luis A. Bryce Campodonico, Roberto Bonfatti, Luigi Pisano

《切尔诺贝利的长期后果：关于主观幸福感、心理健康和福利的证据》Alexander M. Danzer, Natalia Danzer

《消费者是否认识到燃油经济的价值？二手车价格和汽油价格波动的证据》James M. Sallee, Sarah E. West, Wei Fan

《更高的税收，更多的逃避？电视许可证收费中边界差异的证据》Melissa Berger, Gerlinde Fellner-Röhling, Rupert Sausgruber, Christian Traxler

《折旧节省对投资的影响：来自企业替代最低税的证据》Jongsang Park

2016 年 2 月，134 卷 / Feb 2016, 134

《诱发情绪对社会行为的影响》Michalis Drouvelis, Brit Grosskopf

《税务合规性和心理成本：行为实验证据使用的生理标志》Uwe Dulleck, Jonas Fooken, Cameron Newton, Andrea Ristl, Markus Schaffner, Benno Torgler

《开放经济中的收入再分配》Áron Tóbiás

《投票权和最优供给的公共利益》Ran Shao, Lin Zhou

《送猪肉回家：出生镇偏向于向意大利自治市》Felipe Carozzi, Luca Repetto

《在工作场所遇到乳腺癌》Giulio Zanella, Ritesh Banerjee

《政治自我服务偏见与再分配》Bruno Deffains, Romain Espinosa, Christian Thöni

《大众传媒、工具性信息和选举责任》Christian Bruns, Oliver Himmler

《政府层级责任制》Razvan Vlaicu, Alexander Whalley

《如何使都市区起作用？既不是大政府，也不是放任主义》Carl Gaigné, Stéphane Riou, Jacques-François Thisse

《分裂的大多数与信息聚合：理论与实验》Laurent Bouton, Micael Castanheira, Aniol Llorente-Saguer

2016年1月，133卷 / Jan 2016，133

《职业朝代和租金与管制的作用：来自意大利的药店的证据》Sauro Mocetti

《交通事故和伦敦拥堵费》Colin P. Green, John S. Heywood, María Navarro

《对税收弹性进行税收执法的影响：来自法国慈善捐款的证据》Gabrielle Fack, Camille Landais

《汽车燃油经济性标准对技术采纳的影响》Thomas Klier, Joshua Linn

《代表名额的分配不公平和多边谈判：一个实验》Emanuel I. Vespa

《教师工资与学校生产力：剥削工资管制》Jack Britton, Carol Propper

《狭义与广义的生育率、资本积累和经济福利》Akira Momota

2015年12月，132卷 / Dec 2015，132

《对外援助和国际组织投票：来自国际捕鲸委员会的证据》Christian Dippel

《通过公共信息给穷人赋权？印度乡村电影的课程》Martin Ravallion, Dominique van de Walle, Puja Dutta, Rinku Murgai

《政府与私人所有权的公共产品：谈判摩擦的作用》Patrick W. Schmitz

《重新审视消费平滑失业保险待遇》Chloe N. East, Elira Kuka

《社会规范整合》Moti Michaeli, Daniel Spiro

《互联网扩散的非预期后果：来自马来西亚的证据》Luke Miner

《高等教育的扩张会导致经济增长吗？》Sebastian Böhm, Volker Grossmann, Thomas M. Steger

《政治问责与顺序决策》Ethan Bueno de Mesquita, Dimitri Landa

2015年11月，131卷 / Nov 2015，131

《专业规范与医生行为：作一名经济人，还是恪守希波拉底克传统？》Iris Kesternich, Heiner Schumacher, Joachim Winter

《技术改进在游戏中的价值：一种对抵消行为的新视角》Michael Hoy, Mattias K. Polborn

《收入收据和死亡——来自瑞典公共部门雇员的证据》Elvira Andersson, Petter Lundborg, Johan Vikström

《运气、选择和责任———一项关于公平观的实验研究》Johanna Mollerstrom, Bjørn-Atle Reme, Erik Ø. Sørensen

《在劳动力市场中存在逆向选择时的最优工资再分配》Spencer Bastani, Tomer Blumkin, Luca Micheletto

《在单一和多个司法管辖区内的税收系统的大多数选择》Stephen Calabrese, Dennis Epple, Richard Romano

《攀比：国际税收协调与社会比较》Thomas Aronsson, Olof Johansson-Stenman

《削减增值税后会有更多和更便宜的理发服务吗？服务业消费税的效率与发生率》Tuomas Kosonen

《本地自然资源诅咒？》Lars-Erik Borge, Pernille Parmer, Ragnar Torvik

《最优税收凸显》Jacob Goldin

《广告、商业媒体偏见和福利的数量限制》Anna Kerkhof, Johannes Münster

《在一个不确定的世界松开捕蝇纸效应》Carlos A. Vegh, Guillermo Vuletin

2015年10月，130卷／ Oct 2015, 130

《民意测验在政治竞争中创造了动力吗？》Philipp Denter, Dana Sisak

《企业税收和资本积累：来自14个经合组织国家的部门面板数据的证据》Stephen Bond, Jing Xing

《平庸》Andrea Mattozzi, Antonio Merlo

《均衡税率与收入再分配：一项实验室研究》Marina Agranov, Thomas R. Palfrey

《希望最好的，尚未准备最坏的》Justin Fox, Richard Van Weelden

《对奥巴马的恐惧：对枪支和美国2008次总统选举的需求的实证研究》Emilio Depetris-Chauvin

《媒体竞争与选举政治》Amedeo Piolatto, Florian Schuett

《多维度不平等的规范性指数衡量的是什么？》Kristof Bosmans, Koen Decancq, Erwin Ooghe

《在教师劳动市场的生产力回报率：方法上的挑战和长期职业生涯改善的新证据》John P. Papay, Matthew A. Kraft

2015年9月，129卷／ Sep 2015, 129

《个人喜好如何聚集在群体：一个实验研究》Attila Ambrus, Ben Greiner, Parag A. Pathak

《逃税的隐性成本：专家服务市场中的协同逃税》Loukas Balafoutas, Adrian Beck, Rudolf Kerschbamer, Matthias Sutter

《伤残保险申请者的资产积累与劳动参与》Pian Shu

《高效的教育补贴和"使用才支付"原则》Bei Li, Jie Zhang

《社会保障政策对福利的影响、退休和储蓄的影响》Alan L. Gustman, Thomas L. Steinmeier

《慈善基金会倒洗澡水时顺便也把孩子倒掉了吗？》Benjamin M. Marx

《受控外国公司立法对海外投资的影响——多维回归不连续性设计》Peter H. Egger, Georg Wamser

《药品价格管制与药品平行进口》Kurt R. Brekke, Tor Helge Holmås, Odd Rune Straume

《丧失我的宗教：宗教丑闻对宗教参与和慈善捐赠的影响》Nicolas L. Bottan, Ricardo Perez-Truglia

2015年8月，128卷／ Aug 2015, 128

《一起还是分开？冲突后的分割、民族同质化与公共教育的规定》Eik Leong Swee

《项目资助中的捐助者协调：来自一个入门级公共物品实验的证据》Luca Corazzini, Christopher Cotton, Paola Valbonesi

《塞拉利昂战争与地方集体行动：使用系数稳定方法的评论》Felipe González, Edward Miguel

《贴现、风险与不平等：一种一般方法》Marc Fleurbaey, Stéphane Zuber

《基本与补充医疗保险：道德风险与逆向选择》Jan Boone

《全球检查游戏》Miguel Sanchez Villalba

《公共舆论管理模式》Andrea Patacconi, Nick Vikander

《在大萧条时期，分配偏好如何变化？》Raymond Fisman, Pamela Jakiela, Shachar Kariv

《基于顺序任务的采购拍卖之捆绑决定》Sanxi Li, Hailin Sun, Jianye Yan, Jun Yu

《更多的信息总是更好吗？美国司法选举中的政党暗示和候选人素质》Claire S. H. Lim, James M. Snyder Jr.

《激励效应、测量误差和潜在异质性的收益率：中国案例研究》Martin Ravallion, Shaohua Chen

《中心事物与顺序投票的责任归因》Björn Bartling, Urs Fischbacher, Simeon Schudy

2015年7月，127卷／ Jul 2015, 127

《北欧模式》Sören Blomquist, Karl Moene

《领导者与追随者：北欧模式与创新经济学的视角》Joseph E. Stiglitz

《〈斯堪的维亚那模式——一种解读〉再版》Erling Barth, Karl O. Moene, Fredrik Willumsen

《北欧例外论？在世界历史的角度看社会民主平等主义》Mattia Fochesato,

Samuel Bowles

《康德的优化：一个微观基础的合作》John E. Roemer

《劳动收入动态、保险税、转让和家庭》Richard Blundell, Michael Graber, Magne Mogstad

《税收和劳动力的长期分配：理论及来自丹麦的证据》Claus Thustrup Kreiner, Jakob Roland Munch, Hans Jørgen Whitta-Jacobsen

《基于跨国微观数据的劳动供给弹性的估计：微观和宏观的估计之间的桥梁？》Markus Jäntti, Jukka Pirttilä, Håkan Selin

《普适的儿童护理水平相当于游戏领域了吗？》Tarjei Havnes, Magne Mogstad

《工作的福利待遇与北欧模式》Ann-Sofie Kolm, Mirco Tonin

《健康和退休的生命周期模型——来自瑞典养老金改革的案例》Tobias Laun, Johanna Wallenius

《中国制造，挪威销售：当地劳动力市场的进口冲击的影响》Ragnhild Balsvik, Sissel Jensen, Kjell G. Salvanes

2015年6月，126卷 / Jun 2015, 126

《彩票支付引起储蓄行为了吗？来自实验室的证据》Emel Filiz-Ozbay, Jonathan Guryan, Kyle Hyndman, Melissa Kearney, Erkut Y. Ozbay

《团队合作：身份、惩罚和捐赠的角色》Qian Weng, Fredrik Carlsson

《选择与问责：一种道德风险环境下的竞选承诺的实验研究》Nick Feltovich, Francesco Giovannoni

《福克斯新闻和政治知识》Elizabeth Schroeder, Daniel F. Stone

《选举周期和电力供应：一个准实验与印度特别选举的证据》Thushyanthan Baskaran, Brian Min, Yogesh Uppal

《社会困境中的规范执法：警察专员的实验》David L. Dickinson, David Masclet, Marie Claire Villeval

《新政党和政策结果：来自哥伦比亚地方政府的证据》Hector Galindo-Silva

《冲突网络》Jörg Franke, Tahir Öztürk

《消费者、专家和在线产品评价：来自酿造业的证据》Grant D. Jacobsen

2015年5月，125卷 / May 2015, 125

《取代教堂和梅森旅馆吗？税收减免与农村发展》Luc Behaghel, Adrien Lorenceau, Simon Quantin

《排污许可证市场的最佳交易比率》Stephen P. Holland, Andrew J. Yates

《慈善捐赠：利他主义没有限制》Luciana Echazu, Diego Nocetti

《交易成本、机会成本、时间和拖延的慈善捐赠》Stephen Knowles, Maroš Servátka

《相互作用、保护与流行》Sanjeev Goyal, Adrien Vigier

《税收赦免的发生：理论和证据》Ralph-C. Bayer, Harald Oberhofer, Hannes Winner

《外国利润征税：一个统一的观点》Michael P. Devereux, Clemens Fuest, Ben Lockwood

《北京市的驾驶限制对污染和经济活动的影响》V. Brian Viard, Shihe Fu

《改革非对称联盟：对二元资本税制的优点》Andreas Haufler, Christoph Lülfesmann

《长期护理保险、非正规医疗与医疗费用》Hyuncheol Bryant Kim, Wilfredo Lim

2015年4月，124卷 / Apr 2015, 124

《先发制人的解读预先趋势：侵权改革的估计治疗效果影响》Anup Malani, Julian Reif

《联邦政府的架构：宪法、讨价还价与道德风险》Christoph Luelfesmann, Anke Kessler, Gordon M. Myers

《终止伤残福利的就业效应》Timothy J. Moore

《在高速公路的最优速度限制是多少?》Arthur van Benthem

《在大萧条时期的劳动力市场政策和大学招生》Andrew Barr, Sarah Turner

《偏好的异质性与最优再分配》Benjamin B. Lockwood, Matthew Weinzierl

《第一天刑事累犯》Ignacio Munyo, Martín A. Rossi

《营养与认知成就：学校早餐计划的评价》David E. Frisvold

《在低妇女劳动参与率下的学校教育与生育能力：来自以色列流动限制性的证据》Victor Lavy, Alexander Zablotsky

2015年3月，123卷 / Mar 2015, 123 7

《公共儿童照顾和母亲的劳动供给证据》Stefan Bauernschuster, Martin Schlotter

《社会认同与不平等：中国户口制度的影响》Farzana Afridi, Sherry Xin Li, Yufei Ren

《腐败与社会最优进入》Rabah Amir, Chrystie Burr

《沙漠与团队的不公平厌恶》David Gill, Rebecca Stone

《减少暴饮暴食？德国禁止在深夜对酗酒相关住院人员销售外卖酒精禁令的影响》Jan Marcus, Thomas Siedler

《政府间补助金作为信号和对齐效应：理论和证据》Emanuele Bracco, Ben Lockwood, Francesco Porcelli, Michela Redoano

《学校管理、教师激励与学生—教师比率：来自肯尼亚小学的实验证据》Esther Duflo, Pascaline Dupas, Michael Kremer

2015年2月，122卷 / Feb 2015, 122

《学校教育券对高校招生和学历的影响》Matthew M. Chingos, Paul E. Peterson

《药物滥用的治疗和死亡率》Isaac D. Swensen

《习惯形成的经济体中的最优税收》Sebastian Koehne, Moritz Kuhn

《探索抵押贷款利息扣除改革：一种内生权选择的均衡排序模型》Amy Binner, Brett Day

《公共产品实验中的情绪宣泄与惩罚》David L. Dickinson, David Masclet

《污染对劳动供给的影响：来自墨西哥市自然实验的证据》Rema Hanna, Paulina Oliva

《领导和公共物品的自愿提供：来自玻利维亚的实地证据》Kelsey Jack, María P. Recalde

《基于不可观察的能力异质性的最优伤残保险》Kyung-woo Lee

《住房市场和住宅区隔：密歇根学校金融改革对区内和区内分类的影响》Rajashri Chakrabarti, Joydeep Roy

2015年1月，121卷 / Jan 2015, 121

《两部门模型中的优化高等教育招生与生产力的外部性》Volker Meier, Ioana Schiopu

《规范卖淫：一种健康风险的方法》G. Immordino, F. F. Russo

《卖力工作与绩效工资之间的脆弱关系》Ola Kvaløy, Trond E. Olsen

《总统的提携与中间选民：美国选举参议员的选择》Yosh Halberstam, B. Pablo Montagnes

《公共物品的诅咒》Caleb A. Cox

《关于税收竞争模式中均衡领导的一点注记》Jean Hindriks, Yukihiro Nishimura

《下议院部分圈地》Christopher Costello, Nicolas Quérou, Agnes Tomini

《供给方改革的普遍覆盖：泰国医疗费用风险与利用的影响》Supon Limwattananon, Sven Neelsen, Owen O'Donnell, Phusit Prakongsai, Viroj Tangcharoensathien, Eddy van Doorslaer, Vuthiphan Vongmongkol

《犯与不犯？非对称信息在谈判中事前承诺的实验研究》Sönke Hoffmann, Benedikt Mihm, Joachim Weimann

《政治家如专家、选举控制和财政限制》Uwe Dulleck, Berthold U. Wigger

《公共医疗保险的扩张与医院技术的应用》Seth Freedman, Haizhen Lin, Kosali Simon

《制度经济学杂志》/ Journal of Institutional Economics
1986 年创刊
Ideas 简单影响因子最新统计：2.438

2016 年 3 月, 12 卷 1 期 / Mar 2015, 12（1）

《马克斯 U 与 humanomics：新制度主义的批判》McCLOSKEY, DEIRDRE NANSEN

《机构和经济学史：教授 McCloskey 的批判》Greif, Avner & Mokyr, Joel

《想法与机构：一个评论》Tabellini, Guido

《两次可以观察确认一个理论吗？对马克斯 U 与 humanomics 评论》Lawson, Robert A.

《失控的机构》Langlois, Richard N.

《人文科学：一个对经济新制度主义防御的应答》McCLOSKEY, DEIRDRE NANSEN

《资本主义动态比较分析中的制度互补性》Amable, Bruno

《私有财产权的起源：国家还是习惯性组织？》Murtazashvili, Ilia & Murtazashvili, Jennifer

《机构发展、交易成本与经济增长：来自跨国调查的证据》Kovač, Mitja & Spruk, Rok

《法国革命和德国工业化：可疑的模型和可疑的因果关系》Kopsidis, Michael & Bromley, Daniel W.

《收入和制度质量的空间分析：来自美国都市区的证据》Bologna, Jamie & Young, Andrew T. & Lacombe, Donald J.

《针锋相对的贸易政策：只是为了既得利益吗？》Dluhosch, Barbara

《基于代理人的计算模型——一个制度化图案造型形式的启发？》Gräbner, Claudius

2015年12月,11卷4期/ Dec 2015, 11 (4)

《大部分的"产权经济学"贬值财产和合法权益》Hodgson, Geoffrey M.

《论霍奇森对财产权的研究》Allen, Douglas W.

《什么是"产权"?为什么它们很重要?对霍奇森文章的评论》Barzel, Yoram

《经济产权是"夸夸其谈的谬论":对霍奇森的评论》Cole, Daniel H.

《"不倒翁"会对产权理论和再次回归说什么:一个对批评的回应》Hodgson, Geoffrey M.

《主流健康经济学的定位服务:是否是一个伦理困境?》DAVIS, JOHN B. & McMASTER, ROBERT

《黑客空间:一个关于公共资源创建与管理的案例研究》Williams, Michael R. & Hall, Joshua C.

《John Stuart Mill 与 Alfred Marshall 工作中的习惯规则行为》Zouboulakis, Michel S.

《赞比亚为何失败?》Barton, Stuart John

《在国家能力建设过程中的信任与亲社会行为:以巴勒斯坦领土为例》Andriani, Luca & Sabatini, Fabio

《在一个大型后发经济中绕过薄弱的机构》Bessonova, Evguenia & Gonchar, Ksenia

2015年9月,11卷3期/ Sep 2015, 11 (3)

《制度、规则与均衡:一个统一的理论》Hindriks, Frank & Guala, Francesco

《行为、规则和机构的起源》Smith, Vernon L.

《为什么一个统一的制度理论的均衡概念是必要的?对 Hindriks and Guala 所著文章的友好评论》Aoki, Masahiko

《论"常识本体":对 Frank Hindriks and Francesco Guala 所著文章的评论》Sugden, Robert

《机构、规则与均衡:一个评论》Binmore, Ken

《关于定义机构:规则与均衡》Hodgson, Geoffrey M.

《状态函数和制度性事实:回复 Hindriks 和 Guala》Searle, John R.

《理解机构:对 Aoki, Binmore, Hodgson, Searle, Smith 和 Sugden 的回复》Hindriks, Frank & Guala, Francesco

《一个关于思想与机构的论坛》Felin, Teppo

《知识和不同权力结构下的组织结构与绩效的动态变化》Dosi, Giovanni & Marengo, Luigi

《无用输入，无用输出？一些宏观误差的微观来源》Sunstein, Cass R. & Hastie, Reid

《对一个关于企业家精神判断方法论坛的介绍：成就、挑战与新方向》Foss, Nicolai J. & Klein, Peter G.

《"医生，医生"：创业诊断与市场决策》Godley, Andrew C. & Casson, Mark C.

《不确定性、判断和企业理论》Hallberg, Niklas L.

《设身处地的企业家判断：企业家行为的序列决策方法》Mcmullen, Jeffery S.

2015年6月，11卷2期／Jun 2015, 11 (2)

《关于科斯纪念问题的介绍》Hodgson, Geoffrey M. & Ménard, Claude & Shirley, Mary M. & Wang, Ning

《科斯：制度经济学家和制度建设者》Williamson, Oliver E.

《科斯对经济学的影响》Shirley, Mary M. & Wang, Ning & Ménard, Claude

《科斯的企业理论与经济学的范围》Loasby, Brian J.

《昂贵机构作为替代品：科斯方法的局限性与新颖之处》Pagano, Ugo & Vatiero, Massimiliano

《交易专用性投资和组织的选择：一个科斯——科斯理论》Miceli, Thomas J.

《重新审视生产的制度结构》Rossi, Enrico

《理解社会成本问题》Frischmann, Brett M. & Marciano, Alain

《"一个宏伟的商业前景"：科斯定理、敲诈勒索的问题与科斯定理世界的创造》Medema, Steven G.

《科斯定理：连贯、逻辑，而不是否定》Allen, Douglas W.

《科斯学派与现代产权经济学》Foss, Kirsten & Foss, Nicolai

《"逃亡者"：科斯经济学的判断图形》Bertrand, Elodie

《无线电频谱使用权交易中的两个视角——科斯 VS 平民》Lemstra, Wolter & Groenewegen, John & De Vries, Piet & Akalu, Rajen

2015年3月，11卷1期／Mar 2015, 11 (1)

《创意世界的经济学》Koppl, Roger & Kauffman, Stuart & Felin, Teppo & Longo, Giuseppe

《创意世界的创意经济：一个评论》Colander, David

《一个创意世界的下一个步骤：一个评论》Foster, John

《创意世界的经济学：一些协议和一些批评》Pelikan, Pavel

《"创意世界"中的因果关系与规律》Witt, Ulrich

《创意世界的经济学：对评论的回应》Koppl, Roger & Kauffman, Stuart &

Felin, Teppo & Longo, Giuseppe

《历史作为一个实验室以更好地了解机构的形成》Van Bavel, Bas

《科斯的方法——来自农场的经验教训》Allen, Douglas W.

《独裁者的影响：在办公室多少年才能影响经济发展？》Papaioannou, Kostadis J. & Van Zanden, Jan Luiten

《从许多国家的一个横截面看不平等与文化》Kyriacou, Andreas P. & Velásquez, Francisco José López

《经济特区的政治经济》Moberg, Lotta

《关于机构和组织的历史分析——以巴西电力部门为例》Signorini, Guilherme & Ross, R. Brent & Peterson, H. Christopher

《发展经济学评论》/ Review of Development Economics
1986 年创刊
Ideas 简单影响因子最新统计：2.378

2016 年 2 月，20 卷 1 期 / Feb 2016, 20 (1)

《集体领导、职业关注与中国房地产市场：常设委员会的作用》Nan Gao, Cheryl Xiaoning Long and Lixin Colin Xu

《中国合资企业的合同风险、政治风险和外商直接投资的所有权结构》Yuxiao Zhang, Mingyue Fang, Ting Jiang and Huihua Nie

《地方机构、外商直接投资与内资企业生产率》Junjie Hong, Xiaonan Sun and Wei Huang

《高管报酬与法定投资者保护：来自中国上市公司的证据》Zhigang Zheng, Li-An Zhou, Yanmei Sun and Chao Chen

《新鲜干部带来新鲜空气？人员离职、机构和中国的水污染》Nan Gao and Pinghan Liang

《中国通货膨胀和相对价格变动的面板平滑过渡方法》Biao Gu, Jianfeng Wang and Yi David Wang

《外资进入对我国银行业的影响》Yuhua Li, Konari Uchida, Tongsheng Xu and Zhaoyang Wu

《中国的外资并购与跨国公司的全球市场战略》Qing Liu, Larry D. Qiu and Zhigang Li

《福布斯全球 2000 人是谁？国内市场、跨国公司和经济发展的作用》Shi-Shu Peng, Deng-Shing Huang, Tzu-Han Yang and Ying-Chih Sun

《旅游业跨境市场势力的税收经济学研究》Xinhua Gu, Pui Sun Tam, Chun Kwok Lei and Xiao Chang

《日本和美国外包对中国企业的影响》Jingmei Ma, Yibing Ding and Hongyu Jia

《发展中国家的创新、模仿与知识产权》Hong Hwang, Jollene Z. Wu and Eden S. H. Yu

《经济一体化、垄断势力和没有规模效应的生产力增长》Colin Davis and Ken-ichi Hashimoto

《中国的劳动力市场一体化和经济开放的影响》Miao Yi and Shen Zhou

《基于失业和公共资源的环境保护》Kenzo Abe and Muneyuki Saito

《外商直接投资，产业异质性与中国就业弹性》Bo Chen, Yao Li and Yuming Yin

《出口和劳动力异质性的广泛和密集的利润率》Tuan Anh Luong and Wei-Chih Chen

《国际技术转让和福利》Ping-Sing Kuo, Yan-Shu Lin and Cheng-Hau Peng

《国际混合双寡头垄断下的最优民营化政策》Ruiqiu Ou, Jie Li, Jing Lu and Chenxu Guo

《知识产权与发展中国家转让技术的质量》Lei Yang, Yingyi Tsai and Arijit Mukherjee

《国际研发合作和战略性贸易政策》Baomin Dong, Huasheng Song and Xiaolin Qian

《衡量中国进口产品的技术结构》Hao Wei

《中国拥挤的出口外溢》Qun Bao, Ninghua Ye and Ligang Song

《跨国国有企业的资本结构溢价：来自中国的证据》Rui Zhang and Xun Zhang

《美国的白银流入和中国的价格革命》Hongjun Zhao

《国际分裂的反倾销：中国的证据》Yi Liu and Jun Deng

《贸易创造效应的区域贸易协定：关税削减与非关税壁垒的清除》

《贸易一体化是否有助于和平？》Jong-Wha Lee and Ju Hyun Pyun

《关于合并与集聚》Hamid Beladi and Reza Oladi

《作为产业政策的地区主义：来自南方共同市场的证据》Pedro Moncarz, Marcelo Olarreaga and Marcel Vaillant

2015年11月，19卷4期／ Nov 2015, 19（4）

《混合市场中知识产权保护的谈判》Jie Li, Xiaohui Xu and Jing Lu

《小分歧：来自日本和中国棉纺织品的证据（1930—1868年）》Baomin Dong, Jiong Gong, Kaixiang Peng and Zhongxiu Zhao

《一般均衡条件的政策》Kala Krishna

《专用性与带有税价扭曲的从价性战略出口补贴》Hong Hwang, Chao-Cheng Mai and Ya-Po Yang

《基于空间计量经济学角度看外国直接投资对中国收入的收敛作用》Jingmei Ma and Hongyu Jia

《民主和加入GATT/WTO》Ka-fu Wong and Miaojie Yu

《财政互动探索：中国省基础设施支出的空间分析》Xinye Zheng, Feng Song, Yihua Yu and Shunfeng Song

《城乡迁移、人力资本与城市生产率的可替代性：来自中国的证据》Jixiang Yu, Kunrong Shen and Desu Liu

《儿童性别、代际关系与父母劳动市场结果》Qing Wang

《国内研发、对外直接投资和福利》Yibai Yang

《个人健康账户计划对终身收入再分配的影响：来自中国的证据》Guan Gong, Hongmei Wang and Lingli Xu

《产品周期外包》Hsiao-Lei Chu

《财政不确定性与货币危机》Inci Gumus

《农业生产力在结构变化中的作用》Been-Lon Chen and Shian-Yu Liao

《秘鲁农村的信息和通信技术、农业收益和童工》Diether W. Beuermann

《南北贸易自由化和经济福利》John Gilbert, Hamid Beladi and Reza Oladi

2015年8月，19卷3期／ Aug 2015, 19 (3)

《新兴市场和发展中国家的汇率挑战》Ansgar Belke and Gunther Schnabl

《政策的转变和新兴市场的金融动荡》Andreas Hoffmann and Björn Urbansky

《新兴市场经济体的汇率市场压力和货币政策：来自治疗效果评估的新证据》Alexander Erler, Steffen Sirries, Christian Bauer and Bernhard Herz

《商品出口国应与出口价格挂钩吗？》Lukas Vogel, Stefan Hohberger and Bernhard Herz

《生产率冲击和实际有效汇率》Joscha Beckmann, Ansgar Belke and Robert Czudaj

《新兴市场经济体的储备需求和实际汇率失调》Axel Loeffler

《新兴市场的宏观经济政策制定、汇率调整和经常账户失衡》Pablo Duarte and Gunther Schnabl

《资本流动和商业周期中的非对称性：审慎资本管制的作用》Chin-Yoong Wong and Yoke-Kee Eng

《新兴市场的实际汇率和增长率：以津巴布韦为例》Zuzana Brixiová, Mthuli Ncube and Zorobabel Bicaba

《印度的资本流动和汇率波动：储备有多重要？》Renu Kohli

《中国企业在行业和企业层面的汇率风险曝光》Bo Tang

《金融危机后的中国汇率政策：随时间变动的汇率篮子》Jarko Fidrmuc and Martin Siddiqui

《汇率制度的动态分析：东亚新兴国家的政策含义》Naoyuki Yoshino, Sahoko Kaji and Tamon Asonuma

《亚洲未来的通货膨胀目标》Ulrich Volz

《运用伊顿-克鲁格曼模型的销售成本评估》Xuebing Yang

《发达国家的技术、非技术移民与企业家精神》Hamid Beladi and Saibal Kar

《国际因素的流动性、工资和价格》Elena Podrecca and Gianpaolo Rossini

《小的开放型经济体中发展政策对经济增长和地区不平等的启示：以印度为例》Alokesh Barua and Aparna Sawhney

《机构与文化异质性作为国民收入的决定因素：一个随机系数随机前沿模型》Maria del Pilar Baquero Forero, Takanori Ida and Toshifumi Kuroda

《一个基于土地的动态俄林-赫克歇尔模型的收敛性》Maria Dolores Guillo and Fidel Perez-Sebastian

《迁移、转让与童工》Ralitza Dimova, Gil S. Epstein and Ira N. Gang

《促进贸易自由化：国际援助的理论分析》Malokele Nanivazo and Sajal Lahiri

2015年5月，19卷2期 / May 2015, 19 (2)

《产权、管理与经济发展》Jan U. Auerbach and Costas Azariadis

《非位似多部门增长模型》Bjarne S. Jensen, Ulla Lehmijoki and Elena Rovenskaya

《全球化市场力量的挑战》David Mayer-Foulkes

《信用链和抵押贷款危机》Paula Lourdes Hernandez-Verme

《商品价格波动下的货币政策》Roberto Chang

《灵活的汇率制度更不稳定？来自G7和拉丁美洲的GARCH面板证据》Rodolfo Cermeño and María Eugenia Sanin

《压力时代的信用：全球金融危机下拉丁美洲的证据》Carlos Montoro and Liliana Rojas-Suarez

《秘鲁的经济增长与工资停滞》Peter Paz and Carlos Urrutia

《秘鲁地区间的结构性断裂与收敛性：1970—2010 年》Augusto Delgado and Gabriel Rodríguez

《企业创新、公共财政支持与全要素生产率：秘鲁制造业的案例》Mario D. Tello

《互联网技术与贸易的广泛性：来自新兴经济体的易趣网》Andreas Lendle and Pierre-Louis Vézina

《外国直接投资大甩卖？金融危机对外国直接投资的影响》Olga Stoddard and Ilan Noy

《生产力和金融摩擦在一个小型开放经济体的商业周期中的作用：香港（1984—2011 年）》Paulina Etxeberria-Garaigorta and Amaia Iza

《农产品市场价格传导中的非对称性》Alain McLaren

《改变贸易限制的政治经济以应对商品价格暴涨》Jayanthi Thennakoon

2015 年 2 月，19 卷 1 期／ Feb 2015, 19 (1)

《中国对美国与欧洲的对外投资：一种获取研发的模式》Joseph Pelzman

《不平等与储蓄：一体化经济的进一步证据》Xinhua Gu, Bihong Huang, Pui Sun Tam and Yang Zhang

《农民、中间商和出口商：市场力量、定价和福利在一个垂直供应链中的模型》Kjetil Bjorvatn, Anna B. Milford and Lars Sørgard

《税收竞争与经济一体化》Kurt A. Hafner

《内生挥发期的金融传染证据》Erdem Kilic and Veysel Ulusoy

《关于多环境污染物在我国工业部门分解的思考》Hidemichi Fujii, Jing Cao and Shunsuke Managi

《基于三个因素的最优双扇区增长模型》W. Sanderson, A. Tarasyev and A. Usova

《发展中国家的外国直接投资、外国援助、汇款和经济增长》Uwaoma G. Nwaogu and Michael J. Ryan

《宏观经济波动、制度不稳定与创新激励》Serena Masino

《家长的期望和入学决定：来自农村的证据》Ferdinand Ahiakpor and Raymond Swaray

《通过增长和再分配政策减少贫困——对 59 个发展中国家的面板数据分析》Ansgar Belke and Andreas Wernet

《发达经济体的金融发展和经济活动：来自面板协整的证据》Georgios Chor-

tareas, Georgios Magkonis, Demetrios Moschos and Theodore Panagiotidis
《发达和新兴经济体的金融深化与经济增长》Keshab Bhattarai
《欧盟扩张后的商业周期同步：双边贸易和外国直接投资的作用》Dimitrios Asteriou and Argiro Moudatsou

《区域科学与城市经济学》/ Regional Science and Urban Economics
1961 年创刊
Ideas 简单影响因子最新统计：1.006

2016 年 3 月，56 卷 / Mar, 2016, 56
《基于家庭内相互作用的个体旅游行为建模》Changjoo Kim, Olivier Parent
《住房财富积累：公共住房的作用》Florence Goffette-Nagot, Modibo Sidibé
《政治竞争中的战略互动：中国城市空间效应的实证研究》Jihai Yu, Li-An Zhou, Guozhong Zhu
《计算机革命改变美国城市的命运？技术冲击和新工作地理》Thor Berger, Carl Benedikt Frey
《做得好？我国住房建筑质量的案例分析》Jia He, Jing Wu
《向更一般的特征估计：澄清的作用、替代的实验设计与应用程序的住房属性》Michael D. Eriksen, Thomas J. Kniesner, Ryan Sullivan

2016 年 1 月，55 卷 / Jan, 2016, 55
《学区开放招生选择的空间模型》David Brasington, Alfonso Flores-Lagunes, Ledia Guci
《家庭房屋的资本收益和消费：来自加拿大微观数据的证据》Kul Bhatia, Chris Mitchell
《芝加哥都市区工业产权租金的决定因素》David Clark, Anthony Pennington-Cross
《了解中国农村和城市家庭的储蓄上升》Yao Pan
《住房市场中的特征价格：租金比率、使用者成本及均衡的偏离》Robert J. Hill, Iqbal A. Syed
《航空公司如何应对机场拥挤：网络的作用》Xavier Fageda, Ricardo Flores-Fillol

2015 年 11 月，54 卷 / Nov, 2015, 54
《城市交通外部性：住房价格的准实验证据》Ioulia V. Ossokina, Gerard Verweij

《为什么不同城市的技能强度会有所不同？住房成本的作用》Daniel A. Broxterman, Anthony M. Yezer

《空间数据的条件参数分位回归：十九世纪初的土地价值分析》Daniel McMillen

《人人都需要好邻居？劳动力流动成本、城市和匹配》Wouter Torfs, Liqiu Zhao

《改进的空间回归模型的推论》Shew Fan Liu, Zhenlin Yang

《具内源性回归系数自回归模型的 GMM 估计》Xiaodong Liu, Paulo Saraiva

《匹配购房和租赁价格指数的协整：来自新加坡的证据》Badi H. Baltagi, Jing Li

2015年9月，53卷／ Sep, 2015, 53

《越多越好？来自使用历史矿山的人口规模与生活质量之间关系的证据》Stefan Leknes

《贸易、经济地理和产品质量选择》P. M. Picard

《地铁需求上升后的私人驾驶限制：来自北京房地产市场证据》Yangfei Xu, Qinghua Zhang, Siqi Zheng

《为什么沃尔玛和塔吉特会成为隔壁邻居？》Jenny Schuetz

《搜索混乱导致车库和路边停车的竞争》Eren Inci, Robin Lindsey

《体育设施、集聚和公共补贴》Brad R. Humphreys, Li Zhou

《享乐模型和房地产周期》Peter Burridge, Fabrizio Iacone, Štěpána Lazarová

《小区更新：改造或拆除决定》Henry J. Munneke, Kiplan S. Womack

2015年7月，52卷／ Jul, 2015, 52

《竞争的债务陷阱：来自德国城市债务的空间计量经济学证据》Rainald Borck, Frank M. Fossen, Ronny Freier, Thorsten Martin

《实体项目和就业的地理分散》Matthew Freedman

《业主、租户及房地产税收的政治经济》Eric J. Brunner, Stephen L. Ross, Becky K. Simonsen

《互联网时代的区域均衡失业理论》Vanessa Lutgen, Bruno Van der Linden

《一个多中心城市的连续空间选择模型》Matthias Wrede

《住房市场上公共价格信息的作用》Essi Eerola, TeemuLyytikäinen

《文化多样性和工厂级生产力》Michaela Trax, StephanBrunow, Jens Suedekum

《人们会愿意为更少的隔离支付费用吗？来自美国内部迁移的证据》Junfu Zhang, Liang Zheng

《地震灾害风险影响房地产价格：来自空间不连续回归设计的证据》Noboru Hidano, Tadao Hoshino, Ayako Sugiura

《何时何地投资基础设施》Jan K. Brueckner, Pierre M. Picard

《止赎和地方政府预算》Keith Ihlanfeldt, Tom Mayock

《要按照高速公路分区吗？》Miquel-Àngel Garcia-López, Albert Solé-Ollé, Elisabet Viladecans-Marsal

《迁移、劳动任务和生产结构》Giuseppe De Arcangelis, Edoardo Di Porto, Gianluca Santoni

2015年5月，51卷／ May, 2015, 51

《非对称房价动力学：来自加州市场的证据》Yuming Li

《失业问题：改善劳动力市场困境的抵押贷款违约措施分析》Yi Niu, Chengri Ding

《学校选择、房价和住宅分类：从内部和区域内选择的经验证据》Il Hwan Chung

《修正QML空间回归模型的估计以及未知的异方差性和非正态性》Shew Fan Liu, Zhenlin Yang

《房价的动态响应和区位排序：空气质量变化的证据》Corey Lang

《空间环境下污水处理的相关环境影响研究》Sophie Legras

《竞争和物业税重写限制：重访马萨诸塞州2号提案》Zackary Hawley, Jonathan C. Rork

《通过修缮学校来刺激社区复兴？来自建筑投资的证据》Keren Mertens Horn

《低收入住房返税政策实施的区域失衡：来自建筑规模的证据》Bree J. Lang

《学生的通勤时间、大学存在和学术成就》Martijn B. W. Kobus, Jos N. Van Ommeren, Piet Rietveld

《联邦制、枪支和枪支管辖权政策》Kangoh Lee

2015年3月，50卷／ Mar, 2015, 50

《在边境社会潮流的规模》Simone Bertoli, Jesús Fernández-Huertas Moraga

《比较纳什和进化稳定平衡在非对称税收竞争中的区别》Robert Philipowski

《大学毕业生聚集和就业匹配》Jaison R. Abel, Richard Deitz

《时间就是金钱：监管拖延对住宅小区发展影响的实证检验》Douglas H.

Wrenn, Elena G. Irwin

《具固定效应的部分动态空间面板数据模型的估计》Yuanqing Zhang, Yanqing Sun

《加拿大制造业地理集中的分析》Kristian Behrens, Théophile Bougna

《动态的社会规范》Fabien Moizeau

《柏林租赁价格分布的变化》Lorenz Thomschke

《区域科学杂志》/ *Journal of Regional Science*
1961 年创刊
Ideas 简单影响因子最新统计：2.042

2016 年 1 月，56 卷 1 期／ Jan, 2016, 56 (1)

《城市至农村人口的增长：来自经合组织 TL3 地区的证据》Paolo Veneri, Vicente Ruiz

《多中心经验：就业中心间的复杂关系》Steven G. Craig, Janet E. Kohlhase, Adam W. Perdue

《聚集、交通拥堵与美国就业增长和区域差异》Hisamitsu Saito, JunJie Wu

《集聚问题无处不在？新公司在城市和农村市场的区位》Georgeanne M. Artz, Younjun, KimPeter F. Orazem

《资深移民：通过访问司机来了解对空间舒适和健康的考虑》Jeffrey H. Dorfman, Anne M. Mandich

《当住房处于内生状态时的享乐定价：TRANS-ISRAEL 公路的价值》Michael Beenstock, Dan Feldman, Daniel Felsenstein

《土地银行 2.0：实证评估》Stephan Whitaker, Thomas J. Fitzpatrick IV

2015 年 11 月，55 卷 5 期／ Nov, 2015, 55 (5)

《访问车辆和接触贫困社区：来自流动性机会项目的证据》Casey Dawkins, Jae Sik Jeon, Rolf Pendall

《可获性的影响》David Martín-Barroso, Juan A. Núñez-Serrano, Francisco J. Velázquez

《帕累托或对数正态分布？最适合所有城市的截断分布》Giorgio Fazio, Marco Modica

《区位信号和集聚》Marcus Berliant, Chia-Ming Yu

《企业生产力和机构质量：来自意大利工业的证据》Andrea Lasagni, Annamaria Nifo, Gaetano Vecchione

《一个新的多空间离散连续建模方法对土地利用变化的分析》Chandra R. Bhat,, Subodh K. Dubey,, Mohammad Jobair Bin Alam Waleed H. Khushefati

《评估孟加拉国北部的空间可获性小额信贷：GIS 分析》Akib Khan, Atonu Rabbani

2015 年 9 月，55 卷 4 期／ Sep, 2015, 55（4）

《专业技能变动造成的德国失业率区域差距》Nadia Granato,, Anette Haas, Silke Hamann, Annekatrin Niebuhr

《公司异质性、多工厂选择和聚集》Hisamitsu Saito

《企业家精神、信息和增长》Devin Bunten, Stephan Weiler, Eric Thompson, Sammy Zahran

《大学出勤率：加拿大年轻人大学参与度的城乡差距因素》K. Bruce Newbold, W. Mark Brown

《工资、租金、失业和生活质量：一个一致的理论基础》Matthias Wrede

《空间管理结构和都市圈税收竞争》Björn Kauder

《随时间和空间推移的享乐分析：房价和交通噪声的情况》Aaron Swoboda, Tsegaye Nega, Maxwell Timm

2015 年 7 月，55 卷 3 期／ Jul, 2015, 55（3）

《基金模式》Solmaria Halleck Vega，J. Paul Elhorst

《以成绩为基础的国家金融援助计划与大学成绩》David L. Sjoquist, John V. Winters

《微数据的条件参数概率单位模型及其在芝加哥土地领域的使用情况》Daniel McMillen, Maria Edisa Soppelsa

《移民的集成：桥接社会资本、种族和局部性》Vassilis Tselios, Inge Noback, Jouke van Dijk, Philip McCann

《种族、收入、教育和有一定年代的社区隔离对房价的影响》David M. Brasington, Diane Hite, Andres Jauregui

《住宅分类与环境外部性：航空噪声值的非线性与耻辱性》Sotirios Thanos, Abigail L. Bristow, Mark R. Wardman

《具内生绿地空间住宅选择的蛙跳：分析结果》Dominique Peeters, Geoffrey Caruso, Jean Cavailhès, Isabelle Thomas, Pierre Frankhauser, Gilles Vuidel

2015年5月, 55卷2期/ May, 2015, 55 (2)
　　《沃尔玛和塔吉特对税基的影响：来自新泽西的证据》Donald Vandegrift, John Loyer
　　《解释空间计量经济的起讫流模型》James P. LeSage, Christine Thomas-Agnan
　　《自然灾害如何影响企业的供应链网络弹性？来自日本东京大地震的证据》Yasuyuki Todo, Kentaro Nakajima, Petr Matous
　　《城市旅行时间为何如此稳定》Alex Anas
　　《公司规模与经济发展：估计1990—2000年美国各州经济增长的长期影响》Timothy Komarek, Scott Loveridge
　　《零售设施和城市扩张》Stefan Dodds, Mati Dubrovinsky
　　《扩张、枯竭和城市遏制政策的作用：来自美国城市的证据》Miriam Hortas-Rico

2015年1月, 55卷1期/ Jan, 2015, 55 (1)
　　《印度的空间发展》Klaus Desmet, Ejaz Ghani, Stephen O'Connell, Esteban Rossi-Hansberg
　　《21世纪制造业价值的创造和贸易》Richard E. Baldwin, Simon J. Evenett
　　《留在外围的是哪些公司？空间选择差异化厂商运输的规模经济》Rikard Forslid, Toshihiro Okubo
　　《全球价值链如何？一种新的衡量国际碎片方法》Bart Los, Marcel P. Timmer, Gaaitzen J. de Vries
　　《大萧条和美国非都市化》Dan S. Rickman, Mouhcine Guettabi
　　《美国最大城市的公共资助：一项研究城市大衰退后的财务记录》Justin Ross, Wenli Yan, Craig Johnson
　　《估算国家层面外国直接投资的竞争性》Marius Brülhart, Kurt Schmidheiny

《区域研究》/ Regional Studies
1967年创刊
Ideas 简单影响因子最新统计：2.068

2016年4月, 50卷4期/ Apr 2016, 50 (4)
　　《区域如何应对经济萧条：恢复力与经济结构的作用》Ron Martin, Peter Sunley, Ben Gardiner & Peter Tyler
　　《威尔士的就业恢复力：从萧条迈向复兴》Marianne Sensier & Michael Artis

《区域恢复力的属性与特征：对土耳其区域的定义和测量》Ayda Eraydin

《评估 2007 年至 2009 年的大萧条对加拿大 83 个区域的冲击以及随之而来难以捉摸的概念》Jean Dubé & Mario Polèse

《危机中的区域经济恢复力：对澳大利亚经济的研究》Jerry Courvisanos, Ameeta Jain & Karim K. Mardaneh

《欧洲的就业恢复力与 2008 年经济危机：来自微观数据的证据》Justin Doran & Bernard Fingleton

《马来西亚主要经济区的房价和新加坡房价之间的动态关系》Hassan Gholipour Fereidouni, Usama Al-Mulali, Janice Y. M. Lee & Abdul Hakim Mohammed

《欧洲各区域商业服务 FDI 的决定因素》Davide Castellani, Valentina Meliciani & Loredana Mirra

《区域是否从积极的劳动市场政策中获益？基于空间面板的宏观经济评估》Wolfgang Dauth, Reinhard Hujer & Katja Wolf

《欧洲一体化和欧洲地区的知识流动》Riccardo Cappelli & Fabio Montobbio

《跨国企业对知识密集型新创商业服务企业的影响：来自荷兰兰斯达区的经验证据》Wouter Jacobs, Ton van Rietbergen, Oedzge Atzema, Leo van Grunsven & Frank van Dongen

2016 年 3 月, 50 卷 3 期 / Mar2016, 50（3）

《暂时性地理邻近是否能预测知识？奥林匹克竞赛中的知识动态》Martin Müller & Allison Stewart

《社会资本激活中的城乡差异》Jens F. L. Sørensen

《评估大学支持中心所产生的以技术为基础的外溢》Mircea Epure, Diego Prior & Christian Serarols

《描述区域功能性劳动市场的三个步骤》Per Kropp & Barbara Schwengler

《获取大学公共知识的渠道：谁更接近区域主义？》Manuel Acosta, Joaquín M. Azagra-Caro & Daniel Coronado

《测绘瑞士乡村社会经济景观：关于乡村地区的类型学》Martin Hedlund

《多重尺度定位与能力转移：探讨特易购（Tesco）在亚洲零售扩张中的镶嵌性》Steve Wood, Neil M. Coe & Neil Wrigley

《西班牙经济危机中的中小型企业补贴及担保信贷：区域视角》Anahí Briozzo & Clara Cardone-Riportella

《区域知识基础和经济结构的共同演化模式：来自欧洲区域的证据》

Francesco Quatraro

2016年2月，50卷2期／ Feb2016, 50（2）

《知识的经济价值：体现于商品或体现于文化》Olivier Crevoisier

《知识关系中的邻近性与距离：从微观到结构对领域知识动态的考量》Joan Crespo & Jérôme Vicente

《透过创新发展演变史探讨领域知识动态》Anna Butzin & Brigitta Widmaier

《领域知识动态与透过当地化网络的知识锚定：瑞典西约塔兰省的汽车部门》Laura James, Geert Vissers, Anders Larsson & Margareta Dahlström

《超越生产与标准：关于领域创新和知识政策的状态市场方法》Stewart Macneill & Hugues Jeannerat

《跨企业合作的空间因素：探讨企业层级的知识动态》Geert Vissers & Ben Dankbaar

《知识、资源与市场：经济评价体系是什么？》Hugues Jeannerat & Leïla Kebir

2016年1月，50卷1期／ Jan2016, 50（1）

《调节的多样化：如何结合部门、区域与国家层级》Martin Schröder & Helmut Voelzkow

《意大利"社会模型"中的地域差异》Sabrina Colombo & Marino Regini

《地中海国家的社会权益、家庭网络与资本的区域多样性》Ulrich Glassmann

《中国特色的多样化资本主义：区域模式与多重尺度建构》Jun Zhang & Jamie Peck

《地理上的不平衡：美国各大都会之间薪资与收入不均的差异与决定因素》Richard Florida & Charlotta Mellander

《财政支出分权与地方公共支出构成的综合分析》Agnese Sacchi & Simone Salotti

《解释英格兰与威尔士有机农业的区域差异：威尔士西南区与英格兰东南区的比较研究》Brian Ilbery, James Kirwan & Damian Maye

《意大利的人口动态与区域社会安全的可持续性》Mariangela Bonasia & Rita De Siano

《1967~2003年瑞典国内移民的新宏观经济证据》Svenja Gärtner

《派系结盟对于全要素生产力的影响》Henry Aray

2015年12月，49卷12期／ Dec2015, 49（12）

《财政地方分权对公共支出构成的影响：来自意大利面板数据的证据》Maria Jennifer Grisorio & Francesco Prota

《英国住宅市场区域间的外溢效应》I-Chun Tsai
《全球创业精神与发展指标的区域应用：西班牙的案例》Zoltán J. Ács, László Szerb, Raquel Ortega-Argilés, Ruta Aidis & Alicia Coduras
《巴西的区域成长与中小型企业发展：空间面板分析方法》Tulio A. Cravo, Bettina Becker & Adrian Gourlay
《尼日尔的公共服务供给落差：来自跨辖区小学教育与医疗保健的证据》Stefano Mainardi
《应急服务绩效的区域差异：是社会资本问题吗？》Rhys Andrews & Paresh Wankhade
《空间外部性的影响：技能、教育与工厂生产力》Sofia Wixe
《英国国内的工作机会：在景气好与景气坏之际配对失业人口与职缺》Martin Taulbut & Mark Robinson

2015年11月，49卷11期／ Nov2015, 49（11）

《欧洲创新中的区域异质性和区域间的研究外溢效应：模式与政策含义》Gianni Guastella & Frank G. van Oort
《欧盟各区域的知识、创新与生产力增长》Roberta Capello & Camilla Lenzi
《技术领先者是否吓阻了向内的研发投资？欧洲区域研发区位选择的证据》René Belderbos & Dieter Somers
《特定产业集群中的企业成长与聚集》Matthias Duschl, Tobias Scholl, Thomas Brenner, Dennis Luxen & Falk Raschke
《企业创新绩效中马歇尔外部性与雅各布斯外部性：法国工业的案例》Danielle Galliano, Marie-Benoît Magrini & Pierre Triboulet
《区域知识流动和创新政策：动态的表现》Ugo Fratesi
《大学与知识密集型服务业成为边陲区域创新企业的知识来源》Hugo Pinto, Manuel Fernandez-Esquinas & Elvira Uyarra
《通过桥接、减少与制造距离来增强相关动态邻近性》Max-Peter Menzel
《技术关联性与知识空间：美国城市专利类别的进入与退出》David L. Rigby

2015年10月，49卷10期／ Oct2015, 49（10）

《苏格兰海外旅游需求的季节性：区域分析》John Coshall, Richard Charlesworth & Stephen J. Page
《美国种族与族裔的职业隔离：州际差异》Carlos Gradín, Coral Del Río & Olga Alonso-Villar
《从外资跨国企业到国内制造厂商的生产力溢出效应：空间邻近性具有多大程

度的影响》Sergio Mariotti, Marco Mutinelli, Marcella Nicolini & Lucia Piscitello

《知识密集服务的运用与使用者创新：魁北克制造部门中的高阶层服务业、地理层次结构与网络使用》Richard Shearmur & David Doloreux

《取代或重叠？协同创新项目中面向内部关联性的地理与非空间邻近性》Teis Hansen

《欧洲区域在欧盟资助研发网络中的嵌入性：空间计量的视角》Iris Wanzenböck, Thomas Scherngell & Rafael Lata

《财政合作是否增加了城市的地方税率》Sylvie Charlot, Sonia Paty & Virginie Piguet

《斯洛文尼亚的经济成长与区域落差》Biswajit Banerjee & Manca Jesenko

《从中国进口的差异程度是否会导致西班牙当地劳动市场产出差异》Vicente Donoso, Víctor Martín & Asier Minondo

2015年9月，49卷9期／Sep2015, 49（9）

《河流交通：美国港口的空间分离》Cuz Potter

《地方政府支出决策中的互动：来自葡萄牙的证据》Hélia Costa, Linda Gonçalves Veiga & Miguel Portela

《影响以色列的区域生产力及创新因素：部分经验证据》Daniel Felsenstein

《小型市政服务供给的成本效益》Francisco J. Arcelus, Pablo Arocena, Fermín Cabasés & Pedro Pascual

《产业竞争结构与区域制造业就业变迁的评估》Joshua Drucker

《从次区域网络至次区域地方主义：英国历史上黑乡的合作经验》Steven R. Henderson

《意大利的区域创新、社会制度与经济成长》Giorgio d'Agostino & Margherita Scarlato

《荷兰对工业区的需求：就业是否为有效的预测指标》Pascal Beckers & Jan Schuur

《结构变迁在欧洲区域生产力成长中的作用》Eoin O'Leary & Don J. Webber

《区域在英国的选举中是否重要？英国2010年普选中的共识政治与地方经济脉络》C. J. Pattie, R. J. Johnston, Mariken Schipper & Laura Potts

《千篇一律的比率？欧洲影子经济活动程度的区域差异》Helmut Herwartz, Egle Tafenau & Friedrich Schneider

《空间规划与领域凝聚指标：为促进区域及地方合用性权益人驱动的选择方

法》Ainhoa González, Gavin Daly, Philip Pinch, Neil Adams, Visvaldis Valtenbergs, Malcolm C. Burns & Hjalti Johannesson

2015年8月，49卷8期／Aug2015, 49（8）

《制约性与欧洲结构基金的绩效：欧盟凝聚政策中调控机制的委托-代理分析》John Bachtler & Martin Ferry

《政府素质与投资报酬：检视欧洲区域凝聚支出的影响》Andrés Rodríguez-Pose & Enrique Garcilazo

《灵活专业化、区域成长及其在欧盟凝聚政策中的应用》Philip McCann & Raquel Ortega-Argilés

《当空间均衡失效：因地制宜政策是次优的吗》Mark D. Partridge, Dan S. Rickman, M. Rose Olfert & Ying Tan

《质化评估方法在欧洲区域发展中的可能应用：对奥地利自然资源管理中使用绩效叙述报告的反思》Frank Vanclay

《评估欧盟研发政策的动态一般均衡模型》Andries Brandsma & D´Artis Kancs

《基础设施发展和就业：土耳其的案例分析》Nihan Akyelken

《地方感与付费意愿：评价文化资源对于区域社群贡献时的互补概念》Mark Morrison & David John Dowell

《住房与（或）工作：比利时行政区中所有权及劳动市场的研究》Daan Isebaert, Freddy Heylen & Carine Smolders

《欧元及其对欧洲合并与收购的数量、规模、表现及区域扩散的影响》Killian J. McCarthy & Wilfred Dolfsma

2015年7月，49卷7期／Jul2015, 49（7）

《合作式研发补助能否刺激区域创新的效率？来自德国的证据》Tom Broekel

《英国生物能源的创新与政策：协同演化的视角》Carla De Laurentis

《去中心化的全球化进程与地方分散化的结果：墨西哥的次国家层级比较研究》Aylin Topal

《澳大利亚的区位优势与再投资：两州的比较研究》Paul Kalfadellis

《城市区位与知识密集型服务企业在合作网络中的连结》Sverre J. Herstad & Bernd Ebersberger

《运用分解的方法，解释中国1985—2000年跨区人口迁移的转变》Jianfa Shen

《欧洲山区的制度化》Bernard Debarbieux, Martin F. Price & Jörg Balsiger

《区域国际化的决定因素：公共政策的角色与效能》Mariasole Bannò, Lucia

Piscitello & Celeste Varum

《非自愿非典型雇佣与经济危机：来自英国的区域见解》Anne E. Green & Ilias Livanos

《薪资与可得性：交通基础建设的影响》Anna Matas, Josep-Lluis Raymond & Josep-Lluis Roig

2015年6月, 49卷6期 / Jun2015, 49 (6)

《临近性与创新：从静态到动态》Pierre-Alexandre Balland, Ron Boschma & Koen Frenken

《邻近性的共同演化：网络层级的研究》Tom Broekel

《共同发明者网络中的合作：结合闭合、桥连带与邻近性》Lorenzo Cassi & Anne Plunket

《邻近性控制：来自"航空谷"竞争集群的证据》Rachel Levy & Damien Talbot

《时尚网络：创意经济中多维度近似性与美学选择的形成》Frédéric C. Godart

《在"组织化的无政府状态"中学习：交易市场的技术探索过程》Harald Bathelt & Rachael Gibson

《专业化是否有利于区域经济发展》Thomas Kemeny & Michael Storper

《1997—2008年英国区域本地合伙企业的全要素生产率成长》Richard Harris & John Moffat

《抱负、人力资本获取与大都会升降梯》Ian R. Gordon

《解雇与移民工人对区域劳动市场机会的响应：来自挪威的证据》Marianne Røed & Pål Schøne

《地方分权会增加可问责性吗？欧盟凝聚政策执行的经验证据》Laura Polverari

2015年5月, 49卷5期 / May2015, 49 (5)

《演化经济地理学发展的转向》Ron Martin & Peter Sunley

《关于区域恢复力的演化观点》Ron Boschma

《美国大都市地区中的关联性、产业扩展分支与技术整合》Jürgen Essletzbichler

《相关多样性、非相关多样性与技术突破：美国州级专利授予权分析》Carolina Castaldi, Koen Frenken & Bart Los

《1990—2004年外部联结和把关人角色的更新以及美国城市知识库的扩张》Stefano Breschi & Camilla Lenzi

《r知识：rDNA方法的空间传播与应用》Maryann P. Feldman, Dieter F. Kogler & David L. Rigby

《不同部门间的互动与创新：挪威城市区域的研究与发现》Rune Dahl Fitjar & Andrés Rodríguez-Pose

《是什么导致集群衰落？对丹麦某高科技集群的断裂和演化之研究》Christian Richter Østergaard & Eunkyung Park

《旧工业区的路径革新：区域创新政策的可能性与局限性》Lars Coenen, Jerker Moodysson & Hanna Martin

《教育-职业（不）对称与跨区域迁徙：意大利大学毕业生就业的转变》Simona Iammarino & Elisabetta Marinelli

《学科的邻域：城市形态与演化经济地理学》Gregory M. Spencer

2015年4月，49卷4期／ Apr2015, 49 (4)

《检验1952—2008年中国各省的随机收敛》Maria Jesus Herrerías & Javier Ordóñez Monfort

《1860—2000年西班牙长期的区域收入不均形态》Julio Martínez-Galarraga, Joan R. Rosés & Daniel A. Tirado

《区域政策与日本产业的生产效率》Akihiro Otsuka & Mika Goto

《欧洲区域的劳动生产力与技术差距：有条件的边界方法》Andrea Filippetti & Antonio Peyrache

《应对公众关于乡村发展政策偏好的不确定性：条件价值评估》Marcos Domínguez-Torreiro & Mario Soliño

《苏格兰的区域选择性援助是否对工厂的生存产生影响》John Moffat

《放眼国内：采用具有地理敏感性的职场性别隔离研究方法》Francisco Perales & Sergi Vidal

《强化学生的义务能否减少辍学？荷兰两大主要辍学区的证据》Sofie J. Cabus

《生物燃料对区域经济的影响：一个关于多部门建模技术及其评价应用的回顾》Grant J. Allan

《欧洲知识密集型工商服务业的专业化：永久性本地合作的争论》Jorge Gallego & Andrés Maroto

《自我雇佣作为进入与离开英国东南部的一个渠道》Darja Reuschke

《为了凝聚而同步？欧盟区域政策与农业政策间的协作与冲突》Riccardo Crescenzi, Fabrizio De Filippis & Fabio Pierangeli

2015年3月，49卷3期／ Mar2015，49（3）
　　《文化、政策与产业之间：创意经济的中介形式》Calvin Taylor
　　《文化创意产业中的中介与想象》Justin O′Connor
　　《执行创意经济脚本：工作中城市理性的矛盾》Iris Dzudzek & Peter Lindner
　　《高等教育机构作为文化中介的重要性：以加拿大蒙特利尔国立艺术学院为案例》Norma M. Rantisi & Deborah Leslie
　　《建构创意经济：多伦多与哥本哈根的设计、中介与制度》Tara Vinodrai
　　《东好莱坞的兴起：作为电影与电视制作集聚中介者的区域电影工作室》Pacey Foster, Stephan Manning & David Terkla
　　《幕后工作：独立工艺产业的新中介者》Benjamin Shultz
　　《数码时代的文化中介者：多伦多独立音乐人与经济人的案例研究》Brian J. Hracs
　　《协商区域创意经济：学者作为提倡进步的另类方案专家中介者》Chris Gibson

2015年2月，49卷2期／ Feb2015，49（2）
　　《西班牙第二代移民的生活安排：跨类别多层级分析》Agnese Vitali & Bruno Arpino
　　《资讯与通信技术的跨区域合作强度：科研架构计划的经验分析》Grazia Cecere & Nicoletta Corrocher
　　《哥伦比亚的经济与社会融合》Vicente Royuela & Gustavo Adolfo García
　　《国家投入-产出表的区域化：运用FLQ公式的经验证据》Julia Kowalewksi
　　《美国的区域趋同与总量经济周期》Stefano Magrini, Margherita Gerolimetto & Hasan Engin Duran
　　《英格兰与威尔斯的非正式照护与劳动市场绩效》Stephen Drinkwater
　　《中国外企的网络联系和地方嵌入：以苏州市为例》Y. H. Dennis Wei
　　《印度自雇职业的空间分布：来自半参数空间可加模型的证据》Jagannadha Pawan Tamvada
　　《评估地方分权政府的相关开支需求：英国医疗账户支出案例》Rob Ball, David Eiser & David King
　　《海洋能源对苏格兰区域就业的影响：一般均衡方法》Michelle Gilmartin & Grant Allan

2015年1月，49卷1期／ Jan2015，49（1）
　　《产业动态与经济地理》Marco Capasso, Erik Stam & Elena Cefis

《工业动态与群聚：一份调查》Koen Frenken, Elena Cefis & Erik Stam

《谁从企业集群中获益》David L. Rigby & W. Mark Brown

《产业空间聚集与新企业退出：两者关系在倒闭与受并购之间是否有差异》Anet Weterings & Orietta Marsili

《区域知识、组织能力与西德激光系统工业在1975—2005年的兴起》Guido Buenstorf, Michael Fritsch & Luis F. Medrano

《市场进入和市场选择对区域多样化与专业化的驱动作用》Florian Noseleit

《区域就业成长、冲击与区域产业恢复力：丹麦ICT部门的量化分析》Jacob R. Holm & Christian R. Østergaard

《城市与集群：企业区位的整体经济和特定部门效应》Giulio Bottazzi & Ugo Gragnolati

《地方发展与文化：社会经济分析》Robert Huggins & Piers Thompson

2014年12月，48卷12期/ Dec2014, 48（12）

《区域经济、空间结构与区域城市系统》John B. Parr

《根据高端生产性服务交易链评估比利时中部大型城市区域的功能性多中心》Heidi Hanssens, Ben Derudder, Stefan Van Aelst & Frank Witlox

《拉丁美洲城市区域的多中心结构：识别就业次中心》Ana María Fernández-Maldonado, Arie Romein, Otto Verkoren & Renata Parente Paula Pessoa

《荷兰的区域空间结构和零售设施环境》Martijn Oort

《空间结构与通勤所造成的二氧化碳（CO2）排放：对意大利城市区域的分析》Andrea Cirilli & Paolo Veneri

2014年11月，48卷11期/ Nov2014, 48（11）

《失业潮南下？2008—2009年经济衰退中英国城市失业率增加的决定因素》Neil Lee

《意大利的区域恢复力：长期分析》Roberto Cellini & Gianpiero Torrisi

《经济衰退的区域回应：英格兰中西部区域专门小组的作用》David Bailey & Nigel Berkeley

《地方就业成长评估：部门聚集和产业定义是否重要》Francesca Mameli, Alessandra Faggian & Philip Mccann

《生产性服务业与制造业的协同与关联性产业集聚：中国城市的面板数据分析》Shanzi Ke, Ming He & Chenhua Yuan

《脆弱性与恢复力：英国的住房、地域性和空间不均匀发展》Stephen Hincks, Brian Webb & Cecilia Wong

《西班牙的区域失业重现：资本积累的作用》Roberto Bande & Marika Karanassou

《人口差异与收入趋同：挪威的区域分布动态》Jørn Rattsø & Hildegunn E. Stokke

《知识流通在劳动力流动中的方向与路径：社会资本的视角》Federica Angeli, Alessandro Grandi & Rosa Grimaldi

2014 年 10 月，48 卷 10 期／ Oct2014, 48（10）

《大学素质是否会影响学生与毕业生的跨区域流动？以意大利为例》Daria Ciriaci

《今朝至，明日离？德国大学毕业生的区域劳动力流动》Stefan Krabel & Choni Flöther

《制度是否在技术移民中扮演一定的角色？以意大利为例》Annamaria Nifo & Gaetano Vecchione

《选择性移民、区域成长与聚合：来自意大利的证据》Ugo Fratesi & Marco Percoco

《瑞典的劳动市场外部性与区域成长：技术相关产业之间劳动力流动的重要性》Ron Boschma, Rikard H. Eriksson & Urban Lindgren

《捷克共和国的创新区域及其在高技术劳工国际劳动市场中的境况》Josef Bernard, Tomáš Kostelecký & Věra Patočková

《就业能力与收益回报的决定因素是否在大都会区域劳动市场中产生相似的结果？澳大利亚新南威尔斯的案例》Girijasankar Mallik, Parikshit K. Basu, John Hicks & Richard Sappey

《区域就业落差是否能解释人力资源的空间配置》Melanie Arntz, Terry Gregory & Florian Lehmer

《欧盟内部区域与国家层级失业差异的整合性分析》Annette S. Zeilstra & J. Paul Elhorst

2014 年 9 月，48 卷 9 期／ Sep2014, 48（9）

《生活满意度的城乡差异：来自欧盟的证据》Jens F. L. Sørensen

《银行存款集中化的影响：货币政策传导的区域异质性》John K. Ashton & Andros Gregoriou

《什么因素决定地方政府的成本效益？以道路维护为例》Alexander Kalb

《英国抵押贷款需求与贷款方式选择的区域差异》Alla Koblyakova, Norman Hutchison & Piyush Tiwari

《偏斜的生产力分布与集群：来自工厂级资料的证据》Toshihiro Okubo & Eiichi Tomiura

《葡萄牙的跨区域薪资差异：薪资分布研究》João Pereira & Aurora Galego

《评估集群政策的嵌入方法与路径：以巴斯克自治区的运用为例》Mari José Aranguren, Xabier de la Maza, Mario Davide Parrilli, Ferran Vendrell-Herrero & James R. Wilson

《非洲城市主义的概念向量："参与的理论建构"与"参与平台"》Henrik Ernstson, Mary Lawhon & James Duminy

2014年8月，48卷8期／ Aug2014, 48（8）

《区域差异对粮食安全政策所带来的挑战：印度的案例研究》Renuka Mahadevan & Sandy Suardi

《技术能力、聚集经济与厂商区位选择》Yuri Jo & Chang-Yang Lee

《美国产业混合对区域新兴企业建立的影响》Henry Renski

《在跨国零售企业扩张中建构领域性嵌入：展店部门的贡献》Steve Wood & Jonathan Reynolds

《在何种条件下科技中介将增加企业的创新速度？比利时共同研究中心的案例》Mirjam Knockaert & André Spithoven

《甜蜜的生活：意大利城市生活质量的享乐（特征）评价》Emilio Colombo, Alessandra Michelangeli & Luca Stanca

《区域货币政策：澳大利亚的观点》P. Fraser, G. A. Macdonald & A. W. Mullineux

《管理欧盟结构基金：运用多层级治理架构检验伙伴关系准则在计划层级的应用》

2014年7月，48卷7期／ Jul2014, 48（7）

《德国有"东西差异"问题吗？德国统一后的区域成长模式》Robbert Maseland

《德国职业退休金系统储蓄的地理分布》Csaba Burger

《欧盟第一类目标基金在英国资助地区的劳动市场产出分析》Melanie K. Jones & Louise Skilton

《区域创新系统的"知识密集服务业引擎"：来自欧洲区域的经验证据》Nicoletta Corrocher & Lucia Cusmano

《横向与纵向学习：中国杭集牙刷业集群中核心企业的分异与分化》Peng-Fei Li

《西班牙跨区域与跨产业的生产力成长：一个生产前沿的方法》Oleg Badunenko & Diego Romero-Ávila

《探索劳力流动的区域微观世界：来自雇主-雇员联系资料的证据》Carlo Gianelle

《公有港口系统如何配置投资？政治因素与经济准则》JOSÉ I. Castillo-Manzano & Xavier Fageda

《以互动多元主义来推进演化经济地理学》Robert Hassink, Claudia Klaerding & Pedro Marques

2014年6月，48卷6期／ Jun2014, 48 (6)

《区域脉络中的创业精神：历史根源、近期发展与未来挑战》Michael Fritsch & David J. Storey

《1925—2005年德国长期存在的区域层级创业精神》Michael Fritsch & Michael Wyrwich

《瑞典城市中的初创企业与地方创业的社会资本》Hans Westlund, Johan P. Larsson & Amy Rader Olsson

《区域社会创业的合理性：创业意图以及初创行为的意义》Ewald Kibler, Teemu Kautonen & Matthias Fink

《创业能否作为城市活动？来自欧洲城市的经验证据》Niels Bosma & Rolf Sternberg

《城市与乡村区域中人口变迁与新企业的形成》Heike Delfmann, Sierdjan Koster, Philip McCann & Jouke Van Dijk

《企业进入与退出影响区域生产力成长的显著性分析》Udo Brixy

《印度创业的空间决定因素》Ejaz Ghani, William R. Kerr & Stephen O'Connell

《创业是否是脱贫的途径》Julian S. Frankish, Richard G. Roberts, Alex Coad & David J. Storey

《为失业者提供创业补助金的区域效应异质性》Marco Caliendo & Steffen Künn

《商业环境与人口环境对于区域绩效的重要性》Rikard H. Eriksson, Høgni Kalsø Hansen & Urban Lindgren

2014年5月，48卷5期／ May2014, 48 (5)

《将金融融入全球生产网络》Neil M. Coe, Karen P. Y. Lai & Dariusz Wójcik

《价值链动态、定居轨迹与区域发展》Niels Fold

《性别化的全球生产网络：可可巧克力原料采购的分析》Stephanie Barrientos

《在英国选择从事自由职业的个人动机：是否与区域有关?》Chris Dawson, Andrew Henley & Paul Latreille

《评估德国制造业与服务业的本地化模式：以距离为基础的手段》Hyun-Ju Koh & Nadine Riedel

《解释住宅自有率的空间变异：德国的区域研究结果》Oliver W. Lerbs & Christian A. Oberst

《与企业为邻的区域表现更佳？德国区域的空间计量经济方法》Katharina Pijnenburg & Konstantin A. Kholodilin

《银行与区域发展：巴西区域信贷可得性决定因素的经验分析》Marco Crocco, Fernanda Faria-Silva, Luiz Paulo-Rezende & Carlos J. Rodríguez-Fuentes

《垃圾处理与回收成本：意大利市级固体废弃物处理服务的应用》Graziano Abrate, Fabrizio Erbetta, Giovanni Fraquelli & Davide Vannoni

《外商直接投资与内资企业家创业：韩国新创企业的区域化分析》In Hyeock Lee, Eunsuk Hong & Laixiang Sun

《区域恢复力：行动者的视角》Gillian Bristow & Adrian Healy

《中国城乡协调发展——以成都为例》Bingqin Li

《社区集聚和空间外部性：欧洲区域集聚模型和应用》Toni Mora

2014年4月，48卷4期／ Apr2014, 48（4）

《超越创意城市：认知文化资本主义与新的城市主义》Allen John Scott

《对史考特的回复》Dominic Power

《城市和区域的视阈》Gordon Macleod

《对大型区域的再思考：零散大都市中的次区域政治》Alex Schafran

《对马歇尔集聚经济的再思考：技术相关性和谢菲尔德金属产业集群的演化》Antony Potter & H. Doug Watts

《认知资本与创新之岛：卢卡斯成长模型的区域视角》Andrea Caragliu & Peter Nijkamp

《测度区域发展政策的宏观和微观影响：以巴西东北地区融资产业贷款为例（2000—2006）》Guilherme M. Resende

《新兴无线城市采用新科技的前提：新加坡与台北的比较研究》Mei-Chih Hu

《西班牙移民的地域流动和潜在工资收入》Antonio Caparrós Ruiz

《作为旅游外部性的犯罪》Bianca Biagi & Claudio Detotto

《泰国东北部农村地区私营部门和公共部门非农就业的空间格局》Carsten Lohmann & Ingo Liefner

《工业区位与空间依赖：实践应用》Daniel Liviano & Josep-Maria Arauzo-Carod

《住房资产与小型商业投资：探讨理论与政策的联系》Darja Reuschke & Duncan Maclennan

《欧洲创新联盟：对欧盟一体化的社会经济观点》Fulvio Castellacci

《领导能力和区域可持续发展的变化》Arnoud Lagendijk

2014年3月，48卷3期／ Mar2014，48（3）

《金融、商业资产及城市与区域发展》Ludovic Halbert, John Henneberry & Fotis Mouzakis

《投资基础建设是否会刺激建筑物供给？以英格兰区域为例》Michael Ball & Anupam Nanda

《全球城市的跨国办公室投资：金融空间的生产与系统性风险》Colin Lizieri & Kathy Pain

《全球办公室市场周期的一致性》Simon Stevenson, AlexeyAkimov, Elaine-Hutson & Alexandra Krystalogianni

《过滤风险：全球金融资本、跨尺度地域网络与城市区域的生成（及消解）：印度班加罗尔商业不动产发展的分析》Ludovic Halbert & Hortense Rouanet

《美国城市的新财政》Tessa Hebb & Rajiv Sharma

《可持续性与资本锚定：瑞士两大主要城市项目的协商》Thierry Theurillat & Olivier Crevoisier

《金融资本、行动者网络理论以及墨西哥市都会区域商业不动产市场中精于算计的行动者争夺》Louise David & Ludovic Halbert

《熟悉性法则与英国区域办公室不动产投资的利润测定》John Henneberry & Fotis Mouzakis

《商业资产的金融化及其对城市与区域的含义》Ludovic Halbert, John Henneberry & Fotis Mouzakis

《区域创新模型以外：区域方法的相关性》Olivier Crevoisier

《城市与高校》Maria Höyssä

《一个浮现的领域：21世纪的城市和区域》Martin Hess

2014年2月，48卷2期／ Feb2014，48（2）

《财政联邦制是否加剧了区域不平等？基于1980—2005年OECD的实证分析》Jason Sorens

《区域贝弗里奇曲线：隐性变量研究方法》Robert Dixon, G. C. Lim & John

Freebairn

《资助区域尺度的创新：皮埃蒙特大区公共政策干预分析》Giusy Cannone & Elisa Ughetto

《空间集聚、生产技术与制造或购买的选择：来自艾米利亚—罗马涅机床工业的经验证据》Roberto Antonietti, Maria Rosaria Ferrante & Riccardo Leoncini

《区域尺度的集体工资谈判：以比利时为例》Michael Rusinek & Ilan Tojerow

《移民对区域的经济影响及对工资分配影响的模型分析：欧盟三个区域的一般可计算均衡分析》Konstantinos Pouliakas, Deborah Roberts, Eudokia Balamou & Dimitris Psaltopoulos

《以性别、年龄和特定行业区分的地方自我就业增长决定因素的多样性》George W. Hammond & Tami Gurley-Calvez

《美国农村居民住房自有率与劳动力流动性》Daniel C. Monchuk, Maureen Kilkenny & Euan Phimister

《为什么银行业并购集中在发达地区？区域发展与银行业并购》Luca V. A. Colombo & Gilberto Turati

《估算区域投入系数和乘数：不靠调查的技术选择是赌博吗?》Olli Lehtonen & Markku Tykkyläinen

《政策存疑论与苏格兰高等教育机构对其所在区域的影响：阐述中央权力下放的区域预算限制》Kristinn Hermannsson, Katerina Lisenkova, Peter G. McGregor & J. Kim Swales

《女权主义干预经济的反思》Robyn Longhurst

2014年1月，48卷1期／ Jan 2014, 48（1）

《城市、技术与区域变迁》Edward L. Glaeser, Giacomo A. M. Ponzetto & Kristina Tobio

《欧洲地区经济增长的决定因素》Jesús Crespo Cuaresma, Gernot Doppelhofer & Martin Feldkircher

《区域治理问题：政府在欧盟成员国中的作用》Nicholas Charron, Lewis Dijkstra & Victor Lapuente

《多尺度区域化、网络关联及发展的研究：以中国云南省为例》Xiaobo Su

《描绘流动区域：伦敦巨型城市中全球性商业通讯地理位置与就业专门化》Jonathan Reades & Duncan A. Smith

《制度背景与创新体系：区域政策对公司不同部门的影响》Jerker Moodysson & Elena Zukauskaite

《城市与乡村地区的创业精神：创意人才及社会网络》Lucio Carlos Freire-Gibb & Kristian Nielsen

《老工业区的持续性与演化性：北岩劳动力市场的动态变化》Stuart Dawley, Neill Marshall, Andy Pike, Jane Pollard & John Tomaney

《文化多样性与本地劳动市场》Jens Suedekum, Katja Wolf & Uwe Blien

《印度尼西亚的城市化与经济成长：好消息、坏消息与（可能的）地方政府缓解》Blane D. Lewis

《欧洲的当前危机以及区域发展理论的危机》Costis Hadjimichalis & Ray Hudson

《管理区域治理网络中的复杂性与不确定性：英格兰国家再尺度化的批判性分析》Sarah Ayres & Ian Stafford

《旅游业、贫困与发展》Julia Jänis

《跨国公司与本地创新：为什么创新性管理需要协同定位》Oliver Ibert

2013年，47卷10期／ Oct2013, 47 (10)

《全国硕士研究生流动与知识流动：意大利的前向和返向移民》Elisabetta Marinelli

《芬兰研究生劳动力市场分析：空间集聚与工作匹配》Davide Consoli, Francesco Vona & Toni Saarivirta

《区域间和区域内科学流动和知识传送的水平》Michaela Trippl

《研究网络与作为创新驱动力的发明家流动性：来自欧洲的证据》Ernest Miguélez & Rosina Moreno

《局部技术进步和效率工资遍及欧洲区域劳动力市场》Cristiano Antonelli & Francesco Quatraro

《地方、空间与创造力：蒙特利尔的视频游戏产业》David Grandadam, Patrick Cohendet & Laurent Simon

《辐射状工业区的企业家精神：西雅图科技产业公司调查取证》Heike Mayer

《比较区域内部和区域间劳动力流动对中国科学园区问题解决的影响》Matias Ramirez, Xibao Li & Weifeng Chen

《不稳定过渡和劳动力市场劣势：使用纵向数据来解释工作福利循环的性质》David McCollum

《分包商和供应商在经济发展中的创新：来自中国信息和通信技术产业的证据》Yifei Sun, Yu Zhou, George C. S. Lin & Y. H. Dennis Wei

2013年，47卷9期／ Sep2013, 47 (9)

《区域竞争力和土地资本：欧盟的概念方法和经验证据》Roberto Camagni &

Roberta Capello

《人力资本、信息技术与通信技术密集型产业的发展：开放经济的经验证据》 Gavin Murphy & Iulia Siedschlag

《识别欧洲经济一体化和全球化：概念和措施的评论》 Christiane Krieger-Boden & Rüdiger Soltwedel

《比较欧洲各国住房拥有率和交易成本对工作时间的影响》 Thomas De Graaff & Michiel Van Leuvensteijn

《跨越国界：谁愿意迁移或通勤？》 Peter Huber & Klaus Nowotny

《国家积极劳动力市场政策的非对称效应》 Carlo Altavilla & Floro Ernesto Caroleo

《澳大利亚公司总部的地理转移：纵向分析》 Matthew Tonts & Michael Taylor

《超越城市经济：零售企业上世纪九十年代末在美国腹地的集体迁移》 Robert L. Boyd

《制造业的空间区位：跨国分析》 Stefania Vitali, Mauro Napoletano & Giorgio Fagiolo

《发展知识基础设施与促进外围区域创新：加拿大魁北克沿海地区的研究》 Yannik Melançon & David Doloreux

《促进欧洲地区的发展：衔接政策影响的空间动态面板数据分析》 Salima Bouayad-Agha, Nadine Turpin & Lionel Védrine

2013 年，47 卷 8 期／ Aug2013, 47 (8)

《地区、领土和关系：探索政治实践的地域维度》 Mark Goodwin

《政治项目、城乡关系与中介投资：来自新西兰乳业和奥克兰空间规划的观点》 Richard Le Heron

《区域规划与"区域认同感"动员：从有界空间到关系复杂度》 Anssi Paasi

《战略区划与媒介：来自德国地区公共广播的例子》 Tilo Felgenhauer

《区域政治生态》 Joe Painter

2013 年，47 卷 7 期／ Jul2013, 47 (7)

《社会资本作为创新驱动的限制：欧洲区域背景下的实证分析》 Carmen Echebarria & Jose M. Barrutia

《葡萄牙生物技术中的知识网络与锚定过程》 Mário Vale & Luís Carvalho

《制度对区域发展是否重要》 Andrés Rodríguez-Pose

《英国的无形投资与区域生产力》 Konstantinos A. Melachroinos & Nigel

Spence

2013年，47卷6期／ Jun2013，47（6）

《为超级富豪服务：新金融精英与民间财富管理的兴起》Jonathan V. Beaverstock, Sarah Hall & Thomas Wainwright

《多个现代化金融中心：国际金融中心城市的助推器和以互联网为基础的协商》Ewald Engelen & Anna Glasmacher

《企业融资管道：英国西密德兰的案例研究》Lindsey Appleyard

2013年，47卷5期／ May2013，47（5）

《产业集群涌现与网络演进：对Sophia-Antipolis创意网络的纵向分析》Anne L. J. Ter Wal

《谁是区域创新系统中的知识经纪人？多行为者网络分析》Martina Kauffeld-Monz & Michael Fritsch

《毗邻性与学术知识转移：东德教授间产业协作的空间模式》Viktor Slavtchev

2013年，47卷4期／ Apr2013，47（4）

《产业区离岸外包策略的决定要素：来自意大利的相关证据》Marco Capasso, Lucia Cusmano & Andrea Morrison

《地方产业群聚的要素与机制：159个案例概述》Thomas Brenner & André Mühlig

《外部性与城市机场设施效应》Gabriel M. Ahlfeldt & Wolfgang Maennig

《以利益相关者方法考察品牌集群：研究议程》Edward Kasabov & Usha Sundaram

《社区满意度与归属感的个体以及社会决定因素》Germana Corrado, Luisa Corrado & Emiliano Santoro

《中国东北地区国有企业演变的地方性：转型经济中的政府、区域和企业》Fox Z. Y. Hu & George C. S. Lin

《产业区内的协作关联与外因对创新的影响：以北斯塔福德郡盛具与礼品行业为例》Philip R. Tomlinson & Ian Jackson

《自愿者组织：农村小型商业机会抑或阻碍？来自瑞士大都市区的相关证据》Tobias Schulz & Daniel Baumgartner

《城市幸福感》Richard Florida, Charlotta Mellander & Peter J. Rentfrow

2013年，47卷3期／ Mar2013，47（3）

《反思"中央权力下放的矛盾"：多层级公民权的比较研究》Ailsa Henderson, Charlie Jeffery, Daniel Wincott & Richard Wyn Jones

《区域选举真的是"次级"选举吗?》Arjan H. Schakel & Charlie Jeffery

《地缘政治与全国性政党》Elodie Fabre & Wilfried Swenden

《多层级国家中的职涯模式:比利时的区域分析》Ine Vanlangenakker, Bart Maddens & Gert-Jan Put

《各种多重层级脉络下的区域政府形成:欧洲八国的比较研究》Hanna Bäck, Marc Debus, Jochen Müller & Henry Bäck

《OECD 的政治去中心化、经济成长与区域差距》Roberto Ezcurra & Andrés Rodríguez-Pose

《见解:超越民族主义的方法和数据》Charlie Jeffery & Arjan H. Schakel

2013 年,47 卷 2 期/ Feb2013, 47 (2)

《意大利创意经济地理学:设计与工艺产业的特殊作用》Enrico E. Bertacchini & Paola Borrione

《对远郊区的再考量:创新的空间理论中的城市偏见》Christy Collis, Simon Freebody & Terry Flew

《伯明翰和马赛地区文化与创意产业与地方及区域发展战略的相互整合:迈向包容与协作性的管治?》Lauren Andres & Caroline Chapain

《英国波西米亚风格的毕业生:专业与区位对创意职业的影响》Alessandra Faggian, Roberta Comunian, Sarah Jewell & Ursula Kelly

《"无情境"和"无空间"趋向融合?跨越资本主义多样性的创意阶层:来自瑞典和英国的新证据》Nick Clifton, Phil Cooke & Høgni Kalsø Hansen

2013 年,47 卷 1 期/ Jan2013, 47 (1)

《区域争议》John A. Agnew

《概念化区域就什么而言是相关的?》Krisztina Varró & Arnoud Lagendijk

《新地域性》Martin Jones & Michael Woods

《经验区域与边界:来自交易方式的挑战》Maano Ramutsindela

《"区域世界"的重新配置:领土与网络》John Harrison

《打造区域:创意产业与区域空间实践》Nicola J. Thomas, David C. Harvey & Harriet Hawkins

《北欧非同寻常的区域主义:逐渐成形的巴伦支海地区》Kaj Zimmerbauer

《区域空间与区域主义的空间:西班牙自治区内跨边界区域的建立》Jacobo García-álvarez & Juan-Manuel Trillo-Santamaría

《小差异(还)起作用吗?南安大略及美国大湖区汽车工业的跨境区域与工作场所管治》Tod D. Rutherford & John Holmes

《国际城市与区域研究杂志》/ *International Journal of Urban and Regional Research*
1967 年创刊
Ideas 简单影响因子最新统计：1.672

2015 年 9 月，39 卷 / Sept. 2015, 39 (5)

《流域空间构想：河口城市区域空间演化》Graham Haughton and Philip Allmendinger

《区位的证据：成为加拿大的农村地区》Sean Markey, Sarah-Patricia Breen, Kelly Vodden and Daniels

《"它不会是郊区，它将会是所有城市"：多伦多和芝加哥地区的再郊区化集聚》Roger Keil and Jean-Paul D. Addie

《城市化作为国家建设的一个过程：中国地方管理改革》Siu Wai Wong

《安置城中村：当代中国城中村发展过程的空间透视》Dror Kochan

《贫民窟群落：里斯本非正式居住点的微史》Eduardo Ascensao

《无处安放的新自由主义理性：在多米尼加共和国和墨西哥修订民族志与强调责任的意义》Bjorn Sletto and Anja Nygren

《中断的基础设施：电力中断的阿克拉市的政治生态》Jonathan Silver

《我们生活在预算中：预付电费的日常实践以及莫桑比克马普托的城市状况》Idalina Baptista

《西班牙南部虚拟水的政治生态》Maria J. Beltran and Esther Velazquez

2015 年 7 月，39 卷 / July. 2015, 39 (4)

《"社会混合"或"绅士化"？关于新克尔恩柏林区城市变化的矛盾对立视角》Sandra Huning and Nina Schuster

《"同性恋聚居地面临过时的前景？"：同化如何影响美国的性生活空间表现》Amin Ghaziani

《"反共产主义""成长机器"与"冷战时代"的重塑》Patrick S. Vitale

《作为戏剧的规划：空间规划竞赛方法》Paivi Rannila and Tikli Loivaranta

《当冲突来袭：争夺都柏林市中心参与结构以外的新自由城市主义》Katia Attuyer

2015 年 5 月，39 卷 / May. 2015, 39 (3)

《在城市"成功故事"中为重建"失效"辩护：争议、妥协和一个对城市性的新测试》Meg Holden, Andy Scerri and Azadeh Hadizadeh Esfahari

《从无到有的建设：新城市、私有化城市和约翰内斯堡空间重组后的种族隔离》Claire W. Herbert and Martin J. Murray

《为谁而"生态"？对中国天津新加坡生态城的构想》Federico Caprotti, Cecilia Springer and Nichola Harmer

《墨西哥市外围与非正式的纠葛》Liette Gilbert and Feike De Jong

《我们批判这个建筑！分布式责任的体系结构》Robert Beauregard

《圣地亚哥·卡拉特拉瓦和"信仰的力量"：瓦伦西亚的全球想象》Amparo Tarazona Vento

《政策循环的多维时间性：南非城市采纳 BRT 的渐进、重复和延迟过程》Astrid Wood

2015 年 3 月，39 卷／ Mar. 2015，39（2）

《集聚和溢出：关于一个巴勒斯坦难民营中的"水泥民族志"》Nasser Abourahme

《通过居住权要求流动权：来自蒙特利尔的公民角色话语表达》Sophie L. Van Neste and Gilles Senecal

《绝对交通：印度尼西亚的城市基础设施》Doreen Lee

《标志战的麻烦：反思城市批判理论中的性别问题》David K. Seitz

《西村的"野化"：奇异空间、种族主义和简·雅可布传记》Johan Andersson

《纵向和横向隔离：1970—2003 年奥斯陆的空间分级》Jorn Ljunggren and Patrick Lie Andersen

《"无位移的绅士化"及其造成的损失：课堂转型对重建地区保障性住房中低收入居民的影响》Kate S. Shaw and Iris W. Hagemans

《变异的新自由主义：在全球金融危机前后对意大利斯洛伐克投资者的促进》Christian Sellar and Rudolf Pastor

2015 年 1 月，39 卷／ Jan. 2015，39（1）

《重组的可能：勒菲弗、乌托邦与城市问题》David Pinder

《如何使全球化真正实现？铭记伊斯坦布尔的积极行动》Chritopher Houston

《组建"全球悉尼"：空间构想、工作和战略计划》Tom Baker and Kristian Ruming

《柏林后殖民地的开拓和城市的建造》Christine Hentschel

《飞地、城堡和贫民窟：印度上层阶级穆斯林的三重隔离》Juliette Galonnier

《治理围墙：马来西亚门控社区和守卫区的治理作用》Peter Aning Tedong, Jill L. Grant and Wan Nor Azriyati Wan Abd Aziz

《二十世纪初美国城市体系的"黑都会"：哈莱姆，布朗兹维尔和更远的区域》Robert Boyd

2014年11月,38卷/ Nov. 2014, 38 (6)

《生活在边缘:来自城郊村的经验教训》Suzanne Vallance

《埃塞俄比亚市城乡交错区土地使用权的研究:以巴赫达尔市为例》Achamyeleh Gashu Adam

《赞比亚民间传统土地私有化的影响:城乡交错区的对比研究》Austine Ng´ombe, Ramin Keivani, Micheal Mattingly and Michael Stubbs

《每天生活在垂直街区:在多伦多郊区探索孟加拉的居住空间》Sutama Ghosh

《美化贫民窟:哥伦比亚考卡河的缆车拜物教》Maria Jose Alvare Rivadulla and Diana Bocarejo

《作为间接影响的邻里效应:来自荷兰关于就业邻居效应轨迹显著性的研究案例》Fenne M. Pinkster

《危险的企业?索菲亚非正式自行就业的年轻人》Tanya Chavdarova

《新自由主义和后福特主义转型的代际维度:蒙特利尔和温哥华青年人的变化特征与不平等收入增长》Markus Moos

《荷兰市区中的邻里空间秩序、本地经济和企业流动性》Pascal Beckers and Bart Sleutjes

《多特蒙德案:关于城市经济想象的设定》Michael Jonas

《韩国电视剧与城市推广的政治经济学》Youjeong Oh

《创意型城市的裂缝:社区艺术实践的矛盾》Heather E. McLean

《发明者网络的动态及其技术集群的演化》Jiang He and Hosein Fallah

《印度尼西亚的文化合作、制度建设和都市治理分散》Delik Hudalah, Tommy Firman and Johan Woltjer

《在荷兰—德国—比利时边境的空间构想:跨境区域治理的多维分析》Krisztina Varro

《促进型领导与意大利地方民主更新的挑战》Sonia Bussu and Koen P. R. Bartels

《斗争的声音:协会和公民参与预算的紧张关系》Ernesto Ganuza, Heloise Nez and Ernesto Moraies

《后殖民城市和它的位移差:在德里反思"政治社会"》Sanjeev Routray

《公民地域组织的弱点:中国城市的公民参与和业主协会》Qiang Fu and Nan Lin

2014年9月，38卷／ Sept. 2014, 38 (5)

《当代资本主义城市》Stefan Kratke

《法令的发展：俄罗斯联邦"专制现代化"的局限性》Nadir Kinossian and Kevin Morgan

《作为全球城市空间资源的边缘：对跨境大都市假说的贡献》Christophe Sohn

《构建世界一流的创新平台：集群作为欧盟的一种空间治理工具》Toni Ahlqvist

《迪拜，在"中心"位置》Michele Acuto

《城市收缩为何（不）进入日程？来自莱比锡、利物浦、热那亚和比托姆的经验》Maltthias Bernt, Annegret Hasse, Katrin Grobmann, Matthew Cocks, Chris Couch, Caterina Cortese and Robert Krzysztofik

《底特律游击队式防御建筑：在自由撤资空间中的自我适配安全策略》Kimberley Kinder

《土耳其抵抗新自由主义城市规划的空间与身份》Gulcin Erdi Lelandais

《社区领导和政治合法性构建：在约翰内斯堡种族隔离后期打开布迪厄的"政治资本"》Claire Benit-Gbaffou and Obvious Katsaura

《用布尔迪尔的框架重建城市架构：地方低收入住房政策的个案》Yongjun Shin

《私人住宅区的争论：上海城市房屋业主协会的治理》Mujun Zhou

《食物大战！芝加哥市的移民街头小贩、美食车及创意制作商的差异性评价》Nina Martin

《在秘鲁库斯科里的非正式商贩和战场复仇主义》Peter K Mackie, Rosemany D. F. Bromley and Alison M. B. Brown

2014年7月，38卷／ July 2014, 38 (4)

《回到小哈瓦那：在古巴迈阿密中心控制中产阶级化》Marcos Feldman and Violaine Jolivet

《香港的中产阶级化？认识论与本体论的对比》David Ley and Sin Yih Teo

《停止成为一名旅行者！柏林克罗伊茨贝城市的旅游新动力》Henning Fuller and Boris Michel

《拉丁美洲的城市隔离和城市中心：哥伦比亚波哥大的情况》Joel Thibert and Giselle Andrea Osorio

《与布迪厄相关的城市历史和地理：特拉维夫一百年的空间差异》Nathan Marom

《中国城市户籍制度渐进式改革中流动人口的住房偏好：以深圳为例》Eddie Chi Man Hui, Ka Hung Yu and Yinchuan Ye

《犹豫性转型的城市地理学：在齐奥塞斯库布加勒斯特的社会经济分类方法》Szymon Marcinczak, Michael Gentile, Samuel Rufat and Liviu Chelcea

《整合与控制：治理西欧城市边缘》Justus Uitermark

《户口社会排斥制度研究：重塑当代中国特色制度》Mingqiong Zhang, Cherrie Jiuhua Zhu and Chris Nyland

《重建平等：波哥大排斥政治里的社区治理与公共空间》Juan Pablo Galvis

《警务的城市性质：加拿大渥太华和多伦多的官员保护工作》Kevin Walby and Chris Hurl

2014年5月，38卷／ May 2014, 38（3）

《种族化与规模调整：后卡特里娜重建与路易斯安娜道路家庭计划》Kevin Fox Gotham

《了解密歇根弗林特的城市过程：归纳接近"属下城市主义"》Seth Schindler

《一个通往苏联的春天之旅：透过铁幕的战后规划和政治迁移》Ian R Cook, Stephen V. Ward and Kevin Ward

《澳门都市与精神生活：室内城市化和中国想象》Tim Simpson

《论引进拉斯维加斯到"新南非"的荣耀幻想和欺骗杰作》Albert S. Fu and Martin J. Murray

《城市治理和"欧洲城市"：爱尔兰都柏林的理想与现实》Philip Lawton and Michael Punch

《巴拿马的重建：全球经济的"交通走廊"的形成》Thomas J. Sigler

《规划中的财产政治：哈雷特真主党的重建》Mona Fawaz

《耶路撒冷的权利是谁的》Gillad Rosen and Anne B. Shlay

《欧洲城市关系比较与LGBTQ运动》Jon Binnie

《中国市场化改革下民族性的崛起》Jiaping Wu

《让她们的声音被听见：探索精神图谱作为一种女性主义视觉方法在移民女性研究中的应用》Hyunjoo Jung

《社会竞争的愿景：在煤田再生治理中的权利与放弃》Heike Doering

《文化导向再发展中的不连贯性和压力》Vanessa Mathews

2014年3月，38卷／ Mar. 2014, 38（2）

《分析区域和区域制造：奥斯洛郊区的城镇化》Per Gunnar Roe

《抽象空间的曲解：墨西哥南部有争议的区域发展》Japhy Wilson

《信息化都市的政治：艾哈迈达巴德非城市区的拆迁、安置和不确定谈判》Caleb Johnston

《城市化的避难所：询问拆迁空间》Romola Sanyal

《"老龄化"的"绿色"区：墨西哥市霍奇米尔科的空间治理与不规则沉降》Jill Wigle

《为管道付费和公民权要求：城市外围的政治机构与水资源改革》Malini Ranganathan

《法律、财产与歧义：伊斯坦布尔正式居住区改造中法律的模糊使用与滥用》Tuna Kuyucu

《走出微光？评估土地赋权和调整方案的治理意义》Lucy Earle

《人们如何治理国家？马德里的法制化与制度化》Miguel A. Martinez

2014年1月，38卷／ Jan. 2014, 38（1）

《城市野龙：城市政治经济、经适房发展与实验性全球制造经济模型》Brett Christophers

《超越全球城市概念和"指挥与控制"神话》Richard G. Smith

《重新诠释"新加坡模式"的含义：国家资本主义与城市规划》Gavin Shatkin

《感觉像一个国家：设计的指导思想和新加坡"城市经验"的易读性》Kah-Wee Lee

《城市化：迪拜和海湾地区的财产融资关系》Michelle Bucckley and Adam Hanieh

《一个管理资本主义时代的旗舰项目：国家主导的私有化和2012年伦敦奥运会》Mike Raco

《租金城市：巴塞罗那城市竞争模型的局限性》Greig Charnock, Thomas F. Purcell and Ramon Ribera-Fumaz

《金融资本如何渗透到城市贫困的世界？西班牙地区的居民住房和社会分裂》Jaime Palomera

《金融危机与新自由主义霸权：来自法兰克福主要地区的教训》Sebastian Schipper

《加拿大的住房泡沫：住房抵押贷款证券化、国家和全球金融危机》Alan Walks

《对经济危机的反应：作为马尔默危机管理的城市政策的证实》State Holgersen

《当市长们走向全球：国际战略、城市管理和领导》Vincent Beal and Gilles Pinson

《唯一的方法是？拉马拉的普通拓扑》Christopher Harker

《建筑和城市政治经济的想象：作为社会分类装置的办公楼》Monika Grubbauer

2013年11月，37卷／ Nov. 2013, 37（6）

《维护气候变化实验：城市政治生态和城市基础设施的日常重构》Vanesa Castan Broto and Harriet Bulkeley

《热生态城市：绿色建筑与城市热代谢》Federico Caprotti and Joanna Romanowicz

《树总是"有益"的吗？南威尔士山谷中的城市政治生态与环境司法》Lawrence Kitchen

《复杂性与不确定性：大型基础设施项目在决策时是问题还是资产？》Willem Salet, Luca Bertolini and Mendel Giezen

《气候变化和整合土地的使用：作为一个网络效应的防洪区》Silvia Bruzzone

《寻找符号标记：改造鹿特丹莱杰蒙德城市景观》Sebastian Dembski

《创业城市的变化：鹿特丹 Kop Van Zuid 的目标、角色和愿景》Brian Doucet

《一个金融化城市巨型工程的可持续发展：以苏黎世 Sihlcity 为例》Thierry Theurillat and Olivier Crevolsier

《当奥运会来到城市：2010年温哥华冬奥会中的新自由主义、大型活动和社会包容》Rob Vanwynsberghe, Bjorn Surborg and Elvin Wyly

《具有空间依赖性的俱乐部收敛模型识别与估计》Rosa Bernadini Papalia and Silvia Bertarelli

《公共服务和设施资本化地进入土地价格：来自德国社区的经验证据》Alexander Ebertz

《门控社区和房价：加利福尼亚南部郊区 1980—2008 年间的变化》Renaud le Golx and Elena Vesselinov

《个人与社会之间：耶路撒冷犹太人口的居住模式》Nurit Alfasi, Shlomit Flint Ashery and Itzhak Benenson

《中国深圳城中村发展过程的空间分析》Pu Hao, Stan Geertman, Pieter Hooimeijer and Richard Sliuzas

《权利概念的不同表现形式：美国和英国的城市复兴政治》Marie–Helene Bacque and Carole Biewener

《参与式民主、分权与地方治理：参照"赋权参与式管理"的蒙特利尔参与式预算》Caroline Patsias, Anne Latendresses and Laurence Bherer

2013年9月，37卷 / Sept. 2013, 37 (5)

《排斥性和非正式性：埃及开罗土地管理中的腐败政治》W. J. Dorman

《规划话语与土地话语：2009—2012以色列土地利用规划政策和土地政策改革》Ravit Hananel

《伦理与权利博弈的规划实践：规划机构的伦理规范》Gerard Hoekveld and Barrie Needham

《关于后碳城市的议程：来自英国第一生态经济适用房"丁香社区"的教训》Paul Chatterton

《三维螺旋模型对地方发展政策的启示：一个基于经验的视角》Carlo Rodrigues and Ana I. Melo

《一个面向设计和评价复杂性文化规划战略的概念性规制框架》Pier Luigi Sacco and Alessandro Crociata

《韩国文化与经济如何相遇：文化主导城市复兴的经济政治逻辑》HaeRan Shin and Quentin Stevens

《不要计划！改造废弃工业空间的"文化"概念运用》Maros Krivy

《创意城市的文化经济规划：话语与实践》Carl Grodach

《平稳的旅程？从工业化到安大略奥沙瓦创意都市》Elliot Siemiatycki

《替代资本主义与创意经济：以奥斯洛为例》Alberto Vanolo

2013年7月，37卷 / July. 2013, 37 (4)

《从边境到桥头堡：中国云南的跨境地区发展经验》Xiaobo Su

《关系治理和新经济空间的形成：以韩国汉城德黑兰谷为例》Namji Jung

《交通公共部门的全球生产》Matti Siemiatycki

《地理治理：研究埃塞俄比亚亚的斯亚贝巴的固体废物管理》Camilla Louise Bjerkli

《战后城市的治理：英国公共私人伙伴关系的历史思考》Peter Shapely

《这是柏林！通过自由控制城市》Stephan Lanz

《权力下放后威尔士的软空间、模糊边界和空间治理》Jesse Heley

《合作与能力？城市区域治理伙伴关系的来源与界定》Jen Nelles

《培育区域性利维坦：一个从"即将变为"到"公众稳定"的关系唯物主义概念》Jonathan Metzger

《结构、程序和社会资本：波兰地方政府实施的欧盟融合政策》Marta Lackowska-Madurowicz and Pawel Swianiewicz

《区域经济发展政策的变化趋势：以加拿大安大略北部为例》Charles Couteh

《没有增长的转移支付：来自 1992—2005 德国地区的证据》Michael Koetter and Michael Wedow

《东德比特菲尔德沃尔芬化学工业重组后的统一和企业重新捆绑》Harald Bathe

2013 年 5 月, 37 卷 / May. 2013, 37 (3)

《作为空间体验的城市：共享意义的产生》Martina Low

《城市化背景下的城市问题》Andy Merrifield

《权利的漩涡：在十字路口的城市》Mehmet BariS Kuymulu

《城市内的城市："自己动手"的城市主义与城市权利》Kurt Iveson

《城市的权利：通往里约 2010 的道路》Alison Brown

《校园，城市，网络和国家：澳大利亚墨尔本学生流动积极性的社会空间体验》Shanthi Robertsom

《在制定活动中的积极分子：城市运动、政治过程和政治主体的创造》Ted Rutland

《超越宜居和绿色的邻居：在巴塞罗那 Casc Anti 区声明控制、主权与侵犯》Isabelle Anguelovski

《技术化公共空间和公共化基础设施：通过瓦拉戴尔雷通用广场探索新城市政治生态》Fernando Dominguez Rubio and Uriel Fogue

2013 年 3 月, 37 卷 / Mar. 2013, 37 (2)

《政治的空间首位度：在伊斯坦布尔地区讨价还价的权利、自由和权力》Berna Turam

《欧美社会结构和邻里复兴：巴黎（法国）、布里斯托尔（英国）、蒙特利尔（加拿大）的地方政策话语与期待之比较》Damaris Rose, Annick Germain, Marie-Helene Bacque, Gary Bridge, Yankel Fijakow and Tom Slater

《伦敦的混合居住地：政策神话或有效设施减轻了剥夺？》Sonia Arbaci and Ian Rae

《"积极的"绅士化，社会控制与混合收入社区的"城市权利"：空间与场所的使用与期望》Robert J. Chaskin and Mark L. Joseph

《新自由主义化、高档化和多样化的住房制度："第三波"是如何在阿姆斯特丹爆发的》W. P. C. van Gent

《城市孩子和性别化邻居：作为城市更新策略的新生代》Marguerite van den

Berg

《"我不想我的孩子在这恶劣的地方长大":父母对非正规居住区生活的焦虑》 Paula Meth

《伦敦东部的绅士化、教育和改造》 Tim Buttle, Chris Hamnett and Mark J. Ramsden

《控制城市结构:欧洲上层阶级住宅策略的距离与接近性复杂博弈》 Alberta Andreotti, Patrick Le Gales and Francisco Javier Moreno Fuentes

《新自由主义、种族和城市再开发的重新定义》 Christopher Mele

《在美国南部郊区的重新归属:多样性、"优点"和白色特权的坚持》 Caroline R. Nagel

《在"烟雾弥漫的房间"里:德克萨斯里奥格兰德河谷的新自由主义权利下放和工作福利的政治》 Mark H. Harvey

《城市危机的起源:旧金山港湾地区产业结构调整和丧失抵押品赎回权的地理区位》 Alex Schafran

《土耳其新自由主义时代的非正式制度:卡迪费卡莱城市改造项目案例》 Neslihan Demirtas-Milz

《伊斯坦布尔城市更新:重新配置空间,机器人的生活》 Ozan Karaman

《我会发怒,我会膨胀,我会…:财产权、住房改善和地权安全性心理的自然实验》 Jean-Louis Van Gelder

《喀麦隆土地所有权形式化的平等性、公平性和公正性》 Ambe J. Njoh

《扩展基于资源的生存方法:一个土耳其城市贫民窟家庭的案例》 Sebnem Eroglu

2013年1月,37卷/ Jan. 2013, 37 (1)

《超越城市亚文化:作为根茎式社会形态的城市颠覆》 Maria Daskalaki and Oli Mould

《非法占用城市的逻辑》 Hans Prijijt

《反叛的建筑:以色列贝都因州冲突中的新兴政治空间》 Alexander Koensier

《非政府组织参与和公众参与:准备在东耶路撒冷附近实施的一个计划》 Galit Cohen-Blankshtain, Amit Ron and Alma Gadot Perez

《"多样性的统一":暴力分裂城市的非宗教性社会运动对种族对抗的政治挑战》 John Nagle

《城市公民,伊斯坦布尔残疾人权利与政治》 Dikmen Bezmez

《华康德的贫民窟和英国民族分离:被忽视的流浪者》 Ryan Powell

《民主化背景下公民参与城市治理：来自墨西哥低收入街区的证据》Melanie Lombard

《从农业到发展：在印度浦那的城市联盟》Neha Sami

《双重城市意识形态：地铁马尼拉马卡蒂市企业发展中的现代主义伦理》Marco Garrido

《地铁马尼拉的广告站牌》Jose Edgardo Abaya Gomez, JR

《动态城市遗产：斯瓦西里海岸的政治与城市保护实践》Joseph Heathcott

《物质政治：柯布西耶布宜诺斯艾利斯总体规划中的城市生活想象与建筑定义》Leandro MInuchin

《熵的设计：吉尔斯克莱门特、帕克亨利马蒂斯和前卫的城市化限制》Mathew Gandy

《后工业化的想象：密歇根底特律的自然、代表与毁灭》Nate Millington

《竞争的可持续性："精明成长"和奥斯汀东区的重建》Eilot M. Tretter

《通过强制的城市环境治理来达成新自由主义霸权》Harold Perkins

《地中海气候的大西洋花园：了解巴塞罗那郊区的生产》Marc Pares, Hug March and David Sauri

《国际区域科学评论》/ *International Regional Science Review*
1977 年创刊
Ideas 简单影响因子最新统计：1.182

2016 年 1 月，39 卷 1 期/ Jan, 2016, 39 (1)

《最大覆盖区位问题：影响、意义和演化》Alan T. Murray

《最大覆盖区位问题在生态保护区选址中的应用》Stephanie A. Snyder and Robert G. Haight

《最大覆盖区位模型：替代品、近似和不确定性》Ran Wei

《具套期保值的最大覆盖区位模型：为多米尼加共和国在不确定性条件下设施选址的一个领先泊松筛查网络》Sam Ratick, Jeffrey Osleeb, and Kangping Si

《美国的基本航空服务：探索提升空间与运营效率的策略》Tony Grubesic, Ran Wei, Alan Murray, and Fangwu Wei

《最短覆盖路径问题：一个新的视角和模型》Timothy J. Niblett and Richard L. Church

2015 年 10 月，38 卷 3 期/ Oct, 2015, 38 (4)

《区域研发补贴对可计算一般均衡模型的影响》Giorgio Garau and Patrizio

Lecca

《美国环境库兹涅茨曲线的证据及社会资本的影响》Ashleigh Keene and Steven C. Deller

《是否存在购买极限？一个基于匹配技术的投资补助准实验评价》Timo Mitze, Alfredo R. Paloyo, and Björn Alecke

《运用三级混合效应模型方法评估多层建筑中的商业空间》E. -H. Yoo, C. -R. Lee, and K. -H. Park

《德国地区空气质量和幸福感之间的关系研究》Frank Goetzke and Tilmann Rave

2015年7月，38卷3期／ Jul, 2015, 38 (3)

《使用 p-regions 方法划定功能区》Hyun Kim, Yongwan Chun, and Kamyoung Kim

《区域经济中的老龄化：以移民状况和人力资本投资来表述家庭异质性》Tae-Jeong Kim and Geoffrey J. D. Hewings

《冰岛的区域间人口迁移与交通改善》Vífill Karlsson

2015年4月，38卷2期／ Apr, 2015, 38 (2)

《一个估计时间序列抑制信息的约束估计优化方法：应用到1999—2006年县域商业模式》Sumei Zhang and Jean-Michel Guldmann

《行为住房搜索选择集形成：一个空间风险筛选模型》Taha H. Rashidi and Abolfazl (Kouros) Mohammadian

《创新型企业家在哪里？识别创新产业与测度创新创业》Sarah A. Low and Andrew M. Isserman

《西班牙鞋类集群中的资源、治理和知识转移：本地企业能否被他们的关键合作伙伴锁定？》José A. Belso-Martínez

2015年1月，38卷1期／ Jan, 2015, 38 (1)

《区域科学中的问题导向研究》Ann Markusen

《走向包容性增长：社会福利是否存在区域收敛？》Andrés Rodríguez-Pose and Vassilis Tselios

《湖泊设施、环境退化与大湖区域经济增长》Heather M. Stephens and Mark D. Partridge

《公共债务与经济地理》Federico Trionfetti

2014年10月，3卷4期／ Oct, 2014, 37 (4)

《实验室里面对面的证据：为什么实验经济学对区域经济学家感兴趣？》Björn

Frank

《农村疫苗接种的最优价格和前沿区位选择》Dohyeong Kim, Donald T. Lauria, Dale Whittington

《创新驱动多区域经济增长与税收：一个动力机制分析》Amitrajeet A. Batabyal and Hamid Beladi

2014年7月，37卷3期／ Jul, 2014, 37 (3)

《利用加权 Ripley 的 K-函数在空间集聚中分析公司维度》Diego Giuliani, Giuseppe Arbia, and Giuseppe Espa

《新空间计量经济学：基于面插值方法》Morito Tsutsumi and Daisuke Murakami

《对2004年总统选举中选民投票率空间杜宾误差模型的贝叶斯估计》Donald J. Lacombe, Garth J. Holloway, and Timothy M. Shaughnessy

《用平滑转换空间过程模型对阿巴拉契亚地区收入、工作岗位和增长机制进行局部调整分析》Dayton M. Lambert, Wan Xu, Raymond J. G. M. Florax

《在长期和短期模型中测度全要素生产率、贸易和 FDI 的区间溢出效应》Timo Mitze

《实现空间面板的 MATLAB 软件》J. Paul Elhorst

2014年4月，37卷2期／ Apr, 2014, 37 (2)

《基础设施发展的走廊式区位：一个快速双目标最短路径近似帕累托前沿的方法》F. Antonio Medrano and Richard L. Church

《人口动力与城市等级的关系：来自葡萄牙的证据》Joao F. Bigotte, Antonio P. Antunes, Dmitry Krass, and Oded Berman

《诊所提供性和生殖健康服务对莫桑比克农村妇女的本地效益》Jing Yao and Alan T. Murray

《向量排序导致中值问题：一个统一的中值问题》Ting L. Lei and Richard L. Church

《利用时间—空间网络模拟列车时刻表延迟的模型》Shigeki Toriumi, Azuma Taguchi, and Tetsuro Matsumoto

2014年1月，37卷1期／ Jan, 2014, 37 (1)

《1970—2009年在美国大都会地区改变种族和贫穷隔离》Janice Fanning Madden

《一般均衡中的劳动力分化与集聚》Marcus Berliant and Yves Zenou

《理想或不理想的区域间投入产出账户和模型》Karen R. Polenske and Nicolas O. Rockler

《沃尔特·伊萨德进化意义上区域科学的科学性》Manas Chatterji

《沃尔特·伊萨德与区域科学与和平科学对贫困地区的作用》Manas Chatterji

《沃尔特·伊萨德对环境经济学与生态经济学的贡献》Adam Rose, Henk Folmer, Peter Nijkamp

2013年10月,36卷4期／ Oct, 2013, 36 (4)

《人力资本的空间分布:能否由区域市场准入差异解释?》B. Can Karahasan and Enrique López-Bazo

《平均传播长度:与宏观、行业内和行业间结论的冲突》Jan Oosterhaven and Maaike C. Bouwmeester

《非平衡面板模型中"克里夫—奥德"空间自相关检验的扰动》Michael Pfaffermayr

2013年7月,36卷3期／ Jul, 2013, 36 (3)

《美国阿巴拉契亚的迁移模式和实体政策对落后地区的影响》Michael R. Betz and Mark D. Partridge

《空间维度的社会资本形成:欧洲区域中的邻近与信任》Giorgio Fazio and Luciano Lavecchia

《欧洲区域中的创新与就业》Roberta Capello and Camilla Lenzi

《区域发展与创造力》Emanuela Marrocu and Raffaele Paci

《生产率与带宽:人的因素》Elizabeth Mack and Alessandra Faggian

《重构欧洲区域政策:原因,逻辑和结果》Philip McCann and Raquel Ortega-Argilés

2013年4月,36卷2期／ Apr 2013, 36 (2)

《制造业在中国区域经济增长中的先导作用:一个卡尔多法则的空间计量方法》Dong Guo, Sandy Dall'erba, Julie Le Gallo

《德国移民:一个生命周期的方法》Frank Goetzke andTilmann Rave

《城市空气和城市市场:城市工人通过规模获得的生产率》Douglas J. Krupka and Douglas S. Noonan

《何种因素影响信息技术公司在美国中部的区位选择:堪萨斯州区域和产业变化的检验》Hanas A. Cader, John M. Crespi, John C. Leatherman

《对托拜厄斯·克罗嫩伯格"运用非调查方法构建区域投入产出表:交叉引线的作用"一文的评论》Anthony T. Flegg and Timo Tohmo

2013年1月，36卷1期/ Jan 2013, 36（1）
《安迪·艾瑟曼的区域科学》Luc Anselin
（其他为悼念艾瑟曼的文章，略）

《区域科学论文》/ Papers in Regional Science
1921年创刊
Ideas简单影响因子最新统计：1.012

2015年11月，94卷增刊/ Nov 2015, 94 Suppliment Issue
《区域增长的空间溢出效应：来自西班牙SPVAR地区的证据》Miguel A. Márquez, Julián Ramajo and Geoffrey JD. Hewings

《区域非线性增长：非参数方法》Marcos Sanso-Navarro and María Vera-Cabello

《意大利空间集聚与生产率：一个面板平滑过渡的回归方法》Giulio Cainelli, Andrea Fracasso and Giuseppe Vittucci Marzetti

《马来西亚各地区的收入趋同吗?》Abdul Jabbar Abdullah, Hristos Doucouliagos and Elizabeth Manning

《集聚与企业生产率：贝叶斯空间方法》Yoshihiro Hashiguchi and Kiyoyasu Tanaka

《区域失业结构与新公司形成》David B. Audretsch, Dirk Dohse and Annekatrin Niebuhr

《欧洲周边地区国际化创新公司技术采购的影响因素及分类》Rosa Jordá-Borrell, Francisca Ruiz-Rodríguez and Reyes González-Relaño

《考虑新经济地理关联因素的多部门结构模型及其在托斯卡纳的检验》Giuseppe Francesco Gori and Renato Paniccià

《我们生活在预算中：预付电费的日常实践以及莫桑比克马普托的城市状况》Andries Brandsma, d'Artis Kancs, Philippe Monfort and Alexandra Rillaers

《rhomolo：评估衔接政策影响空间动态的一般均衡模型》Maria J. Beltrán and Esther Velázquez》

2015年11月，94卷/ Nov 2015, 94
《基于贝叶斯时空方法对欧洲地区俱乐部集聚的识别和解释》Manfred M. Fischer and James P. LeSage

《作为跨国问题的欧盟地区失业：基于Gompertz扩散过程的分析》Stefano M. Iacus and Giuseppe Porro

《公共交通和区域产出：空间面板方法》Zhenhua Chen and Kingsley E. Haynes 《欧洲创意产业集群微观地理学：热点组合》Rafael Boix, José Luis Hervás-Oliver and Blanca De Miguel-Molina

《技能迁移促进创新绩效吗？来自英国本土的证据》Luisa Gagliardi

《成本经济、城市模式和人口密度：公共基础设施的基本公用事业实例》Ángel M. Prieto, José L. Zofío and Inmaculada Álvarez

《财政分权是否影响政府补助金的有效性？欧洲区域政策与西班牙自治区》Juan González-Alegre

《韩国地方供水服务的制度安排效应》Suho Bae, Moon-gi Jeong and Seong-gin Moon

《公共设施的政治方面：奥地利水价格的机会主义行为和标尺竞争是怎样的？》Michael Klien

《一个国家，两个系统：中国珠江三角洲地区机构如何形成治理模式》Susanne Meyer and Javier Revilla Diez

2015年8月，94卷3期／ Aug2015, 94 (3)

《古典音乐中的集聚经济》Karol J Borowiecki

《谁与谁：在集群区域中的合作》Lutz Eigenhüller, Nicole Litzel and Stefan Fuchs

《在区域范围内的产业合作，会新增什么创新政策？》Alberto Marzucchi, Davide Antonioli and Sandro Montresor

《研究与发展的两面性：来自西欧的证据》Johanna Vogel

《中国浙江集群企业的地理知识搜索、内部研发强度和产品创新》Aiqi Wu, Cassandra C. Wang and Shengxiao Li

《美国城市家长的学历，学龄儿童和户籍所在地》William Sander and William Testa

《关于城市成长、通勤和劳动力市场空间维度的笔记》Torben Klarl

《港口和商品流通的局部嵌入》César Ducruet, Hidekazu Itoh and Olivier Joly

《变体：描述空间再分配过程的探索性空间分析工具》Juan C. Duque, Xinyue Ye and David C. Folch

《政府资助减贫方案的效应》Suhyun Jung, Seong-Hoon Cho and Roland K. Roberts

2015年6月，94卷2期／ Jun2015, 94 (2)

《经济增长驱动力的专业化与多样性：高技术产业的实证研究》Jaakko Simonen, Rauli Svento and Artti Juutinen

《创新决定因素的荷兰微观证据：吸收能力和集聚外部性的相对重要性》Martijn J. Smit, Maria A. Abreu and Henri L. F. de Groot

《人人为我、我为人人：集群、就业和全球经济危机——来自德国机械工程行业的证据》Martin Wrobel

《意大利的国内迁徙和教育成果：来自青年群体的证据》Carmen Aina, Giorgia Casalone and Paolo Ghinetti

《用探测与扫描方法测试空间结构及其在马德里房价分析中的应用》Fernando A. López, Coro Chasco and Julie Le Gallo

《财政变量的资本化一直存在》David Stadelmann and Steve Billon

《利用贝叶斯后验概率模型对空间回归模型中的遗漏变量进行识别》Donald J. Lacombe and James P. LeSage

《学费"冲击"：一年级学生对德国空间不连续政策变化的反应》Timo Mitze, Claudia Burgard and Björn Alecke

《博弈论在区域经济学中的应用：定量的追溯》Sandra T. Silva, Isabel Mota and Filipe Grilo

2015年3月，94卷1期／ Mar2015, 94 (1)

《全球危机对俄罗斯空间差异的影响》Konstantin Gluschenko

《各种知识的来源、地理和创新：来自奥地利信息和通信技术部门的证据》Markus Grillitsch, Franz Tödtling and Christoph Höglinger

《创意产业集群：自主发明者的区位》Paulo Guimarães, Johnathan Munn and Douglas Woodward

《区域间劳动力流动与实际工资差距：来自日本的证据》Keisuke Kondo and Toshihiro Okubo

《财政分权与区域差异：善治的重要性》Andreas P. Kyriacou, Leonel Muinelo-Gallo and Oriol Roca-Sagalés

《城际公司网络区域地理：指数随机图模型在区域网络形成中的应用》Xingjian Liu, Ben Derudder and Yaolin Liu

《跨国公司的国际生产转移：是我们的敌人吗？》Jesús F. Lampón, Javier González-Benito and José M. García-Vázquez

《第一代和第二代移民学生在意大利的入学率：地理分析》Paola Bertolini, Michele Lalla and Francesco Pagliacci

《杜能城市系统孤立状态的探索》John B. Parr

《所有城市的规模分布：哪一个是最好的?》Rafael González-Val, Arturo Ramos, Fernando Sanz-Gracia and María Vera-Cabello

《大学学费资助的优点及在国家工作中的条件概率》J. Sebastian Leguizamon and George W. Hammond

《定义和测量城市区域：敏感性分析》Tina Haisch and Urs Müller

2014 年 11 月（特刊），93 卷特刊 / November 2014, 93 (S1)

《用空间面板方法调查外国出生人口增长的影响占全县他杀率的影响》Matt Ruther

《欧洲旅游与区域经济增长》Raffaele Paci and Emanuela Marrocu

《区域外商直接投资吸引力的空间复杂度与相互作用》Laura Casi and Laura Resmini

《"哈德森—卑尔根"轻轨对住宅物业升值的影响》Kyeongsu Kim and Michael L. Lahr

《犯罪会影响人口迁移吗?》Filipe Lage de Sousa

《意大利地区工厂级业务变化分解：一个新的空间移位共享方法》Giuseppe Espa, Danila Filipponi, Diego Giuliani and Davide Piacentino

《经济冲击与增长：欧洲在危机时刻的经济时空观》Justin Doran and Bernard Fingleton

《地表土地政策的滑脱效应：利用卫星图像对保护区规划的评价》David A. Fleming

《无交际熟人空间的地理空间轨迹：一个基于代理的纺织工业区模型》Guido Fioretti

《合作目标和大学合作伙伴的位置：意大利山前平原区的证据》Bodas Freitas Isabel Maria, Federica Rossi and Aldo Geuna

2014 年 8 月，93 卷 3 期 / August 2014, 93 (3)

《跨国公司在中国的区位选择：日本与台湾的比较》Kuo-I Chang, Kazunobu Hayakawa and Toshiyuki Matsuura

《日本地区的姓氏》James A. Cheshire, Paul A. Longley, Keiji Yano and Tomoki Nakaya

《企业和地区的人力资本对企业生产率的影响》Mikaela Backman

《宗教信仰是否影响迁徙?》Pablo Neudörfer and Jorge Dresdner

《垄断竞争中两区域模型的税收效应》Hajime Takatsuka

《促进中国农村劳动力流动的经济效应》Yinhua Mai, Xiujian Peng, Peter Dixon and Maureen Rimmer

《基础设施选址中的服务区域需求》Jing Yao and Alan T. Murray

《用贝叶斯方法进行特征价格分析》David C. Wheeler, Antonio Páez, Jamie Spinney and Lance A. Waller

《用鲁棒的小面积方法映射均衡平均收入》Enrico Fabrizi, Caterina Giusti, Nicola Salvati and Nikos Tzavidis

2014年6月，93卷2期／ June2014, 93（2）

《发达经济体之间的空间不平等》Lili Tan and Dao-Zhi Zeng

《中国经济的时变波动率：区域视角》Qing He, Jack W. Hou, Boqun Wang and Ning Zhang

《全球化与区域产业绩效：来自中国的证据》Kevin Honglin Zhang

《文化与区域经济发展：来自中国的证据》Shuxing Shi, Kunming Huang, Dezhu Ye and Linhui Yu

《中国"家电下乡"的经济学分析》Xiwei Zhu

《中国区域差异与生产率：来自制造业微观数据的证据》Marian Rizov and Xufei Zhang

《外商直接投资的外溢效应及其对高经济产出区域生产率的影响：基于中国的长三角与珠三角的比较分析》Yuyuan Wen

《地方保护和溢出效应的视角》Rudai Yang and Canfei He

《基于多主体的中国技术创新扩散模拟》Zheng Wang, Zixuan Yao, Gaoxiang Gu, Fei Hu and Xiaoye Dai

《数字城市网络互联：全球和中国互联网模式》Emmanouil Tranos, Karima Kourtit and Peter Nijkamp

《碳排放减少的区域经济效应及中国的补偿政策评价》Anping Chen and Nicolaas Groenewold

《关中平原管理改革对灌溉用水效率的影响》Jianjun Tang, Henk Folmer, Arno J. van der Vlist and Jianhong Xue

《对畜牧业废弃物在北京密云县水库上游地区适当治理的最优内生性环境政策推导》Jingjing Yan, Jinghua Sha, Xiao Chu, Feng Xu and Yoshiro Higano

《以北京市为例说明城市土地开发中的财富再分配》Jinfeng Du, Jean-Claude Thill and Changchun Feng

2014年3月,93卷1期 / March 2014, 93 (1)

《宽带与知识密集型企业集群:关键环节还是辅助连接》Elizabeth A. Mack

《劳动汇集的集聚经济测试:英国和威尔士劳动力市场的证据》Patricia C. Melo and Daniel J. Graham

《路径依赖、机构和经济活动密度:来自意大利城市的证据》Marco Percoco

《改进的GMM随机效应面板数据模型和空间相关误差分量》Matthias Arnold and Dominik Wied

《家庭中的一切:夫妻的自我选择和迁移》Kent Eliasson, Robert Nakosteen, Olle Westerlund and Michael Zimmer

《搜索成本降低了空间竞争模型的价格》Ralph M. Braid

《对称杠铃模型中的空间价格歧视:Bertrand与Cournot的对决》Chia-Hung Sun and Fu-Chuan Lai

《齐夫定律、吉布列法则和地理:来自中国、印度与巴西的证据》Kwok Tong Soo

《创新和本地劳动力》David C. Maré, Richard Fabling and Steven Stillman

《初创企业、市场流动与就业增长之间的关系:荷兰地区的实证分析》Sierdjan Koster and André van Stel

2013年11月,92卷4期 / Nov 2013, 92 (4)

《荷兰公司搬迁:为什么企业搬迁,他们去哪里?》Kristin Kronenberg

《大学产业关联:在合作中,距离的决定因素是什么?》Alessandro Muscio

《德国的通信技术公司因区域和公司特定因素特别强调知识外溢》Christian Schröder

《工业区的社会资本:关系的强度和密度对归属感的影响》F. Xavier Molina-Morales, Josep Capó-Vicedo, M. Teresa Martínez-Fernández and Manuel Expósito-Langa

《自由:对企业迁移距离不同的动因分析》Anet Weterings and Joris Knoben

《检验空间传染的建议:关于西班牙国际移民分布的一些证据》María Hierro, Adolfo Maza and José Villaverde

《贸易成本、工资差异和内生增长》Akinori Tanaka and Kazuhiro Yamamoto

《空间竞争模型:关键性回顾》Ricardo Biscaia and Isabel Mota

《考虑网络外部性和转换成本的霍特林竞争稳定性研究》Luca Lambertini and Raimondello Orsini

2013 年 8 月，92 卷 3 期／ Aug2013, 92 (3)

《过度教育与空间弹性：意大利调查数据中的新证据》Carlo Devillanova

《减小测度本地化、集中化或专业化的绝对和相对方法误差》Frank Bickenbach, Eckhardt Bode and Christiane Krieger-Boden

《性别与失业率的上升：意大利地区的经验证据》Marianna Belloc and Riccardo Tilli

《创业质量与区域发展：低收入地区的中小企业部门的特征》José Fernández-Serrano and Isidoro Romero

《巴塞罗那城市空间结构、集聚经济与经济增长：都市视角》Miquel-Àngel Garcia-López and Ivan Muñiz

《政治分裂导致预算渐进主义？法国地方公共部门的实证检验》Benoît Le Maux and Wenjia Zhang

《朝着欧洲一体化的研究领域？使用欧洲框架计划数据特征向量的空间滤波和空间相互作用模型的研究》Thomas Scherngell and Rafael Lata

《美国国家和地方财政政策与非都市区经济绩效：空间均衡分析》Yihua Yu and Dan S. Rickman

《反倾销下的关税政策和运输费用》Jun Oshiro

《开放空间和集聚经济城市模型中的异质家庭和企业》Chen Feng Ng

《部分线性回归模型中非参数分量的多项式关系》Tizheng Li and Changlin Mei

《2010 英国大选的贝叶斯空间计量经济学分析》Christa D. Jensen, Donald J. Lacombe and Stuart G. McIntyre

《R&D 技术风险空间模型中的竞争》Changying Li and Jianhu Zhang

2013 年 6 月，92 卷 2 期／ Jun2013, 92 (2)

《区域特定行业的就业增长率分布特点》Matthias Duschl and Thomas Brenner

《正式和非正式工人工资曲线间有多大差异？来自火鸡的证据》Badi H. Baltagi, Yusuf Soner Baskaya and Timur Hulagu

《区域不平等与"匹配技术"对就业机会的影响：理论与实证分析》Stilianos Alexiadis, Konstantinos Eleftheriou and Peter Nijkamp

《在少数民族聚居地生活和工作：美国大都市区移民的英语语言能力》Julia Beckhusen, Raymond J. G. M. Florax, Thomas de Graaff, Jacques Poot and Brigitte Waldorf

《利用循环地理统计模拟研究生求职》Alessandra Faggian, Jonathan Corcoran and Philip McCann

《异构技能、迁移和上下班》Matthias Wrede

《跨区域新业务的间接就业效应：局部市场环境的作用》Michael Fritsch and Florian Noseleit

《失业的区域分布：微观数据告诉我们什么?》Enrique López-Bazo and Elisabet Motellón

《最低工资和青少年就业：空间面板的方法》Charlene M. Kalenkoski and Donald J. Lacombe

《集聚与区域就业动态》Wolfgang Dauth

2013年3月,92卷1期/ Mar2013, 92 (1)

《横截面上的空间固定效应和空间依赖性》Luc Anselin and Daniel Arribas-Bel

《空间相关性的时空测度：以房地产数据为例》Jean Dubé and Diègo Legros

《区位选择的决定因素：单一工厂与多工厂》Isabel Mota and António Brandão

《准时制生产的空间形态》Adelheid Holl, Rafael Pardo and Ruth Rama

《货币成本对通勤流量的影响》David Philip McArthur, Gisle Kleppe, Inge Thorsen and Jan Ubøe

《圣地亚哥、智利关于性别、年龄和职位在工作时间背后价值观中的作用》Sergio Jara-Díaz, Marcela Munizaga and Javiera Olguín

《置换偏差与生存空间成本的构建》Dusan Paredes Araya and Victor Iturra Rivera

《意大利大学毕业生的内部迁移与工资》Marco Di Cintio and Emanuele Grassi

《自我就业与地方经济绩效：美国的证据》Anil Rupasingha and Stephan J. Goetz

《寻租和区域间的转移有助于提升撒哈拉以南非洲地区的城市首位度?》Kristian Behrens and Alain Pholo Bala

《巴西贸易开放与区域性收入外溢效应的空间计量经济学方法测度》Selin Özyurt and Marie Daumal

《衡量欧洲区域政策对经济增长的影响：不连续回归法》Guido Pellegrini, Flavia Terribile, Ornella Tarola, Teo Muccigrosso and Federica Busillo

《资源与环境经济学》/ *Environmental and Resource Economics*

1953 年创刊

Ideas 简单影响因子最新统计：1.426

2016 年 4 月，63 卷 4 期 / Apr, 2016, 63 (4)

《基于激励的污染控制和生物多样性保护政策设计：一个评论》Frans P. de Vries, Nick Hanley

《排污许可证市场硬、软价格上限的试验研究》David F. Perkis, Timothy N. Cason, Wallace E. Tyner

《贸易的预留要求：节约空间依赖的环境设施》Gregory M. Parkhurst, Jason F. Shogren, Thomas Crocker

《欧洲渔业管理的政治博弈》Margrethe Aanesen, Claire W. Armstrong

《我们应该支付生态系统服务的输出、输入或两者?》Ben White, Nick Hanley

2016 年 3 月，63 卷 3 期 / Mar, 2016, 63 (3)

《公共产品离散选择模型中的信息效应控制》Mikolaj Czajkowsk, Nick Hanley, Jacob Lakiviere

《直面粮食能源环境问题：全球土地使用的长期运行》Jevgenijs Steinbuks, Thomas W. Hertel

《选择金钱还是生命：2050 年绿色增长政策和福利》Alain de Serres, Fabrice Murtin

《远见，改变股票定位与国际渔业协定的稳定性》Adam N. Wdker, Hans-Peter Weikard

《基于转译设施的享乐主义评估：科罗拉多山脉的山松甲虫和宿主树木》Jed Cohen, Christine E. Blinn, Kevin J. Boyle, Thomas P. Holmes, Klans Moeltner

《渔业随机增长的收获和价格向均数回归》Sturla Furunes Kvamsdal, Diwakar Poudel, Leif Kristoffer sandal

《分配和收获成本密切依赖条件下分享一支渔业股票》Xiao zi liu, Marko Lindroos, Leif Sandal

2016 年 2 月，63 卷 2 期 / Feb, 2016, 63 (2)

《环境经济学、气候变化政策和超越：向 Anil Markandya 致敬》Ibon Galarraga, Mikel Gonzalez-Eguino, Dirk T. G. Rübbelke

《灵活和严格的温室气体规定》Dallas Burtraw, Matt Woerman, Alan Krupnick

《气候变化、产业转型和"环境增长陷阱"》Alexander Golub, Michael Toman

《环境库兹涅茨曲线和结构变化假说》Simone Marsiglio, Alberto Ansuategi, Maria Carmen Gallastegui

《地中海气候变暖和酸化的成本:潜水员在西班牙玛代岛的选择实验》Luís C. Rodrigues, Jeroen C. J. M. van den Bergh, Maria L. Loureiro, Paulo A. L. D. Nunes

《实证测试作为弱可持续性指标的真正储蓄:三国长期趋势的分析》Nick Hanley, Les Oxley, David Greasley, Eoin McLaughlin, Matthias Blum

《综合环境博弈》Richard Cornes

《西班牙支持环保家庭的能源效率》Ana Ramos, Xavier Labandeira, Andreas Löschel

《评价森林保护项目的影响:没有经济学的收益成本分析》Jeffrey R. Vincent

《农村小农经济中的债务、贫困和资源管理》Edward B. Barbier, Ramón E. López, Jacob P. Hochard

《发展援助和气候金融》Johan Eyckmans, Sam Fankhauser, Snorre Kverndokk

《腐败和气候变化政策:最糟糕的日子重要吗?》Per G. Fredriksson, Eric Neumayer

《单边气候政策:激励与影响》Karolina Ryszka, Cees Withagen

《道德行为、利他主义和环境政策》Marc Daube, David Ulph

2016年1月,63卷1期／Jan, 2016, 63 (1)

《对能源之星认证冰箱意愿支付退税的效用》Xiaogu Li, Christopher D. Clark, Kimberly L. Jensen, Steven T. Yen

《森林生态系统服务的计量经济学证据:马来西亚的森林砍伐与洪水》Jie-Sheng Tan-Soo, Norliyana Adnan, Ismariah Ahmad, Subhrendu K. Pattanayak, Jeffrey R. Vincent

《二氧化碳排放量的平稳性和长程相关性:分类数据的证据》Carlos Pestana Barros, Luis A. Gil-Alana, Fernando Perez de Gracia

《二氧化碳排放强度不平等的国际经验:根据互补的分解方法解释因素》Juan Antonio Duro, Jordi Teixidó-Figueras, Emilio Padilla

《公共池塘政策与低效渔业管理》Julia Hoffmann, Martin F. Quaas

《农业灌溉系统边际土地的随机经济评价》Utkur Djanibekov, Asia Khamzina

《信息、通信技术和能源需求：来自 OECD 国家的证据》Patrick Schulte, Heinz Welsch, Sascha Rexhäuser

《温室气体排放的协同作用及全球产量与危害的分布》Peter Kennedy

《国内水价结构变化的响应：一个从西班牙格拉纳达家庭层面数据的潜在类别分析》María Pérez-Urdiales, María A. García-Valiñas, Roberto Martínez-Espiñeira

《减少垃圾填埋场的环境效应：非均匀距离衰减效应》Carmelo J. León, Jorge E. Araña, Javier de León, Matías M. González

2015 年 12 月，62 卷 4 期／Dec, 2015, 62 (4)

《博弈论和环境与资源经济学——纪念阿尔弗雷德恩德雷斯》Michael Finus, Bianca Rundshagen

《希望还是绝望？气候合作的正式模型》Jon Hovi, Hugh Ward, Frank Grunding

《国际渔业协定：博弈理论的方法》Pedro Pintassilgo, Lone Grønbæk Kronbak, Marko Lindroos

《异构国家的最低参与规则》Hans-Peter Weikard, Leo Wangler, Andreas Freytag

《国际环境协定中的内生最低参与：一种实验分析》David M. McEvoy, Todd L. Cherry, John K. Stranlund

《国际环境协定：代价高昂的货币转移》Basak Bayramoglu, Jean-François Jacques

《气候政策中作为承诺手段的投资和适应性变化》Clemens Heuson, Wolfgang Peters, Reimund Schwarze, Anna-Katharina Topp

《全球变暖、技术变迁和碳能源贸易：挑战还是威胁》Gunter Stephan, Georg Müller-Fürstenberger

《气候联盟的稳定性和有效性：综合评价模型的比较分析》Kai Lessmann, Ulrike Kornek, Valentina Bosetti, Rob Dellink, Johannes Emmerling, Johan Eyckmans, Miyuki Nagashima, Hans-Peter Weikard, Zili Yang

《非对称国际环境谈判中的互惠性演变》Marius I. Ochea, Aart de Zeeuw

《国际河流共享问题的环境协定》Harold Houba, Gerard van der Laan, Yuyu Zeng

《市场势力与不完全信息条件下限额贸易系统中的拍卖与祖父条款》Francisco Álvarez, Francisco J. André

《有效废物管理政策和边界开放战略行为》M. Dubois, J. Eyckman

《游说和反补贴绿色能源》Thomas Eichner, Rüdiger Pethig

《竞争性审计机制下企业的排放及自我上报》Andreas Marcel Oestreich

2015年11月,62卷3期／ Nov, 2015, 62 (3)

《风险对环境保护合同中的信任与互惠产生消极影响:实验室实验证据》Nora Vogt

《实验设计标准及其行为效率:在该领域的评价》Richard T. Yao, Riccardo Scarpa, John M. Rose, James A. Turner

《环保创新对增值的影响》Christian Soltmann, Tobias Stucki, Martin Woerter

《反思非市场估值的捐款》Matthew J Kotchen

《采用碳封存森林管理的动机》Taeyoung Kim, Christian Langpap

《论气候协议的时机》Robert C. Schmidt, Roland Strausz

《农业商品价格对美国草原鸟类物种丰富度的影响》Samuel G Evans, Matthew D Potts

《降低尼泊尔露天焚烧残留物估计成本的反向拍卖》Krishna Prasad Pant

《交易成本会影响公司在欧洲排放交易体系的交易行为吗?》Jūraté Jaraité-Kažukauské, Andrius Kažukauskas

《污染源的内生增长》Gilbert Kollenbach

《解决偏好异质性、多尺度和属性显示:一个自来水选择的有限关联混合模型》Mara Thiene, Riccardo Scarpa, Jordan J. Louviere

2015年10月,62卷2期／ Oct, 2015, 62 (2)

《超越IPCC:巴黎2015年及以后的研究》Thomas Sterner

《一个近似的镜子:美国清洁空气法案下的温室气体规则和战略行为》Dallas Burtraw, Karen Palmer, Anthony Paul, Sophie Pan

《通过气候友好型农业改善福利:水稻强化制度的个案》Yonas Alem, Håkan Eggert, Remidius Ruhinduka

《沼气:低成本清洁能源缓解气候变化》E. Somanathan, Randall Bluffstone

《优先主义和气候变化》Matthew D. Adler, Nicolas Treich

《前殖民地的法律渊源与气候变化政策》Per G. Fredriksson, Jim R. Wollscheid

《第三波气候变化经济学》J. Doyne Farmer, Cameron Hepburn, Penny Mealy, Alexander Teytelboym

《国家促进新技术采用的相关执法》Jessica Coria, Xiao-Bing Zhang

《量化测度作为欧洲空气质量代表的附加收益》Milan Ščasný, Emanuele Massetti, Jan Melichar, Samuel Carrara

2015年9月,62卷1期/ Sep, 2015, 62 (1)

《已用润滑油的最佳回收政策:加利福尼亚使用石油管理政策的案例》Stephen F. Hamilton, David L. Sunding

《雨水收集和地下水保护:内生异质性问题》Raphaël Soubeyran, Mabel Tidball, Agnes Tomini, Katrin Erdlenbruch

《生物燃料任务、补贴价格和福利效应》JunJie Wu, Christian Langpap

《标杆管理模式:环境标准的效率》Joschka Gerigk, Ian A. MacKenzie, Markus Ohndorf

《环境选择与双曲线贴现:一个实验分析》Timothy J. Richards, Gareth P. Green

《责任法中的赔偿制度:对环境危害诱因、事前和事后的激励》Alfred Endres, Tim Friehe

《消费者学习和混合动力汽车的应用》Garth Heutel, Erich Muehlegger

《可再生能源政策和私营部门投资:来自金融微观数据的证据》Miguel Cárdenas Rodríguez, Ivan Haščič, Nick Johnstone, Jérôme Silva, Antoine Ferey

《绿色技术转让与边境税调整》Alain-Désiré Nimubona, Horatiu A. Rus

2015年8月,61卷4期/ Aug, 2015, 61 (4)

《关于不确定性和混合环境政策的一个注记》John K. Stranlund

《温室气体减排污染物减排成本的评估:以台湾省高速公路公交服务业为例》Chih Cheng Chen

《专家不同意制定的环境政策》Stergios Athanassoglou, Valentina Bosetti

《生态和经济相互依存渔业的最佳品种收获》Stephen Kasperski

《共享渔业的指标设置与执行选择》Aaron Hatcher, Linda Nøstbakken

《环境标准和古诺模型:稳定性分析》Luciano Fanti

《能源使用的动态、静态行为和荷兰温室公司的投资》D. M. I. Verreth, G. Emvalomatis, F. Bunte, A. G. J. M. Oude Lansink

《基于消费的排污强度指标调整:我国各省的经济分析》Marco Springmann, Da Zhang, Valerie J. Karplus

《基于单位的定价机制效率效应和垃圾回收的制度选择》Elbert Dijkgraaf, Raymond Gradus

2015 年 7 月，61 卷 3 期／ Jul, 2015, 61（3）
 《减排技术与"环境增长和教育"的关系》Xavier Pautrel
 《世界范围内的无碳发电能源：跨国差异与极化》Adolfo Maza, José Villaverde, María Hierro
 《适应气候变化：大型和小型经济体均衡福利的影响》Martin Farnham, Peter Kennedy
 《关于公共物品的概率性和模糊性》Astrid Dannenberg, Andreas Löschel, Gabriele Paolacci, Christiane Reif, Alessandro Tavoni
 《在环境领域中阐述设计尺度选择的影响》Jürgen Meyerhoff, Malte Oehlmann, Priska Weller
 《信息和拍卖绩效：邻接土地管理保护拍卖的实验室研究》Simanti Banerjee, Anthony M. Kwasnica, James S. Shortle
 《监管不当会阻碍竞争吗？》Ana Espínola-Arredondo, Félix Muñoz-García

2015 年 6 月，61 卷 2 期／ Jun, 2015, 61（2）
 《密度而不是股份：提升娱乐需求模型对拥挤的测度》Angel Bujosa, Antoni Riera, Robert L. Hicks, Kenneth E. McConnell
 《基于生产型和消费型碳排放税的单边气候政策》Thomas Eichner, Rüdiger Pethig
 《1995—2005 年技术变化对日本工业部门二氧化碳排放量的影响：输入输出结构分析》Uduak S. Akpan, Ovunda A. Green, Subhes Bhattacharyya, Salisu Isihak
 《中国二氧化碳排放的边际减排成本：参数分析》Limin Du, Aoife Hanley, Chu Wei
 《改善波罗的海水质的政策目标：什么时候收益会大于成本？》Kari Hyytiäinen, Lassi Ahlvik, Heini Ahtiainen, Janne Artell, Anni Huhtala, Kim Dahlbo
 《离岸市场排放贸易与免费配额分配》Knut Einar Rosendahl, Jon Strand
 《生态系统服务中的拉姆齐贴现》Stefan Baumgärtner, Alexandra M. Klein, Denise Thiel, Klara Winkler

2015 年 5 月，61 卷 1 期／ May, 2015, 61（1）
 《克拉克·柯林对渔业经济的贡献》Gordon R. Munro, U. Rashid Sumaila
 《气候变化造成的跨界海洋渔业亏损及应对措施：不确定性下的动态投资与信息更新》Robert McKelvey, Peter Golubtsov

《碳足迹税》Carol McAusland, Nouri Najjar

《渔船行为生态学：通过了解渔船的行为来实现目标保护》Marc Mangel, Natalie Dowling, Juan Lopez Arriaza

《资源和环境损耗的经济诱因》Colin W. Clark, Jin Yoshimura

《时间贴现率和珊瑚礁渔业过度捕捞》Louise S. L. Teh, Lydia C. L. Teh…

《关于渔业经济学应用的内生性问题述评》Daniel V. Gordon

2015年4月，60卷4期／ Apr, 2015, 60（4）

《从离散选择实验中推断属性不出现：利益转移的影响》Klaus Glenk, Julia Martin-Ortega, Manuel Pulido-Velazquez, Jacqueline Potts

《社会成本分异如何导致能源产出率投资的低效率》Achim Voß

《测试污染避难所效应：外国直接投资的类型有关系吗？》Jitao Tang

《可耗尽资源的价格核算：评论》Jitao Tang

《投资者对环境效应的反应：新闻周刊全球视角的"绿色排行榜"》Juan M. Murguia, Sergio H. Lence

《国际生态足迹不等式：一个方法论回顾和一些结果》Jordi Teixidó-Figueras, Juan Antonio Duro

《清洁发展投资：一个激励相容的CGE模型框架》Christoph Böhringer, Thomas F. Rutherford, Marco Springmann

2015年3月，60卷3期／ Mar, 2015, 60（3）

《白俄罗斯湿地保护区内部异质性的一个既定选择调查：在条件估值中创建一个不确定性链接的第一步》Stephane Hess, Marek Giergiczny

《灌溉农业中可使用的排污许可证》Dionisios Latinopoulos, Eftichios S. Sartzetakis

《相关生物和经济不确定性下的可再生资源收集：最佳和次佳管理的影响》Chris J. Kennedy, Edward B. Barbier

《一个按层次设置的排放标准和监测策略：》Carmen Arguedas, Sandra Rousseau

《当前环境研究中的关税和环境税》Tsung-Hsiu Tsai, Kuang-I Tu, Jiunn-Rong Chiou

《公路扩展对刚果民主共和国森林砍伐和生物碳损失的影响》Man Li, Alessandro De Pinto, John M. Ulimwengu, Liangzhi You, Richard D. Robertson

《公共资金是否会影响优先权衡和挤入挤出支付意愿？一个流域管理案例》Achyut Kafle, Stephen K. Swallow, Elizabeth C. Smith

2015年2月，60卷2期／Feb, 2015, 60 (2)

　　《绿色贸易联盟：结构、工资和环境技术》Elias Asproudis, Maria Jose Gil-Molto

　　《一般均衡的能源需求与贸易》Peter Egger, Sergey Nigai

　　《大气污染、环境差异和死亡率的计量经济学分析》Emmanuelle Lavaine

　　《中国可再生能源技术出口：政策、创新和市场的作用》Felix Groba, Jing Cao

　　《环境库兹涅茨曲线：转折点、不确定性和弱识别性》Jean-Thomas Bernard, Michael Gavin, Lynda Khalaf Marcel Voia

　　《能源市场绿色证书制度投资成本削减政策的一些影响》Kevin M. Currier

2015年1月，60卷1期／Jan, 2015, 60 (1)

　　《评价目标模糊自杀概率的变化：降低模糊程度和风险水平的评价》Masahide Watanabe, Toshio Fuijmi

　　《技术转让和许可证交易的气候政策》Carsten Helm, Stefan Pichler

　　《碳捕获和封存政策对减缓气候变化的作用》Matthias Kalkuhl, Ottmar Edenhofer, Kai Lessmann

　　《地球轨道污染的经济分析》Nodir Adilov, Peter J. Alexander Bredan M. Cunningham

　　《部门审查：在英国和德国评估碳泄露风险的指标估值》Misato Sato, Karsten Neuhoff, Verena Graichen Katja Schuamcher, Felix Mattles

　　《选择实验中结果确定属性的存在是否会调整受访者的预期效用？》John Rolfe, Jill Windle

　　《蜜蜂授粉的生物经济》A. Champetier, D. A. Summer, J. E. Wilen

2014年12月，59卷4期／Dec, 2014, 59 (4)

　　《人们为什么关心海狮？一个研究濒危物种价值的钓鱼博弈》Min Gong, Geoffrey Heal

　　《次优庇古税：一个澄清》Firouz Gahvari

　　《多项Logit面积份额的资源生产模型》Alain Carpentier, Elodie Letort

　　《不完全价格感知的住宅需水量估算》Marie-Estelle Binet, Fabrizio Carlevaro, Michel Paul

　　《从位置和偏好异质性效应中离析利益输送的纯时间效应：一个可转移性的实证研究》Gebeyehu M. Fetene, Søren B. Olsen, Ole Bonnichsen

　　《团体绩效支付：来自瑞典北部食肉动物保护的案例》Astrid Zabel, Göran

Bostedt, Stefanie Engel

《汽油税和公共交通对驾驶模式的影响》Elisheba Spiller, Heather Stephens, Christopher Timmins, Allison Smith

2014年11月，59卷3期／ Nov, 2014, 59 (3)

《元建模和利益转移：福利测度中来源一致的经验相关性》Robert J. Johnston, Klaus Moeltner

《在偏好支付意愿显示中为空间斑块和热点建模》Robert J. Johnston, Mahesh Ramachandran

《边际支付意愿和距离衰减："抗议"和"真正零"反应对提升娱乐水质经济价值的作用》Magnus Soderberg, David N. Barton

《多产品企业与环境政策协调》Juan Carios Barcena-Ruiz, Maria Begona Garzon

《对假设偏差的重新思考：一个门槛供给机制的支付和供给不确定性》Yohei Mitani, Nicholas E. Flores

《中国碳捕获与储存的宏观经济影响》Haakon Vennemo, Jianwu He, Shantong Li

《环境税的绩效：伤害的本质重要吗?》Marc Willinger, Nasreddine Ammar, Ahmed Ennasri

2014年10月，59卷2期／ Oct, 2014, 59 (2)

《维护公共水池：响应稀缺性的自愿型节水》Emma Aisbett, Ralf Steinhauser

《食品和野生动物的联合生产：统一措施或是自然绿洲?》Rob Hart, Mark Brady, Ola Olsson

《有害废物袭击好莱坞：洛杉矶的超级基金和住房价格》Ralph A. Mastromonaco

《邻接外溢条件下控制入侵物种对私有财产的影响》Eli P. Fenichel, Timothy J. Richards David W. Shanafelt

《脉冲捕鱼和股市不确定性》Jose-Maria Da-Rocha, Linda Nostbakken, Marcos Perez

《价格与数量：技术选择、不确定性和福利》Halvor Briseid Storroten

《能量效率和反弹效应：商业大厦部门能量需求的计量分析》Yueming Qiu

2014年9月，59卷1期／ Sep, 2014, 59 (1)

《一个四面骰子：定量分析气候变化中的不确定性因素》Christian P. Traeger

《贴现遥远的未来：一项试验性研究》Therese C. Grijalva, Jayson L. Lusk, W. Douglass Shaw

《气候友好型技术的战略投资：全球碳排放交易的影响》Mads Greaker, Cathrine Hagem

《租赁合同时间相关性和水土保持措施投资》Awudu Abdulai, Renan Goetz

《环境规制、生产者反应和二次福利：酸雨计划下的二氧化碳预算》Kenneth Lovold Rodseth, Eirik Romstad

《住宅用水需求的微观计量分析》Cristina Lopez-Mayan

2014年8月, 58卷4期 / Aug, 2014, 58 (4)

《幸福、灾难和理性的政策》Kenneth J. Arrow, Marcel Priebsch

《国内的限额和贸易政策对地方农业的短期影响：一种生产行为的政策模拟》Kenneth J. Arrow, Marcel Priebsch

《资源性行业的配额执法：自我报告和差异化的检查》Lars Gårn Hansen, Frank Jensen, Linda Nøstbakken

《大经济体跨境污染的非对称税收政策反应》Nikos Tsakiris, Michael S. Michael, Panos Hatzipanayotou

《气候变化、非均质性和国际财政协调稳定》Cristina Grazia, François Gusdorf, Abdelhakim Hammoudi

《一种资源管理认证方案的最优非政府组织融资》Murray Fulton, James Vercammen

《一个识别流动污染物阈值的重复实验》Rolf Adriaan Groeneveld, Michael Springborn, Christopher Costello

《利益集团提供的信息》Allard van der Made

《论排污权交易与市场结构：限额交易与强度标准》Frans P. de Vries, Bouwe R. Dijkstra, Matthew McGinty

2014年7月, 58卷3期 / Jul, 2014, 58 (3)

《行为环境经济学：承诺与挑战》Rachel Croson, Nicolas Treich

《渔业的信息共享与协同搜索》Keith S. Evans, Quinn Weninger

《可持续发展下的最优污染减排和其他社会时间偏好》Ross Guest

《国外环境政策影响了国内的创新吗？风电行业的证据》Antoine Dechezleprêtre, Matthieu Glachant

《本地食物更环保吗？消费进口与国产食品对温室气体排放量的影响》Misak Avetisyan, Thomas Hertel, Gregory Sampson

《在多组分配额渔业中废止禁令的影响》Aaron Hatcher

《利用损害报告估计热带气流在南半球气候变化下的损害》S. Niggol Seo

2014年6月，58卷2期／ Jun, 2014, 58（2）

《区域性荷兰病的实证分析：加拿大的案例》Elissaios Papyrakis, Ohad Raveh

《濒危物种保护中的物种管理和土地利用战略》Richard T. Melstrom, Richard D. Horan

《用比较规则来保护民众：一个实验性调查》Stefan Ambec, Alexis Garapin, Laurent Muller

《住宅固体废弃物单元定价的评价：一个面板数据分析》Takehiro Usui, Kenji Takeuchi

《农业温室气体排放量与生产率增长之间是否存在长期的关系？动态面板数据方法》Silvia Coderoni, Roberto Esposti

《保护区减少森林碎片化？一个微观土地景观方法》Katharine R. E. Sims

2014年5月，58卷1期／ May, 2014, 58（1）

《经济研究中气候政策的社会福利规范：标准和相关政策见解的概述》W. J. Wouter Botzen, Jeroen C. J. M. van den Bergh

《显示偏好调查中抗议行为来源的元研究探索》Jürgen Meyerhoff, Morten Raun Mørkbak

《西北部技术溢出的能源偏好：一个全球、双边和两部门贸易分析》Michael Hübler, Alexander Glas

《为什么欧洲会成为环境清洁者？分解财政、贸易和环境政策的作用》Ramón López, Amparo Palacios

《农业的非点源磷排放量可以被输入输出税有效调控吗？》Line Block Hansen, Lars Gårn Hansen

《碳期货价格的随机性研究》Julien Chevallier, Benoît Sévi

《单边气候政策：有害甚至是灾难性的？》Hendrik Ritter, Mark Schopf

2014年4月，57卷4期／ Apr, 2014, 57（4）

《探索环境与发展困境》Pascale Combes Motel, Johanna Choumert, Alexandru Minea, Thomas Sterner

《环境质量、公共债务和经济发展》Mouez Fodha, Thomas Seegmuller

《发展轨迹和全球减排协议对降低2030年刚果因流域森林减少带来的排放的影响模型》A. Mosnier, P. Havlík, M. Obersteiner, K. Aoki, E. Schmid, S.

Fritz, I. McCallum, S. Leduc

《气象干旱指数保险：尼日尔小米种植者的事前评价》Antoine Leblois, Philippe Quirion, Agali Alhassane, Seydou Traoré

《气候变化中的环境风险管理：埃塞俄比亚尼罗河流域的适应性作用》Salvatore Di Falco, Marcella Veronesi

2014 年 3 月，57 卷 3 期／ Mar, 2014, 57（3）

《中国的自然资源、制度质量和经济增长》Kan Ji, Jan R. Magnus, Wendun Wang

《不同能源消费部门实施 CCS 政策的最佳时机》Jean-Pierre Amigues, Gilles Lafforgue

《饲料关税对可再生发电的影响：一种有效的变量法》Michael G. Smith, Johannes Urpelainen

《享受捕捞和努力捕捞：休闲渔业的成就效果》Max T. Stoeven

《自愿气候行动的意愿及其决定因素：田野实验证据》Johannes Diederich, Timo Goeschl

《改善环境绩效：罗马尼亚面临的挑战》Robert Sova, Christophe Rault

《盐还是污泥？探索饮用水源的偏好》Fiona L. Gibson, Michael Burton

2014 年 2 月，57 卷 2 期／ Feb, 2014, 57（2）

《英国自然的舒适性价值：享乐价格法》Stephen Gibbons, Susana Mourato

《农业生态系统服务的价值评估：英国气候变化对粮食生产的影响》Carlo Fezzi, Ian Bateman, Tom Askew, Paul Munday

《评估英国农业温室气体排放对气候变化的影响：一种调节生态系统服务的空间分析》David J Abson, Mette Termansen, Unai Pascual

《生态系统娱乐价值的经济评价：方法论的发展与国家和地方的应用》Antara Sen, Amii R. Harwood, Ian J. Bateman

《英国城市绿地的价值：空间参照利益转移的方法论框架》Grischa Perino, Barnaby Andrews, Andreas Kontoleon

《英国国家生态系统评估的经济分析：生态系统服务变化的综合和情景评价》Ian J. Bateman, Amii R. Harwood, David J. Abson

2014 年 1 月，57 卷 1 期／ Jan, 2014, 57（1）

《外商直接投资产生的技术外溢效应》Ki-Dong Lee, Woohyung Lee, Kichun Kang

《分散治理对欧洲俄罗斯木材的影响》Kelly J. Wendland, David J. Lewis

《单边关税减免、内生游说形成与内生环境保护》Shinya Kawahara

《水市场的评价备案：一个实验室研究》Kristiana Hansen, Jonathan Kaplan, Stephan Kroll

《当前内生市场结构下的私人环境污染治理的非效率性》Klaus Eisenack

《有毒设施、环境损害和有效的随机选址》Rudy Santore

《把汽车从道路上挪走：一个情节污染控制方案的成本效益》Maureen L. Cropper, Yi Jiang, Anna Alberini

《环境创新与企业能力：揭秘波特假说》Sascha Rexhäuser, Christian Rammer

2013年12月，56卷4期 / Dec, 2013, 56 (4)

《海洋生态系统经济学：协调使用和保护沿海、海洋系统及海底自然资源》Paulo A. L. D. Nunes, Andrea Ghermandi

《全球出口鱼价格数据库重新审视：一种估算"失踪"价格的新方法》Wilf Swartz, Rashid Sumaila, Reg Watson

《娱乐场所选择现场采样的随机参数模型：加利福尼亚南部海岸垂钓活动的应用》Koichi Kuriyama, James Hilger, Michael Hanemann

《国际利益转移中的文化差异调整》Stephen Hynes, Daniel Norton, Nick Hanley

《国际公共产品偏好与公共物品供给：大型溢油事故中被动使用价值的评估》Maria L. Loureiro, John B. Loomis

《自然资产价值折扣的等价原则：巴斯克海岸投资项目的应用》Aline Chiabai, Ibon Galarraga, Anil Markandya, Unai Pascual

2013年11月，56卷3期 / Nov, 2013, 56 (3)

《环境扩展输入—输出模型的规范和聚合误差》Maaike C. Bouwmeester, Jan Oosterhaven

《投资在环境游说竞赛中的作用》Tim Friehe

《波罗的海富营养化治理的战略分析》Lassi Ahlvik, Yulia Pavlova

《不更新的惩罚能产生特定的威慑吗？基于一个状态选择方案的分析》Dietrich Earnhart, Lana Friesen

《异构公共资源环境下的建模与游说》Matthew A. Freeman, Christopher M. Anderson

《胖尾风险下的气候政策：骰子的应用》In Chang Hwang, Frédéric Reynès, Richard S. J. Tol

《时间框架支付意愿的敏感性：理论分析及其在汽车安全方面的应用》Henrik Andersson, James K. Hammitt, Gunnar Lindberg

2013年10月，56卷2期／ Oct, 2013, 56（2）

《无政府承诺下的可选气候改变政策》Alistair Ulph, David Ulph

《在国际环境协定下提出先进减排技术的激励机制》Alfred Endres, Bianca Rundshagen

《公共物品供给及其附带收益：气候协定的案例》Michael Finus, Dirk T. G. Rübbelke

《污染税协调的福利后果》Nikolaos Vlassis

《供给方气候政策的一个分布参数》Geir B. Asheim

《一个好的开始：制定大部分单边气候行动的关键》Valentina Bosetti, Enrica De Cian

《尾巴越胖，气候协议越稳健》Rob Dellink, Thijs Dekker, Janina Ketterer

2013年9月，56卷1期／ Sep, 2013, 56（1）

《有何价值和如何评价？偏好评估中的生态指标选择》Minjuan Zhao, Robert J. Johnston, Eric T. Schultz

《非对称信息下入侵物种的最优边界策略》Linda Fernandez, Glenn Sheriff

《在岩石与硬地之间：生产与消费政策下对泄漏的贸易理论分析》Michael Jakob, Robert Marschinski, Michael Hübler

《DICE中的爱泼斯坦·因效用：风险规避与气候政策无关？》Frank Ackerman, Elizabeth A. Stanton, Ramón Bueno

《太阳能辐射代际传递的管理能力与大气碳库》Timo Goeschl, Daniel Heyen, Juan Moreno-Cruz

《用离散选择实验评估本地环境舒适性：空间范围灵敏度和异构边际效用》Bruno Lanz, Allan Provins

《生产一般均衡模型中的资源权与市场》Henry Thompson

2013年8月，55卷4期／ Aug, 2013, 55（4）

《人类与行星》John Sulston, Marie Rumsby, Nick Green

《一个有限行星的消耗：小康、收敛、发散和新绿色经济》Jules Pretty

《萨赫勒地区：马尔萨斯的挑战？》Malcolm Potts, Courtney Henderson, Martha Campbell

《生态系统服务能被技术替代吗？》Alastair H. Fitter

《人口环境相互作用：欧洲的人口迁移、人口构成和气候变化》Sarah Harper

《世界人口增长：过去、现在和未来》John Cleland

《人口与消费的国际趋势和动态展望》Georgina M. Mace, Emma Terama, Tim Coulson

2013年7月，55卷3期／ Jul, 2013, 55 (3)

《跨期经济中的可交易许可制度》Ken-Ichi Akao, Shunsuke Managi

《贸易结构、跨界污染和多边贸易自由化对环境税和福利的影响》Bruno Nkuiya

《将元分析努力归因于支持利益转移》Kevin J. Boyle, Christopher F. Parmeter

《语境效应在消极框架下的社会困境实验》Kent D. Messer, Jordan F. Suter, Jubo Yan

《基于理论与实证对家庭能源审计效果的异质性研究》Manuel Frondel, Colin Vance

《基于可计算一般均衡模型评价自来水价格在加拿大的福利影响》Nicholas Rivers, Steven Groves

《游客不喜欢拥挤的保护与游憩冲突：对休闲沙滩用户空间分布的理论与实证分析》Jamie A. Tratalos, Robert Sugden, Ian J. Bateman

2013年6月，55卷2期／ Jun, 2013, 55 (2)

《一个预防胖尾不确定性的假说》Martin L. Weitzman

《排污权交易项目中银行津贴的福利效应》Benjamin Leard

《环境战略决策中的内生计时》Keisuke Hattori, Takahiro Kitamura

《对长期气候政策的适应和缓解》Thierry Bréchet, Natali Hritonenko, Yuri Yatsenko

《股票对跨期公共产品私人供给的影响》Anke Gerber, Philipp C. Wichardt

《资本可塑性、排放泄漏和局部气候政策成本：对欧盟排放交易体系的一般均衡分析》Elisa Lanzi, Ian Sue Wing

《企业自愿气候行动的市场效应：来自芝加哥气候交易所的证据》Will Gans, Beat Hintermann

2013年5月，55卷1期／ May, 2013, 55 (1)

《生物燃料和减缓气候变化：土地利用变化的一般均衡分析》Govinda R. Timilsina, Simon Mevel

《模糊科学与气候政策》Antony Millner, Simon Dietz, Geoffrey Heal

《考虑环境治理和生态阈值的宏观经济》Ben J. Heijdra, Pim Heijnen

《冲击概念在股票价格与数量争论中的作用》John E. Parsons, Luca Taschini

《经合组织国家的生态效率和收敛性》Mariam Camarero, Juana Castillo

《企业社会责任与低工资有关吗?》Karine Nyborg, Tao Zhang

《社会分散性国家的环境绩效》Elissaios Papyrakis

《环境管制引起的外国直接投资》Robert J. R. Elliott, Ying Zhou

2013年4月,54卷4期/ Apr, 2013, 54 (4)

《砍伐巴西亚马逊森林的经济原因:2000—2009年的面板数据分析》Jorge Hargrave, Krisztina Kis-Katos

《英国备选计量方案下的一个全社会有效水价》Tatsuki Ueda, Peter G. Moffatt

《公司经营业绩是否与通过质量和环境相关的标准有关?》Gilles Grolleau, Naoufel Mzoughi, Sanja Pekovic

《北欧电力市场中可再生能源市场准入的升级》Maria Kopsakangas-Savolainen, Rauli Svento

《欧盟跨国万元GDP碳排放量的极化:变化及解释因素》Juan Antonio Duro, Emilio Padilla

《检验消费者信息与食品安全技术措施反应行为的分样本需求偏好显示模型》O. Ashton Morgan, John C. Whitehead, William L. Huth, Greg S. Martin, Richard Sjolander

《默认可能拯救气候吗?来自碳抵消计划的田间试验证据》Jorge E. Araña, Carmelo J. León

2013年3月,54卷3期/ Mar, 2013, 54 (3)

《澳大利亚烟尘排放税对环境和经济的影响》Sam Meng, Mahinda Siriwardana, Judith McNeill

《参与选择性试验中属性不出现的原因》Mohammed Hussen Alemu, Morten Raun Mørkbak

《发展中国家大气颗粒物污染的死亡率和经济成本估计:尼日利亚的情况》Natina Yaduma, Mika Kortelainen, Ada Wossink

《瑞士企业采用节能技术的决定因素:基于微观数据的分析》Spyros Arvanitis, Marius Ley

《消耗措施:缩小理论和实践的差距》Bram Edens

《环境外部性存在下的地下水资源协同管理》Encarna Esteban, Ariel Dinar

2013年2月,54卷2期/ Feb, 2013, 54 (2)

《是什么推动了国际气候变化减缓技术的国际转移?来自专利资料的经验证

据》Antoine Dechezleprêtre, Matthieu Glachant

《政府救济的不确定性与洪水保险的挤出效应》Paul A. Raschky, Reimund Schwarze, Manijeh Schwindt

《改变成本向量对选择空间异质性的影响》Marit Ellen Kragt

《货物交换和危害：贸易对气候变化成本分配的影响》Oliver Schenker

《G7 国家中人均二氧化碳排放量的收敛：一个门限自回归模型面板单位根检验的方法》Nilgun Cil Yavuz, Veli Yilanci

《鱼群的最佳规模是否随着环境的不确定性而增加》Ute Kapaun, Martin F. Quaas

2013 年 1 月，54 卷 1 期／ Jan, 2013, 54（1）

《消费者绿色网络效应条件下的环境质量竞争与税收竞争》Dorothée Brécard

《具有年龄结构的渔业捕捞最优收益》Olli Tahvonen, Martin Friedrich Quaas

《河流恢复的跨期评估》Andrew Meyer

《在缺乏强有力机构情况下环境协定的执行合规性：一个实证分析》Todd L. Cherry, David M. McEvoy

《不确定性和异质性气候危害下的气候政策》Matthias G. W. Schmidt, Hermann Held

《二氧化碳排放和收入动态：全球的数据告诉我们什么》Thomas Bassetti, Nikos Benos, Stelios Karagiannis

《环境救助和软预算约束的效应》Joel Wood

《Beverton-Holt 模型中的选择性、脉冲捕鱼和内生性寿命》José-María Da Rocha, María-Jose Gutiérrez

《环境与城市化》／ *Environment & Urbanization*
1988 年创刊
Ideas 简单影响因子最新统计：1.583

2015 年 10 月，27 卷 2 期／ Oct, 2015, 27（2）

《卫生风险评估方法的开发及其在莫桑比克马普托的应用》Luiza C Campos, Philippa Ross, Zaheer A Nasir, Huw Taylor, and Jonathan Parkinson

《用制度建立一个"卫生城市"：缩小针对性卫生干预措施决策的范围》Pippa Scott, Andrew Cotton, and M Sohail

《国家主导与社区自发：南非约翰内斯堡的雨水排放和非正式干预》Olumuyiwa Bayode Adegun

《市场驱动型卫生服务的机会和限制:来自东非城市非正规居住区的证据》 Mark O'Keefe, Christoph Lüthi, Innocent Kamara Tumwebaze, and Robert Tobias

《权利之地:孟买的要求、谈判和斗争》 Colin McFarlane and Renu Desai

《寒冷气候条件下的封闭式卫生系统评价:以蒙古近郊区为例》 Sayed Mohammad Nazim Uddin, Zifu Li, Ibrahim B Mahmood, Jean Lapegue, Jan Franklin Adamowski, Pier Francesco Donati, Elisabeth Maria Huba, Heinz-Peter Mang, Buyanbaatar Avirmed, and Shikun Cheng

《改造坦桑尼亚达罗斯萨拉姆卫生和城市的关系》 Maria Chiara Pastore

《在非正式城市环境中实现卫生服务供给的权利、政治和历史作用:以赞比亚卢萨卡为例》 Ruth Kennedy-Walker, Jaime M Amezaga, and Charlotte A Paterson

《城市卫生难题:印度解开难题的社会管理方案是什么?》 Priyam Das

《基于容器的家庭卫生服务的用户认知和支付意愿:海地角经验》 Kory Russel, Sebastien Tilmans, Sasha Kramer, Rachel Sklar, Daniel Tillias, and Jennifer Davis

《当代上海城市发展不平衡的卫生习惯》 Deljana Iossifova

《印度的城市卫生:国家政策框架中的关键性转变》 Kavita Wankhade

《印度的固体废物管理与可持续发展:昌迪加尔的情况》 Namita Gupta and Rajiv Gupta

《公共厕所和低收入的加纳阿克拉客户》 Dorothy Peprah, Kelly K Baker, Christine Moe, Katharine Robb, Nii Wellington, Habib Yakubu, and Clair Null

《乌干达非正式地区本地参与式恢复能力构建方法》 Skye Dobson, Hellen Nyamweru, and David Dodman

《双城记:相对于减少印尼两城市河岸社区脆弱性的替代方法》 John Taylor

《城市贫困社区领导者如何界定和衡量贫困》 Somsook Boonyabancha and Thomas Kerr

《非正式城市居住区的气候与健康》 Noah Scovronick, Simon J Lloyd, and R Sari Kovats

《当代资本主义城市化和不平等灾难风险的产生:布宜诺斯艾利斯郊区的情况》 Diego Ríos

2015年4月,27卷1期/ Apr, 2015, 27 (1)

《关于共享全纳卫生设施的思考》 Evans Banana, Patrick Chikoti, Chisomo

Harawa, Gordon McGranahan, Diana Mitlin, Stella Stephen, Noah Schermbrucker, Farirai Shumba, and Anna Walnycki

《城市全纳卫生策略的协同生成：借鉴津巴布韦奇诺伊的经验》Evans Banana, Beth Chitekwe-Biti, and Anna Walnycki

《孟买和印度联盟的20年卫生合作》Sheela Patel and The SPARC Team

《"我们需要的是私人的厕所"：卫生在印度班加罗尔城市贫困少女生活中的重要作用》Anupama Nallari

《基于容器的城市卫生：评估海地排泄物管理的有效性和成本》Sebastien Tilmans, Kory Russel, Rachel Sklar, Leah Page, Sasha Kramer, and Jennifer Davis

《暴力、性别和水：对复杂、记录在案和敏感的话题有刺激作用》

《谁是干净的？印度城市卫生评分》Sridhar Vedachalam and Susan J Riha

《国际水维基：开放访问发布平台免费提供水、废水和环境的各方面内容》Chloe Parker

《通过自下而上适应洪水风险构建尼日利亚瓦里的气候变化弹性》Francis O Odemerho

《印度尼西亚班达尔楠榜市构建弹性过程中从共享学习向共同行动的转变》Jonatan A Lassa and Erwin Nugraha

《应变能力的权衡：解决多尺度和多时间的城市弹性》Lorenzo Chelleri, James J Waters, Marta Olazabal, and Guido Minucci

《尼日利亚伊巴丹大学2011次洪涝灾害对气候变化的影响》Isaac F Adewole, S B Agbola, and Oluwasinaayomi Faith Kasim

《卡拉奇的土地争论和城市住房发展的影响》Arif Hasan

《艾哈迈德巴德城市发展引起的移民贫困风险》Sejal Patel, Richard Sliuzas, and Navdeep Mathur

《参与式预算编制对基本服务的影响：来自外地市政的证据》Yves Cabannes

《选择公共政策：可持续发展和城市转型的新自由主义》Vincent Béal

《没有公民和社会资本参与条件下的智利伊科灾后重建》Walter A Imilan, Xenia Fuster, and Paulina Vergara

《中国市管县模式的动力机制：城乡互动的启示》Zhenjie Yang and Alfred M Wu

2014年10月，26卷2期 / Oct, 2014, 26 (2)

《解构脆弱的城市：探索安全、暴力和弹性》Robert Muggah

《圣地亚哥看得见和看不见的暴力和不平等的新自由主义》Alfredo Rodríguez, Paula Rodríguez, Marisol Saborido, Olga Segovia, and Lylian Mires

《安全尺度：阿富汗喀布尔的地方暴力》Daniel E Esser

《反思战后城市土地获取与暴力：从南苏丹朱巴市开始思考》Gabriella McMichael

《全球范围的犯罪团伙》Ailsa Winton

《日常城市暴力和哥伦比亚公民向英国伦敦的移民》Cathy McIlwaine

《城市暴力的"人道主义"》Simon Reid-Henry and Ole Jacob Sending

《城市妇女的合作关系：一个桌子的四条腿》Carolyn Whitzman, Caroline Andrew, Kalpana Viswanath

《城市暴力的知识转移：从巴西到海地》Mariam Yazdani, Daniela Bercovitch, and Jane Charles-Voltaire

《德班市的水和卫生设施供给：一个空间分化的方法》Catherine Sutherland, Michaela Hordijk, Bonang Lewis, Claudia Meyer, and Sibongile Buthelezi

《水治理方面的分权、参与和协商：以巴西瓜鲁的影响为例》Catherine Sutherland, Michaela Hordijk, Bonang Lewis, Claudia Meyer, and Sibongile Buthelezi

《采纳管理中的知识构建：匹配改造利马水和气候变化治理过程》Liliana Miranda Sara and Isa Baud

《知识整合：向前迈进一步？阿雷基帕水治理系统的连续性和变化》María Evangelina Filippi, Michaela Hordijk, Julio Alegría, and José Denis Rojas

《贫困的贫困：新德里城市公民不平等的当代思考》Gautam Bhan

《非洲城市幻想：过去的经验教训和新的现实》Allan Cain

《贫民窟的类型和应对策略：识别班加罗尔相关政策的差异》Anirudh Krishna, M S Sriram, and Purnima Prakash

《没有地方政府的地方：在马拉维的一个小城镇里减少灾害风险》Mtafu Zeleza Manda

2014年4月，26卷1期／ Apr, 2014, 26 (1)

《对城市变革的适应：IPCC第五次评估》Aromar Revi, David Satterthwaite, Fernando Aragón-Durand, Jan Corfee-Morlot, Robert B R Kiunsi, Mark Pelling, Debra Roberts, William Solecki, Sumetee Pahwa Gajjar, and Alice Sverdlik

《城市活力的宣传：UNISDR提高城市弹性的运动》Cassidy Johnson and Sophie Blackburn

《重新思考"城市环境政策"：解决哥伦比亚马尼萨莱斯适应气候变化问题》Jorgelina Hardoy and Luz Stella Velásquez Barrero

《墨西哥切图马尔金塔纳罗奥州建立的国家和城市级适应气候变化体系》Jorgelina Hardoy, Iván Hernández, Juan Alfredo Pacheco, and Guadalupe Sierra

《超越短期应对和适应》Christine Wamsler and Ebba Brink

《个人、集体在孟加拉库尔纳低收入家庭对气候变化的响应与制度》Anika Nasra Haque, David Dodman, and Md. Mohataz Hossain

《韧性、过渡还是转变？四个南方城市水治理体系变迁的比较分析》Michaela Hordijk, Liliana Miranda Sara, and Catherine Sutherland

《适应建筑环境：性别在达卡改造脆弱性和适应气候极端的作用》Huraera Jabeen

《气候变化资产计划：向哥伦比亚的卡塔赫纳学习》Alfredo Stein and Caroline Moser

《避免恶性循环：通过适应性治理在非正式定居点建设活力城市》Leanne Seeliger and Ivan Turok

《转型性思维：将人、权力和政治放在城市气候弹性的核心》Aditya Bahadur and Thomas Tanner

《非洲城市幻想：梦或噩梦？》Vanessa Watson

《现实生活中的城市幻想》Gautam Bhan

《质疑城市贫困线：赞比亚的案例》Miniva Chibuye

《大规模参与式预算和成都双桥的城乡规划》Yves Cabannes and Zhuang Ming

《通过菲律宾马尼拉地铁的ACCA项目推动基于社区的居住升级》Jakub Galuszka

《低收入居民创业研究：参与式方法的优势与挑战》Katherine V Gough, Thilde Langevang, and Rebecca Namatovu

2013年10月，25卷2期／ Oct, 2013, 25（2）

《南非德班的城市环境挑战和气候变化行动》Debra Roberts and Sean O'Donoghue

《大开发赤字城市适应气候变化的制约因素：以达累斯萨拉姆市为例》Robert Kiunsi

《将适应气候变化纳入阿根廷罗萨里奥宜居城市的规划》Jorgelina Hardoy and Regina Ruete

《气候影响、适应和缓解模型及其在伦敦和德班的综合评估检验》C L Walsh, D Roberts, R J Dawson, J W Hall, A Nickson, and R Hounsome

《积累了弹性政治基础的城市气候变化》David Satterthwaite

《"共同学习"建设城市气候恢复能力：亚洲城市的经验》Sarah Orleans Reed, Richard Friend, Vu Canh Toan, Pakamas Thinphanga, Ratri Sutarto, and Dilip Singh

《中国城市气候变化治理》Bingqin Li

《苏拉特市超出其边界来解决其洪水问题》G K Bhat, Anup Karanth, Lalit Dashora, and Umamaheshwaran Rajasekar

《土耳其布尔萨市非正规居住区的洪水灾害脆弱性》Murat Taş, Nilüfer Taş, Selen Durak, and Gül Atanur

《城市化与经济增长：对非洲和亚洲的争论和证明》Ivan Turok and Gordon McGranahan

《一个经典法案：南半球城镇群众组织的专业支持》Diana Mitlin

《形式化的召唤：2007—2011年布宜诺斯艾利斯的基线非正式回收工作》

《在河道密集和水污染影响严重的台湾市区解决河道卫生问题》Rung-Jiun Chou

《规划的未规划：将农业作为城市土地的一种正式用途整合到达累斯萨拉姆总体规划中来及其超越》Afton Halloran and Jakob Magid

2013年4月，25卷1期／ Apr, 2013, 25 (1)

《性别视角下的城市：一个南半球女性的"黄金城市时代"？》Sylvia Chant

《社区储蓄动员联盟、打造女性领导和支持棚户区改造》Celine d'Cruz and Patience Mudimu

《重新定义出行选择：城市交通的"深度营销"与性别》Caren Levy

《城市化与性别暴力：在南半球探索悖论》Cathy McIlwaine

《尼加拉瓜城市和农村家庭妇女的决策：收入与意识形态的影响》Sarah Bradshaw

《孟加拉国达卡的女性就业：参与、看法和压力》Nicola Banks

《性别、差异和城市变化：促进幸福的影响吗?》Julian Walker, Alexandre Apsan Frediani, and Jean-François Trani

《城市贫困流动人口中的性别认同：来自班加罗尔的证据》Kaveri Haritas

《不确定性和资源约束条件下气候变化的适应：南非德班的情况》Anton Cartwright, James Blignaut, Martin De Wit, Karen Goldberg, Myles Mander, Sean O'Donoghue, and Debra Roberts

《孟加拉国库尔纳棚户区低收入住户间的适应反应对比》Manoj Roy, David Hulme, and Ferdous Jahan

《升级改造、提供新住房还是重新安置？印度政府为城市贫民提供基本服务计划的评估》Sheela Patel

《加纳库马西城市贫民窟穆斯林社区卫生状况调查》Kwame Adubofour, Kwasi Obiri-Danso, and Charles Quansah

《非正式拨款与社会控制实践：来自达卡的经验》Shahadat Hossain

《改变马那瓜！通过家庭废物收集连接非正式居住区与正式城市》María José Zapata Campos and Patrik Zapata

《2012 年火灾后加纳旧发达玛的社区管理重建》Mensah Owusu

《(不)可见的城市供水网络：马尼拉低收入群体的非支付政治》Deborah Cheng

《环境经济与政策评论》/ Review of Environmental Economics and Policy
2007 年创刊
Ideas 简单影响因子最新统计：2.150

2015 年，9 卷 2 期 / 2015, 9 (2)

《收益成本法应该考虑高失业率吗？研讨会介绍》V. Kerry Smith

《失业的社会价值及其对美国环境规制成本的影响》Timothy Bartik

《美国环境规制与裁员的福利效应：一个空间方法》Nicolai V. Kuminoff, Todd Schoellman and Christopher Timmins

《环境规制评价的宏观视角》Richard Rogerson

《绿色悖论：气候问题的一种供给方视角》Hans-Werner Sinn

《绿色悖论介绍：气候政策的非预期后果》Svenn Jensens, Kristina Mohlin, Karen Pittel and Thomas Sterner

《开放经济中的绿色悖论：来自静态和动态模型的教训》Ngo Long

《全球变暖与绿色悖论：气候政策不利影响的评论》Frederick (Rick) van der Ploeg and Cees Withagen

《管理不确定的气候：政策制定者和研究人员的建议》Frank J. Convery and Gernot Wagner

2015年, 9卷1期／2015, 9 (1)

　　《海上油气钻井：对美国、英国和挪威管制制度的评论》Lori S. Bennear
　　《保护计划：投资回报分析的回顾》James Boyd, Rebecca Epanchin-Niell and Juha Siikamäki
　　《主编对环境经济学的早期选择》Agnar Sandmo
　　《天然气：低碳转型燃料的一个综述》Anne Neumann and Christian von Hirschhausen
　　《天然气未来的全球视角：资源、贸易和气候约束》Franziska Holz, Philipp Richter and Rudolf Egging
　　《美国、加拿大和欧洲的天然气管制：低碳燃料的前景》Jeff D. Makholm
　　《绑定美国天然气生产商是要求》Lucas Davis

2014年, 8卷2期／2014, 8 (2)

　　《新兴经济学中的合作环境战略》Dietrich H. Earnhart, Madhu Khanna and Thomas Lyon
　　《主编关于能源服务的长期选择需求：过去两年的收入价格弹性》Roger Fouquet
　　《环保主义的供应：心理干预和经济学》Edward L. Glaeser
　　《通过政策制定者的经验研究提出标准在生态创新中的作用》Herman R. J. Vollebergh and Edwin van der Werf
　　《太阳地球工程的勇敢新世界：新技术治理的思考》Scott Barrett
　　《气候工程：经济考虑和研究挑战》Gernot Klepper and Wilfried Rickels
　　《美国环境保护局提出的新发电厂的碳排放标准有多严格？》Matthew J. Kotchen and Erin Mansur
　　《气候政策：科学、经济和极端值》Anthony C. Fisher and Phu V. Le

2014年, 8卷1期／2014, 8 (1)

　　《欧洲气候政策二十年：一个批判性评价》Christoph Böhringer
　　《缩小能源效率差距：从经济理论和实证证据来评价政策》Kenneth Gillingham and Karen Palmer
　　《1960—1979年环境经济学文献对科斯定理的兴趣与修正》Steven Medema
　　《死亡区的经济学：墨西哥缺氧区的原因、影响与政策挑战》S. S. Rabotyagov, Catherine Kling, P. W. Gassman, N. N. Rabalais and R. E. Turner
　　《产权、回报与资源：来自从南亚社区森林资源的教训》Priya Shyamsundar and Rucha Ghate

《支付或放弃：一个美国产权赔偿法的经济评价》Cyrus Grout, Andrew J. Plantinga and William K. Jaeger

2013年，7卷2期／ 2013, 7（2）

《在气候变化经济分析中使用气候资料和气候模型结果》Maximilian Auffhammer, Solomon M. Hsiang, Wolfram Schlenker and Adam Sobel

《收益成本的实证与规范分析：解释及政策含义》James Hammitt

《气候政策困境》Robert Pindyck

《环境治理的非管制方法：科斯与庇古的视角》Spencer Banzhaf, Timothy Fitzgerald and Kurt Schnier

《交易成本和市场环境：企业家的作用》Terry L. Anderson and Dominic P. Parker

《基于自愿和信息的环境管理方法：一个公共经济学视角》Matthew Kotchen

《政策监测》Aparna Sawhney

《实践中的碳定价》Tom H. TietenbergTom H. TietenbergTom H. Tietenberg

2013年，7卷1期／ 2013, 7（1）

《波特在二十年前的假说：环境规制能增强创新能力和竞争力吗?》Stefan Ambec, Mark Cohen, Stewart Elgie and Paul Lanoie

《为美国规制政策探讨碳排放的社会成本：一个方法论和解释》Michael Greenstone, Elizabeth Kopits and Ann Wolverton

《减少森林砍伐和退化排放的国际政策协定的经济学》Suzi Kerr

《REDD+的潜力：关键经济建模的视角和问题》Ruben N. Lubowski and Steven K. Rose

《设计与实施有效的 REDD+政策：一个森林转换的方法》Arild Angelsen and Thomas K. Rudel

《现实的 REDD：在不同情景下提高国内森林政策的影响》Alexander Pfaff, Gregory S. Amacher and Erin O. Sills

《美国复苏与再投资法案清洁能源计划的初步评估》Joseph Aldy

《构建水政策：经济学必须提供什么?》Frank Convery